- 教育部人文社会科学研究规划基金项目"新时代社会心理建设研究"
- 浙江省舟山市委宣传部党的创新理论研究项目和共建马克思主义学院项目
- 浙江海洋大学博士科研启动基金项目

———————————————————————————— 资助成果

# 新时代
# 大学生心理成长教育
## 理论与实践

王月琴 ◎ 编著

华中科技大学出版社
http://www.hustp.com
中国·武汉

## 内 容 提 要

本书以促进新时代大学生心理成长为目的,将新时代大学生心理成长过程中面对的主要心理问题和困惑归纳成心理专题,包括心理健康、心理问题、生命发展教育、自我认知、情绪管理、挫折意志、人际交往、爱情解读、职业生涯规划、塑造健全人格等,专题间既相互依存又相对独立。在每个专题后附心理咨询师手记,就每个专题涉及的相关心理咨询案例予以解读,包括心理咨询过程摘录、心理咨询核心概念、心理咨询技术、心理咨询方法等,将专题理论学习与心理咨询实践有机结合,帮助新时代大学生更好地面对和解决成长中的心理问题与困惑,积极探索新时代大学生心理成长规律。

**图书在版编目(CIP)数据**

新时代大学生心理成长教育:理论与实践/王月琴编著. —武汉:华中科技大学出版社,2022.8
ISBN 978-7-5680-8484-0

Ⅰ.① 新… Ⅱ.① 王… Ⅲ.① 大学生-心理健康-健康教育-理论研究 Ⅳ.① G444

中国版本图书馆 CIP 数据核字(2022)第 154152 号

---

**新时代大学生心理成长教育:理论与实践** 　　　　　　　　　王月琴　编著
Xinshidai Daxuesheng Xinli Chengzhang Jiaoyu: Lilun yu Shijian

| | |
|---|---|
| 策划编辑:张馨芳 | |
| 责任编辑:余晓亮 | |
| 封面设计:廖亚萍 | |
| 版式设计:赵慧萍 | |
| 责任校对:张汇娟 | |
| 责任监印:周治超 | |

出版发行:华中科技大学出版社(中国·武汉)　　电话:(027)81321913
　　　　　武汉市东湖新技术开发区华工科技园　　邮编:430223

录　　排:华中科技大学出版社美编室
印　　刷:湖北金港彩印有限公司
开　　本:787mm×1092mm　1/16
印　　张:22.25　　插页:2
字　　数:451 千字
版　　次:2022 年 8 月第 1 版第 1 次印刷
定　　价:78.00 元

本书若有印装质量问题,请向出版社营销中心调换
全国免费服务热线:400-6679-118　　竭诚为您服务
版权所有　侵权必究

新时代如何有效开发大学生的心理潜力、完善其个性品质、促进其心理成长,这是一个值得深入探索和研究的课题。对此,我们遵循高等教育规律和人才成长规律,从理论探讨与实践应用并行角度进行心理教育探索,创新课程教学结构体系,形成推动公共心理学教育改革发展的思想、理论、经验和模式,使教育教学改革最终服务于对时代新人的培育,促进新时代大学生心理的健康、协调、可持续性成长。

本书不仅仅将课程实践过程定位为传授知识,更重要的是通过师生之间直接性的对话,实现师生双方主体性的心灵沟通。著述体系在理论上超越了"教师中心论"或"学生中心论",强调师生交往、生生交流,构建师生主体间性的互动关系。在内容设置上,以促进新时代大学生心理成长为目的,探讨关于大学生心理成长的十个主题,分别为心理健康、心理问题、生命发展教育、自我认知、情绪管理、挫折意志、人际关系、爱情解读、职业生涯规划、塑造健全人格等,十个主题既相互依存又相对独立,构建了符合大学生心理成长特点的专题体系;在设计上,建立了一个包括知识库、测试库、案例库、团体训练库、多媒体教学资源库等五库结合的立体化教学体系,课程设计中采用问题情景设置法、头脑风暴法、认知领悟法、角色扮演法、案例分析法、情境体验法、戈登技术法等,最大限度地激发大学生的学习积极性和创造性,充分挖掘其成长潜力;在方法上,采用一套具有课堂活力的显隐融合的教学方法，将课堂教学延伸到课外心理咨询、心理测试、心理社团活动与团体辅导、网络心理教育活动等课外活动中去，大大提高了教学的双向实效性。

本书体现了作者对大学生心理健康教育工作和心理咨询事业由衷的热爱和执着的追求，以一名教育工作者的社会责任，用心、用情、用爱、用理完成了本书的编著工作。在编著过程中，陈金蕾、陈萍、王青、李海燕、王磊等老师在收集资料、写作及著述建议等方面做了大量工作，贡献了自己的智慧，在此一并表示衷心感谢。同时，参考引用的相关资料已在书中标注出处，有的限于条件不能一一列出，在此也表示感谢。最后，希望本书能够充分满足新时代大学生心理成长的需要，热切期盼每一位新时代大学生都能发展健康人格、描绘美丽人生、创造美好未来，为国家、为社会、为人类进步贡献出自己的人生力量！

2022 年 3 月

# 目录

## 第一章　初识心理 — 001
### 第一节　走近心理学 — 001
一、心理学研究内容 — 001
二、心理学学科特点 — 003
三、正确认识心理学 — 004
### 第二节　了解心理的本质 — 005
一、心理是脑的机能 — 005
二、心理是客观现实的反映 — 012
### 第三节　西方心理学发展简史 — 013
一、科学心理学的建立 — 013
二、学派的纷争 — 015
三、当代心理学研究的主要取向 — 016
### 第四节　中国心理学发展简史 — 018
一、西方心理学思想传入中国的开端 — 018
二、西方哲学心理学和科学心理学传入中国 — 019
三、中国心理科学的创建与早期发展 — 020
四、中华人民共和国成立后的心理学发展历程 — 021

心理咨询师手记：不忘初心，方得始终 — 025

## 第二章　心理问题探索 — 029
### 第一节　心理健康概述 — 029
一、什么是心理健康 — 031
二、大学生心理健康的标准 — 032

三、如何理解心理健康标准？ —— 033
第二节　心理问题评估诊断 —— 035
　　一、正常心理及其表现 —— 035
　　二、异常心理及其表现 —— 037
　　三、识别亚健康状态 —— 041
　　四、如何面对自身的"心理问题" —— 044
　　五、什么情况需要看心理医生 —— 046
第三节　心理咨询流派简史 —— 047
　　一、心理咨询流派简介 —— 048
　　二、心理咨询与心理治疗 —— 053
第四节　积极心理学 —— 054
　　一、积极心理学的概念 —— 054
　　二、运用积极心态维护心理健康 —— 056
心理咨询师手记：害怕人群的我 —— 061

## 第三章　生命发展教育 —— 065

第一节　生命的发展历程 —— 065
　　一、生命的诞生 —— 065
　　二、生命的发展 —— 069
第二节　生命的意义 —— 074
第三节　珍爱生命 —— 077
　　一、生命中不完美中的完美 —— 077
　　二、珍爱自己 —— 079
第四节　生命与死亡 —— 081
　　一、生命的存在形态 —— 081
　　二、生命的特征 —— 082
　　三、生与死 —— 083
心理咨询师手记：如何与妈妈相处 —— 088

## 第四章　自我认知 —— 091

第一节　认识自我 —— 091
　　一、自我意识概述 —— 093
　　二、自我发展理论 —— 096

  三、大学生自我意识的发展 —— 101
 第二节 社会化与自我 —— 110
  一、社会化 —— 110
  二、社会角色及其理论 —— 114
  三、自我、身份与自尊 —— 117
 第三节 未知的自我 —— 122
  一、乔韩窗口理论 —— 122
  二、活动体验：探索自我 —— 123
 第四节 积极地自我成长 —— 125
  一、健康自我意识的标准 —— 125
  二、树立健康自我意识的方法 —— 126
 心理咨询师手记：冬与夏的交替 —— 129

## 第五章 情绪管理 —— 134
 第一节 情绪与情感 —— 134
  一、情绪与情感的概念 —— 135
  二、情绪与情感的关系 —— 136
  三、情绪与情感的类型 —— 137
  四、情绪与情感的功能 —— 140
  五、情商 —— 141
 第二节 情绪理论简介 —— 145
  一、詹姆斯-兰格的情绪外周理论 —— 145
  二、坎农-巴德的情绪丘脑理论 —— 145
  三、沙赫特的情绪认知理论 —— 146
  四、汤姆金斯和伊扎德的情绪动机-分化理论 —— 146
 第三节 合理情绪疗法 —— 147
  一、合理情绪疗法简介 —— 147
  二、大学生常见不合理信念 —— 147
  三、合理情绪疗法的应用："三栏目"技术 —— 149
 第四节 用心经营好心情 —— 151
  一、大学生常见的情绪困扰 —— 152
  二、大学生常见情绪处理方法 —— 153
  三、培养健康的情绪 —— 153
 心理咨询师手记：我很生气，他们为什么要偷我的东西！ —— 160

## 第六章　直面挫折 —— 166

### 第一节　挫折溯源 —— 166
　　一、挫折的含义 —— 166
　　二、挫折的性质 —— 167

### 第二节　大学生常见挫折 —— 168
　　一、挫折的一般分类 —— 168
　　二、大学生常见的挫折 —— 169

### 第三节　挫折的形成与应对 —— 171
　　一、挫折的产生原因 —— 171
　　二、挫折应对 —— 175

### 第四节　善待挫折 —— 179
　　一、挫折心理测试 —— 179
　　二、挫折的理智性反应 —— 181
　　三、挫折承受力的培养 —— 185

心理咨询师手记：世界那么大，我却要在学校里 —— 189

## 第七章　人际交往 —— 193

### 第一节　人际交往纵横谈 —— 193
　　一、人际交往与人际关系 —— 193
　　二、人际交往的意义 —— 194
　　三、人际交往中的心理效应 —— 197

### 第二节　人际吸引 —— 203
　　一、我们为什么会互相吸引 —— 203
　　二、人际吸引的影响因素 —— 206

### 第三节　人际沟通 —— 210
　　一、沟通的含义 —— 210
　　二、沟通的结构 —— 210
　　三、如何提高沟通技巧 —— 213

### 第四节　人际冲突 —— 221
　　一、人际冲突的含义和产生的原因 —— 221
　　二、人际冲突的类型和发生过程 —— 223
　　三、人际冲突的处理方法 —— 225

心理咨询师手记：沉默会不会带来伤害？ —— 229

## 第八章　解读爱情　——233

### 第一节　爱情的心理实质　——233
　　一、爱情是什么　——233
　　二、爱情三角理论　——236

### 第二节　甄别爱情　——244
　　一、喜欢与爱情　——244
　　二、友谊与爱情　——246
　　三、激情与爱情　——247
　　四、承诺与爱情　——249

### 第三节　爱情与性　——250
　　一、大学生恋爱困惑　——250
　　二、谈性论性　——251

### 第四节　提升爱的能力　——263
　　一、单相思　——263
　　二、失恋　——265
　　三、婚姻　——267

　　心理咨询师手记：化解爱的痛　——268

## 第九章　职业生涯规划　——272

### 第一节　初识生涯规划　——272
　　一、与生涯规划相关的概念　——272
　　二、生涯规划的意义　——273

### 第二节　生涯规划与自我探索　——275
　　一、描绘个人生涯愿景　——275
　　二、自我评估　——277

### 第三节　生涯规划与环境分析　——295
　　一、环境评估　——295
　　二、确定职业发展目标　——296
　　三、设定职业生涯发展路线　——297

### 第四节　大学生生涯规划方案　——302
　　一、大学生生涯规划的原则　——302
　　二、制定实施方案　——304

三、实施 —— 305
　　四、评估与反馈 —— 306
　心理咨询师手记：考研还是就业？ —— 307

## 第十章　魅力人格 —— 311
### 第一节　人格概念 —— 312
　　一、人格的定义 —— 312
　　二、人格的特性 —— 313
　　三、人格的结构 —— 314
### 第二节　人格理论简介 —— 319
　　一、人格结构的动力理论
　　　　——弗洛伊德的人格理论 —— 319
　　二、人格结构的类型理论
　　　　——荣格的内外向人格类型理论 —— 319
　　三、人格特质理论
　　　　——奥尔波特、卡特尔、艾森克等的人格特质理论 —— 320
### 第三节　常见人格问题 —— 324
　　一、自卑心理及其调适 —— 326
　　二、嫉妒心理及其调适 —— 326
　　三、羞怯心理极其调适 —— 327
　　四、猜疑心理及其调适 —— 328
　　五、急躁心理及其矫治 —— 329
　　六、悲观心理及其调适 —— 329
### 第四节　塑造魅力人格 —— 333
　　一、健康人格特点 —— 333
　　二、塑造健全人格 —— 335
　心理咨询师手记：家庭给了她什么 —— 342

## 参考文献 —— 345

## 后记 —— 346

# 第一章 初识心理

**【课前思考】**

(1) 什么是心理？
(2) 什么是心理学？
(3) 心理学最早产生在什么时候？
(4) 心理学是不是"舶来品"？

第一章 学习资源

## 第一节 走近心理学

> 健康的心灵，是幸福的源泉。
> 
> ——佚名

### 一、心理学研究内容

中国工程院院士钟南山指出，在决定人的健康程度因素中，遗传因素和环境因素只占15%和17%，医疗条件占8%，而生活态度、生活方式占了60%。人体健康有五大基石，分别是合理膳食、适量运动、戒烟限酒、心理平衡、充足睡眠。心理平衡最为重要。养生第一要义就是心理平衡，这是最重要也最难做到的一点。人们往往被忧虑、惧怕、贪求、怯懦、嫉妒和憎恨等不良情绪困扰。科学研究显示，情绪低落时人体的抗癌功能会衰退20%以上。

三伏天，禅院的草地枯黄了一大片。

"快撒点种子吧，好难看。"小和尚说。

"等天凉了，"师傅挥挥手，"随时。"

中秋，师傅买了一包草籽，叫小和尚去播种。秋风起，草籽边撒边飘。

"不好了，好多种子都被吹走了。"小和尚喊道。

"没关系，吹走的多半是空的，撒下去也发不了芽。"师傅说，"随性。"

撒完种子，跟着就飞来几只小鸟啄食。

"要命，种子都被鸟吃了。"小和尚急得跺脚。

"没关系，种子多，吃不完。"师傅说，"随遇。"

半夜一阵骤雨，小和尚早晨冲进禅房嚷嚷道："师傅，这下真完了，好多草籽被雨水冲走了。"

"冲到哪儿，就在哪儿发芽。"师傅说，"随缘。"

一个星期过去了，原本光秃秃的地面，居然长出许多青翠的青苗，一些原来没播种的角落，也泛出了绿意。

小和尚高兴得直拍手，老和尚说："随喜。"

这段小故事读完后你有什么感受？这与心理学有什么关系呢？

面对小和尚种植草苗过程中遇到的新情况、新事件、新变化，老和尚深谙心理学的知识，他依据小和尚的心理发展过程恰到好处地从知、情、意三个方面指引、点拨与调控，使小和尚正确认识种苗过程，调节自己的情绪变化，使平淡的种苗过程充满了新意、生机却又情趣盎然。同时，老和尚的"随时""随性""随遇""随缘""随喜"五个词又很好地诠释了心态的价值，"得之不欢，失之不恼""不以物喜，不以己悲"，积极乐观地面对生命中所有的起起落落是对生命最大的尊重，也是对心理最大的关怀，诠释了一种人生智慧。

老和尚对小和尚知、情、意三个方面的引导正是基础心理学的主要研究内容。基础心理学是以正常成人的心理现象为研究对象，总结心理活动最普遍、最一般规律的心理学的基础学科。基础心理学所总结出来的规律，对心理学各个分支的研究又具有一定的指导意义。

基础心理学的内容可以分为三个方面：一是需要和动机；二是认知、情绪与情感、意志（即知、情、意）；三是能力、气质和性格。

1. 需要和动机

需要是人体内部的一种不平衡状态，是对维持和发展其生命所必需的客观条件的反映；动机是推动人从事某种活动，并朝向一定目标前进的内部动力。当人意识到自己的需要时，这种需要就变成了人的活动动机。

2. 认知、情绪与情感、意志

认知是指人认识外界事物的过程，或者说是对作用于人的感觉器官的外界事物进行信息加工的过程。它包括感觉、知觉、记忆、表象、思维、言语和想象等心理现象。情绪与情感是伴随认识和意志过程而产生的对外界事物的态度和内心的体验，是对客观事物与主体需要之间关系的反映。意志是人的思维决策见之于行动的心理过程。

3. 能力、气质和性格

能力是顺利、有效地完成某种活动所必须具备的心理条件。气质是心理活动动力特征的总和，即表现在心理活动的速度、强度和稳定性方面的人格特征。性格是表现在对事物的态度和习惯化了的行为方式上的人格特征。

上述心理现象又可分为两大类，即心理过程和人格。认知、情绪与情感、意志是以过程的形式存在的，它们都要经历发生、发展和结束的不同阶段，所以属于心理过程。需要和动机是人的心理活动的动力，表现了人格的倾向性。能力、气质和性格是人格的特征，是人格的组成部分。人格也称个性，是指一个人区别于他人的，在不同环境中一贯表现出来的，相对稳定的，影响人的外显和内隐行为模式的心理特征的总和。人格不是独立存在的，要通过心理过程表现出来。

## 二、心理学学科特点

心理学是介于自然科学和社会科学之间的中间学科或边缘学科。心理现象既是脑的机能，又受社会的制约，是自然和社会相结合的产物。只有从自然和社会两个方面进行研究，才能揭示心理的实质和规律。所以，研究心理现象的心理学即一门自然科学和社会科学相结合的中间科学。研究心理现象的生理机制是自然科学的任务，研究社会对心理活动的制约又是社会科学的任务。作为一名心理学家，如果他从自然科学的角度去研究心理现象，他就是一名自然科学家；如果他从社会科学的角度研究心理现象，他就是一名社会科学家。

因此，心理学是研究心理现象发生、发展和活动规律的科学。心理现象可以从它发生、发展的维度上进行研究，从而形成了动物心理学和比较心理学两个分支。

从人类个体心理的发生和发展的维度上进行研究，形成了发展心理学和儿童发展心理学。研究社会对心理发展的制约和影响，形成了社会心理学。研究心理现象的神经机制，形成了生理心理学。把心理学研究的成果运用于解决人类实践活动中的问题，以服务于提高人的工作水平，改善人的生活质量，这又形成了应用心理学的众多分支。例如，服务于人类健康的医学心理学、变态心理学、心理卫生、心理咨询和心理治疗；服务于教育的教育心理学；服务于管理的人力资源管理和人事测量；此外，还有工程心理学、环境心理学、体育运动心理学、司法心理学、航空航天心理学、文艺心理学、心理测验学等心理学分支。

## 三、正确认识心理学

从某种意义上讲，我们每一个人都是业余心理学家（folk psychologist）。四岁的儿童已经能揣度别人的心思了，他知道怎样把玩具藏起来让其他小朋友找不到，还会提供错误的线索去误导其他小朋友；孩子会从妈妈的神情和语气上判断她是否在生气，所以他乖乖地不敢胡闹，等到妈妈高兴时，再趁机提出要求；父母知道怎样正确地运用奖励和处罚来帮助孩子纠正不良行为、养成良好的习惯……这些都是建立在对他人心理进行观察和推论的基础上的，也就是说每个人都能对他人在日常生活中的所感、所思和所为进行预测。这也正是心理学家想要努力说明的问题中的一部分。

尽管每个人都是业余心理学家，但心理学作为一门古老而又年轻的学科，常常被冠以"玄""神秘""不可信"，甚至是"伪科学"的名头。如果问非专业的人士什么是心理学，可能会得到各种不同的答案，其中不乏一些偏见和误解。我们先来澄清一些外界对于心理学存在的不正确的认知。

1. 心理学家知道你在想什么

大多数心理学者都有过这样的经历：当周围人得知了你的专业时，他们会马上好奇地发问："你是学心理学的？那么你说说我正在想什么？"人们总是以为心理学家应该能透视眼前人的所思所想。

纠正：心理活动并不只是人在某种情境下的所思所想，它具有广泛的含义，包括人的感觉、知觉、思维、情绪和意志等。心理学家的工作就是要探索这些心理活动的规律，即它们如何产生、发展、受哪些因素影响以及相互间有什么联系等。心理学家通常是根据人的外显行为和情绪表现等来研究人的心理。也许他们可以根据你的外在特征或测验结果来推测你的内心世界，但再高明的心理学家也不可能具有所谓的"知心术"，一眼就能看穿你的内心，除非他有超感能力（ESP）。

2. 心理学就是心理咨询

现在心理咨询作为一个新兴的行业日渐火热，各种所谓的心理咨询中心、心理门诊、心理咨询热线等不断涌现，通过不同的渠道冲击着人们的视听。很多人听到的第一个与心理学有关的名词就是心理咨询，并把它当作了心理学的代名词。此外，人们关注一门学科，更容易从实际应用的角度去认识它。心理学最为广泛的应用就是心理咨询或心理治疗，所以这一应用方式更为大家所熟知，因此很多人会把心理咨询与心理学等同起来。

纠正：心理咨询只是心理学的一个应用分支。咨询心理学家的工作对象可以是一个人、一对夫妇、一个家庭或一个团体。心理咨询的目的是帮助人们应对生活中的困扰，更好地发展，增加生活的幸福感受。一般来说，心理咨询是面向正常人的，来访者多半仅有心理困扰，但没有出现严重的心理偏差。如果是严重的精神疾病，就要由临床心理学家或精神病学家来处理。

目前，国内的心理咨询机构多分布在高校、医院，也有一些专门成立的咨询中心。但有一点很关键，心理咨询的宗旨是助人解决心理困扰，帮助人们更好地生活。现在有心理困扰的人越来越多，对心理咨询的需求量也越来越大。从事这项工作的人必须有专业知识背景，还要有足够的实际技能培训和良好的职业道德规范。因此，这是一个专业性很强，责任重大的职业。

## 第二节　了解心理的本质

> 这世界除了心理上的失败，实际上并不存在什么失败，只要不是一败涂地，你一定会取得胜利的。
> 
> ——亨·奥斯汀

心理现象人皆有之，它是宇宙中最复杂的现象之一，从古至今为人们所关注，科学家们对它进行了不懈的探索。但是，心理的本质是什么呢？

### 一、心理是脑的机能

心理是脑的机能，脑是心理活动的器官。没有脑的心理，或者说没有脑的思维是不存在的。正常发育的大脑为心理的发展提供了物质基础。人的大脑是最为复杂的物质，是物质发展的最高产物。心理现象是在动物适应环境的活动过程中，随着神经系统的产生而出现，又随着神经系统的不断发展和不断完善，才由初级不断发展到高级的。

（1）无机物和植物没有心理，没有神经系统的动物也没有心理，只有有了神经系统的动物才有了心理。

（2）无脊椎动物的神经系统非常简单，像环节动物（例如蚯蚓）只有一条简单的神经链，它们只具有某种感觉器官，只能认识事物的个别属性，在它们身上只有感觉的心理现象。

（3）脊椎动物有脊髓和大脑，它们因为有了各种感觉器官，能够认识到整个事物而不只是事物的个别属性，即有了知觉的心理现象。

（4）灵长类动物像猩猩、猴子，大脑有了相当高度的发展，它们能够认识事物的外部联系，有了思维的萌芽，但是还不能认识到事物的本质和事物之间的内部联系。

（5）只有到了人类，才有了思维，才有了意识。人的心理是心理发展的最高阶段，因为人的大脑是最复杂的物质，是神经系统发展的最高产物。所以，从心理现象的产生和发展的过程，也说明了心理是神经系统，特别是大脑活动的结果，神经系统，特别是大脑，是从事心理活动的器官。

脑是心理活动的器官，人们获得这一正确的认识经历了几千年。现在，这一论断从人们生活的经验、临床的事实，以及对心理发生和发展过程、脑解剖、生理的科学研究所获得的大量资料中得到了证明。以致今天"心理是脑的机能"这一论断对大家来说已经是一种常识。

从进化论来看，只有在动物产生神经结构后才有心理活动。随着脑结构产生及复杂化程度不同，心理活动亦相应发展和复杂化。从个体发育来看，随着脑的发育、复杂化，心理活动亦相应发展。脑的生理学研究也证明，各种心理活动都和一定的脑部位相关，如视觉在枕叶，听觉在颞叶后部，记忆在海马、颞叶、额叶，意志、人格在前额叶。临床观察也证明，任一部位脑损伤时除发生生理功能障碍外，也会发生心理障碍。由上述可知，各种心理都产生于脑，心理是脑的机能。

### （一）感觉阶段

感觉阶段是动物心理现象演化的最初阶段。处于感觉阶段的动物只能对单一性的刺激形成条件反射，即只能把单一性的刺激作为信号。例如，蚂蚁打仗是根据气味来分辨敌我的，气味不投就是敌人。因为它们的触角是嗅觉器官，如果把它们的触角切断，它们就分不清敌我了。蜜蜂也是如此，当遇到气味不投的蜜蜂就会把对方咬死。蜘蛛也是凭单一刺激（振动）作为信号来捕食的。蜘蛛在蛛网中央，蛛网上每一根丝都通向它脚下，当蛛网丝振动，它就会出来捕食。

动物心理学家就是通过细心周密的观察，发现这类动物只能以单一刺激作为信号，这也就是动物心理的感觉阶段的表现。

### （二）知觉阶段

当动物的神经系统由节状进化到管状，如脊椎动物，即神经细胞体聚集成一端大而其余部分细小的管子，这就叫作管状神经系统。一般来说，具有较高发展水平的管状神经系统的动物，特别是哺乳类动物，才会出现知觉，即有了心理的知觉阶段。

所谓知觉阶段，就是动物能把复合刺激当作信号，建立起条件反射的阶段。

例如：实验人员有深灰和浅灰两个箱子，浅灰箱子中有食物，而深灰箱子是空的。两箱的左右位置则随机改变。当这些动物随机发现碰开浅灰箱子的门时可以得到食物以后，它们就只往浅灰箱子里钻。这种训练成功后，若把原来的深灰箱子换成一只灰色更浅的箱子，并在其中放食物的话，它们就改往这个更浅的灰色箱子里钻，而不再往原来那个浅灰箱子里钻了。这就是动物心理的知觉反映，它可以对事物的各种属性进行反映，而不再是单一属性了。

### （三）思维萌芽阶段

这一阶段，动物在心理上的发展变化就太多了，且大多是灵长类动物。这时动物脑的形成，神经系统的高度进化，脑在大小、形状、结构各方面已近似于人脑。这个阶段，不仅反映客体的各种属性和整体，还可反映不同客体间的相当复杂的关系。

有一个很著名的实验：猩猩看见挂在高处的香蕉，起初使劲跳起来去抓，抓不到时，还会把放在旁边的木箱搬过来，站在木箱上去抓。如果还抓不到，会再去搬一个箱子摞起来，有的猩猩甚至摞起三个箱子，直至抓到香蕉为止。如果把食物放在栅栏外边，猩猩在栅内用手脚抓不到，就会利用身边的竹竿去拨食物，如果一根竹竿不够长，还会把两根接在一起（一根插入另一根），然后去拨食物。还有一种情况，实验人员将一份很香的食物放在一根管子里，起初，猩猩用手脚去摆弄，无法取出食物，后来它就学会用附近的小木棍把食物捅出来吃掉。如木棍上有许多枝杈，它还会用嘴把枝杈啃掉，再捅食物。可见，猩猩已聪明到这种地步，有点儿接近人的思维了。

当动物的心理发展到思维萌芽阶段，就为人类心理的产生创造了条件。人类心理就是在动物心理发展的基础上产生的，但动物心理与人类心理又有本质的区别。

> **知识视窗**
>
> ○ **神经系统的构造及功能**
>
> 1. 神经元及其功能
>
> 神经系统和机体的其他器官一样，都是由细胞组成的。我们把组成神经系统的神经细胞叫作神经元。神经元是神经系统的基本结构单位和功能单位。神经元由细胞体、树突和轴突三部分组成。
>
> 神经元具有接受刺激（信息）、传递信息和整合信息的功能。所谓接受刺激就是把刺激的物理、化学能量转化为神经能，即神经冲动；传递信息就是沿着神经纤维传递神经冲动，或从感觉器官传至神经中枢，或从神经中枢传至效应器官；整合信息就是对信息进行分析和综合。

神经元分为感觉神经元（传入神经元）、运动神经元（传出神经元）和中间神经元（在感觉神经元和运动神经元之间起联络作用的联络神经元）三种。

### 2. 外周神经系统及其功能

许多神经元的轴突聚集在一起组成神经纤维，构成一根神经。外周神经系统就是由遍布全身的神经组成的。外周神经系统是联系感觉输入和运动输出的神经机构，它包括由12对脑神经和31对脊神经组成的躯体神经系统及自主神经系统。

12对脑神经有嗅神经、视神经、动眼神经、滑车神经、三叉神经、外展神经、面神经、前庭蜗神经、舌咽神经、迷走神经、副神经和舌下神经。其中有感觉的，如主管嗅觉、视觉的嗅神经、视神经；主管听觉与身体平衡感觉的前庭蜗神经。有运动的，如主管眼球运动的动眼神经、滑车神经和外展神经；主管咽部和肩部运动的副神经；主管舌肌运动的舌下神经。也有兼有感觉、运动机能的混合神经，如主管面部、牙齿、鼻腔、角膜、头皮、口唇和咀嚼肌的感觉和运动的三叉神经；主管面部肌肉运动和部分味觉，并支配眼泪和唾液分泌的面神经；主管味觉、咽部肌肉运动和唾液腺分泌的舌咽神经，以及调节内脏、血管及腺体等机能的迷走神经等。

31对脊神经均由脊椎两侧的椎间孔发出，分为前、后两支，分管颈部以下身体相关部位的感觉和运动。包括颈神经8对，胸神经12对，腰神经5对，骶神经5对和尾神经1对。脊神经从脊髓发出后总是向下运行的，所以任何一节脊髓受到损伤，这节以下的神经所引起的感觉和所支配的运动都将受到损伤。

在脑神经和脊神经中，都有支配内脏器官运动的纤维，分布于心脏、血管、呼吸系统、胃肠平滑肌和腺体等内脏器官，称为自主神经或植物神经。根据自主神经的中枢部位和形态特点，可将其分为交感神经和副交感神经。它们两者的活动具有拮抗作用。交感神经的功能在于唤醒有机体，调节有机体的能量；副交感神经的功能则在于使有机体恢复或维持安静状态，使机体储备能量，维持有机体的机能平衡。自主神经一般不受意识支配，经特殊训练，意识或意念可在一定程度上调节自主神经的活动。人在情绪状态下会有明显的生理变化，因此，自主神经的活动与情绪有密切的关系。

### 3. 中枢神经系统及其功能

大量的神经细胞集中的地方称作中枢神经。中枢神经系统包括脊髓和脑。脑又由脑干、间脑、小脑和端脑构成。

1) 脊髓

脊髓呈柱状，自上而下越来越细，中间是根管；其横切面接近于圆；管周围呈 H 形的灰质部分叫脊髓灰质，其前端主要由大型的运动神经元构成；后端主要由感觉神经元构成；脊髓中段前后端之间集中了自主神经元。

脊髓灰质的外边是脊髓的白质，由脊神经的神经纤维构成，负责向脑传送神经冲动，或者把脑发出的神经冲动传递到效应器官。脊髓是中枢神经系统里最低级的中枢，除传递信息外，也能完成一些简单的反射，如膝跳反射等。

2) 脑干

脑干位于颅腔内与脊髓相连接的部位，包括延脑、脑桥和中脑三部分。它是脑的最古老的部位，也是维持生命的基本活动的主要机构。

延脑紧接脊髓，是上下行神经纤维的通道。从大脑两半球和身体两侧来的神经纤维，延脑的椎体交叉向对侧传导，使大脑两半球与身体两侧处于对侧传导和对侧支配的状况。此外，延脑中还有支配呼吸和心跳的中枢。

脑桥在延脑之上，小脑之前，是神经纤维上下行的通道，也是联系端脑与小脑之间神经纤维的通道。

中脑在脑桥之上，是上下行神经纤维的通道，中脑里还有瞳孔反射和眼动的中枢。

脑干网状结构由许多散布于纵横交错的神经网中大小不等、类型不同的神经元构成，贯穿于脑干的大部分区域。其神经纤维弥散性的投射，调节着脑结构的兴奋性水平，是调节睡眠与觉醒的神经结构。它使有机体在一定刺激作用下，保持一定的唤醒水平和清醒状态，维持注意力并激活情绪。

3) 间脑

间脑位于脑干之上，被大脑两半球覆盖，由丘脑、上丘脑、下丘脑和底丘脑四部分构成。除嗅觉器官以外，其他感觉器官来的神经元都要在丘脑换一个神经元才能到达大脑，因此，丘脑是大脑皮层下除嗅觉外所有感觉的重要中枢，它对传入的信息进行选择和整合，再投射到大脑皮层的特定部位。上丘脑参与嗅觉和某些激素的调节。下丘脑是内脏系统活动的调节中枢。底丘脑调节肌张力,使运动能够正常进行。同时,间脑还有网状结构的延续部分。

4)小脑

小脑位于延脑和脑桥的后方,通过三对小脑脚与脑桥和延脑相连;小脑两侧半球又通过其间的环状部位连接成为一个整体。小脑的结构与脊髓相反:表层是灰质,深层是白质。其功能是保持身体平衡,调节肌肉紧张度,实现随意和不随意运动。

**4. 大脑的结构与功能**

端脑,也就是平常所说的大脑,覆盖于脑干、间脑和小脑之上,它中间的裂缝叫纵裂,纵裂把大脑分为左右两个半球。纵裂的底上有一个大的横行纤维束叫骈胝体,它把大脑两半球连接了起来。大脑的外层是密集的神经细胞体,叫大脑灰质,又叫大脑皮质或大脑皮层。大脑的内部是髓鞘化了的神经纤维,称为大脑白质。大脑白质内有灰质核团,叫基底核。大脑皮层的总质量约为 600 克,占全脑质量约 1400 克的 43%,总面积约为 2200 平方厘米。大脑皮层的高度发达是人脑的主要特征。

每一侧的大脑半球都可分为三个面:宽广隆起的外侧面,平坦的内侧面和不大规则的下面。大脑半球的外侧面除明显可见的外侧裂外,还布满了深浅不等的沟。自半球上缘重点斜跨外侧面的一条沟叫中央沟。相邻两个沟之间隆起的部分叫大脑的回,中央沟前后的两个回分别叫中央前回和中央后回。这些沟回是由各部分皮质发育的速度不同造成的。发育缓慢的部分陷在深部成为沟;发育快的部分隆起成为回。大脑沟回的形成使得有限的颅腔内容纳了更多的神经细胞。

大脑半球的外侧面以外侧裂、中央沟为界线可以分为四个叶:外侧裂以上、中央沟之前为额叶,中央沟之后、枕顶沟之前为顶叶,枕顶沟之后为枕叶,外侧裂之下为颞叶。枕顶沟是一条人为划定的界线,在大约距枕叶后端的枕极 4 厘米处。额叶最大,约占半球表面的 1/3。

大脑皮质的不同区域有不同的机能。颞叶以听觉功能为主,听觉中枢位于颞上回和额中回;枕叶以视觉功能为主,视觉中枢位于枕叶的枕极;顶叶以躯体感觉功能为主,中央后回是躯体感觉中枢;额叶以躯体运动功能为主,中央前回是躯体运动中枢。前额叶皮层和颞、顶、枕皮层之间的联络区与复杂的知觉、注意和思维过程有关。大脑的底面与大脑半球内侧缘的皮层——边缘叶，以及皮层下的一些脑结构共同构成边缘系统，是内脏功能和机体内环境的高级调节控制中枢，也是情绪的调节中枢。

不论感觉和运动，身体各部位在大脑皮层上的代表区域都是倒置的，即脚在上，头在下。而且身体敏感的部位和灵敏的部位，在大脑皮层上所占的区域比较大；迟钝的、活动少的部位，在大脑皮层上所占的区域比较小。由于延脑的椎体交叉，大脑两半球和身体两侧是对侧传导的关系。

**5. 大脑两半球功能的不对称性**

大脑两半球的解剖结构基本上是对称的，但其功能又是不对称的，这种功能的不对称性叫作"单侧化"。

大脑两半球的分工和生活中用手的习惯有关，惯用右手的人，左半球言语功能占优势，和言语功能有关的，像概念形成、逻辑推理、数学运算这些活动左半球也占优势；右半球占优势的功能是不需要语言参加的空间知觉和形象思维活动，像音乐、美术能力，情绪的表达和识别能力等。左利手的人，有的和右利手的人相反，有的则没有单侧化的现象。左右手的分工形成后，右利手的人如果左半球受损伤，言语功能便会发生障碍，而且难以在右半球再建立起言语的中枢。

1860年，法国外科医生布洛卡发现了右利手的人因大脑左半球额叶受损伤导致了运动性失语症，即患者虽然发音器官并没有毛病，却失去了说话的能力。但患者仍保留了听懂别人说话，以及写字和阅读的能力。布洛卡的发现证明了左半球的言语优势，为纪念布洛卡的发现，人们把左半球主管言语的区域叫作布洛卡区。

20世纪60年代，美国神经心理学家罗杰·斯佩里做了"割裂脑"的实验。割裂脑手术就是切断病人联结左右两个半球的神经纤维束——胼胝体，把两个半球分裂开来。做割裂脑手术的两个病人是右利手，他们在手术前都能用左手和右手写字和画画，但在手术后，他们只保留了右手写字，左手画画的能力；右手不再会画画，左手不再会写字了。因为这时右手只受左半球支配，左手只受右半球支配，所以这一实验结果进一步证明，对于右利手的人来说，他的左半球言语功能占优势，右半球空间知觉和形象思维占优势。

## 二、心理是客观现实的反映

健全的大脑给心理现象的产生提供了物质基础，但是，大脑只是从事心理活动的器官，有反映外界事物产生心理的机能，心理并不是大脑本身所固有的。心理现象是客观事物作用于人的感觉器官，通过大脑活动而产生的。所以客观现实是心理的源泉和内容。离开客观现实来考察人的心理，心理就变成了无源之水，无本之木。对人来说，客观现实既包括自然界，也包括人类社会，还包括人类自己。

20世纪20年代，印度发现了两个"狼孩"，即让狼叼走养大的孩子。他们有健全的人的大脑，但是他们从小就脱离了人类社会，是在狼群里长大的。他们只具有狼的本性，而不具备人的心理。所以，心理也是社会的产物，离开了人类社会，即使有人的大脑，也不能自发地产生人的心理。

心理的反映不是镜子似的反映，而是能动的反映。因为通过心理活动不仅能认识事物的外部现象，还能认识到事物的本质和事物之间的内在联系，并用这种认识来指导人的实践活动，改造客观世界。

心理是大脑活动的结果，却不是大脑活动的产品。因为心理是一种主观映像，这种主观映像可以是事物的形象，也可以是概念，甚至可以是体验。它是主观的，而不是物质的。从这个角度来说，应该把心理和物质对立起来，不能混淆，否则便会犯唯心主义或庸俗唯物主义的错误。

心理是在人的大脑中产生的客观事物的映像，这种映像本身从外部是看不见也摸不着的。但是心理支配人的行为活动，又通过行为活动表现出来。因此，可以通过观察和分析人的行为活动，客观地研究人的心理。

心理现象既是脑的机能，又受社会的制约，是自然和社会相结合的产物，只有从自然和社会两个方面进行研究，才能揭示心理的实质和规律。所以，研究心理现象的心理学应该是一门自然科学和社会科学相结合的中间科学。研究心理现象的生理机制是自然科学的任务，研究社会对心理活动的制约又是社会科学的任务。一个心理学家，如果他从自然科学的角度去研究心理现象，他就是一个自然科学家；如果他从社会科学的角度研究心理现象，他就是一个社会科学家。但就心理学而言，它是一门中间科学或边缘科学。

从野生儿（"狼孩""猪孩"）的研究发现，"狼孩"虽是人脑，但由于在狼的环境中长大，其心理活动基本上是狼的心理，说明心理是外界事物在脑中的反映。人脑对现实的反映，不仅反映当前所看到、所听到的事物，也反映过去经历过的事物在脑中留下的记忆痕迹。主观性是指同一事物对不同人来说，由于经历不同，信念、认识不同，反映也不同。能动性指对事物不是全部反映而是有选择地进行的反映。

## 第三节 西方心理学发展简史

> 心理学有一个很长的过去，却只有一个短暂的历史。
> ——艾宾浩斯

### 一、科学心理学的建立

德国著名心理学家艾宾浩斯说过："心理学有一个很长的过去，却只有一个短暂的历史。"这句话正确地概括了心理学发展的历史事实。

自古以来人们就对心理现象有着浓厚的兴趣，古代中外的哲学家、思想家在说明物质和意识的关系的时候，都阐述过他们对心理现象的观点。也有学者通过观察和总结自己的经验，发现一些带有规律性的现象。这些思想观点和发现，有些至今仍有参考的价值，甚至今天看来仍然是正确的。例如，孔子说："性相近也，习相远也。"即认为人生而具有的本性是相近的，后天生活才是造成人和人之间有很大差别的根本原因。在人性的善恶问题上，孟子主张所有的人都是性善的，荀子主张所有的人都是性恶的，世硕主张人性是有善有恶的，告子则主张人性都是无善无恶的。在关于先天遗传和后天环境对人的发展的影响的争论上，中国已有两千多年的历史。

在西方，两千多年之前古希腊哲学家、医生，被称为西方医学之父的希波克拉底把人分为四种类型，即胆汁质、多血质、黏液质和抑郁质，并解释说，这四种类型是由人体内四种液体所占比例的不同造成的；后来，古希腊的盖伦提出了气质这个概念，把希波克拉底的分类叫作人的气质类型。由于他们对气质类型的划分比较符合实际，所以至今仍沿用这四种气质类型的名称。

古代的心理学思想还可以举出许多有价值的观点，但是，这些对心理现象的研究用的是思辨和总结经验的方法，所以对心理现象的看法，只能说是一种心理学思想，而没有使心理学成为一门独立的学科。19世纪以前，心理学一直隶属于哲学的范畴。

直到19世纪中叶，对心理现象的研究引进了实验的方法，才使心理学成为实证的科学，并最终从哲学中分化出来成为一门独立的学科。

虽然这一时期心理学的实验研究有很多成果，例如，德国生理学家韦伯于1840年发现了差别感觉阈限的定律，即韦伯定律；1860年德国心理学家费希纳在韦伯定律的基础上开创了心理物理学的新领域；德国心理学家艾宾浩斯开创了记忆的实验研究，等等。但是，对心理学的发展影响最大的要数德国心理学家冯特了。他创建了世界上第一个研究心理现象的实验室，相继创办《哲学研究》和《心理学研究》，出版了大量的心理学著作，培养了大批学生，这些人后来在全世界范围内对推动心理学的发展起到了重要的作用。

为纪念冯特对心理学的贡献，人们把他于1879年在莱比锡大学建立的世界上第一个心理学实验室看作科学心理学诞生的标志。

**拓展阅读**

**冯特** 1832年8月26日出生于德国曼海姆。从1851年起攻读医学，1856年获医学博士学位，次年任海德堡大学生理学讲师，1858年受聘做赫尔姆霍兹的助手，得到赫尔姆霍兹的指导，从此转入精神科学领域。1874年应聘苏黎世大学教授，1875年又任莱比锡大学哲学教授。1879年在莱比锡大学建立了世界上第一个心理学实验室。1889年任莱比锡大学校长。在莱比锡大学共任教45年，直到1920年8月31日逝世。此外，他还于1884年创办了《哲学研究》，1905年又创办了《心理学研究》。冯特说他的心理学是内容心理学，他的某些观点由他的学生铁钦纳继承，并发展成为构造心理学。冯特以前的心理学实验大都在生理学实验室中进行，由于冯特的努力，才使心理学既脱离了哲学，又不附属于生理学，成为一门独立的学科。由于冯特对心理学所作的贡献，学者们都把他看作现代心理学的创始人。冯特认为，心理学是研究人的直接经验的，因此它和以间接经验为研究对象的科学不同，应该能够用测定直接经验的方法，即内省实验的方法进行研究。冯特用内省法研究了感觉、知觉、注意、联想等心理现象，提出了统觉学说（认为统觉就像是意识领域的注视点）和情感三位说（认为情感包括愉快和不愉快、兴奋和沉静、紧张和松弛三个维度）。他还主张用民族心理学的方法研究高级心理现象。

冯特一生的著作非常多，代表性的著作有1874年出版的总结实验心理学研究成果的第一部重要著作《生理心理学纲要》；1889年出版的代表冯特哲学和心理学思想精华的《哲学体系》；1896年出版的《心理学大纲》。从1900年起，他用了十年时间出版了有4000多页的代表其社会心理学观点与思想的十卷本《民族心理学》，并于1920年写成自传《经历与认识》一书。

## 二、学派的纷争

19世纪末20世纪初,在心理学的发展初期,人们对心理现象的认识还处在初级阶段。心理现象是十分复杂的现象,人们在这个时期很难对它做出全面的解释,往往会从一个侧面去认识心理现象,并把自己这种片面的认识当作心理现象正确的、全面的解释。发现这种片面性的人,为了批评这种片面性,又从另一个侧面去说明心理现象。这样,各种不同的观点之间的争论便形成了各种心理学的派别,使心理学处在一个学派林立、相互纷争的时代。这种现象在科学发展的初期是难以避免的,而且百家争鸣的局面对推动学术研究的发展也有一定的积极意义。这个时期比较有影响力的学派有构造心理学、行为主义心理学、格式塔心理学、机能主义心理学和精神分析学。

### (一)构造心理学

构造心理学派的创始人是冯特和他的学生铁钦纳。这个学派主张心理学应该采用实验内省的方法,分析意识的内容,并找出意识的组成部分,以及他们如何连接成各种复杂心理过程的规律。也就是企图从意识经验的构造方面来说明整个人的心理,只问意识经验由什么元素构成,不问意识内容的来源、意义和作用。由于构造心理学派把心理学的内容规定得太狭窄,太脱离生活实际,又把实验的内省方法(即由被试者在严格控制的实验条件下进行自我观察的方法)当作心理学的主要研究方法,因而遭到许多心理学家的反对。

### (二)行为主义心理学

美国心理学家华生反对构造学派的观点,并创立了行为主义心理学派。这一学派认为,构造主义研究人的意识,而意识是看不见、摸不着的。研究意识很难使心理学成为一门科学。因而他主张心理学要抛开意识,径直去研究行为。所谓行为就是有集体用以适应环境变化的各种身体反应的组合,这些反应不外是肌肉的收缩和腺体的分泌。例如,思维不过是肌肉特别是言语器官的变化;情绪不过是内脏和腺体的变化。华生认为,心理学研究行为的认为,就在于查明刺激与反应之间的规律性关系,由此就能根据刺激推知反应,根据反应推知刺激。只要确定了刺激和反应之间的关系,就可以预测行为,并通过控制环境去塑造人的心理和行为。因此这一学派的观点也是一种典型的环境决定论的观点。

### (三)格式塔心理学

德国心理学家魏特海默、克勒和科夫卡认为,整体不等于部分的相加,意识经验也不等于感觉和感情等元素的集合，行为也不等于反射弧的集合，因而反对把心理学现象分解为组成它的元素，主张从整体上来研究心理现象，建立了完形心理学，或叫格式塔心理学。完形即整体的意思，格式塔是德文整体的译音。

### （四）机能主义心理学

机能主义心理学作为一个自觉的学派始创于杜威，他是在达尔文进化论的影响和詹姆士实用主义思想的推动下建立起来的。詹姆士为这一学派奠定了基本的思想基础。这一学派反对把意识分解为感觉、情感等元素，主张意识是一个连续的整体；反对把心理看作一种不起作用的副现象，强调心理的适应功能；反对把心理学只看作一门纯科学，重视心理学的实际应用。因为它强调心理学应该研究心理在适应环境中的机能作用，所以被称为机能主义心理学。

### （五）精神分析学

奥地利的弗洛伊德是位精神病医生，他从自己的医疗实践中发展起精神分析的治疗方法，同时也建立了精神分析的学说。弗洛伊德认为，人的心理包含着两个主要的部分：意识和无意识。意识是能够觉察得到的心理活动；无意识包含人的本能冲动，以及出生以后被压抑的人的欲望。这种欲望因为社会行为规范不允许满足，而被压抑到内心深处，意识不能将其唤醒。它不同于觉察不到的通常意义上的无意识，为区别起见，后来经常将其叫作潜意识。后来，弗洛伊德又提出前意识的概念，认为前意识是介于意识和无意识之间的一种中间心理状态。它是那些此时此刻虽然意识不到，但是集中注意认真回忆搜索的情况下可以回忆起来的经验。弗洛伊德还把人的心理结构分为三个层次：本我、自我、超我。其认为三者平衡发展，就是一个健全的人格，否则就会导致精神疾病的发生。潜意识动机的作用，以及儿童期经验对人的心理及人格的影响，由于弗洛伊德的强调和重视，才为心理学界所认识，对心理学理论和临床实践的发展，乃至整个文化艺术的发展产生了深远的影响。

## 三、当代心理学研究的主要取向

对心理学来说，由于它研究对象的复杂性，在人们开始自觉地去认识它的时候，想要用一个完善的理论模式概括出心理现象的本质，难免具有局限性，争论是不可避免的。到了20世纪30年代，人们在争论中认识到了这一点，逐渐把主要精力转移到对心理现象规律的探讨上，学派之争自然就结束了。学派之争的结束反而为心理学研究的发展开辟了更广阔的天地。第二次世界大战后，新的心理学思想相继产生，它们以新的思潮或发展方向影响着心理学的各个研究领域，从而加强了心理学研究的整合趋势。其中最具有影响力的研究有人本主义心理学、认知心理学和生理心理学。

1. 人本主义心理学

20世纪50—60年代的美国，在社会物质文明快速发展的同时，也出现了各种社会问题，加之"冷战"的影响，给人们心理上造成了很大的压力。以罗杰斯和马斯洛为代表的人本主义心理学家认为，这一切不安的根源在于缺乏对人的内在价值的认识。因此提出，心理学家应该关心人的价值与尊严，研究对人类进步富有意义的问题，反对贬低人性的生物还原论和机械决定论。也就是说，他们既反对把人的行为归结为本能和原始冲动的弗洛伊德主义；也反对不管意识，只研究刺激和反应之间联系的行为主义。由于行为主义和精神分析是近代心理学两大传统流派，人本主义心理学又与他们有明显的分歧，因此在西方，人本主义心理学被称为心理学的第三势力。人本主义认为人有自我的纯主观意识，有自我实现的需要。只要有适当的环境，人就会努力去实现自我，完善自我，最终达到自我实现。所以人本主义重视人自身的价值，提倡充分发挥人的潜能。

2. 认知心理学

20世纪60年代发展起来的认知心理学是心理学研究的新方向。它把人看作一个类似于计算机的信息加工系统，并以信息加工的观点，即从信息的输入、编码、转换、储存和提取等的加工过程来研究人的认知活动。认知心理学用模拟计算机的程序来建立人的认知模型，并以此作为揭示人的心理活动规律的途径。同时，计算机科学也利用心理学的研究成果，改进计算机的设计。认知心理学和计算机科学的结合，开辟了人工智能的新领域。当前，认知心理学又与认知神经科学相结合，把行为水平的研究与相应的大脑神经过程的研究结合起来，深入探讨认知过程的机制。

3. 生理心理学

生理心理学是心理学研究的重要组成部分，它探讨的是心理活动的生理基础和脑的机制。它的研究包括脑与行为的演化；脑的解剖与发展及其和行为的关系；认知、运动控制、动机行为、情绪和精神障碍等心理现象和行为的神经过程及神经机制。对心理活动的生理基础的研究由来已久，从解剖学、生理学的研究发现大脑机能定位，到心理活动的脑物质变化的生化研究，再到脑电波、脑成像技术的应用，历经一百多年，但其迅速发展还是在近几十年。当前它已发展为一个交叉和综合性的学科，其研究对象有人类也有动物；研究方法有实验的也有非实验的；研究的性质既有基础的也有应用的。生理心理学的迅速发展必定会成为推动心理学发展的新的动力。

## 第四节　中国心理学发展简史

> 我们所感觉到的疲劳，绝大部分是由心理因素的影响而导致的。纯粹由生理因素引起的疲劳，其实非常少见。
>
> ——戴尔·卡耐基

心理学是一门古老而年轻的学科。在中国，心理学思想可以上溯至春秋时期楚国的老聃（约公元前 580—前 500）。老聃与古希腊的柏拉图（公元前 427—前 347）相比要早一个多世纪。中国历史文化悠久，历代思想家曾对心理问题做过不少有见地的论述。这些论述丰富了中国古代心理学思想，使中国成为全世界范围内心理学思想较早的策源地。我国古代的心理学思想无论是在丰富性还是科学性上都胜过同时期的西方，这一点早已为心理学界所认可。但令人遗憾的是，在长期的封建统治下，心理学思想缺乏发展成为一门独立学科的条件，所以中国古代没有"心理学"这一学科的名称，我国古代的心理学思想并未直接演变为现代心理学的科学理论体系。

心理学在中国不是由中国古代心理学思想直接演化来的，而是由西方心理学传入后逐步形成和发展起来的。其历史发展大致可以分为下列几个时期。

### 一、西方心理学思想传入中国的开端

这一时期大约为明代末期（16 世纪末至 17 世纪初）。在公元 16 世纪，新航路发现以后，西欧殖民国家进行海外扩张的形势下，基督教在明代末期再次传入中国（在唐代和元代曾传入过两次）。耶稣会派遣传教士入华进行传教活动，带来了宗教神学和哲学以及一些科学成果，有的传教士来华后，不仅学会了中文，还著译了不少与心理学问题有关的书籍。

西方古代和中世纪的心理学思想，也是最早传入中国的西方心理学思想。如其中最早传入的一本书是著名传教士利玛窦于 1595 年用中文撰写的《西国记法》，全书共六篇。他利用西方记忆术结合中国古代"六书"的识字特点介绍怎样识记中国文字的方法，成为现今认识汉字的"集中识字法"教学的先声。他在书中还首次介绍了

脑的记忆作用，确定记忆在脑的颅囟后枕骨下的部位，认为由于脑的硬软和干湿不同而记忆痕迹深浅有所差异。

西方的科学心理学（或新心理学）传入中国是从20世纪初清末实行新教育制度开始的。1902—1903年清政府制定一系列学堂章程，在师范学校中设立心理学课，这时出版译著的心理学书逐渐多起来。与此同时期，西方心理学传入中国的直接渠道中，有近代著名学者王国维翻译的西方心理学著作《心理学概论》，其于1903—1904年在师范院校教心理学课，并以英文重译了丹麦海甫定著的《心理学概论》。这是一本内容充实的著作，全书共七篇，百余章节。其中先论述了心理学的对象及方法等问题，后分述了知识的心理学、感情的心理学和意志的心理学，其内容吸收了当时科学的新成果，明确提出"心理学必须是一门独立的学科，而不可成为哲学的一部分"，并介绍"用实验法研究在生理学与心理学之间产生的一种新科学——精神生物学或实验心理学"。

这一时期促进西方科学心理学在中国的发展有重大影响的还有著名教育家蔡元培，他在1907—1911年留学德国，曾在莱比锡大学学习三年，当时正是冯特在莱比锡创立科学心理学的全盛时期，蔡元培曾亲自听过冯特讲授心理学和哲学史。回国后，他担任中华民国首任教育总长，1917年任北京大学校长，1928年任中央研究院院长，在此期间直接推动了心理系和心理研究所的设立。他积极提倡和发展心理科学，主张把心理学的实验法应用于教育学，认为"从前心理学附入哲学，而现在用实验法应列入理科"，他对应用物理方法、生理方法研究心理学极为重视。这种思想对后来中国的心理学发展产生深远影响。

陈大齐于1918年出版的《心理学大纲》是中国人自编的最早的大学心理学教材，它比较全面地反映了冯特时代心理学的主要内容和科学水平。他在北京大学哲学门（系）开设心理学课程和进行心理学实验，并在1917年设立了中国第一个心理学实验室。

## 二、西方哲学心理学和科学心理学传入中国

这一时期约在清代末期和中华民国初期（19世纪末至20世纪初）。在这一时期，西方心理学传入中国有两条渠道，一是直接传入，二是通过日本间接传入。由于中国经历了清代长期奉行的闭关锁国政策，曾导致西学中断。到了1840年鸦片战争前后，中国被世界列强宰割，开始沦为半殖民地半封建国家，外国传教士在中国沿海和内地的重要城市设立了一些教会学校。

最早到这类学校上学并由教会送去美国留学的一批中国人中有容闳（1828—1912，广东珠海人，曾任清政府驻美公使和留美学生监督）和颜永京（1839—1898，

上海人，牧师）。二人在美国首次学习了西方心理学课程。1925年陈鹤琴著《儿童心理之研究》，这是中国心理学者最早以观察实验研究儿童心理的著作。在心理实验方面，有介绍各种智力测验、教育测验、职业测验的材料并编制测验50多种。廖世承和陈鹤琴在南京高等师范学校于1920年首次开测验课并对学生进行心理测验。这是中国正式采用科学的心理测验的开始。另外，北京高等师范学校还将心理测验作为入学考试科目。在社会心理方面，有结合中国实际进行的迷信心理、善恶心理的调查研究，从民众舆论进行的民意测验等。陆志韦所著的《社会心理学新论》，是中国心理学者首次出版的社会心理学的论著。

## 三、中国心理科学的创建与早期发展

中国五四运动前后，在科学与民主的口号下，科学文化有了一定的发展，心理学也引起了社会上的进一步注意，到欧美留学专门学习心理学的人逐渐增多。他们回国后从事心理学教学和译述，介绍西方心理学各学派的理论，也有少数心理学者开始进行理学研究并建立心理系和心理学研究机构，以及心理学学术组织，进行多种形式的学术交流和创办心理学刊物。这个时期由于受抗日战争时局变化的影响，心理学教学和研究处于动荡不安的局面之中，时作时停，使中国心理学发展深受挫折。在这种困难的条件下，中国第一辈心理学者以热心和毅力奠定了心理学的发展基础，在中国创建了心理科学。

1920年前后，中国的第一批心理学者唐锥、陆志韦、陈鹤琴和张耀翔等赴美留学，后分别在北京大学、南京高等师范学校、北京高等师范学校等教授心理学课，当时开设有普通心理、实验心理、儿童心理、教育心理、教育测验、教育统计等课程，他们开始介绍西方心理学，引进儿童心理测验等，使西方心理学从此广泛地传播开来。

20世纪30年代，中国的心理学发展情况较前一阶段已有显著的进步，全国已有十几所大学设立了心理系，并且有了中国第一个专门研究心理学的机构——中央研究院于1929年5月在北京建立的心理研究所，唐钺为首任所长，并于建所初期进行动物学习问题的研究和神经解剖研究。1933年该所迁至上海，由汪敬熙任所长，研究工作主要侧重于神经生理的研究。

中国抗日战争期间，北京大学、清华大学等由北京迁至昆明成立西南联合大学，校内设有哲学心理学系。中央大学和中央研究院心理研究所由南京迁至重庆。因战争迁徙，部分书籍及实验仪器遭炮火毁损，严重影响心理学研究工作的开展。这时期心理研究所集中研究胚胎行为的发展问题和动物脑髓切片比较研究：1944年汪敬熙出版《行为之生理分析》研究专著；中央大学于1940—1945年出版《教育心理研究》杂志，共三卷十期，内容主要阐述教育心理实验研究结果及教学问题和方法的讨论，间有教育学、生理学、神经学、统计学等方面的论著，这是20世纪40年代国内唯一的心理学刊物。

## 四、中华人民共和国成立后的心理学发展历程

中华人民共和国成立以后，中国心理学进入了一个新的发展时期。随着经济建设和科学事业的发展，很快地设立了心理学研究机构，重建了中国心理学会，将全国心理学工作者团结组织起来，学习辩证唯物论哲学和巴甫洛夫学说以及苏联心理学，并试图改造西方的心理学。心理学的教学、科学研究和培养新生力量的工作都逐步开展起来，为心理学的发展打下了新的基础。但在20世纪60年代中期至70年代中期，"文化大革命"十年动乱扼杀了心理学的发展。直至打倒"四人帮"之后，经过学科重建才再次走上发展的道路。特别是20世纪80年代以来，随着改革开放不断深化，心理学打破"禁区"，加强国际学术交流，因此有了空前的发展和进步。

### （一）学习改造阶段（1950—1956年）

这一阶段，心理学基本上完成了机构、人员调整和心理学学科规划的制定。1951年，中国科学院建立心理研究所。1952年全国高等学校院系调整，在北京大学哲学系设心理专业，在南京大学设心理系，各高等师范院校先后设立心理学教研室，心理学列为师院各系必修课，并聘请苏联专家讲学，教学均依据苏联的教本而抛开西方心理学。1955年8月中国心理学会正式成立并举行第一次会员代表大会。这时全国已有19个省级心理学会，共有会员501人。在全国学科规划中，心理学作为基础学科之一，制定了十二年发展远景规划，确定了心理学科发展的方向。当时，全国心理学工作者形成了学习辩证唯物论哲学和巴甫洛夫学说及苏联心理学的热潮，认为学习苏联心理学就可以建立起唯物主义的心理学。在基本理论方面，探讨了心理活动与高级神经活动的关系问题；应用辩证唯物主义观点对心理学的几个主要流派，如构造学派、实用主义心理学、行为主义、格式塔心理学等展开批判。在生理心理方面，研究了动物的辨别活动问题，对狗和猿猴进行了复杂运动连锁反射实验，以及动物与儿童高级神经活动类型的研究、儿童两种信号系统的相互传递、运动动力定型中的顺序反应等。在实验心理方面，有运动知觉阈限和速度判断以及似动现象的研究。

### （二）初步繁荣阶段（1957—1965年）

1957年，全国心理学工作者曾对心理学教学和科研工作中脱离实际的倾向开展

了对心理学如何联系实际,为经济建设服务问题的讨论。这使心理学工作者充分认识到科研工作要密切联系实际的必要性,但也产生了偏向,对基础理论研究的重要性有所忽视,甚至将实验室也拆掉。1958年,科研人员"下楼出院",纷纷到工厂、医院、学校等实际部门,开展了心理学联系实际的研究工作。在劳动心理、工程心理、医学心理和教育心理等领域取得一定成绩,推动了应用心理的发展。但在1958年8月,由北京师范大学的某些人首先发起了一场波及全国的"批判心理学资产阶级方向"运动,用行动命令的方法支持"心理学是社会科学,有阶级性"的看法,批判"心理学是中间科学或自然科学"的观点,认为这是把人的心理"抽象化""生物学化""不要人的阶级性",是"资产阶级的伪科学"。他们认为心理学研究的唯一对象应是人的阶级性、阶级意识,完全否定了人类心理的共同规律;还将心理学老专家当作"白旗"拔掉,把学术问题和政治问题混淆,引起思想混乱,摧残了心理学工作,打击了心理学工作者的积极性。1959年纠正了这一批判运动的错误,开展了关于心理学对象、任务、方法和学科性质等基本理论问题的学术讨论。并于1960年1月,中国心理学会举行第二次会员代表大会时进行了总结,提高了认识,明确心理学研究的方向应是贯彻理论联系实际的方针,把重点放在解决实际问题的研究上;同时不应忽视基础理论问题的研究;心理学既要研究阶级的特殊心理活动的规律,也要研究人类心理的共同规律;在研究任务上,心理学要研究的是人的心理形式或反映过程而不是内容;在研究方法上,除阶级分析外还须并用其他方法;关于学科性质,多数人认为心理学是介于社会科学和自然科学的中间科学。当时的心理学工作虽遭遇一些挫折,但经过澄清"批判运动"造成的思想混乱后,根据中国心理学会第二次会员代表大会的总结精神,全面开展教学和科研工作,并取得了可观的成绩。

### (三)重建恢复阶段(1977—1980年)

1976年后,心理学重获新生,医治创伤,初步恢复起来。1977年6月中国科学院心理所正式恢复;8月在北京平谷召开了全国心理学学科规划会,重新调整了学科规划;11月恢复了中国心理学会的活动;教育系统的科研和教学组织也陆续得到恢复和发展,北京大学、华东师范大学建立了心理系。心理学会重新组织自己的队伍,于1978年5月在杭州召开关于评论冯特心理学、发展心理学和教育心理学专业会议,落实了课题的协作计划。心理学各方面的工作复兴,说明基本上医好了之前所造成的创伤,并得以康复发展。这三年来开展的研究工作有心理学基本理论方面,对冯特的心理学思想进行了研究,翻译介绍冯特的著作并对其工作做出评价;还评论国外(欧美和苏联)心理学思想和派别,注重其新进展加以系统总结。在发展心理方面,对3~7岁儿童数概念发展的研究、超常儿童的调查、儿童语言发展的研究等都是采取全国范围内的大协作方式取得了初步成果;还开展了低常儿童心理发展、个性发展等研究。对过去视为"禁区"的智力测验也开始进行试探。在教育心理方面，研究品德教育的心理学问题和各科教学的心理学问题，特别是在过去程序教学基础上，结合中国教学实际开展的中学数学自学辅导实验研究已取得显著效果。

### （四）稳定发展阶段（1981—1994年）

在整个20世纪80年代和步入90年代后随着改革开放不断深化，中国心理学各方面的工作也进行了一系列的改革，科研和教学工作逐步稳定发展。这十多年有很大的进展和变化。现将其心理学机构做一简介。中国科学院心理研究所（简称中科院心理所）已成为国内第一流心理学研究中心。在组织机构上已于1994年6月成立中国科学院心理研究所和美国密西根大学心理学合作研究中心；之后，成立了"中科院心理所脑-行为研究中心""中科院心理所人类行为与发展实验室""中科院心理所人类信息加工青年实验室"，为到达21世纪将心理所办成一个开放性的，具有国际前沿研究水平的科学研究机构的目标开始迈步前进。高等学校的五大心理学系：北京大学（1978）、华东师范大学（1979）、杭州大学（1980）、北京师范大学（1981）和华南师范大学（1986）先后建成心理学系。它们的师资队伍充实，设备比较完善，教学和科研工作根据各自具有的不同特点而有所侧重。由市委、市政府领导下建立的心理学科研和决策咨询机构。中国心理学工作者坚信心理科学在改革开放的方针指导下，将会不断地发展，更加繁荣。

### （五）快速发展阶段（20世纪90年代后期至今）

1999年国家科技部组织制定《全国基础研究"十五"计划和2015年远景规划》，将心理学确定为18个优先发展的基础学科之一。2000年，心理学被国务院学位委员会确定为国家一级学科。在2006年的《国家中长期科学和技术发展规划纲要（2006—2020年）》中，又将"脑科学与认知科学"列入国家8个科学前沿问题之一。近年来，已有10多所国内知名高校将心理学及其相关研究列入"985"和"211"工程重点建设项目，教育部直属的6所师范大学也于2008年联合启动了"教师教育创新平台"建设计划，把心理学作为师范院校的优势特色学科之一。同时国家对心理学事业的发展还相继推出了一系列重要的政策指导性文件，如1994年《中共中央关于进一步加强和改进学校德育工作的若干意见》中提出"通过多种方式对不同年龄层次的学生进行心理健康教育和指导"，1999年教育部颁布了《关于加强中小学心理健康教育的若干意见》，2001年教育部又制定了《关于加强普通高等学校大学生心理健康教育工作的意见》，这些文件对大中小学心理健康教育作了具体的要求和规定。近十年来，许多职能部门将心理学人才的职业化建设也纳入规范化管理中，像劳动部认证的"心理咨询师"、卫生部认证的"心理治疗师"、人事部认证的"心理保健师"等,这些系统制度化的保障措施必将对我国心理学的专业化事业的蓬勃发展起到积极的推动作用。有力地说明:心理学科被正式列入我国主要学科建设系列,从而在点和面上都有力地促进了我国各科研机构、院校中心理学专业人才的培养工作,进而提高了心理学在我国的教育和研究水平。

从 20 世纪 90 年代开始,中国心理学的本土化研究取向发展到了尝试进行整体思考架构的阶段,这在文化心理学和社会心理学的研究中反映得最为明显。许多学者提出要建构本土化的概念和理论模式,标志着国内心理学工作者开始具有了对本土化的心理学研究的自觉意识。心理学研究的本土化即中国化的目的,并非建立故步自封的本国心理学,而是要创建面向世界的具有中国特色的心理学,为世界心理学提供新的资料、课题、理念和方法,在世界心理学的发展中做出一定的贡献。正如老一辈心理学家潘菽多次强调的那样:中国心理学必须走自己的路,建立具有我国特色的科学心理学体系,以便能更好地为我国社会主义建设服务,并为国际心理科学的发展做出我们应有的努力。年轻一代的学者也日益认识到,建立原创性的中国心理学理论具有十分重要的意义。从科学的普适性而言,绝不存在中国特色的数学、中国特色的物理学,但是却需要有中国特色的经济学、中国特色的文化学、社会学;从人类共同性的角度来看,人类具有共同的人性、共同的理性、共同的情感和行为方式,用同样的方法和规则来研究并约束本质相同的人,似乎不会有什么问题。但是另一方面,人又是社会的产物、文化的动物,不同社会中的人接受不同的文化和制度的滋养,对心理规则的要求和遵守又会带有极强的本土特征。中国人的行为生存方式、文化心理模式也会对全球多元化的发展进程有所补充、丰富以及贡献。

### 知识视窗 ○ 心理健康与天气搭界

李 庚

气象是组成人类生活环境的要素,气象的变化不仅影响人的生理健康,对人的心理情绪方面的影响也非常明显。

研究表明,高温、高湿、阴雨以及一些异常天气事件,都不利于人的心理健康。世界卫生组织的一份资料表明,1982 年至 1983 年的"厄尔尼诺事件",全球大约有 10 万人患上了抑郁症,精神病的发病率上升了 8%,交通事故也增加了 5000 次以上。究其原因,是"厄尔尼诺"这种异常气象变化,引起全球范围的气候异常和天气灾难,超越了一部分人的心理承受能力,从而发生坐卧不安、精神迟钝等症,意志薄弱者还会发出歇斯底里的哭叫声。

一般来说，低温环境有利于形成较佳的心理状态，而高温或在温度回升时，人的精神状态则容易产生波动和异常。精神专家研究发现，当气温较高或有暖流入侵时，精神病人起床徘徊、无法入睡、叫喊骂人、摔打东西的情况显著增加，正常人也会有程度不同的情绪变化。

古谚云："天昏昏兮人郁郁。"意思就是在阴雨连绵的季节，人们的精神较懒散，心情也不畅快。我国的医疗气象工作者通过深入研究发现，阴雨天气之所以影响人的心理健康，主要是因为阴雨天气下光线较弱，人体分泌的松果激素较多，这样，甲状腺素、肾上腺素的分泌浓度就相对降低，人体神经细胞也就因此"偷懒"，变得不怎么"活跃"，人也就会变得无精打采。

气象条件对心理健康的影响，已经引起心理学家、行为学家和管理学家的高度重视。一些国家在发布天气预报的同时，还发布未来天气里可能引发的生理和心理方面的疾病（如神经官能症、抑郁症等），以及"因天制宜"的防病措施和建议。

> **课后思考**
>
> （1）"我想你了"是人体哪个部位的意识？"心理"可否理解为"脑理"？为什么？请详述。
>
> （2）通过阅读中外心理发展史资料，你有怎样的心理感受？你对中国心理学发展的看法是什么？

 **心理咨询师手记**

**不忘初心，方得始终**

一、个案描述

徐某，男，大三。来自山西省，爸爸是工人，妈妈是农民，和父母关系比较好，在家排行老三，上面有两个姐姐，已婚。寝室8个人，与他们关系一般。来访者从身材来看，高高大大的，但是从精神面貌来看，没有朝气和活力。访谈过程中语词里透露出很多的无奈，有些优柔寡断，对自己没有信心。来访者对在学校的生活很迷茫，每天的生活都很被动，有的时候觉得学习生活没有意思，但又不知道从何做起。刚来到这个学校的时候，来访者觉得有自己要做的事情，有自己的计划和打算，想考研。并且他的家人也很支持考研，于是就督促他一定要考个好学校的研究生,他自己也是这样想的。但是现在,考研的梦想慢慢地被生活耗尽了。马上就要毕业了,他很迷茫,也不知道将来会怎么样,其实他也想考研,假期的时候还买了与考研相关的一些材料和书籍,但也是偶尔看一下,没有坚持下来。前几天来访者在宿舍说要考研,舍友都嘲弄他说,那是天方夜谭。听到那些话后,来访者心里觉得挺不是滋味的,他开始自我怀疑还能不能考研,也不敢相信自己了。

## 二、咨询师与来访者的对话（节选）

咨询师：你现在的学习情况怎么样？

来访者：在大一的时候,我很努力,每次期末考试我的成绩都在班级前列。但是到了大二我就没有那么努力了,其实也和我们班的班风有关。我们班很不团结,学习氛围更糟糕,尤其是我们班的男生,每天都不学习,回到宿舍打游戏的打游戏,玩手机的玩手机,但是我们班的女生大都学习很努力,所以现在每到期末考试,名列前茅的都是女生,所有奖学金也都被女生获得,而我们班的男生也不思进取。我希望生活在一个团结向上的班集体中,作为学生干部（宣传委员）我也曾经和同学商量过集体游,但是很少有响应的,最后也就不了了之了。还有,我们班的其他班委也不作为,尤其是班长,自己没有责任心,做事不光明磊落。比如说,他开会就不在全班同学的面前一起说,总是挨个悄悄地说,而且做事表里不一,人前一面,人后一面,搞得班级很不团结,而我们班主任也不管,但我也没办法啊！

咨询师：你觉得在你的陈述里面,是班级氛围影响了你的学习,对吗？

来访者：对的,我们班级的学习氛围太差了,而且我也是一个自我控制力不强的人。

咨询师：那你觉得是班级氛围还是你自身的特点起主要作用呢？

来访者：还是自我性格的弱点吧。

咨询师：你还想考研吗？

来访者：当然想啊！

咨询师：那你愿意从现在开始只为考研努力并相信自己吗？

来访者：我试试看吧。

咨询师：当你的生活失去了方向和目标,生活就会陷入混乱的状态,如果你不主动改变并为之坚持你所想要的,你的迷茫现状只会持续下去,最后变成一种习惯。你只能被动地生活着。

## 三、咨询师的主要技术方法

1. 基本技术

澄清：通过澄清技术使咨询师对来访者的问题有更加明确的了解,同时促进来访者的自我探索，进一步思考自己所面临问题的本质，如"你觉得在你的陈述里面，是班级氛围影响了你的学习，对吗？"

2．核心技术

叙事疗法：引导来访者在面对日常生活的困扰、平庸或是烦闷时，把自己的人生、历史从不同的角度来"重新编排"，叙述成为一个积极的、自己的故事，从而改变其盲目与抑郁的心境，并激发其自我效能感，对未来有良好的期待，促进自我实现。

3．辅助技术

团体辅导：筛选在考研方面有类似困扰的来访者开展团体辅导，通过团体成员之间的互动和沟通使来访者获得情感上的共鸣，并可以分享具体的考研信息，通过积极环境的力量促进来访者行为上的改变。

### 四、咨询师反思

每个人的学习方法都不同，或多或少都存在一些缺陷，而这些学习方法与生活环境以及学校和家庭教育有很大的关系，来访者处于想考研又迷茫的心态，我相信在大多数学生之中，都会存在一些对未来的恐慌、迷茫不安的心情。我认为不要被环境影响，调整好自己的心态，保持一种积极的生活态度，制订一个生活学习计划，养成一个好的生活习惯，坚持自己的信仰，换个角度思考问题。不抱怨环境，不要过于在乎别人的想法，不要因为别人的话语判断而改变自己的想法，既然存在考研的想法，不如奋力一搏，努力去争取，不要让这些想法慢慢消失在时间的轨道里。如果被坏的习惯惯养着自己，生活只会碌碌无为！我相信，努力了不一定成功，但不努力一定不会成功，将想法付诸行动中，才能有结果，如果不努力，一切都是枉然！不忘初心，方得始终。

同时，关于考研还是就业的争论一直存在，考研主要是想要学习更多的知识，就业可以从实践中不断锻炼自己所学的知识。无论是考研还是就业，都需要结合自身的情况而定。每个人的学习、身体、经济等方面的条件都是不同的，关键是要结合自己的特点，做出适合自己的选择。考研是否有利于就业，至今也没有一个明确的定论。不过有一点需要注意的是，不管你是选择就业还是选择考研，都必须要摆正自己的心态，看清自己的位置，只有这样才能得到有利于自身发展的结果。动机冲突理论中的"鱼和熊掌不可兼得"的争论需要慎重权衡。

### 五、咨询中的重要概念阐释

从众，指个人受到外界人群行为的影响，而在自己的知觉、判断、认识上表现出符合于公众舆论或多数人的行为方式。通常情况下，多数人的意见往往是对的，少数服从多数一般是不错的。但缺乏分析、不做独立思考、不顾是非曲直地一概服从多数，随大流走，则是不可取的，是消极的"盲目从众心理"。

从众心理是人类的一个思维定式。思维上的从众定式使得个人有一种归属感和安全感，能够消除孤单和恐惧等心理。许多时候，大家在明知一件事情是违法或犯罪的时候，一个人可能不会去做，但是如果一群人中有人已经做了，并且在当时只能看到得益而没有产生相应后果的时候，从众定式就会使人们产生非理性思维，法不责众的心理会充斥于胸。这在犯罪心理学上叫"越轨的集群行为"。比较典型的如聚众哄抢财物、集体盗墓、球迷闹事等。这种集体行为是在相对自发的、无组织的和不稳定的情况下，通过人们之间互动、模仿、感染而产生。其实，参与这类行为的个体，往往自身的目标和期望比较模糊，甚至可能对周围的情况并不了解，或受人蛊惑，或受利益驱使，表现出激情色彩的情绪波动和"出事大家顶"的责任分担心理。

造成人产生从众心理的原因是多方面的。在群体中，个体标新立异、与众不同容易感到孤立，而当他的行为、态度与意见同别人一致时，却会有"没有错"的安全感。从众源于一种群体对自己的无形压力，迫使一些成员违心地产生与自己意愿相反的行为。不同类型的人，从众行为的程度也不一样。一般来说，女性从众多于男性；性格内向、自卑感强的人多于外向、自信的人；文化程度低的人多于文化程度高的人；年龄小的人多于年龄大的人；社会阅历浅的人多于社会阅历丰富的人。该个案中的来访者在学习过程中面对班级和宿舍中的种种不良因素缺乏改变的能力，表现出了较为明显的从众行为。

# 第二章 心理问题探索

**【课前思考】**

(1) 你知道心理的实质吗?
(2) 什么是心理健康?你的心理健康吗?
(3) 什么是心理问题,是否每个人都有心理问题?
(4) 你知道积极心态的力量吗?

第二章 学习资源

## 第一节 心理健康概述

> 幸福的首要条件在于健康。
>
> ——柯蒂斯

只有优异的成绩,却不懂得与人交往,是个寂寞的人;只有过人的智商,却不懂得控制情绪,是个危险的人;只有超人的推理,却不了解自己,是个迷惘的人。如果你想做一个有自知之明的,健康快乐的,拥有亲情、友情和爱情的人,如果你想在人生道路上不断前行,那就必须具备健康的心理。

**心理健康自测量表**

这里有29个问题,它对于了解你的心理健康情形,并作为自我指导的参考甚有帮助。请在仔细看过每一问题后,对于下列各题做出"是"或"否"的回答。

1. 每当考试或提问时,会紧张出汗。
2. 看见不熟悉的人会手足无措。
3. 心里紧张时,头脑会不清醒。

4. 常因处境艰难而沮丧气馁。
5. 身体经常发抖。
6. 会因突然的声响而跳起来，全身发抖。
7. 别人做错了事，自己也会感到不安。
8. 经常做噩梦。
9. 经常有恐怖的景象浮现在眼前。
10. 经常会感到胆怯和害怕。
11. 常常稍不如意就会怒气冲冲。
12. 当被别人批评时就会暴跳如雷。
13. 在别人请求帮助时，会感到不耐烦。
14. 做任何事都松松垮垮，没有条理。
15. 脾气急躁、焦急。
16. 一点也不能宽容别人，甚至对自己的朋友也是这样。
17. 被别人认为是个好挑剔的人。
18. 总是会被别人误解。
19. 常常犹豫不决，下不了决心。
20. 经常把别人交办的事搞错。
21. 会因不愉快的事缠身，一直犹豫，解脱不开。
22. 有些奇怪的念头老是浮现脑海，自己虽知其无聊，却又无法摆脱。
23. 有时候尽管四周的人在快乐地取闹，自己却觉得孤独。
24. 常常自言自语后独自发笑。
25. 总觉得父母或朋友对自己缺少爱。
26. 情绪极其不稳定，很善变。
27. 常有生不如死的想法或感觉。
28. 半夜里经常听到声响难以入睡。
29. 是一个感情很容易冲动的人。

计分标准：将回答"是"的题目（1分）的总分相加。

**回答的总分：**

1～5分：可算一般正常人。

6～15分：说明你的心理有些疲倦了，最好能合理安排学习。劳逸结合，让神经得到松弛。

16～29分：你的心理不健康，有必要求助心理咨询，相信你会很快从烦恼和不安中走出来。

# 一、什么是心理健康

健康是一个人事业成功、生活幸福的基石。有健康，才有希望，才有未来。随着社会的进步、科技的发展，人们的健康观也发生了根本性的转变，心理健康已是时代的课题，是现代社会进步与人类自身发展的客观要求。心理健康问题已在世界范围内得到重视和发展。当代大学生是祖国的未来，民族的希望，时代的发展和激烈的竞争对大学生提出了更高、更新、更强的要求。显然，大学生的成才发展不仅需要掌握知识和技能，更需要开发心理潜能，拥有健康的心理。那么，到底什么是心理健康呢？

心理健康是健康的重要组成部分，是良好心理素质的基础。假如有这样几个例子，让你判断这个人的心理是否健康，你将得出什么样的结论？

【案例 2.1】

有一个大学生，平时性格开朗，活泼大方，但近几周里，他变得抑郁、孤僻、沉默，甚至不能集中注意力学习，还经常在半夜里哭醒，他精神失常了吗？若告诉你，他的母亲刚去世不久，你又会怎样认为？

【案例 2.2】

一位男青年在火车站站台上焦虑地徘徊着，列车进站，尚未停稳。一位女青年便急切地走下列车，接她的那位男青年也不顾一切地跑上去，抱起她忘情地狂吻，全然不顾站台上众多乘客的眼光。你认为他正常吗？若告诉你，这对男女是西方人，你的结论又是什么呢？

【案例 2.3】

有一个人正在看一本书，忽然手中的书被人夺走，于是，他大哭大闹起来。你认为他正常吗？若告诉你，他是一个五岁的小孩，你的结论又将如何？

通过上述案例不难看出，人的心理是否健康，仅以某一种外显行为表现来判断是得不出正确结论的，还要考虑到其所处的背景、文化、年龄、社会身份、情境等诸多因素。某些行为发生在儿童身上是正常，发生在成人身上则是异常的；某些行为发生在女性身上是可以接受的，发生在男性身上则被认为是病态的；某些行为在特定的社会背景和条件是正常的，但在其他情况下则被认为不合理。

关于心理健康的标准，国内外专家学者有着各自不同的理解和界定。例如，英格里士认为，"心理健康是指一种持续的心理情况，当事者在那种情况下能做良好适应，具有生命的活力，而且能充分发展其身心的潜能；这乃是一种积极的丰富情况。

不仅是免于心理疾病而已"。柏格森认为心理健康的定义是:"具有行动的热情,良好的社会适应能力,具有创造的理想。"世界卫生组织给健康下的定义为:"健康是一种身体上、精神上和社会适应上的完好状态,而不是没有疾病及虚弱现象。"

一个人的心理健康和生理健康一样也是有标准的,不过人的心理健康的标准不及人的生理健康的标准具体与客观。了解与掌握心理健康的定义对于增强与维护人们的健康有很大的意义。人们掌握了人的健康标准,以此为依据对照自己,进行心理健康的自我诊断。发现自己的心理状况某个或某几个方面与心理健康标准有一定距离,就有针对性地加强心理锻炼,以期达到心理健康水平。如果发现自己的心理状态严重地偏离心理健康标准,就要及时地求医,以便早期诊断与早期治疗。

## 二、大学生心理健康的标准

根据处于青年期的大学生所具有的心理特点和大学生特定社会角色的要求,在实践中,我们认为,大学生心理健康标准应从以下几个方面把握。

### (一)智力正常

这是大学生学习、生活与工作的基本心理条件,也是适应周围环境变化所必需的心理保证,因此衡量时,关键在于是否正常地、充分地发挥了效能,即有强烈的求知欲,乐于学习,能够积极参与学习活动。

### (二)恰当的自我评价

正确的自我评价乃是大学生心理健康的重要条件,自我观察、自我认定、自我判断和自我评价,做到自知,恰如其分地认识自己,摆正自己的位置,既不以自己在某些方面强于别人而自傲,也不以在某些方面弱于别人而自惭形秽,能够自我悦纳,即喜欢自己,接受自己,自尊、自强、自制、自爱适度,正视现实,积极进取。

### (三)情绪积极稳定

其标志是情绪稳定和心情愉快。包含的内容有:愉快情绪多于负性情绪,乐观开朗,富有朝气,对生活充满希望;情绪较稳定,善于控制与调节自己的情绪,既能克制又能合理宣泄;情绪反应与环境相适应。

### (四)意志健全

意志是人在完成一种有目的的活动时,所进行的选择、决定与执行的心理过程。意志健全者在行动的自觉性、果断性、顽强性和自制力等方面都表现出较高的水平。

意志健全的大学生在各种活动中都有自觉的目的性，能适时地做出决定并运用有准备的方式解决所遇到的问题，在困难和挫折面前，能采取合理的反应方式，能在行动中控制情绪和言而有信，而不是行动盲目、畏惧困难、顽固执拗。

### （五）人际关系和谐

良好而深厚的人际关系是事业成功与生活幸福的前提。其表现为乐于与人交往，既有广泛而深厚的人际关系，又有知心朋友；在交往中保持独立而完整的人格，有自知之明，不卑不亢；能客观地评价别人和自己，善取人之长以补己之短，宽以待人，乐于助人，积极的交往态度多于消极态度，交往动机端正。

### （六）人格完整

人格指的是个体比较稳定的心理特征的总和。人格完善就是指有健全统一的人格，即个人的所想、所说、所做都是协调一致的。一是人格结构的各要素完整统一；二是具有正确的自我意识，不产生自我同一性混乱，以积极进取的人生观作为人格的核心，并以此为中心把自己的需要、目标和行动统一起来。

### （七）社会适应良好

个体与客观现实环境保持良好秩序。进行客观观察以取得正确的认识，以有效的办法应对环境中的各种困难，不退缩，还要根据环境的特点和自我意识的情况努力进行协调，或改变环境适应个体需要，或改造自我适应环境。

### （八）心理行为符合大学生的年龄特征

心理健康的大学生，表现为朝气蓬勃、精力充沛、勤学好问、反应敏捷、勇于创新；而整天紧缩双眉、老气横秋，或像小孩子一样经常喜怒无常，过度依赖别人，甚至行为幼稚可笑，则是心理不健康的表现。

## 三、如何理解心理健康标准？

## （一）心理不健康与有不健康的心理和行为表现不能等同

心理不健康是指一种持续的不良状态，一个人偶然出现不健康的心理和行为，并不等于其心理不健康，更不等于已患心理疾病。

## （二）心理健康与不健康不是泾渭分明的对立面，而是一种连续的状态

从良好的心理状态到严重的心理疾病之间有一个广阔的过渡带。在许多情况下，异常心理与正常心理，变态心理与常态心理之间没有绝对的界限，只是程度的差异。

## （三）心理健康的状态不是固定不变的，而是动态变化的过程

随着人的成长、经验的积累、环境的改变，心理健康状况也会有所改变。

## （四）心理健康的标准是一种理想尺度

它不仅为我们提供了衡量是否健康的标准，而且为我们指明了提高心理健康水平的努力方向。每一个人在自己现有的基础上做不同程度的努力，都可以追求心理发展的更高层次，不断发挥自身的潜能。

> **心灵贴士**
>
> 1. 一个宽阔的胸怀。心态决定健康。豁达、宽容、大度的生活态度会使你更容易满足和懂得享受生活的美好。
>
> 2. 一种活泼、热情、开朗的合群性格。性格决定命运。活泼、热情、开朗的人天真、善良、自信、愿意帮助别人，拥有和谐的人际关系。
>
> 3. 一种不向任何压力低头的意志。能接受挑战的人，说明他的精力十分充沛。
>
> 4. 一副永远微笑的面孔。笑会令你肌肉牵动，促进血液循环，并能呼出二氧化碳，吸入更多的新鲜空气。
>
> 5. 一种对年龄的忘却。不要老是想着我又长了一岁，更老了。每天都要抱着乐观的态度去生活，你就会觉得永远年轻，有活力。
>
> 6. 一种规律的生活。这将有助于形成良好的条件反射，以保证各种生理机能发挥最好的效应。
>
> 7. 一种合理的饮食习惯。合理饮食是长寿之木，每餐吃八成饱最好。注意营养平衡，不能偏食，主副食适当搭配，不吸烟，不饮酒。

8. 一种最适合自己的锻炼方法。选择原则有两条：一是个人的兴趣和爱好；二是根据自己的身体状况，特别是心血管和呼吸系统的状况。

9. 一种能调节身心的业余爱好。一个人起码要有一种业余爱好，它能增添你的生活情趣，同时也是消除工作疲劳的良方。

10. 一种正确对待疾病的态度。生病时，要沉着，不要恐慌，要积极找医生治疗，且乐观自信，相信自己一定能战胜它。

（改编自《读者》，作者王振华。）

## 第二节　心理问题评估诊断

> 这世界除了心理上的失败，实际上并不存在什么失败，只要不是一败涂地，你一定会取得胜利的。
> ——亨·奥斯汀

**思考**：以下这些情况可能你感同身受，也可能发生在你周围的同学身上，思考并讨论，以下这些表现是心理问题吗？

"我考试焦虑了。"

"我对专业发展迷茫了。"

"我对恋爱对象的选择不知所措了。"

"我每天无法控制地洗50遍手。"

"我见众人说话脸红，讲不出话来了。"

### 一、正常心理及其表现

#### （一）正常心理

正常心理就是具备正常的心理功能，没有脑器质性病变，能保障人作为生物体适应环境，健康地生存发展；能保障人作为社会实体正常地进行人际交往，在家庭、社会团体、机构中正常地肩负责任，使人类赖以生存的社会组织正常进行；能使人类正常地、正确地反映、认识客观世界的本质及其规律性，以便创造性地改变世界，创造出更适合人类的生存环境。

正常心理分为健康心理和不健康心理两种心理状况，用来表示正常心理水平的高低和程度如何。健康心理是永恒追求的目标，但现代人大多处于亚健康状态；心理不健康，也称心理失衡，是正常心理活动中的局部异常状态。不存在心理状态的病理性变化，具有明显的偶发性和暂时性，常与一定的情境相联系，常有一定的情景诱发，脱离该情景，个体的心理活动则完全正常。从严重程度来分，分为一般心理问题、严重心理问题和疑似神经症。

## （二）正常心理表现

### 1. 一般心理问题

由现实因素激发，持续时间较短（1～2个月），情绪反应能在理智控制之下，不严重破坏社会功能，情绪反应尚在未泛化的心理不健康状态。

**【案例2.4】**

小李，男，大二学生。一次在和舍友聊天中，无意开玩笑伤了对方面子，自己知道说错了，后悔不已，心情懊恼，想跟对方道歉却又张不开口，也怕对方不接受道歉，心情为此郁闷。几天来一回到宿舍就觉得别扭，心情郁闷。

**案例分析**：小李同学目前的症状是人们经常遇到的因适应人际关系问题引起的轻度心理问题，对他的情绪状态有一定的负面影响，属于一般心理问题，通过自我调整和适当的心理疏导容易得到恢复和矫正。

### 2. 严重心理问题

由相对强烈的现实因素激发，初始情绪反应剧烈、持续时间较长（2～6个月），内容充分泛化的心理不健康状态。

**【案例2.5】**

王某，女，20岁，大三学生。经常头痛，健忘，一考试就紧张，睡眠不好，多梦，白天嗜睡，乏力，头昏。近半年来，情绪低落，经常委屈、哭泣，对未来觉得太遥远，而现实又冷酷，工作和学习压力太大。

**案例分析**：从王某的精神状态和躯体症状可以看到患者有着较严重的心理问题。心理问题既影响着她的情绪，也影响到她的思维，同时也使他对自己失去信心。

## 3. 疑似神经症

已接近神经衰弱或神经症,或者它本身就神经衰弱或神经症的早期阶段。心理问题的表现有时会出现类似的情况,表 2-1 总结了一般心理问题和严重心理问题的区别指标。

表 2-1　一般和严重心理问题区别指标

| 区别指标 | 一般心理问题 | 严重心理问题 |
| --- | --- | --- |
| 情绪反应强度 | 由现实生活、工作压力等因素而产生内心冲突,引起的不良情绪反应,有现实意义且带有明显的道德色彩 | 是较强烈的、对个体威胁较大的现实刺激引起心理障碍,体验着痛苦情绪 |
| 情绪体验持续时间 | 求助者的情绪体验时间不间断地持续 1 个月或者间断地持续 2 个月 | 情绪体验超过 2 个月,未超过半年,不能自行化解 |
| 行为受理智控制程度 | 不良情绪反应在理智控制下,不失常态,基本维持正常生活、社会交往,但效率下降,没有对社会功能造成影响 | 遭受的刺激越大,反应越强烈。多数情况下,会短暂失去理智控制,难以解脱,对生活、工作、和社会交往有一定程度影响 |
| 泛化程度 | 情绪反应的内容对象没有泛化 | 情绪反应的内容对象被泛化 |

## 二、异常心理及其表现

如果有这样的情况:坚信自己的行为、情感受到"最先进电子仪器控制",断言"思想被窃听",则不能被认为心理仍然正常,很显然这是心理异常的表现。异常心理指丧失了正常功能的心理活动,有精神障碍症状。心理异常具体分为确诊的神经症、其他各类精神障碍。

### (一)神经症

神经症即神经官能症,是一组非精神病性功能性障碍的总称,患者深感痛苦且妨碍心理功能或社会功能,但没有任何可证实的器质性病变基础。神经症的评定或诊断可以通过以下三个方面来揭示和分析。

(1) 病程。

不到 3 个月为短程,评分 1;3 个月到一年为中程,评分 2;一年以上为长程,评分 3。

(2) 精神痛苦程度。

轻度者——当事人可以主动设法摆脱,评分 1;中度者——当事人自己摆脱不了,需借助别人或改变处境来摆脱,评分 2;重度者——当事人几乎完全无法摆脱,即使别人安慰或者去休养、娱乐也无济于事,评分 3。

(3) 社会功能。

轻度者——能照常工作但人际交往轻微妨碍,评分 1;中度者——社会功能受损,工作、学习或人际交往能力明显下降,不得不减轻工作强度或换工作,某些社交场合不得不尽量避免,评分 2;重度者——社会功能受损,完全不能工作、学习,不得不休病假退学,或某些必要的社会交往完全回避,评分 3。

如果总分为 3,还不能诊断为神经症;如果总分大于 6 分,就可以确诊为神经症。4～5 分则为可疑病例,须进一步观察确诊。另外,对精神痛苦和社会功能的评定,至少要考虑近三个月的情况才行,若时间太短,评定结果是不可靠的。

神经症可分为焦虑症、抑郁症、强迫症、恐怖症、疑病症和神经衰弱等。

1. 焦虑症

焦虑是最常见的一种情绪状态,比如快考试了,如果你觉得自己没复习好,就会紧张、担心,这就是焦虑。这时,通常会抓紧时间复习应考,积极去做能减轻焦虑的事情。这种焦虑是一种保护性反应,也称为生理性焦虑。当焦虑的严重程度和客观事件或处境明显不符,或者持续时间过长时,就变成了病理性焦虑,称为焦虑症状,符合相关诊断标准的话,就会诊断为焦虑症。

焦虑症是以发作性或持续性情绪焦虑、紧张为主要特征的一组神经症。虽然正常人也会有焦虑,但焦虑的程度适当,而不伴随其他心理活动异常和相应的躯体症状,且引起焦虑的事件过去之后,焦虑情绪通常也就自动解除了。焦虑症患者的情绪往往不是由现实情况所引起,常伴有躯体症状,急性焦虑症患者会突然出现心悸、喉部梗塞、呼吸困难、头昏、无力,常伴有紧张、恐惧或濒死感;检查可见心跳加快、呼吸急促、震颤、多汗等躯体症状。慢性焦虑症患者长期处于焦虑状态,常为一些小事儿苦恼、自责,对困难过分夸大,遇事常往坏处想,对躯体不适特别关注,注意涣散、记忆不佳、兴趣缺乏,常常失眠多梦。

2. 抑郁症

抑郁症是以持久性情绪低落为特征的神经症。虽然正常人也有情绪低落的时候,但持续的时间一般不会太久。抑郁症患者的抑郁情绪可能持续数月乃至数年,常表现为心情压抑、态度悲观、怨天尤人、自我评价降低,对周围事物兴味索然,对前途感到失望。此外,还常伴有植物性神经功能失调,如胸闷、乏力、疼痛等。由于觉得生存缺乏意义，对生活感到失望甚至绝望，抑郁症患者有时会放弃求助，严重的甚至导致自杀行为。

### 3. 强迫症

强迫症是以强迫症状为中心的一组神经症。所谓强迫症状是指患者主观上感到有某种不可抗拒或不能自行克制的观念、意向、情绪和行为的存在，他们或单一地出现，或夹杂在一起出现。患者虽然也认识到它们是不恰当或毫无意义的，但是难以将其排除。正常人也或多或少有一些强迫性的观念或行为等，但强迫症患者为了排除这些令人不快的观念或行为，有着严重的心理冲突并伴有强烈的焦虑和恐惧，如强迫关门、强迫洗手等。

### 4. 恐怖症

恐怖症是指患者对于某些事物或特殊情境所产生的十分强烈的恐惧，且这种情绪与所引起恐惧的情境和事物通常很不相称，有的甚至让别人很难理解。患者虽然明知自己的害怕不合理，但是难以自我控制，从而极力回避引起恐惧的事物或情境，导致严重的情绪和行为退缩。恐怖症名目繁多，可分为见人恐怖症、动物恐怖症、自然现象恐怖症、环境恐怖症、观念恐怖症等。

### 5. 疑病症

疑病症是一类表现为对自身健康状况过分关心，深信自己患了某种躯体或精神方面的疾病，经常诉述某些不适，但却与实际健康状况不符合的神经症。患者常四处求医，迫切要求治疗，医生对疾病的解释往往不能消除其固有的成见。

### 6. 神经衰弱

神经衰弱是以高级神经活动耐受性低、过度兴奋且不能产生保护性抑制为特征的一类神经症。神经衰弱的症状很复杂，往往是心理症状和躯体症状夹杂在一起，常见的有心烦意乱、情绪过敏、犹豫、焦虑、头痛、睡眠障碍、记忆力衰退、疑病等，躯体症状如心悸、心慌、多汗、出气不畅、胸闷、腹胀、腹泻或便秘、尿频、月经失调等。

以上是常见的神经症的六种类型，要确认为某一种神经症，除了依据上述的症状表现外，还要考虑病程、痛苦程度等方面。下面以典型的强迫性神经症为例，介绍其具体表现及如何确诊。

**【案例 2.6】**

小伟，20 岁，大二学生。来信中写道："别人的灵魂是自由的，而自己的灵魂被一张网缠绕着，这张网对别人来说一触即破，可自己却只能在网中挣扎，得不到解脱。"

电话咨询中得知，两年前，该生一次偶然的机会发现父亲手机中有一条短信，是一个女人和他"谈情说爱"的内容。当时感到很震惊和痛苦，有一种"世界末日"的感觉。因为自己对父亲非常崇敬，不敢相信这是真的，想到父母二人非常相爱，便为被父亲欺骗的母亲感到十分痛苦。想揭穿父亲的"罪行"却没有勇气。自己是个正直善良的孩子，内向而认真，崇拜鬼神，认为做坏事是要受到惩罚的。于是每天晚上临睡前双眼注视墙上的菩萨像，不准脑子中有杂念，如果有就要重新做一遍。关灯时，必须在关灯的那一瞬间在脑中浮现出一种全家幸福地在一起的意境。如果不能，就要重新开启和关闭一下电灯，有时反复做十几遍。这种"睡前仪式"通常要持续半个小时或更长的时间。虽然他知道世界上没有鬼神，这样做并没有什么意义，很想用顽强的意志去克服它，曾经有一段时间"睡前仪式"有些简化，但恰在这时，大妈因心脏病手术失败而死，他认为是由"睡前仪式"简化引起的。此后，其症状加重，学习成绩直线下降。于是他找了一位"心理医生"，但她所进行的那些简单开导比自己的"自我开导"逊色得多。自己知道得的是"强迫症"，为此与它展开了殊死搏斗，写了九份宣言和无数条自警语句。他两次刺破手指，血书"克服强迫"，然而无济于事，它似乎有九条命⋯⋯

**案例分析**：小伟在发现父亲"不轨内容"的短信后，对于要不要揭穿父亲的"罪行"内心十分矛盾，形成心理冲突。这种冲突逐渐演变成为具有强迫特征的"睡前仪式"，自己明知不必要，并且想克服它。说明确实是一种强迫和反强迫的冲突，并导致自己的痛苦，这是一例强迫性神经症。

## （二）精神病

精神病是指人脑机能活动失调，丧失自知力，不能应付正常生活，不能与现实保持恰当接触的严重的心理疾病。其症状复杂多样，较常见的有思维障碍、联想散漫、知觉扭曲、情绪错乱、动作怪异、被害妄想、幻觉幻听，存在被操纵感和洞悉感等，患者常常生活在自己的幻想世界中，甚至以幻想代替现实，最终完全脱离现实。

**火眼金睛**

○ **精神病与神经病的区别**

在很多人的头脑中，常常存在一种错误的概念，就是把神经病和精神病混为一谈。每当听到人家说"神经病"，马上就会想到"疯子""傻子"。其实，精神病和神经病是两种完全不同的疾病，不能混为一谈。

精神病，也叫精神失常，指严重的心理障碍，患者的认识、情感、意志、动作行为等心理活动均可出现持久的明显的异常；不能正常地学习、工作、生活；动作行为难以被一般人理解；在病态心理的支配下，有自杀或攻击、伤害他人的动作行为。

神经病是神经系统疾病的简称，是指中枢神经系统和周围神经的器质性病变，并可以通过医疗仪器找到病变的位置。常见的神经病有：脑炎、脑膜炎、脑囊虫病、脑出血、脑梗死、癫痫、脑肿瘤、重症肌无力等。患者应去神经科寻求诊治。

## 三、识别亚健康状态

现实生活中，绝对的、十全十美的心理状态是不可能存在的，有些短暂的异常心理也会发生在正常人身上，不能视为病态。

1. 焦虑反应

人们为适应某种特定环境而做出的一种反应方式。如在登台演讲、重要考试等活动之前，会有心跳加快、坐立不安的紧张焦虑之感。担心忘了词、担心考不好等，事过之后，这些感觉立即消失，这是正常的焦虑反应。

2. 类似歇斯底里现象

最常见的是夫妻吵架，有的女性会大失常态，声泪俱下，摔东西，撕衣物，尽情发泄。等事态平息下来后，便会从激动的情绪中走出来，恢复常态。

3. 强迫现象

也许你有这样的体验：早晨出门，明明锁上了门，可心里还嘀咕，转身又检查一遍。还有煤气阀关了吗？灯关了吗？一般脑力劳动者尤其是做事认真的人容易出现这种现象。但持续时间不长，对生活、工作无碍，仍属正常现象。

### 4. 疑病现象

身体偶有不适，便根据自己有限的医学常识来简单地对号入座，怀疑自己得了什么严重的疾病。这种心理现象尤其在身边的亲友、邻居因病早逝和意外死亡后，更加常见。只要进行检查，经医生的解释后，排除了某种疾病的可能，疑病现象随之消失。

### 5. 幻觉

正常人在迫切期待的情况下，可听到"敲门声""说话声"，经过确认后，自己意识到是幻觉现象，医学上称之为心因性幻觉。正常人在似睡非睡状态中偶有幻觉体验，不属病态。

### 6. 自言自语

独处时，有些人专注于某一件事，沉浸在某一情境中，常会自言自语，有的会边说边露出笑容，但能选择场合，自我控制，不影响工作、生活，仍属正常现象。

> **拓展阅读**
>
> 现代医学将一种介于健康与疾病之间的生理功能低下的状态称作"第三状态"（也有"亚健康状态""诱病态""灰色状态"等命名）。最新科学研究发现，60%的人都处于这种奇怪的状态。他们在一般情况下能正常学习、工作和生活，但显得生活质量差、工作效率低、极易疲劳，同时也可能伴有食欲不振、失眠健忘、心绪不宁、精神萎靡、焦虑忧郁、性功能减退等表现。从现代医学临床来看，其生理改变及各种化验检查结果尚不足以作为明确诊断为某种疾病的依据，即从医学上未能确诊为某种疾病。同时，这种状态虽然与心理疾患有类似表现，但其严重程度往往不能构成心理医学范畴的神经官能症。

你相信吗？中国医学工作者的研究表明，60%的中国人也处于第三状态。试想以下所列的几种状态，您是否曾经或者正在面临着呢？

### （一）塞车症候群

这是社会发展带给我们的新病。在大城市的上下班高峰期，公共交通车上的拥挤已经令人难耐，再加上无处不在的塞车，更让人觉得生活简直就是没完没了的折磨。这时候，上班族或多或少会开骂几句。快乐的心情在不断的塞车中冷冻到冰点，然后以近乎狂乱的方式，对待几十分钟，甚至一两个小时的车程。

## （二）考试焦虑症候群

考试焦虑的学生首要症状是失眠，他们因为精神的过度紧张，常常只能似睡非睡地度过好几年，多数的学生需要到考完大学才能免除这个噩梦。少数的学生则转为终生的心理疾病。其次症候是注意力无法集中、惊悸，或夜里做噩梦。

## （三）失业症候群

研究资料表明，失业与许许多多的心理问题有密不可分的关联。失业的人即使有补贴，但还是难以支付每天的开销，心情自然不会愉悦。国外长达十年的研究发现，失业率增加，心理问题就会显著增加。

大学生的学习生活中主要有学业的担忧、人际关系的苦恼、因经济攀比引起的心理失衡、由性和恋爱产生的心理困扰等。甚至可以断言，几乎每一位大学生都曾为处于"第三状态"困扰过。"第三状态"明显影响大学生的心理健康水平，本书也意在帮助大学生克服第三状态，促进大学生的成长和完善。

**钓鱼人的故事**

>有三个人聚在一个大河潭边钓鱼，他们发现有人在上游被水冲进水潭挣扎着求救，于是，有一个钓鱼人便跳入水中把落水者救了上来，并予以抢救，但是这时，他们又见另一个被冲下来的落水者，另一个钓鱼人跳入水中把他救了上来……可是，他们同时发现了第三个、第四个和第五个落水者……这三个钓鱼人已经是手忙脚乱，难以应付了。此时，其中一个钓鱼人似乎想到了什么，他离开现场去了上游，想做一项性质不同但目的一致的工作。他在落水处插上一块木牌警告并劝说人们不要在这里游泳，但仍有无视警告者被冲下水潭。后来，有一个钓鱼人最终明白这样做不能从根本上解决问题，他要做另一项工作——教会人们游泳，这似乎是问题的关键，因为有了好水性，不易被水冲走，即使被冲入急流中，也能够独立应付，自我保护。

如果以此来比喻，那么，第一步跳入水中抢救落水者的工作就好比"心理治疗"，这是一项艰巨而充满意义的工作。心理治疗往往需要花费相当多的时间和精力，"被治疗者"也往往甚感痛苦和不安。第二步插警告牌的工作就好比是"心理咨询与辅导"，也是一项充满意义的工作，但一般来说，它也只是对"来访者"或接受咨询者才能够发生作用和影响。第三步就是那位要教人们"水性"的"钓鱼人"所做的工作，就好比是"心理健康教育"，他着眼于从根本上解决问题，不但教给人们如何预防危险发生，还教给人们处于危机时进行应对的能力。

## 四、如何面对自身的"心理问题"

尽管这些年来,人们对心理健康的认识已逐步加深,心理健康教育也越来越普及,但对于发生在自己身上的心理问题,有不少大学生还是觉得,常常不知所措。例如,在对待心理咨询的态度上,就表现出了这种犹豫不决的矛盾心态。早前一项对大学生的调查(黄希庭、郑涌等,1999)显示,当"自己遇到心理困惑、不适时",愿意寻求心理咨询帮助的只占约1/4,半数以上的同学持"说不清"的态度,还有近1/5的同学表示"不会"寻求心理咨询,相比之下,当自己的同学、朋友或亲属有心理问题时,有一半的受访者表示会动员他们去心理咨询。可见大学生在对待他人心理问题的态度上比对待自己的心理问题更为理性,一旦涉及自己时则表现得优柔寡断。近年来,随着各方对心理健康的重视程度和心理咨询的普及程度的提高,情况有所好转,但社会文化的影响仍然有其根深蒂固的一面,大学生们在对待心理问题时仍然存在诸多落后的观念和误区。那么,正确的做法应该怎样呢?一般而言,要把握好以下几点。

### (一)坦然面对

出现心理问题虽然不是什么好事,但也完全不必如临大敌、疑神疑鬼。一些同学可能在情绪上出现一些困扰,或者在身体上出现某些不适,就担心忧虑,甚至害怕长此以往会得上精神病什么的。其实,心理也跟身体一样,在人的一生中难免会出现这样或那样的问题,实在不必大惊小怪、怨天尤人。

### (二)别急于"诊断"

心理问题本身多种多样,成因往往也很复杂,切忌盲目地从一些书籍上断章取义,或者道听途说,急于"对号入座",认定自己患了什么什么病。弄清问题当然是必要的,但一般而言,大学生的问题还是发展性的居多,很多都是"成长中的烦恼",实在不必自己吓自己。

### (三)转移注意

心理问题往往有这么一个特点,就是你越注意它,它似乎就越严重。所以,建议你不要老盯住自己的所谓问题不放,不要过分关注自我,而应把注意力转移到学习、生活、工作的方方面面。当然,有自己感兴趣的事情并全力投入是很有利于心理健康的。

## （四）调整生活规律

很多时候，只要将自己习惯了的生活规律稍加调整，就会给自己整个精神面貌带来焕然一新的感受，不少所谓的心理问题也就随之轻松化解了。

## （五）不要讳疾忌医

就像得病了去看医生一样，对于严重的、难以排解的心理问题，如果条件具备，大可寻求专家的帮助。

**中西对照**　　有一对认识不久的西方青年男女朋友在某一景色如画的滨海公园约会。约定的时间已经到了，男青年却还没有出现。已经到达的女青年面有愠色，心想："他也太不重视我了，再等他两分钟，若他再不来，那就只能'bye bye'啦！"两分钟已过，女青年显然有点生气了，正准备转身离去，这时只见男青年气喘吁吁地跑过来，一边擦着额头的汗珠，一边连连道歉："对不起，对不起！我去见我的心理医生了。"没想到女青年由怒转喜，细声说："没关系，我也刚到。"然后轻轻地挽起男青年的手臂，走向美丽的海边沙滩。

　　同样的情况发生在中国青年男女朋友身上。没想到女青年扔下一句话："怎么，你脑子还有病啊？"转身快步离开，很快消失在人群中。

上述故事的出处已无从考证，但故事所表现的不同文化背景下的两位女青年不同的行为选择却有一定的典型性。

当听到自己的男友去看心理医生了，西方女青年在想："这位男友有品位，重视自身的心理感受和精神生活，这是其一；这位男友在见我之前先见心理医生，说明他很重视与自己的交往，这是其二；其三，能看得起心理医生，至少说明这位男友尚有一定的经济实力，值得信赖。"所以，她才会"由怒转喜，细声说：'没关系，我也刚到。'然后轻轻地挽起男青年的手臂，走向美丽的海边沙滩"。

当听到自己的男友去看心理医生了，中国女青年在想："怎么？看心理医生？这个人不但迟到、不尊重我，而且心里还有病，谁敢选这样的人做自己的丈夫？"于是乎，就扔下一句话："怎么，你脑子还有病啊？"转身快步离开。

当然，今天的中国人，尤其是受过现代教育的大学生，也许不会像故事中的中国女青年那样误解和排斥心理咨询，但在我国传统文化中，对"心"患有疾患的人的同情和关心程度的确与对身体患有疾患的人有所差别，这个问题的改善，需要时间，也需要大家的共同努力。

## 五、什么情况需要看心理医生

凡是心理上有困扰和问题，需要获得帮助、支持、治疗和指导时，你都可以去看心理医生。具体地说：

当你有明显不平常的感觉和行为时，你应该去看心理医生。例如，总听到一个声音指挥、控制你。

当你有心理不健康的表现时，你应该去看心理医生。例如，害怕一些并不可怕的事物，害怕花，害怕水，害怕笔，害怕看人等。再如，脑子里总不停地想一些无意义的小问题，或者不停地洗手等。

当你有一些奇怪的疾病时，你应该去看心理医生。例如，因为精神受刺激等，突然瘫痪了，或失明了或聋哑了。在医院相应的科室虽查不出病来，又确实发生过的奇怪的疼痛、胃肠不适等。

当你身体没毛病，有由心理原因引起的性功能障碍时，或者有一些古怪的性问题时，你应该去看心理医生。

当你情绪极差，难以自拔时，你应该去看心理医生。一般这类常见的情况有过度抑郁或长期抑郁、神经衰弱、对某些事过度紧张和焦虑等。

当某些事引起了你强烈的心理冲突，自己难以解决时，你应该去看心理医生。

当你人际关系中出现了较大问题时，你应该去看心理医生。

当你睡眠不好如失眠、做噩梦或者梦游时，你应该去看心理医生。

当你家庭和婚姻中出现难以解决的问题时，你应该去看心理医生。

当你的孩子出现各种心理问题时，你可以去找心理医生。例如，孩子的学习成绩总是不好，有一些坏习惯，如多动、口吃、情绪低落、胆子太小等，都可以去找心理医生帮助解决。

一般人有一个误解，认为找心理医生的人都是"疯子""精神有毛病"。由于存在这种偏见，许多人不敢轻易去看心理医生，害怕别人以为自己精神不正常。实际上，去看心理医生的人之中，虽然有一部分有较严重的心理疾病，但是也有一大部分是正常人。不论是谁，只要你心理上、情绪上有痛苦烦恼，都可以去看心理医生。

另外，不仅仅是你的心理和生活出现问题时需要心理医生，当你在自身发展上、在事业上遇到一些影响心理的问题时，都可以去寻找心理医生的指导和帮助。

如果你希望进一步改善自己的性格，也可以去请求心理医生给予指导。

总之，只要遇到和心理有关的问题，你都可以去找心理医生。

特别是你的问题很严重，自己无法解决时，有了心理医生的帮助，问题就解决得更好一些。许多对你来说极难解决的问题、长期困扰你的问题，在专家指导下都可以找到解决的办法。

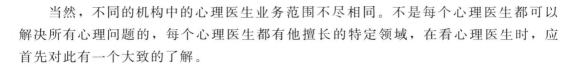

当然,不同的机构中的心理医生业务范围不尽相同。不是每个心理医生都可以解决所有心理问题的,每个心理医生都有他擅长的特定领域,在看心理医生时,应首先对此有一个大致的了解。

【案例 2.7】

阿秋是大三学生,活泼可爱、善良随和,认真学习、积极上进,看起来整天开开心心的她,心里也有着自己的苦恼和问题。阿秋主述自己的情况:① 若是第二天有重要的事情,当天晚上就睡不好,早上很早就醒了。② 感觉自己容易焦虑和多疑,比如最近背英语单词,看到单词的汉语意思时,总是在想:"是这样吗?书上怎么知道是这个意思?翻译得对不对啊?也许外国人不这么认为呢?"③ 宿舍刚从二楼搬到五楼时,心里总在想:"自己不会跳下去吧?万一跳下去怎么办?"但是又一想:"怎么可能跳下去啊?"④ 有一次想起一年前和男朋友在邻居家单独待了一晚上的事情,心里很害怕,不知道那天男朋友有没有对自己做过什么,万一真的发生了什么事怎么办,心里非常担忧,总在想那天晚上有没有事情发生,很后悔当时睡着了三四个小时。

思考:

(1) 阿秋的心理健康状况如何?

(2) 你如何看待阿秋的这些心理问题?

(3) 每个人多少都有心理问题,那么当遇到心理问题时,我们可以向谁寻求帮助呢?

提示:及时发现和正确认识自己的心理困惑能帮助自己尽快解决心理问题。在不同的情况下,每个人多多少少都会有心理的困扰。重视自己表现出来的"第三状态",在心理老师的帮助下,阿秋认识到自己心理问题的主要原因是易焦虑的性格和不适应的行为表现,也能坦然面对出现的心理问题,并积极寻找帮助来解决。

# 第三节 心理咨询流派简史

> 心理治疗的主要目的,并不是使病人进入一种不可能的幸福状态,而是帮助他们树立一种面对苦难的、哲学式的耐心和坚定。
>
> ——荣格

## 一、心理咨询流派简介

心理咨询与治疗行业中有着众多的流派，最常见的有精神分析疗法、心理动力学疗法、来询者中心疗法、现实疗法、行为疗法、交互疗法、格式塔疗法及理性情绪疗法等。据美国心理咨询协会的统计，现已记录在册的心理咨询与治疗的方法已有300种之多，而且还在不断增加。

美国心理学家朗敦认为，所有这些疗法大抵分为两大类。一类是"认知领悟"（insights）疗法，旨在通过提高人的认知方式来缓解其心理困惑和障碍；另一类是"行为矫正"（behavioral modification）疗法，旨在以建立新的条件反射来矫正人的不良行为方式。

### （一）现实疗法

现实疗法由格拉泽创立于20世纪60年代。其要点有：

（1）人都有爱与被爱两种基本需求。如果它们不能得到满足，人就会产生焦虑、怨恨、自暴自弃等消极情绪反应，并可能产生逃避现实、不负责任的欲望。因此，心理咨询的目标在于减少来询者不负责任与自我毁灭的意向。

（2）人都具有自主自立能力，也具成长动力。因此心理咨询的作用在于，使来询者在生活中区分"成功的认同"与"失败的认同"，增加对前者的体验，减少对后者的体验，这样才能充分满足个人爱与被爱的需求，感受到个人的价值。

（3）现实疗法重视现在超过重视过去。它强调过去的事实无可改变，因而应将眼光放在现在与将来的发展之上。它主张咨询者在协助来询者面对个人的痛苦、失败经历时，要帮助他看到个人的潜能及以往的成功经历，从而认识到生活中还有许多美好的东西存在，可供自己选择和享用。

（4）现实疗法十分注重承担责任对于个人成长的重要性，并将其当作心理咨询的核心，强调人只有积极面对现实，才能承担责任，获得"成功的认同"。在操作方法上，"现实疗法"十分强调面质（confrontation），制订具体计划，不接纳借口，不用惩罚等技巧。

### （二）格式塔疗法

格式塔疗法由佩尔斯创立于20世纪60年代，其要点如下：

（1）人都有能力处理好自己的事情，心理咨询的中心任务是帮助来询者充分认识到自我在现实中的存在和感受。由此，心理咨询不求为来询者的困难做解释与指导，而是鼓励来询者主动承担责任，主持自我的治疗与改善。

（2）人应该将精神集中在现在的生活与感受中，而不要对过去的事情念念不忘。人的许多焦虑都产生于不能正确对待以往生活向当前生活的过渡，以逃避现实的做法来处理个人生活中的种种挑战和压力。这严重阻碍了一个人的健康成长。

（3）使人积极面对现实、健康成长的一种重要手段，就是帮助他完成内心中的那些"未完成情结"（unfinished business），这通常指个人因以往生活中的某些心灵创伤和刺激经历所留下的不良情绪体验（如懊恼、悔恨、内疚、愤怒等）。它们犹如一个个心绪，系住了人在现实生活中的自由活动。而要使人全心全意地投入现实生活，就必须排除这些"心结"的干扰。

（4）在咨询手法上，格式塔疗法强调帮助来访者由"环境支持"转向"自我支持"，以便来访者从一开始就不依赖他人，尽量挖掘个人的潜能。

### （三）来询者中心疗法

来询者中心疗法是人本主义心理疗法中的代表。人本主义心理疗法是20世纪60年代兴起的一种新型心理疗法，其指导思想是第二次世界大战后在美国出现的人本主义心理学。来询者中心疗法认为，任何人在正常情况下都有着积极的、奋发向上的、自我肯定的无限的成长潜力。如果人的自身体验受到闭塞，或者自身体验的一致性丧失、被压抑、发生冲突，使人的成长潜力受到削弱或阻碍，就会表现为心理病态和适应困难。如果创造一个良好的环境使他能够和别人正常交往、沟通，便可以发挥他的潜力，改变其适应不良行为。来询者中心疗法的要点如下：

（1）人都有能力发现自己的缺陷和不足，并加以改进。所以心理咨询的目的，不在于操纵一个人的外界环境或其消极被动的人格，而在于协助来询者自省自悟，充分发挥其潜能，最终达到自我的实现。

（2）人都有两个自我——现实自我和理想自我。前者是个人在现实生活中获得的自我感觉，而后者则是个人对"应当是"或"必须是"等的自我概念。两者之间的冲突导致了人的心理失常。人在交往中获得的肯定越多，则其自我冲突越少，人格发展也越正常。

（3）本疗法强调建立具有治疗作用的咨询关系，以真诚、尊重和理解为其基本条件。罗杰斯认为，当这种关系存在时，个人对自我的治疗就会起作用，而其在行为和人格上的积极变化也会随之出现。所以，心理咨询人员应该与来询者建立相互平等、相互尊重的关系。这样就可使来询者处于主动的地位，学会独立决策。

（4）在操作技巧上，本疗法反对操纵或支配来询者，主张在谈话中采取不指责、不评论、不干涉的方式，鼓励来询者言尽其意，直抒己见，以创造一个充满真诚、温暖和信任的气氛，使来询者无忧无虑地开放自我。

## （四）理性情绪疗法

理性情绪疗法由美国心理咨询专家艾利斯创立，其要点如下：

（1）人既是理性的，又是非理性的。人的精神烦恼和情绪困扰大多来自其思维中不合理、不符合逻辑的信念。它使人逃避现实，自怨自艾，不敢面对现实中的挑战。当人们长期坚持某些不合理的信念时，便会导致不良的情绪体验。而当人们接受更加理性与合理的信念时，其焦虑与其他不良情绪就会得到缓解。

（2）人的不合理信念主要有3个特征：①"绝对化要求"，即对人或事都有绝对化的期望与要求；②"过分概括"，即对一件小事做出夸张、以偏概全的反应；③"糟糕透顶"，即对一些挫折与困难做出强烈的反应，并产生严重的不良情绪体验。凡此种种，都易使人对挫折与精神困扰做出自暴自弃、自怨自艾的反应。

（3）ABC理论。在诱发事件 A（activating event）、个人对此所形成的信念 B（belief）和个人对诱发事件所产生的情绪与行为后果 C（consequence）这三者关系上，A 对 C 只起间接作用，而 B 对 C 则起直接作用。换言之，一个人情绪困扰的后果 C，并非由事件起因 A 造成，而是由人对事件 A 的信念 B 造成的。所以，B 对于个人的思想行为方法起决定性的作用。

（4）理性情绪疗法的目的在于帮助来询者认清其思想中的不合理信念，建立合乎逻辑、理性的信念，以减少个人的自我挫败感，对个人和他人都不再苛求，学会容忍自我与他人。

## （五）认知领悟疗法

认知领悟疗法源于霍姆关于人的内隐行为是人心理的操作者之观点。而这一疗法是由一系列人共同创立的，其要点包括：

（1）它强调认知过程对人的情绪变化和行为动机的支配作用。它主张通过改变来询者的认知模式，并辅之以行为疗法的技术，来矫正人的不良情绪和行为。这样，随着来询者认知方式的改变，他的情绪和人格障碍也会随之得到缓解。

（2）虽然认知领悟疗法很重视人的认知方式对他心理变态和人格障碍的影响，但它不像精神分析疗法那样，一味追究来询者早年生活经历（主要是指3岁前后）对当前行为的潜意识作用，它主要探讨来询者当前认知方式对他行为表现的影响。

（3）认知领悟疗法强调来询者对自己问题症结中的非理性、非逻辑观念的深刻领悟，并以此来帮助来询者重新认识、评价自我，建立合乎情理的认知模式，摆脱非理性观念对自我的干扰。

## （六）交互分析疗法

交互分析疗法由伯尔尼创立于20世纪50年代，其主要观点有：

（1）人格由三种自我状态组成：父母式自我（parent self）、成人式自我（adult-self）和儿童式自我（child self）。其中 P 代表父母的价值观，是其内化的结果，偏向权威化；A 是个人对外界环境的客观反映与评价，它既不情绪化，也不权威化；C 是人格中的儿童欲望与冲动的表现，是其本能部分，偏向情绪化。这三种自我状态构成了人格冲突与平衡的基础。

（2）人皆渴望得到他人，特别是得到生活中重要人物的爱护与肯定，这通常包括父母、师长、领导、朋友、恋人等。个人在人格成长中得到关爱与肯定越多，其人格冲突便越少，自信心则越强。正面的父母式自我、成人式自我与儿童式自我之间的交互作用，会产生积极、正面的生活脚本（life script）。反之，则会导致不良的人格表现，使人在交往中充满焦虑和自卑。

（3）心理咨询的目的，在于使来询者成为一个统合之人（integrated person），使个人从父母式自我与儿童式自我的交互模式中解脱出来，增强成人式自我的效能，而不再受他人的支配。由此，学会与人建立亲密的人际关系，并在交往中学会自我反省，是"交互分析疗法"的核心任务之一。

（4）在操作技巧上，交互分析疗法强调倾听分析的作用。它旨在推动来询者深刻反省其人格中"父母式自我"与"儿童式自我"的冲突，以"成人式自我"的眼光来审视个人的生活脚本，积极地面对生活中的种种挑战，增强自信心。

### （七）精神分析疗法

"精神分析"理论由弗洛伊德创立。它内容庞杂，包括潜意识理论、人格理论、性欲理论及精神防御理论等方面。其理论要点综述如下：

（1）人的心理活动分为意识、前意识和潜意识（又称无意识）三个部分。其中意识指人能够知觉的心理活动，前意识指人平时感觉不到，却可以经过努力回忆和集中精力而感觉到的心理活动，潜意识指人感觉不到，却没有被清除而是被压抑了的心理活动。弗洛伊德认为，许多心理障碍的形成，是由于那些被压抑在个人潜意识里的本能欲望或意念没有得到释放的结果。

（2）人格是由本我、自我和超我三个部分组成。其中，本我是个人原始、本能的冲动，如食欲、性欲、攻击欲、自我保护欲等。它依照"快乐原则"行事。自我是个人在与环境接触中由本我衍生而来的。它依照"现实原则"行事，并调节本我的冲动，采取社会所允许的方式行事。超我是道德化的自我。它依照"理想原则"行事，是人格的最高层次，也是良知与负疚感形成的基础。弗洛伊德认为，本我、自我、超我之间的矛盾冲突及协调构成了人格的基础。人欲维持心理健康，就必须协调好三者的关系。

（3）人在维护自我的心理平衡和健康时，常对生活中的烦恼和精神痛苦采取某种自圆其说或自欺欺人等认识方法，以求心灵的自慰。弗洛伊德将这些认识方法称作"心理防卫机制"，通常包括解脱、补偿、合理化、投射、转移、升华及理想化等方式。弗洛伊德认为，这些心理防卫活动多是无意识的，它们对人体的心理健康可起积极作用，也可起消极作用。

（4）为使人们领悟其心理障碍的根源，人们需要接受精神分析的治疗，通过移情关系的建立来重塑人格。其中，心理分析师通常使用解析、自由联想、催眠、释梦等技巧来疏解思考"本我"与"超我"的冲突，减轻"自我"的压力，更好地面对现实。

### （八）行为疗法

行为疗法源于行为主义理论，它强调通过对环境的控制来改变人的行为表现。其理论基础包括俄罗斯著名生理学家巴甫洛夫的"条件反射"理论及美国著名心理学家桑代克和斯金纳等人的"操作性条件反射学习"理论等，有如下要点：

（1）人的所有行为都是通过学习而获得的，其中强化对该行为的巩固和消退起决定性作用。强化可采取嘉奖或鼓励（正强化）的方式，也可采取批评或惩罚（负强化）的方式。由此，学习与强化，是改变个人不良行为的关键。

（2）心理治疗的目的在于，利用强化使来询者模仿或消除某一特定行为，建立新的行为方式。它通过提供特定的学习环境促使来询者改变自我，摈弃不良行为。由此，它很注重心理治疗目标的明确化和具体化，主张对来询者的问题采取就事论事的处理方法，不必追究个人潜意识和本能欲望对偏差行为的作用。

（3）行为疗法的常用疗法包括系统脱敏疗法、松弛疗法、模仿学习、自勇训练、厌恶疗法、泛滥疗法等，其核心均在于通过控制环境和实施强化使来询者习得良好行为，矫正不良行为，重塑个人形象。

### （九）艺术治疗

艺术治疗较关心的是个人的内在经验，所以治疗的过程、方式、内容和联想变得非常重要，因为每一部分都反映出个人人格发展、人格特质和潜意识的内容。

艺术治疗之内容涵括了绘画、舞蹈、音乐、文学等方面，均可当作治疗之媒介；可以是单独进行，也可以是团体形式。想想自己有多久没有拿起笔随性涂鸦一番，或者随着音乐的旋律舞动自己的身体？在创作的气氛下，是无危险、无威胁性的环境，我们可以穿越时空限制，所经历的，是自我的对话，对卸下防卫的自己有更深层的认识与了解。

许多精神疾病的患者除了如幻听与妄想等症状导致害怕、恐惧等不稳定之情绪外，注意力无法集中，也有许多慢性患者已丧失对自我之自信与低自尊，在社交上表现退缩与畏惧，而艺术如绘画等活动除了可增进认知与手部精细动作等功能外，更有助于患者具体表达情绪与面对问题、建立自我之价值观，进而发展出合宜之社会行为与社会角色。

## 二、心理咨询与心理治疗

### （一）什么是心理咨询

心理咨询是由专业人员即心理咨询师运用心理学以及相关知识，遵循心理学原则，通过各种技术和方法，帮助求助者解决心理问题的过程。"帮助求助者解决心理问题"的含义有二：第一，咨询关系是"求"和"帮"的关系，这种关系在心理咨询中有普遍意义；第二，帮助解决的问题，只能是心理问题，或由心理问题引发的行为问题，除此以外，咨询师不帮助求助者解决生活中其他具体问题。

心理咨询的主要对象是那些精神正常，但心理健康水平较低，产生心理障碍导致无法正常学习、工作、生活并请求帮助的人群。而不是"病态人群"。例如精神病患者、躁狂症患者，他们是精神科医生的工作对象。

心理咨询与一般的开导、劝慰、帮助有明显的区别。心理咨询可以使人们从一个不同的角度去看待自己和社会，用新的方式去体验和表达他们的思想情感。大学生心理咨询常见的服务形式有个体咨询、团体咨询、电话咨询、书信咨询、网络咨询等。

**思想碰撞**

心理咨询在我国是一门起步较晚的新兴学科，人们对它有一种神秘感。来访者通常都是左顾右盼、鼓足了勇气才走进诊室，在心理咨询师反复保证下，才肯倾吐愁苦；或是绕了很大圈子，才把真实的情绪暴露出来。因为在许多人眼里，咨询的人很可能有什么不正常或有精神病，要不就是有见不得人的隐私或道德品质方面有问题。此外，在中国人的传统观念中，表露出情感上的痛苦是软弱无能的表现，对男性来说尤其如此。以上种种原因，使得很多人宁愿饱受精神上的痛苦折磨，也不愿或不敢前来就诊。其实，心理问题与精神病是两个不同的概念。每个人在成长的不同阶段及生活工作的不同方面，都有可能会遇到这样那样的问题，导致消极情绪的产生。对这些问题如能采取适当的方法予以解释，问题就能顺利地解决；若不能及时加以正确处理，则会产生持续的不良影响，甚至导致心理障碍。这样看来，心理问题是日常生活中经常会遇到的，就这些问题求助于心理咨询并不意味着有什么不正常或有见不得人的隐私，相反，这表明了个体具有较高的生活目标，希望透过心理咨询更好地自我完善，而不是回避和否认问题，混混沌沌虚度一生。

### （二）什么是心理治疗？

心理治疗是心理治疗师对求助者的心理与行为问题进行矫治的过程。心理咨询与心理治疗的区别：① 心理治疗的对象是病人，无论是心理疾病、心身疾病、生理疾病还是社会疾病；而心理咨询的对象一般不是病人，在很大程度上是精神状态基本健康，而心理上存在冲突的亚健康状态的人。② 心理治疗的目的着重是解决问题，需要通过治疗程序进行；而心理咨询的目的着重是帮助来询者发现问题，靠挖掘其自身的能力来解除心理困扰。

## 第四节　积极心理学

> 积极的力量让幸福可以永恒。
> 
> ——马丁·塞里格曼

大学生心理健康教育不仅关注学生的心理健康状况，帮助大学生解决心理问题等，而且还积极引导大学生发掘自身力量，开发自身潜能，发挥优秀个性品质，获得积极情绪体验等。后者正是大学生心理健康教育与当今心理学的新研究领域——积极心理学的有效结合。目前，已有不少的研究成果表明，积极心理学对大学生心理健康教育有较好的理论指导意义和实践应用意义。

### 一、积极心理学的概念

一种关心人的优秀品质和美好心灵的心理学，叫作积极心理学。积极心理学关注的内容有：积极的情绪体验、积极的人格特征、积极的社会环境。

积极心理学让我们的目光越来越多地转移到个体的积极情绪、积极心态和积极品质上，为了让大学生更好地了解积极心理学的内容，以下举两个例子来解释积极情绪和积极心态对我们维护心理健康的重要作用。

## （一）快乐人生的证明

有人调查了一些中过巨额彩票的人，如果这个人是具有抑郁情绪的不快乐的人，一生的绝大部分时间都不快乐，那么中奖后会快乐半年左右，但半年后他们又陷入了不快乐之中，重新变得抑郁。也就是说金钱只能使一个原本不快乐的人获得暂时的快乐与幸福。但从一生的角度来看，金钱导致的快乐是很短暂的。

某心理学研究表明，具有积极情绪的人比一般人更能忍受痛苦。一个将手伸进冰冷的水的实验是这样的：在冰水中普通人伸手，只能忍受 60～90 秒；但在积极情绪测量中，最出色的人，即得分最高的人或者一个具有积极的情绪的人，往往能忍受更长时间。

快乐的人更喜欢与别人交朋友，而不是独处。他们愿意主动接触生人，愿意为他人捐钱，更具有利他主义精神，更关心周围的人，而很少考虑自己的利益。

## （二）你知道乐观的奇妙吗？

世界上大多数人都是悲观的，但他们倾向于认为别人比自己乐观。乐观的人寿命更长，赛利格曼测试了 70 个心脏病人，17 个被测试为最悲观的病人中，有 16 个没有经受住第二次心脏病发作而去世了，而 19 个被测试为最乐观的人中，只有一个人被第二次心脏病的发作夺去了生命。乐观是抵抗疾病的第一道防线。研究表明，具有乐观性格的人在保险公司销售人员中，往往是销售业绩冠军。乐观的小学生将来很少得抑郁症，走向社会后，在工作成绩和社会地位方面均超过悲观的人。乐观可以通过教育而形成，一个悲观的人通过心理训练可以转化成为乐观的人。

## （三）积极是一个过程

积极一词很容易令人产生误解，其实积极的意义是相对的，它不是一个固定结果和最后结局，积极是一个行为过程，包括过程的体验。

积极与个人处境有关，是指个人选择一个最能适应的环境和发挥了最高潜能的行为，是一个人把所有力量都运用到了极限而问心无悔的人生态度。一个身患绝症的人和一个处于创作状态的作家，虽然所面临的人生状态迥然不同，但在积极状态上会是一样的，他们都可能是积极的。只不过前者是与疾病作斗争而感受到生命的勇气，后者是陷入创作高峰体验而感受到生命的激情。两者之比，没有量的规定，但在质的规定上是一样的。

积极也不总是指一个人征服外部世界，而是去办好每一件事。神经症患者有时就过于想要征服世界和追求完美了，他们的欲望超越了自身能力范围，在需要和改造世界面前过于有为，用主观意愿取代现实的客观。比如，当一个强迫症的病人屡屡为是否关家中的煤气而焦虑不安时,他觉得事事都是有为的,只要把事情做到尽善尽美,就一定会万无一失。可是,这种脱离现实的有为,恰恰可以理解为过分的欲望,是不合理的,它不是真正的积极,而是只能导致矛盾和冲突的消极。真正的积极有时包括一种无为,一种面对现实的客观和如实接受,接受该接受的,做自己能做的,看上去很无奈,但它却是最佳的积极,因为此时此景,没有比这一行为更好的主动。

## 二、运用积极心态维护心理健康

为了帮助大学生尽快适应大学生活,维护自我身心健康,我们给大学生几条建议。

### (一)了解并融入环境

大学是一个全新的环境,步入新环境的大学生,如果能积极主动地了解大学生的学习、生活、管理,积极从心理上接受新环境中的新人、新事物,让自己融入新环境,就能尽早学会自主学习、管理时间、锻炼自己、提高能力。所以,大学生可以通过和老师或同学讨论、阅读参考书和文献资料、听学术讲座等学习方法,来丰富自己的大学生活。

### (二)接受自己的一切

心理学研究表明,对自己的认识和评价与本人的实际情况越接近,自我防御行为也就越少,社会适应能力就越强。大学生要充满自信,不苛求自己,不追求十全十美的形象,不为自己存在的缺点和不足而沮丧,不以己长来比人之短,也不以己之短来比人之长,应扬长避短,既有自己的个性,又富有合群性。

**忘掉你的缺点**

罗纳尔多是足球场的英雄,被称为"外星人"的他是让所有的后卫最头疼的前锋。几乎每一位对手都会被他准确的射门、惊人的起动速度和无时不在的霸气所震慑。但是,很少有人知道的是,这个当今绿茵场上纵情驰骋的英雄尽管拥有非凡的足球天赋,却并不是一开始就表现出色。

而妨碍罗纳尔多表现的,就是他的龅牙,刚刚走上绿茵场地的他,认为自己的龅牙很不好看,担心被人们嘲笑。为了能够避免露出自己的龅牙,他常常紧闭着嘴唇,即使是在上场比赛时,他也不肯稍稍松懈,他一直都这样踢球,直到一个细心的教练发现了这一点。教练把他换下了场,拍拍他的肩膀说:"罗纳尔多,你在球场上应该忘掉你的龅牙,要知道,你的龅牙并不是你的错,如果你不张开嘴,你就无法自由呼吸,而且要想让人们忘记你的龅牙,最好的办法不是闭上嘴,而是发挥你精湛的球技。"

从此,罗纳尔多在踢球时不再刻意掩饰自己的龅牙,他终于敢张开嘴自由呼吸了,他的球技大进,在 17 岁时,他就进入了巴西国家队,并同队员们一起赢得了世界杯。他成了世界球王级的人物,不到 20 岁就获得世界足球先生的称号。

而功成名就的罗纳尔多似乎并没有为他的龅牙烦恼过,所有的球迷都将目光定在了他超凡的球技上。他们不但没有嘲笑他的龅牙,反而认为他的龅牙很性感,如果当初罗纳尔多一直不敢张开嘴巴,足球历史上就不会增加一个超级球星,反而会出现一个气喘吁吁也不肯张嘴呼吸的笑料。

任何人都可能成为隐瞒自己"龅牙"的人,而人们不知道的是,掩饰反而更吸引他人的注意。只有自己不在意,才能够不让这些缺点成为束缚我们的罗网。

很多时候,一些羞于示人的缺点成为我们成功路上最大的羁绊。其实所谓缺点都只是存在于我们的心里,如果我们自己认为那是不可逾越的,自然就难以跨越。可是,如果我们能够放下心灵的负担,那些缺点不但不会成为我们的障碍,反而可能成就我们。

### (三)每天有个好心情

情绪是人的心理状态的晴雨表,良好的情绪状态是大学生心理健康的重要标志。当一个人心情愉悦时,思维积极,充满自信,愿意与人交往;而当心情不好时,思维消极,萎靡不振,不愿与人交往。如果每天都能保持一份好心情,大学生的心理健康水平就会较高。好心情的得来可以由我们自己掌控。心理学研究表明:装着有某种心情,往往能帮助他们真的获得这种感受。

美国心理学家霍特举过一个例子:有一天,友人弗雷德感到意气消沉。他通常应付情绪低落的办法是避不见人,直到这种心情消散为止。但这天他要和上司举行重要会议,所以决定装出一副快乐的表情。他在会议上笑容可掬,谈笑风生,装成心情愉快而又和蔼可亲的样子。令他惊奇的是,不久他发现自己果真不再抑郁不振了。

### (四)面对挫折,磨炼意志

人生逆境,十之八九。大学生在面对生活、学习、发展等方面的挫折时,只有积极、坚强、勇敢面对挫折,才会在挫折面前应付自如,保持心理平衡。虽然挫折使人有不愉快的心理体验,但它会磨炼人的意志。只有经历一些挫折,人生画卷才会丰富多彩。大学生只有敢于面对挫折,才能锻炼出顽强的毅力和坚忍不拔的精神。

### 挣扎就是奋斗

塞曼小时候读书的自觉性并不高,成绩也一直平平。塞曼的母亲看到儿子的这种表现,心里十分着急。

一天,她把儿子叫到跟前,注视着他的眼睛,神情激动地说:"儿啊,早知道你是一个平庸无能之辈,我当初真不该在波涛中挣扎……"接着,她向默默呆立的塞曼忆起往事:在塞曼快要降生的时候,家乡突然遭到洪水的袭击,她死里逃生,好不容易才登上了一只小船,塞曼就降生在这只小船上,母亲望着滔滔洪水和刚刚临世的小生命,想起了荷兰人的一句古训:我要挣扎,我要探出头来!

听完妈妈的回忆,塞曼才知道母亲所经历的艰辛,心灵受到强烈的震撼,暗暗发誓要发奋攻读,绝不辜负妈妈的厚望。功夫不负有心人,他终于以优异的成绩受到学校领导的赏识,后被聘为助教。当他满怀喜悦去见母亲的时候,母亲已身染重病,奄奄一息了。在弥留之际,她用深情的目光注视着塞曼,嘴唇在艰难地颤动着:"挣扎,再——挣——扎!"留下这句遗言后溘然长逝。

挣扎就是奋斗。"挣扎,再挣扎",就是不满足于现状,永远拼搏。塞曼把妈妈的话铭刻在心。他将嵌有母亲遗像的金制小镜框一直挂在胸前。遇到困难和挫折时,他便凝视着母亲的遗像,回想母亲的谆谆教诲,以增加自己克服困难的勇气。塞曼在科学的道路上"挣扎,再挣扎"!终于攀上了一般人难以企及的高峰,1902年塞曼获得了诺贝尔物理学奖。

## (五)做好当下,规划未来

步入大学,在学习、生活等方面,大学生相比以前有了较大的自主性、目的性、规划性,但大学生常感到方向不明,目标不清,内心孤独,很难把握。所以大一新生入校后,就要进行深刻的自我分析,对自己的大学生涯和人生旅程做认真的思考和规划,以一步一个脚印,脚踏实地的心态做好当下。一味追悔过去只能浪费大学生的青春,盲目设想未来可能让大学生受到挫败,所以做好当下是美好未来的基础。

### 如果,下一次

一位执业多年的心理医生,拥有非凡的成就,在他即将退休的时候,为了对自己一生的成绩做一个总结,给后人留下值得借鉴的经验,他写了一本医治各种心理疾病的专著。这本书有一千多页,讲述了多种心理疾病的症状和治疗方法,称得上是医治心理疾病的百科全书,不仅具有学术价值,还具有很深的实际指导意义。

退休后的心理医生成为心理学界德高望重的前辈，常常被邀请到大学里去讲学，他的学术报告，深入浅出，加入了自己临床的实际病例，很受学生欢迎。一次，他应邀到一所大学去讲学。在课堂上，他拿出了自己的这本著作，对台下的学生们说："我的这本书共有一千多页，讲了不下三千种治疗方法以及几万类药物，但是，所有的内容，却可以总结为几个字。"

学生们被深深地吸引了，他们屏息注视着那位心理医生，期待着他揭晓谜底。只见心理医生转身在黑板上写下了几个字——"如果，下一次"。医生看到学生们不解的目光，解释说："我在多年从事心理治疗的过程中发现，造成人们精神困扰的莫不是'如果'这两个字，人们被这两个字深深折磨着，'如果我当初努力学习''如果我没有辜负她''如果我及时赶回来''如果我换了工作'……"

尽管心理医生可以用上千种方法来帮助人们解除困扰，但最终的方法都是把人们的思想引入"下一次"。当人们把思想从"如果"变为"下一次"时，所有的心理疾病都得到了缓解。"下一次我可以选择自考和进修""下一次我不会再错过我爱的人""下一次我一定不再拖拖拉拉"……让一个人感到精神困扰，幸福观念大受影响的，往往不是物质上的贫乏，而是心境的消沉。如果你的心里总是充满了懊悔和遗憾，你的心灵只能被痛苦占据。

当我们的心灵被懊悔腐蚀，所有的意志都会变得消沉，成功也会一步步远离我们，而当我们开始为下一次准备时，就会拥有真正有益于生命的阳光和财富，并迈向成功。

失败并不可怕，可怕的是我们沉浸在失败的阴影里无法自拔，总是责备自己，并把自责当作最好的依赖。这种不自觉的貌似可以凭借的依赖恰恰是我们人生长堤上的蚁穴，只要一小段，就足以毁掉我们的整个生活。只有抛弃过去的种种阴影，我们才能迈开大步向前进。

## （六）自我激励，给自己画一扇窗

大学生的心理健康最终需要自己来进行保健，重视朋友、家长、老师的帮助和支持，还需要自我激励，调节自我认知，以建设性的心态来对待自己周遭的一切。

### 画扇窗给自己

那一年，黄永玉大师带着他饱经沧桑的心灵和撼人魂魄的画作来到北京后，住在京新巷"芥末"故居。

这是一间搁置了许多年头的房子，四壁连一扇窗户都没有，一走进去就有种压抑的憋屈感。而黄永玉并没有厌弃这间小屋。他笑哈哈地拿出一张洁白的画纸贴在墙上，然后信手在上面画了一扇窗户，画得如同真窗。他顿时便感觉屋外的阳光像流水一样涌入小屋，屋内的一切立刻显得无比生动。

画一扇窗给自己，这是一种怎样豁达超然的人生。如果上帝在关上门的同时，也封闭了窗，那就画一扇窗给自己。它可以让灵魂喘息，让希望栖息，让一切还没来得及实现的梦想在心灵的窗前翩然翻飞。

只要心中有接纳阳光的窗户，那么黑暗就困不住你。

## 心态的力量

一天，几个学生向一位心理学家请教问题：心态对一个人会产生什么影响？

当时，这位心理学家正在思考问题，因此，他微笑着看了看学生们，为他们的好学感到高兴。不过，他好像不急于回答这个问题似的。过了一会儿，他对这些学生说："这样吧，同学们，我这里还有一点事情要处理，你们到外面等我一下好吗？"

心理学家从里面出来了。不过，他并没有直接回答学生们的问题，而是带他们来到了一间黑暗的屋子里。

在他的带领下，几个学生很快穿越了这间伸手不见五指的神秘房间。然后，心理学家打开房间的一盏灯。在昏暗的灯光下，几位学生这才看清楚房间的所有布置，吓得几位同学都睁大了眼睛，目瞪口呆站在那里：原来，这间房子的地上是一个很深、很大的水池。池子里面蠕动着各种各样的毒蛇，包括一条蟒蛇和三条眼镜蛇。而他们几个人，刚刚就是从桥上走过来的，现在却都站在距离池子不远的地方。此时，已经有几条毒蛇发现了他们，向他们靠近，高高昂起的蛇头，正朝他们"丝丝"地吐着信子。心理学家看了看已经吓坏了的学生，问道："现在，你们还愿意再次走过这座桥吗？"大家你看我，我看你，都默不作声。

最后，在心理学家的注视下，终于有三个学生犹犹豫豫地站了出来。然而，当他们一到桥边，就立刻战战兢兢，如临大敌。

"啪"，心理学家又打开了房间内的另外几盏灯。学生们揉揉眼睛再仔细看，才发现在小木桥的下方还装着一张安全网。然后，心理学家大声问道："你们当中还有谁愿意现在就走过这座小桥呢？"学生们没有作声。

"为什么不愿意呢？难道你们没有看到底下还有张安全网吗？"心理学家问道。

"当然看到那张安全网了，只不过，请问这张安全网的质量可靠吗？"学生们心有余悸地反问。

其实，这座桥本来不难走，可是，桥下的毒蛇对他们造成了心理威慑，于是，他们失去了平静的心态，乱了方寸，慌了手脚，表现出各种程度的胆怯。这就是心态对一个人的影响。

**心灵启示**：心态就是内心的想法和外在的表现，心态有积极和消极之分。积极的心态就是心灵的健康和营养成分，这样的心态能吸引财富、成功、快乐和健康等。消极的心态是心灵的疾病和垃圾，这样的心态，不仅排斥财富、成功、快乐和健康，甚至会夺走生命中已有的一切，可见，心态的力量多么强大，培养积极的心态又多么重要。

**课后思考**

1. 逃避的寓言：小猫逃开影子的招数

"影子真讨厌！"小猫汤姆和托比都这样想，"我们一定要摆脱它。"然而，无论走到哪里，汤姆和托比发现，只要一出现阳光，它们就会看到令它们抓狂的自己的影子。不过，汤姆和托比最后都找到了各自的解决办法。汤姆的方法是永远闭着眼睛，托比的办法则是永远待在其他东西的阴影里。

根据以上材料，从应对心理问题的角度，写下自己的感悟。

2. 昂起头来真美

珍妮是个总爱低着头的小女孩，她一直觉得自己长得不够漂亮。有一天，她到饰物店去买了只绿色蝴蝶结，店主不断赞美她戴上蝴蝶结挺漂亮，珍妮虽不信，但是挺高兴，不由昂起了头。她急于让大家看看，出门与人撞了一下也没在意。珍妮走进教室，迎面碰上了她的老师，"珍妮，你昂起头来真美！"老师慈爱地拍拍她的肩说。那一天，她得到了许多人的赞美。她想一定是蝴蝶结的功劳，可往镜前一照，头上根本就没有蝴蝶结，是她出饰物店时与人一碰弄丢了。

根据以上材料，从维护心理健康的角度，谈谈自己的感受。

## 心理咨询师手记

### 害怕人群的我

**一、个案描述**

张某，男，大三学生。家中排行老三，有两个姐姐，爸爸务农，妈妈经商，与父母关系较好，和宿舍同学关系一般。初次面谈表现出胆怯和紧张情绪，对自我的描述比较模糊，随着谈话的深入，总结其主要问题是情绪焦虑，公众场合人际交往紧张、敏感，不喜欢人多的地方，有时觉得别人在议论自己。高中时曾有过类似情况且较现在严重，上学期曾被处分。来访者班主任建议其来访。

二、咨询师与来访者的对话（节选）

咨询师：能具体说说你的情况吗？

来访者：自从这学期回来后，当我走在路上，就觉得有同学在我旁边咳嗽，而且那咳嗽声不止一次。如果是听到一次我觉得那还是正常的，可能他们的嗓子不舒服，可是不止一次啊，那肯定是针对我的。还有我害怕放学或下课的时候走在拥挤的人群中，会非常紧张，所以我不敢抬头看他们，那时候真想把自己当成空气。每当在图书馆自习或在教室上课时，想到要面对那么多人，我就开始紧张和害怕。所以我很少在用餐高峰期去食堂吃饭，如果实在没办法，我就会硬着头皮去食堂，找人最少的地方选菜和饭，我所选的菜从来都不是我想吃的，只是它离我最近，最方便。我们上课的教室虽然离"三餐""四餐"最近，但是我很少去那里吃饭，因为那里的人最多，而且食堂前面都是路口，也是人聚集最多的地方，我一般会选择去"五餐"，那里的人较少，而且那里的位置也相对偏僻，周围的路也较少。可能因为晚上大多在宿舍吃泡面吧，现在我比以前瘦了很多。

咨询师：当你上课或在图书馆的时候，你会害怕和紧张吗？

来访者：不会。只是走在路上人比较多的时候害怕。我觉得路过的那些人都在议论我。

咨询师：那在学校外面呢？

来访者：在学校外面也会这样。比如，迎面开来一辆车，我会想车上的司机也在议论我，其实我知道那个司机并不认识我，但我还是会不停地这样想，因为控制不住自己。

咨询师：那你在家的时候也会这样吗？

来访者：也会。我在家会想那些邻居是怎样想我的、看我的，会议论我什么。

咨询师：像这样的情况，以前有过吗？

来访者：是的，高中时有过，在大一和大二的时候没有那么严重了，但是最近又开始了，比高三那时稍好些，至少我会去食堂吃饭。

咨询师：最近生活上有什么压力吗？

来访者：上一学期我被处分了，现在挺有压力的。

三、咨询师的主要技术方法

1. 基本技术

（1）开放式询问。通过开放式询问技术引导来访者逐步将自己的问题及引起该问题的具体情境叙述清楚,并对引起其问题的原因进行探究。

(2)共情。由于来访者是由班主任建议来访,所以咨询师须对来访者的处境予以充分的理解和尊重,以减弱来访者的紧张情绪,并使来访者建立对咨询师的信任。

2. 核心技术

系统脱敏法:指导来访者进行放松训练,评估来访者报告出的焦虑事件的焦虑程度,按照程度由大到小的顺序排列,采用五级制建立来访者的焦虑等级,每一等级刺激因素所引起的焦虑应小到足以被全身松弛抵消的程度。

3. 辅助技术

心理测量:根据许又新神经症诊断评分标准,来访者总得分为4分,可以初步诊断为疑似神经症;采用焦虑自评量表(SAS)对来访者进行心理测量,初测结果为粗分49分,标准分61.25分,显示来访者心理状态为中度焦虑;后测结果为粗分38分,标准分47.5分,显示来访者心理状态为正常。

### 四、咨询师反思

来访者的症状符合社交恐惧症的一些表现,根据许又新神经症诊断的三个评分标准进行诊断,其状态属于神经症性心理问题,可以采用系统脱敏或满灌疗法进行辅导。来访者的问题主要体现为社交恐惧,害怕走在人群拥挤的地方,那么究竟是什么原因引起的呢?一是家庭因素;二是学校因素。来访者是家中最小的孩子,在有父母和两个姐姐无比关爱的家庭中成长,父母对他寄予很大的希望,使他产生心理压力。由于高三学业压力大,大学又受到了处分,加之自身不懂排解压力,长期积累下来产生焦虑、恐惧心理。来访者心理承受能力较弱,存在自卑、不自信的表现,属于弱型的神经类型,对刺激反应敏感,对不良环境反应较一般人激烈,容易产生心理障碍。建议来访者多与同学接触和交流,主动开展行为训练,如积极参加演讲、当众回答问题等,同时调整心态,使紧张的神经逐渐放松下来,从而缓解或消除焦虑的情绪状态。

来访者觉得有人针对自己咳嗽,感觉到有人议论自己,有些像是幻觉、妄想,像是精神分裂症的症状,根据咨询次数和来访者变动情况,后续须进一步追踪,也建议其到医院进行进一步诊断。

### 五、咨询中的重要概念阐述

1. 神经症

《CCMD-3 中国精神障碍分类与诊断标准(第三版)》将神经症定义为一组主要表现为焦虑、抑郁、恐惧、强迫、疑病症状,或神经衰弱症状的精神障碍。本障碍有一定人格基础,起病常受心理社会(环境)因素影响。症状没有可证实的器质性病变做基础,与病人的现实处境不相称,但病人对存在的症状感到痛苦和无能为力，自知力完整或基本完整，病程多迁延。各种神经症性症状或其组合可见于感染、中毒、内脏、内分泌或代谢和脑器质性疾病，称神经症样综合征。CCMD-3中将神经症分为六个亚型：焦虑症、恐怖症、神经衰弱、躯体形式障碍、强迫症、其他或待分类的神经症。

2. 恐惧症（恐怖症）

恐惧症（恐怖症）是一种以过分和不合理地惧怕外界客体或处境为主的神经症。病人明知没有必要，但仍不能防止恐惧发作，恐惧发作时往往伴有显著的焦虑和自主神经症状。病人极力回避所害怕的客体或处境，或是带着畏惧去忍受。社交恐惧症（社会焦虑恐惧症）的害怕对象主要为社交场合（如在公共场合进食或说话、聚会、开会，或怕自己做出一些难堪的行为等）和人际接触（如在公共场合与人接触，怕与他人目光对视，或怕在与人群相对时被人审视等）；常伴有自我评价和害怕批评。

3. 疑似神经症

疑似神经症也叫可疑神经症、神经症性心理问题，是心理不健康状态的一种表现形式，它已接近神经症，或者它本身就是神经症的早期阶段。其症状与神经症类似，但是病程、严重程度等都未达到神经症的诊断标准。这类心理问题如不及时进行咨询和治疗，很可能发展为神经症。许又新教授提出的神经症诊断标准为：

① 病程。不到3个月为短程，评分为1；3个月到1年为中程，评分为2；1年以上为长程，评分为3。② 精神痛苦的程度。轻度者病人自己可以主动设法摆脱，评分为1；中度者病人自己摆脱不了，须借别人的帮助或处境的改变才能摆脱，评分为2；重度者病人几乎完全无法摆脱，即使别人安慰开导他或陪他娱乐或易地休养也无济于事，评分3。③ 社会功能。能照常工作、学习以及人际交往只有轻微妨碍者，评分为1；中度社会功能受损害者工作、学习或人际交往效率显著下降，不得不减轻工作或改变工作，或只能承担部分工作，或某些社交场合不得不尽量避免，评分为2；重度社会功能受损害者完全不能工作学习，不得不休病假或退学，或某些必要的社会交往完全回避，评分为3。

如果总分为3，可以认为还不够诊断为神经症；如果总分不小于6，神经症的诊断是可以成立的；如果总分为4～5，为可疑病例，须进一步观察确诊。

# 第三章 生命发展教育

【课前思考】

(1) 你认为世界上最珍贵的是什么？
(2) 我们的生命是如何来到世界上的？
(3) 我们的生命是如何发展的？
(4) 你如何看待自己的生命？
(5) 你认为人生的意义是什么？
(6) 你如何看待死亡？

第三章
学习资源

## 第一节 生命的发展历程

> 生命是一条艰险的狭谷，只有勇敢的人才能通过。
> ——米歇潘

### 一、生命的诞生

每个人来到世界上都是一个概率数，为3亿～7.5亿分之一个精子与卵子结合的结果。我们生的是那般的机缘巧合，我们有自己独特的指纹，身体内流淌的血液只携带着属于我们自己的基因密码，没有一个人与我们有完全相同的思想和情感，我们每个人的思想、意见、品位、才能和情感都是独一无二的，正如这世界上没有完全相同的两片树叶一样。

让我们一起来看看从孕育到出生的奇迹时刻吧！

欣赏《人之初——0～4岁》（48分钟）（光盘附后）

**想一想：**

1. 请大家谈一谈看完后的感受，相互交流。

2. 有多少同学在自己生日的那天主动给父母打过电话，并表达对父母的感谢与感恩的？

## 世界各国母亲节

墨西哥：每年的12月12日是墨西哥的"圣母节"，以纪念一位心地善良、乐于救人的圣母。这天，人们身穿民族服装，高举圣母像旗帜，在老人的带领下载歌载舞。

德国：在每年的狂欢节里，另有妇女们的专门活动——"女人节"。

希腊：每年12月31日到次年1月1日中午，为"主妇休息日"，妇女们丢下家务，尽情吃喝玩乐。

瑞典：在五月的最后一个星期日庆祝母亲节。在母亲节前夕，瑞典红十字会会举办塑料制的母亲花的义卖，义卖所得将作为赞助育有许多小孩的母亲的度假经费。

瑞士：每年的1月1日至4日为"妇女掌权日"。在这四天里，家庭一切大权由妇女掌管，男人甘愿听从吩咐，以示对妇女的尊重。

加拿大：每年5月的第2个星期日为"母亲节"。在这天，家庭成员除向母亲送礼物外，并要做各种让母亲欢喜的事情，以表示敬爱之情。

泰国：每年的8月12日是泰国的母亲节。节日期间，全国最有意义的活动是"评选优秀母亲"，成千上万的女儿手持洁白的茉莉花作为"母亲之花"敬献给母亲，以表达感激之情。

日本：每年5月的第2个星期日为日本的母亲节，充满思念的气氛。为表示对母亲的尊敬，一般以赠送康乃馨为主。

法国：每年5月最后一个星期日是法国的母亲节，妈妈们怀着喜悦的心情接受孩子们"节日愉快"的美好祝愿。法国人的母亲节则更像是一个为全家人举行的生日会，全家人聚在一起享用晚餐，餐毕端出一个为母亲而做的蛋糕。

其他各国的母亲节请感兴趣的同学自行了解。

**歌曲欣赏**

○**《想起老妈妈》（节选）**

想起老妈妈，如今她在乡下，一年四季从春到冬霜染了她的鬓发。劝她外出走一走啊，她说老眼昏花，催她四处转一转，她说活儿多放不下，孩儿孩儿挣钱不容易，你这份情意我领啦。

啊多少老妈妈，如今都在乡下，一生追着日和月，孩儿心中总牵挂。

想起老妈妈，如今她在乡下，晚睡早起忙里忙外一辈子淡饭粗茶。劝她外出走一走啊，她说钱要省着花，催她四处转一转啊，她说田里有庄稼，孩儿沧桑百姓食为天，丰收要靠血汗洒。啊多少老妈妈，如今都在乡下，恩情就像日和月，孩儿怎能不报答。啊～想起老妈妈，如今她在乡下，一年四季从春到冬，厮守着我的老家。

中国有句古语："百善孝为先。"意思是说，孝敬父母是各种美德中占第一位的。一个人如果都不知道孝敬父母，就很难想象他会热爱祖国和人民。孟子说："老吾老，以及人之老；幼吾幼，以及人之幼。"我们不仅要孝敬自己的父母，还应该尊敬别的老人，爱护年幼的孩子，在全社会营造尊老爱幼的淳厚民风，这是我们新时代学生的责任。

"身体发肤，受之父母"，我们曾是父母身体的一部分。欧美等西方国家信奉基督教的人认为孩子是上帝送给父母的礼物，要以礼待之。我们怎么看待自己的生命？笔者曾经讲过一棵小橡树的故事，并要求同学们以小橡树的名义讲一段自己的心声，下面摘录一篇作品，与大家分享。

### 小橡树的心声

田野里长着一棵小橡树，它的左边生长着一棵苹果树，右边生长着一棵玫瑰树。一天，苹果树跟小橡树说："你看我能结出美味的果子，你呢？"玫瑰树跟小橡树说："你看我能开出漂亮的花朵，你呢？"这时，小橡树茫然了，它想：我能干什么呢？我是一棵橡树，我可以遮阳庇阴，我可以绿化空气，我可以成长为栋梁之材，这就是我的价值，不同于苹果树也不同于玫瑰树的价值。我想，这苹果树犹如我的爸爸，这玫瑰树犹如我的妈妈，尽管在爸爸妈妈的心里都会对我有一种成长的期待，但我就是一棵橡树，我会按照自己的人生轨迹来成长，我的生命受之于父母但又不同于父母，我是一个独立的人，但我不忘感恩父母。

> **心灵驿站**
>
> ○ **感恩是一种人生态度**
>
> "感恩"是个舶来词，"感恩"二字，《牛津字典》给的定义是："乐于把得到好处的感激呈现出来且回馈他人。""感恩"是因为我们生活在这个世界上，一切的一切，包括一草一木都对我们有恩情！

"感恩"是一种认同。这种认同应该是我们的心灵里的一种认同。我们生活在大自然里，大自然给予我们的恩赐太多。没有大自然谁也活不下去，这是最简单的道理。对太阳的"感恩"，那是对温暖的领悟。对蓝天的"感恩"，那是我们对蓝得一无所有的纯净的一种认可。对草原的"感恩"，那是我们对"野火烧不尽，春风吹又生"的叹服。对大海的"感恩"，那是我们对兼收并蓄的一种倾听。

"感恩"是一种回报。我们从母亲的子宫里走出，而后母亲用乳汁将我们哺育。而伟大的是母亲从不希望她得到什么。就像太阳每天都会把她的温暖给予我们，从不要求回报，但是我们必须明白"感恩"。

"感恩"是一种钦佩。这种钦佩应该是从我们血管里喷涌出的一种钦佩。"感恩"之心，就是对世间所有人所有事物给予自己的帮助表示感激，铭记在心；"感恩"之心，就是我们每个人生活中不可或缺的阳光雨露，一刻也不能少。无论你是何等的尊贵，或是怎样地看待卑微；无论你生活在何地何处，或是你有着怎样特别的生活经历，只要你胸中常常怀着一颗感恩的心，随之而来的，就必然会不断地涌动着诸如温暖、自信、坚定、善良等这些美好的处世品格。自然而然地，你的生活中便有了一处处动人的风景。

"感恩"是一种对恩惠心存感激的表示，是每一种不忘他人恩情的人萦绕心间的情感。学会感恩，是为了擦亮蒙尘的心灵而不致麻木；学会感恩，是为了将无以为报的点滴付出永铭于心。譬如感恩于为我们的成长付出毕生心血的父母双亲。

"感恩"是一种处世哲学，是生活中的大智慧。感恩可以消解内心所有积怨，感恩可以涤荡世间一切尘埃。人生在世，不可能一帆风顺，种种失败、无奈都需要我们勇敢地面对、豁达地处理。

"感恩"是一种生活态度，是一种品德，是一片肺腑之言。如果人与人之间缺乏感恩之心，必然会导致人际关系的冷淡，所以，每个人都应该学会"感恩"，这对于现在的孩子来说尤其重要。因为，现在的孩子都是家庭的中心，他们只知有自己，不知爱别人。所以，要让他们学会"感恩"，其实就是让他们学会懂得尊重他人。对他人的帮助时时怀有感激之心，感恩教育让孩子知道每个人都在享受着别人通过付出给自己带来的快乐的生活。当孩子们感谢他人的善行时，第一反应常常是今后自己也应该这样做，这就给孩子一种行为上的暗示，让他们从小知道爱别人、帮助别人。

"感恩"是尊重的基础。在道德价值的坐标体系中，坐标的原点是"我"，我与他人，我与社会，我与自然，一切的关系都是由主体"我"而发射。尊重是以自尊为起点，尊重他人、社会、自然、知识，在自己与他人、社会相互尊重以及对自然和谐共处中追求生命的意义，展现、发展自己的独立人格。感恩是一切良好非智力因素的精神底色，感恩是学会做人的支点；感恩让世界这样多彩，感恩让我们如此美丽！

"感恩"之心是一种美好的感情，没有一颗感恩的心，孩子永远不能真正懂得孝敬父母、理解帮助其他的人，更不会主动地帮助别人。让孩子知道感谢爱自己、帮助自己的人，是德育教育中重要的内容。

**歌曲欣赏**

○ **《感恩的心》（节选）**

我来自偶然，像一颗尘土，有谁看出我的脆弱；我来自何方，我情归何处，谁在下一刻呼唤我。天地虽宽，这条路却难走，我看遍这人间坎坷辛苦，我还有多少爱，我还有多少泪，要苍天知道，我不认输，感恩的心感谢有你，伴我一生，让我有勇气做我自己。感恩的心，感谢命运，花开花落，我一样会珍惜。

## 二、生命的发展

个体从出生到成熟再到衰老是一个紧密衔接的过程，具有生命发展的完整性，但是生命的发展也有它独特的阶段性特征。

关于个体生命的发展可分为八个阶段，分别是婴儿期、前幼儿期、幼儿期、童年期、少年期、青年期、成年期（成年初期和中期）、老年期，每个阶段具有不同的发展特点。

### (一)婴儿期(0~1岁,又称乳儿期)

1. 感知觉的发展

婴儿出生后两三周内常可看到双眼不协调地运动,在出生一个月前后,双眼不协调活动消失,视觉集中现象出现。有人调查,有75%的被试婴儿在出生1.7个月时出现视线随物转动现象;在出生1个月时出现听觉集中,在3.5个月时能听见声音找声源;在9.5个月时,出现眼动作的协调现象。其他如味觉、嗅觉、触觉的发展更早,一般在一个月后逐步完成。

2. 动作的发展

婴儿期是动作发展最迅速的时期。儿童动作的发展常遵循一定顺序和规律:一般先从整体不分化的动作向分化的动作发展;从头部的抬仰动作向躯体下面各部分直至脚的直立和行走动作的发展;从腿、臂等大肌肉向手及手指的小肌肉的发展。手的抓握动作也有一定的发展顺序:婴儿约在出生后3个月,出现手的不随意性的抚摸动作;5个月左右,由于手的抚摸动作的反复出现,形成了一种已学会的抚摸动作。婴儿这时开始把手作为认识事物的器官;约在半岁以后,手的动作有了进一步发展,婴儿能使自己的拇指与其余四指对立地抓握物体。

3. 言语的发展

婴儿出生第一年是言语发展的准备阶段。从出生到3个月是简单的发音阶段;4~8个月为连续音节的发音阶段;9~12个月是学话的萌芽阶段,能听懂简单的句子,能叫爸爸、妈妈等名词。

4. 情绪、情感的发展

一两个月内的婴儿的情绪取决于生理上的满足和健康状况。3~4个月的婴儿,看见妈妈会显出高兴表情,并能微笑迎人。婴儿还会产生对成人情绪的模仿和感染,出现最简单的"同情感",他会因别人的哭而哭,别人的笑而笑。这些与人交往的需要和情感共鸣的产生,是婴儿出现的社会情感的萌芽。

### (二)前幼儿期(1~3岁)

1. 思维的发展

在思维的发展时期,儿童的思维和出声言语相联系,思维的主要特点是直觉行动性。就是说这时儿童的思维总是离不开具体事物、行动和言语的。他们常在玩弄物体中，用出声的言语进行思考，离开了具体事物和自己的操作活动，思维就停止。他们谈不上有行动的预见性和计划性。

2. 言语的发展

言语的发展经过婴儿期言语的一年准备，就到了这个可称为儿童"最初掌握言语的时期"。据研究，约在1.5岁前是儿童掌握单词句的阶段，1.5～3岁是儿童掌握多词句时期，到3岁末儿童已能掌握本民族的基本言语。

3. 情绪、情感的发展

在这一时期，儿童已基本具备各种形式的情绪、情感；儿童在成人对人对事的评价和教育下，开始运用"好""不好""好人""坏人"等词来评价人和事，这说明他们形成了最初步的道德认识和道德情感。这时儿童由于动作的迅速发展，他们开始有了料理自己生活（如吃饭、穿衣等）的能力，开始表现出独立行动的愿望，常要求"我自己来"，不要别人的帮助，这是意志自觉能动性的萌芽表现。在这阶段自我意识开始形成，在1岁末，儿童才开始把自己的动作和动作的对象区分开来；约在2岁时，儿童开始能够叫自己的名字，这是儿童自我意识发展的一个飞跃；在2～3岁时，儿童才开始掌握"我"这个代名词，说明儿童能把自己由一个客体转变为主体来认识，这是自我意识形成的又一个新阶段的表现。

## （三）幼儿期（3～6岁，或称学前期，相当于幼儿园阶段）

1. 思维的发展

幼儿的思维以具体形象性为主要特征。这时儿童的思维可以逐渐摆脱对动作的依赖，而主要凭借事物的具体形象或表象来进行。儿童这种具体形象思维常常只能揭露事物的表面特点，不能理解事物的内部关系和本质特点。在幼儿末期，儿童的抽象逻辑思维已开始逐渐发展。

2. 情绪、情感的发展

幼儿的情感特点仍保留有前阶段的一些特征，如易感性、不稳定、易兴奋、激动。但和上阶段差别较大的是幼儿的社会情感开始发展。例如，幼儿的道德感在成人对自己或别人的行为进行评价和教育下开始形成。儿童初步知道了一些行为规范。例如，"不是自己的东西，不能拿"，"不说谎话"等。并且对违反这些行为规范的儿童产生反感的情绪。幼儿还对未见过的事物，常会表现出好奇和好问的求知欲望，这是幼儿理智感的开始出现。他们还对颜色鲜艳的玩具和衣物表示喜爱,对音乐、诗歌等表现出愉快心情,这是美感的出现。

3. 意志品质的发展

幼儿的各种意志品质,如坚持性和自持力,有所显露,但由于抑制能力还很薄弱,这些意志品质还很差。幼儿的自我意识比较笼统、模糊,他们还不会观察自己的内部世界,只能按照成人对自己的评价来"评价"自己。一般只能通过模仿成人对自己的外部行为所说的进行"评价"。

### (四)童年期(6~12岁,又称学龄初期,相当于小学阶段)

1. 思维的发展

童年思维是以具体形象思维为主要形式,逐步向抽象逻辑思维过渡。这种过渡性就是说,儿童能对具体事物的变化进行抽象推理,并揭露其本质特点。但是儿童不能脱离具体事物的感知进行判断推理。

2. 童年期情感、意志和自我意识的发展

一般来说,童年的情感比幼年和少年期的情感都要稳定,他们能经常处于比较平静、持久和稳定的愉快的情绪状态。尤其是社会情感的不断扩大、丰富。儿童的意志品质亦有提高。低年级儿童都在教师和父母的督导下完成一些作业,随着年级、年龄的增长,意志的主动性、独立性以及自持能力都比以前有所提高。童年的自我意识是在教师和父母的影响下进行自我评价的。自我评价的内容也由自己的外部行为扩大到自己的道德品质,自我评价的批判性和独立性也逐渐增长,但这时期评价的整体水平很低,因为抽象逻辑思维尚不占主要地位。

### (五)少年期(12~15岁,或称青春期)

自我意识和意志、情感的发展是少年期主要的特点,这是一个半成熟、半幼稚、独立性和依赖性、自觉性和盲目性错综复杂的矛盾时期。在这一时期,少年的自我意识有了很大的变化。首先,少年由于自己身体的迅速发育,意识到自己已经长大,产生了强烈的"成人感",出现了要求独立、自主的意志行动的愿望,特别是不满成人对他们的处处管教,常因成人对他们的干涉,而产生执拗和反感的消极情绪。其次,少年开始注意到自己内部的精神世界,渐渐产生了解自己和分析自己的心理品质的需要和兴趣。最后,少年评价自己的品质有很大的片面性和不稳定性,有时只看到自己的缺点,忘掉优点;有时又只看到自己的优点,抹杀缺点。因此,有时过分夸大自己的能力，产生自负感，有时又低估自己，产生自卑感，常处于自我评价的不稳定状态。

### （六）青年期（15～18岁）

思维的发展青年初期学生的思维具有更高的抽象概括性，逻辑思维由少年期的经验型逐步向理论型的思维过渡。他们能从一般原则出发，进行判断、推理，作出论证；他们还能对各种经验材料作出规律性的说明。青年初期学生刚刚开始形成辩证的思维，在教学和生活实践中，他们认识到特殊和一般、理论和实践的对立统一关系。皮亚杰所谓的"形式运算"阶段类似这一时期理论型的思维形式。

### （七）成年期

成年期分为成年初期（18～35岁）和成年中期（35～65岁）。

#### 1. 成年初期

成年初期是18～35岁的阶段，这一时期的人们逐渐走向成熟，开始独立思考和处理问题，与社会的接触更加广泛和深刻。在教育方面，他们一般脱离了父母，更多的是自我提醒与教育，在社会的经历中成长。在感情方面，他们大部分接触到了爱情并组建家庭，开始学会承担责任。这一时期，他们第一次独自走向社会，会碰到种种问题与困难，在处理的过程中可能在困难中迷失自我，也可能在失败中磨炼意志，是人生中形成某些品质的重要阶段。大学阶段正处于此阶段。

#### 2. 成年中期

中年期相对于人生发展的其他各阶段来说，变化并不明显，但是中年人自己一般却会明显地感觉到自己各个方面所发生的变化，比如力量、协调性、体能、动作等逐渐下降或变慢，记忆力减退，反应变慢，眼花、耳聋等现象也开始出现。最明显的生理变化是身体发胖和女性的停经，进入更年期。成年人的生理变化给家庭生活和社会生活都带来了影响，由此也对心理产生了影响。

### （八）老年期（65岁以后）

老年期的认识能力低下。老年人身体机能衰退，大脑功能发生改变，中枢神经系统递质的合成和代谢减弱，导致感觉能力降低，意识性差，反应迟钝，注意力不集中等。老年人情感不稳定，易伤感，易激怒，不仅对当前事情易怒，而且容易引发对以往情绪压抑的怒火爆发。发火以后又常常感觉到如果按自己以前的性格，是不会对这点小事发火的，从而产生懊悔心理。恐惧也是老年人常见的一种心理状态。老年人容易产生孤独感，形成很强的依赖性。部分老年人会伴随着睡眠障碍。

每个人的生命发展历程都在遵循着以上发展阶段，创造着各自生命的精彩！

## 第二节　生命的意义

> 生命如同寓言，其价值不在长短，而在内容。
> ——塞涅卡

有了生命，一切才变得有意义。生命的存在，即是意义，它给我们以希望，它让我们的亲情、友情、爱情的人生画卷展开来。即使生长在路边最不起眼的小草比起那些漂亮的塑料花来也要卓越，因为它有生命，它在生长，它带给世界以生机和希冀。

人生的意义是什么？千人千语，万人万言："好好活着，做有用的人"，"开心活着就好"，"不断积极向上，为自己的目标而奋斗"，"健康快乐地活着"……人生的意义首先是活着，只有活着一切才有了意义。活着的路上会有痛苦、悲伤、眼泪，也会有欢笑、喜悦与爱，经历过这些人生的层林与山川，我们的生命才会有深度、有力量、有智慧。

浮士德曾说："生命的意义并不在那个最终的结局上，而在生命的过程中，当生命把它所追寻、所创造的全部内容都展现出来时，生命的价值和意义也就实现了。"这段让我们追寻和创造着的生命历程中，我们会记住哪些价值与意义呢？

**活动 ❶**　○ **画出自己的生命线**

目的：对过去的我、现在的我和未来的我做评估和展望。

时间：15 分钟。

准备：纸和笔。

要求：① 画出自己的生命线（生命起点、终点）；② 找出今天你所在的位置（写上今天的年龄和日期）；③ 列出在你生命中的某个阶段对你影响最大的三个人；④ 列出今后你最想做的三件事。

生命是脆弱的，也是坚强的，生命是矛盾的统一体。普京的一句名言："全部生活都是由矛盾构成的。哪里没有矛盾了，那里就将是一片荒芜。"在脆弱与坚强的较量中成就了生命的生机、活力、倔强与孜孜不息。我们要学会在无法预知的、不可控的客观环境中，把握可控的人生。

生命的曲线如一次旅程，生命的曲线如人生四季，生命的曲线如一日早中晚。孔子说："吾十有五而志于学，三十而立，四十而不惑，五十而知天命，六十而耳顺，七十而从心所欲，不逾矩。"我们大学生正如早晨八九点钟的太阳，正在经历生命的朝阳，且珍惜"一寸光阴一寸金"，因为"寸金难买寸光阴"，否则，"少壮不努力，老大徒伤悲"。

《钢铁是怎样炼成的》里有一段耐人寻味的话："人最宝贵的是生命，生命对于每个人只有一次。人的一生应当这样度过：回首往事，他不会因为虚度年华而悔恨，也不会因为碌碌无为而羞愧；临终之际，他能够说：'我的整个生命和全部精力，都献给了世界上最壮丽的事业——为解放全人类而斗争。'"生命的意义正在于此。

裴多菲说："生命的多少用时间计算，生命的价值用贡献计算。"生命不仅对于个体本身具有价值，而且对于整个社会具有更大的价值。社会是个体生命的组合体，也是靠个体的发展和贡献来维持着其进步。大学生可能会强调生命的自主权，认为在生命自然终结之前，选择何时终止生命，是个人的一种权利。但就其生命伦理的原则而言，这是自私的表现，他忽略了家庭和社会的期望，忘记了自己的责任。从这个意义上说，牢记自己的责任，回报家庭的养育之恩，服从于社会和时代的需要，才是做人的道德原则，才是在生命选择权凸显自我意识的时代最为合理的人的生命价值取向。

宋代文学家范仲淹的"先天下之忧而忧，后天下之乐而乐"极度升华了人性的价值。郭沫若说的"乐以天下，忧以天下"，同样给我们指明了人生价值的取向。个人和社会是融为一体的，珍视我们的生命就是对自己、对家庭、对社会负责。

**永恒的生命**

第二次世界大战期间，维克多·弗兰克曾在德国纳粹的集中营度过了三年的监狱生活，对生命与价值的关注，成为他感悟人生真谛、实现精神成长的重要资源。弗兰克描述过一幅感人至深的场景："这位女俘自知不久于人世，然而当我同她说话，她却显得开朗而健谈。她说：'我很庆幸命运给了我这么重的打击。过去，我习惯了养尊处优，从来不把精神上的成就当一回事。'她指向窗外，又说：'那棵树，是我孤独时唯一的朋友。'从窗口望出去，她只看得到那棵树的一根枝丫，枝丫上绽放着两朵花。她经常对这棵树说话。我急忙问：'那棵树有没有回答？'她回答道：'有的，它对我说：我在这儿，我在这儿，我就是生命，永恒的生命。'"

生命是世界上最珍贵的资源。对于我们每个人来说，生命就是我们的终极价值，它的价值是与生俱来，不需要任何外在的东西来赋予。一个婴儿从诞生那一刻开始就宣告了生命的存在，就显示出他存在的意义。甚至一山一石、一草一木的存在都是神圣而有意义的。生命是一种宝贵的不可再生资源，掌握在我们每个人手里的时间不到 30000 天。罗曼·罗兰说："世界上只有一种英雄主义，那就是了解生命而且热爱生命的人。"

**心理案例**

马莉和苏鹏是高中同学，在高二时两人相熟、相恋，并相约考同一所大学。高考成绩公布后，苏鹏的分数未能达到理想大学的分数线，只能选择一所一般的大学。但马莉的分数很高，完全超出了理想大学的分数线。为了两人能在一起，马莉不顾家人的反对和朋友的相劝，选择了和苏鹏相同的大学。在来到大学的前两年里，他们的感情还能细水长流，虽然也有争吵但最后都能彼此谅解和包容。而且在大二的寒假里，双方父母也正式见了面，两边家长也都非常同意和支持他们。在同学们看来，他们的关系非常稳定，毕业后必然会步入婚姻的殿堂，这也是很多大学生所向往的爱情和婚姻之路。然而，在大三的时候，他们的关系发生了改变。起因是苏鹏在大三被任命为学生会主席，每天的工作比较繁忙，这样两人单独相处的时间就越来越少，中间还传出过苏鹏被人追求的消息。慢慢地，他们在一起的时间大都在争吵，苏鹏觉得马莉变了，没有以前包容和善解人意了，而马莉觉得苏鹏不再对她专情了，两人就这样吵吵闹闹，中间也闹过几次分手，终因彼此无法割舍这几年的感情而复合，但是矛盾依然存在着，争吵还在继续。在大三下学期的某天，雨还在淅沥沥地下着，苏鹏向马莉提出了分手，彻底的分手。分手后的一周里苏鹏不接马莉的电话，马莉每次去学生会找他，他也都故意躲着。最后，马莉用自己的生命结束了这段感情。

1. 生命真的如此之轻吗？
2. 我们该赋予生命怎样的意义？
3. 如何看待生命与死亡？

## 第三节 珍爱生命

> 天将降大任于是人也，必先苦其心志，劳其筋骨，饿其体肤，空乏其身，行拂乱其所为，所以动心忍性，曾益其所不能。
> 
> ——孟子

### 一、生命中不完美中的完美

生命不只是一个生物过程，更是一个充实、旺盛、快乐和宁静的精神过程。法国著名艺术家罗丹的雕塑《思想者》让全世界人认同了思想的魅力。而他另外一件雕塑《行走的人》亦能给我们以生命意义的启迪。这个"人"没有头颅，没有双臂，只剩下结实的躯干和跨开的大步，活像一个有了生命的汉字——"人"。"行走的人"迈着大步，毫不犹豫，勇往直前。"行走的人"显现出任何自然的阻力都阻挡不住的自我精神力量。他已不计较前进路上的所遇，准备尝一切苦，享一切乐，看一切相，听一切言，爱一切美，集一切烦恼，带着沉着和信心，义无反顾向前行。

犹太裔心理学家弗兰克在二战期间曾被关进奥斯威辛集中营三年，身心遭受极度摧残，境遇极其悲惨。他的家人几乎全部死于非命，而他自己也几次险丧命于毒气和其他方式。但他不懈地客观地观察、研究着那些每日每时都可能面临死亡的人们，包括他自己。之后他据此写了《夜与雾》一书。在亲身体验的囚徒生活中，他还发现了弗洛伊德的错误。作为该学派的继承人，他反驳了自己的祖师爷。弗洛伊德认为：人只有在健康的时候，心态和行为才千差万别；而当人们争夺食物的时候，他们就露出了动物的本性，所以行为显得几乎无以区别。而弗兰克却说："在集中营中我所见到的人，完全与之相反。虽然所有的囚徒被抛入完全相同的环境，但有的人消沉颓废下去，有的人却如同圣人一般越站越高。"有一天，当他赤身独处囚室时，忽然顿悟了一种"人类终极自由"，这种心灵的自由是纳粹无论如何也永远无法剥夺的。也就是说，他可以自行决定外界的刺激对本身的影响程度。因此，"什么样的饥饿和拷打都能忍受"。"在任何特定的环境中，人们还有一种最后的自由，就是选择自己的态度。"这也就可以解释，为什么有的高僧一年四季只穿件单薄的衲衣而无严寒酷暑之苦；高士伟人镇定自若，"泰山崩于前而色不变，猛虎趋于后而心不惊"；关羽中毒箭，华佗为其无麻醉刮骨，铮铮有声，而关公一边接受"治疗"，一边谈笑风生，与人对弈。这完全验证了"幡动？心动！"的禅门机锋。说到底，环境对人的影响程度，完全取决于自己；如何看待人生，由自己决定，由我们的心态决定。

### "没有四肢的健全人"

尼克·胡哲，1982年12月4日出生于澳大利亚墨尔本，是塞尔维亚裔澳大利亚籍基督教布道家，他天生没有双臂和双腿，却学会了骑马、冲浪、打高尔夫。他19岁开始巡回演讲，感动全球数十亿人；他21岁获得会计与财务规划双学士学位；他没有四肢，但勇于面对身体残障，创造了生命的奇迹！面对这个重度残疾的生命，他的父母一度心生绝望；他曾受到小朋友们的嘲弄，曾请求上帝给他健全的四肢，也曾在被窝里悄悄哭泣，甚至想自杀。但是，凭着对生命的无限热爱，在父母的关爱和坚持下，他坚强地活了下来，不仅如此，他还为自己、为他人、为社会、为世界做出了伟大的事情。28岁的残疾青年已经创办了演讲公司，并担任国际公益组织的负责人。

2008年汶川大地震时，他来到地震灾区，以自己的经历鼓励人们不要放弃，更好地生活下去。尼克曾经说过："我感觉自己和别人太不一样，对我来说，将来必定是没有希望的。如果当时我就放弃，认为生命就此终结的话，那我就要错失这么多东西。生活就是生活，有成功也有失败，如此周而复始。难道每次我们经历所谓的失败就要心生绝望吗？"他说："我告诉人们失败时不要灰心，要始终爱自己。如果我能鼓励到哪怕只是一个人，那么这就是我这辈子的工作！"2012年2月12日，这名"无肢勇士"在全球粉丝的祝福下，终于找到了自己的幸福，步入了婚姻殿堂。

### "求完美"是最不完美的做法

在与配偶、子女、朋友、自己这几种相处关系中，求完美是一种最不完美的相处方式。凡求完美，必有伤害。

"求完美"的本质是不宽容，即使面对自己。

要求配偶完美，爱情难以长久；要求孩子完美，成长难以健康；要求朋友完美，友情难以为继；要求自己完美，生命不能自在。

求完美是一种幼稚心理，也是一种自私心理；它使周围空气僵硬，气场混乱；目标虽然指向美，客观上却打乱生命中许多和谐秩序，其中的"自以为是"宛如一把生硬的利刃，既伤人也可能自残——求完美的人，到头来总是让他人和自己伤痕累累。

人是有灵性的生物，之所以成为万物主宰，就在于它的独立性和丰富性。我们可以按自己的想象制作一把精美无比的椅子，却不能制造一个完美无缺的人，因为他不是你，他是独一无二的；你也不是他，你的模子套不到他的身上。

如能悟得不完美是生命的必须，则不必再求完美。人类如蚁，人生如梦，如若不能奉"幸福"为最高人生旨趣，又怎能悟透此生的意义和使命？天地者，万物之逆旅；光阴者，百代之过客。人无百岁生，常怀千年忧。生命中的有缘人就那么几个或十几个；几十年弹指一挥间，生命苦短，人生险峻，彼此爱着尚且不够，何来多余时日互相折磨？

求完美是一种思维缺陷，反之则更为健康。

接纳配偶的不完美，能让彼此幸福又放松；接纳孩子的不完美，能给孩子自由和宽容；接纳朋友的不完美，才能享受到尊重和真诚；接纳自己的不完美，才可以让自己自信而心理平衡……

老子说"大盈若冲，其用不穷"，盈，即完满；冲，即缺憾。不完美是构成完美生命的一部分，它是平衡力，是潜力。如何对待不完美，是上帝布置给人类的一道测试题，它最终用这道题为人们划分了不一样的人生。

接近"完美"的方式不是排斥不完美，接纳"不完美"才是一种完美行为。

（摘自尹建莉博客。）

## 二、珍爱自己

每个人都需要和自己建立亲密关系，加强自爱原动力，令自己变成最可靠、最可亲的心灵伙伴。我们每天想得太多，乐得太少，很需要重拾孩提时期的被呵护，懂得自爱，才懂得接收爱，活得自在从容。人活得最自在的状态是自我认同和满足。要做到这点，需要提升 EQ，从压力中释放自己，一笑忘百忧。

苦难在一定意义上成为考验一个人内在自由度的试金石，即一个人的内在自由能否超越外在的命运。这种人存在于任何地方，每个人面对不同的命运挑战时，都会从痛苦中获得成就。弗兰克认为，人最关心的并不是获得快乐或逃避痛苦，人最关心的是了解生命的意义，如果某种生活有意义，即使需要人为它付出代价，人也会为它去受苦。

**拓展阅读**

○ **身边身残志坚的天使**

毕清华，女，大一学生。初次见她的人或许会有些错愕：双手熟练地移动两只棍子，速度很快。她自信地走着，从不刻意低头看脚下的路。走近她，你会惊奇地发现，即便是磨损了羽翼的天使，照样能飞得很远。

对大多数人来说，童年是幸福与美好的记忆，然而对于毕清华，童年给予她的是承受。两岁那年，小清华高烧不退，因家境贫困去了小医馆导致误诊，病情恶化，留下了小儿麻痹后遗症。从此，她就与两根拐杖形影不离，再也没能像正常孩子那样行走、奔跑……

刚开始，每当她拄着拐杖走过村里时，总能听到别人对她的议论，那时的她真的很不开心。随着年龄的增长和日益成熟，她努力地适应了这一切。"都习惯了，"清华笑着说，"我从小就已经这样了，只是抱怨是没有用的，我要好好地做自己，我现在不也和大家一样上了大学嘛。"

尽管腿脚不便，清华并不孤单，身边人给予了她很多的关怀。

当得知清华身有残疾却从不要求家长陪同照顾时，我们很惊讶。"我的父母对我不放心，但是他们不放纵我，也不溺爱我。"毕清华平静地说。在上高中时，有一次放假回家，清华的东西比较多，便给爸爸打电话希望能来接她。没承想爸爸说太忙，不能来接。清华就这样一件一件将行李打包好，在同学的帮助下自己回了家。

提起影响自己最大的人，清华说起了一位数学老师。在她考试失意时，老师拥抱她，鼓励她，给了她温暖的微笑。从此，毕清华有了自己的座右铭：微笑着面对一切，不管一切如何。命运或许并不厚爱于她，然而她周围却有老师的微笑鼓励、同学的悉心关爱，这些爱足以使清华坚强地走下去！

清华说："这个学校是在我同学的推荐下报的。我觉得吧，学校管理虽然严格，但是这里的人都很好。"谈起自己的专业，毕清华脸上露出会心的笑："其实我自己的理想是学习心理学，做心理方面的辅导者，这样我就可以帮助更多的人。现在的专业是电子商务，我也很喜欢，我还想创业。"她的回答直接而坚定，我们能够感受到，这个瘦弱的女孩子身上有一种灵气，一种坚韧的倔强。

"不去想他们拥有美丽的太阳，我看见每天的夕阳也会有变化。"上帝是博爱的，她赋予我们每个人一双翅膀，让我们能随风飞翔。

而她，毕清华，儿时的苦难磨损了她的羽翼，她却用两根木桩牢牢地撑住了自己。让我们祝福这个重装羽翼的天使，愿她飞得更高、更远！

## 第四节 生命与死亡

> 一切关于死的苦闷，对于强者无异是猛烈的鞭挞，把求生的力量刺激得更活泼了。
>
> ——【法】罗曼·罗兰

### 一、生命的存在形态

生命构成了世界存在的基础，世界正是因为有了生命才精彩。而在所有生命存在中，人是超越其他生命现象的存在物。人是宇宙的精华，万物之灵长，正如马克思指出的那样："任何人类历史的第一个前提无疑是有生命的个人的存在。"人的生命存在形式有生物性、精神性和社会性三种形态。

#### （一）生物性的存在

人是生物性的存在，生物性是人的生命最基本的特性，是人的生命的社会性、精神性存在的基础和前提。人的生命作为一个自然生理性的肉体而存在，人的生长和发展就必然要服从生物界的法则和规律，所以，衣食住行、吃喝拉撒、生老病死是每一个人都必须具有的，也是每一个人无法逃避的。

#### （二）精神性的存在

人之所以为人，就在于人不仅仅是为了满足自己的自然生命而活着，还要追求超越生物性存在的精神性存在。人要规划自己的人生，创造自己的价值，指导和提升生物性的存在。正是有了生命的精神性的存在，才使人的生命有了人文意义和价值，有了理性的意蕴和道德的升华。

#### （三）社会性的存在

每个人要想生存下去，就必须参与和融入社会活动之中，在与人的沟通、交往和互动中保存自己的生命，追求自己生命的意义，实现自己生命的价值。正是这种社会性的存在使人面对千差万别、千变万化的社会生活，能够使自己有一种生命的智慧和坚定的信念；使人面对有生有死、有爱有恨、有聚有散、有得有失的有限人生和无奈命运时，有一种豁达的胸怀和安然的态度。

## 二、生命的特征

### （一）生命的有限性

人的生命有限性表现在三个方面：第一，生命存在的时间有限，人的自然寿命一般是七八十岁，最多百十来岁。第二，生命的无常性，表现在生老病死、旦夕祸福等不可预测事件上，任何人都逃脱不了，任何人必然走向死亡。第三，个体生命的存在不能离群索居，不食人间烟火，每个人都需要别人的帮助、支持和关怀。正是生命的有限性才促使人去努力思考、发奋创造，积极生活去实现自己生命的意义。

### （二）生命的双重性

在人的生命体中存在着两种生命：一是人作为肉体的存在物是自然界的一部分，受自然规律的制约，具有自然性；二是人作为精神的存在物要受到道德规律的支配。每个时代、每个人都必须面对这种矛盾，人的这种双重性、矛盾性及其之间的作用是人的生命存在的最根本的动力。人就是在生命的双重性中寻求生命的意义，实现生命的价值。

### （三）生命的创造性

人的生命本身就是一个不断成长、发展、生生不息的过程。生命就是运动，不间断地运动，一切静止就是死亡。但生命比单纯的持续运动更为丰富，生命乃是在此基础上不断产生新内容的创造性运动，生命的基本特点就是创造性。人通过创造去把握生活的变化，通过创造去发现生命的意义，通过创造去实现对自己生命的认识、把握和超越。每个人的生命过程都是不同的、独特的。

### （四）生命的完整性

马克思说过，人以一种全面的方式，也就是说，作为完整的人，把自己的全面本质据为己有。德国哲学家雅斯贝尔斯也非常强调人的生命的完整性，他认为人的生命虽然有年龄、自我实现、成熟、生命可能性等不同形式，但是人的生命的完整性确实是一个毋庸置疑的事实。将人的存在形态分为三种，是为了更深入地认识、了解、领悟和研究生命。

## 三、生与死

### （一）中西方生死观

我国传统生死观影响较大的主要是儒家和道家的生死观。儒家的生死观主要从生的角度来看待生命，是一种入世的生死观。儒家不注重死亡本身，而是讲究慎终，主要把严肃的生活态度坚持到生命的最后。道家对人的生死问题，强调顺其自然，是自然之道的生死观。人本来就是自然的造化，而死正是顺从和回归自然的一条途径。

西方文化对于生死的看法主要是从终极（即死亡）的角度来看待生命的。古希腊时期的生死观主要认为人的生命是理性自主的，生命的意义需要经过彻底的反省，才能活出更多的价值。中世纪时期，西方的生死观带有浓重的宗教色彩，认为人有原罪，人不完美，最后一定会死，只有信仰耶稣基督，现世多行善事，才能死而复生，战胜死亡。经过文艺复兴的洗礼并随着现代科学技术的巨大发展，现代西方哲学对人的生命也有了更深刻、全面的认识。叔本华认为对人来说最大的冲动是保存生命对抗死亡。尼采哲学观点中有关人的生死观的论述，首先是对基督教的批判，他的生死观是现实主义的生死观。在尼采看来，人死就是生命的虚无，他否认另一个灵魂世界的存在，也否认有什么上帝、神灵之类的东西对人生和死亡加以限制，死亡是生命的结束。

纵观中西方传统文化下的生死观，人们都认为生命是属于个体的价值，将生命看作是一种自然的运作过程。但在如何完善人生、如何把握生命本真的问题上，中西方文化差异明显。中国传统文化中的生死观将人的生活限定在今世的范畴之内，而西方则将人的现世生命延续至来世，延续至"天国"。中国传统文化中个体的生命价值建构在建功立业的现实生活之中。而西方通过对人的原罪、天国的关照来反省个体的行为责任，从而使世界、人生具有了某种道的秩序和意义，以此来满足人对意义的基本要求。

### （二）生与死的关系

死亡是生命的导师，让我们过更有意义的生活。人的生与死是一种正常的自然现象，古今中外的文人和学者都进行过独到的描述。李白在《拟古十二首·其九》中说"人生为过客，死者为归人。天地一逆旅，同悲万古尘"，认为人就像匆匆来去的旅客，只是经历了一个过程。

死亡是生命的导师，正因为有了死亡，才有对生命的思考；因为有了终结，才突显过程的重要；因为死亡的必然性，才显得生命的难能可贵。死亡让我们过有意义的生活。对死亡的意识能使我们思考什么是对自己最重要的，接受死亡的事实可以让我们学会如何生存。

　　死亡让我们产生人生的紧迫感。如果生命没有尽头，我们就会虚度年华和光阴。正因为生命有期限，好好规划和利用这不到 30000 天的时间。正因为生命有紧迫感，我们才能以只争朝夕的精神珍惜现在，把握今天，创造生活。爱惜生命是一种品质、一种责任心。

　　孔子也强调体验生命的意义，如"发愤忘食，乐以忘忧，不知老之将至"。同时他对生之价值给出了标准，强调不可苟活，如"朝闻道，夕可死矣"。我们不必对死亡产生畏惧，因为这是自然现象。我们也要关注生命的过程，过有意义的人生。

　　很多西方国家在公墓上都会出现这样两个希腊文字——A 和 Ω，分别是第一个和最后一个字母，具有世界普遍意义，表示宇宙万物，有始有终，生命也不例外。死亡是生命的历程，是生命的最后归宿，正如罗曼·罗兰所说："人生不售来回票，是单程路，一旦动身，绝不能复返。"

## 活动❷　○ 生命中的最后七天

　　目的：认识生命的美好，认真对待生命中的每一天。

　　准备：笔和纸。

　　时间：30 分钟。

　　操作：由于某种原因，你的生命只剩下七天。如果这时你的身体正常，可以自由地思考与行动，你会如何使用这仅剩的七天呢？把你想做的事情和打算安排写在下面的横线上吧！

第一天：_____

第二天：_____

第三天：_____

第四天：_____

第五天：_____

第六天：_____

第七天：_____

## （三）生命是一种人生体验

我们所走的每一个脚步、所说的每一句话、所做的每一件事、每一次抉择都是在构建我们自己的生命；我们所经历的每一天，都在书写着我们自己的历史，我们是它唯一的作者，也是它最忠实的读者；要把每一个黎明看作生命的开始，把每一个黄昏看作生命的小结！让生命历程的每一天都是一个伟大的生命里程。未曾经历追寻的人，不懂得什么叫放下；未曾经历过生命里大悲伤的人，不懂得什么叫慈悲；未曾经历过害怕、软弱的人，不懂得什么叫勇敢。

有勇气去经历自己生命里的每一次发生事件，去看每一个存在的事实，才能在生命里开始拥有智慧。智慧来自自身的经验和觉察，而不是他人告诉你该如何。智慧是你用自己的生命去学习，是你自己的一部分，而知识只是接受他人告诉你什么是对、错、好、坏。但这些如果不是你自己亲身领会到的，那么终将不能变成你自己的东西。

**拓展阅读**

○ **大海里的船**

英国劳埃德保险公司曾从拍卖市场买下一艘船，这艘船于1894年下水，在大西洋上曾138次遭遇冰山，116次触礁，13次起火，207次被风暴扭断桅杆，然而它从没有沉没过。劳埃德保险公司基于它不可思议的经历及在保险费方面带来的可观收益，最后决定把它从荷兰买回来捐给国家。现在这艘船就停泊在英国萨伦港的国家船舶博物馆里。不过，使这艘船名扬天下的却是一名来此观光的律师。当时，他刚打输了一场官司，委托人也于不久前自杀了。尽管这不是他的第一次失败辩护，也不是他遇到的第一例自杀事件，然而，每当遇到这样的事情，他总有一种负罪感。他不知该怎样安慰这些在生意场上遭受了不幸的人。当他在萨伦船舶博物馆看到这艘船时，忽然有一种想法，为什么不让他们来参观参观这艘船呢？于是，他就把这艘船的历史抄下来和这艘船的照片一起挂在他的律师事务所里，每当商界的委托人请他辩护，无论输赢，他都建议他们去看看这艘船。它使那些人知道：在大海上航行的船没有不带伤的。虽然屡遭挫折，却能够百折不挠地挺住，这就是生命的意义所在。

**活动 ③**

○ **墓志铭**

目的：反省自己的价值观，了解自己的人生目标。

准备：笔和纸。

时间：30 分钟。

操作：每个人的生命尽头，都是一座坟墓。现在，你得病即将离世了，你要替自己写下墓志铭，反映自己的一生。墓志铭将会刻在墓碑上，供人凭吊。在墓志铭中，可以简单记叙，也可以长篇大论，但是最少要包含以下内容：

（1）一生的最大目标；

（2）在不同年纪的成就；

（3）对社会、家庭或其他人的贡献；

（4）我是一个怎样的人。

现在请填写"墓志铭"表格吧！

**趣谈**

○ **武则天的无字碑**

武则天无字碑，位于陕西省咸阳市区西北方 50 公里处的乾陵。在乾陵司马道东侧，北靠土阙，南依翁仲，西与述圣碑相对，奇崛瑰丽，巍峨壮观。乾陵，位于陕西咸阳市乾县城北 6 公里的梁山上，是唐高宗李治和武则天的合葬陵，陵前并立着两块巨大的石碑，西侧的一块叫"述圣碑（或称述圣纪碑）"，东侧的就是武则天的无字碑。述圣碑是武则天为高宗歌功颂德而立的碑，她还亲自撰写了 5000 余字的碑文，黑漆碑面，字填金粉，光彩照人。自秦汉以来，帝王将相无不希望死后能树碑立传，而中国历史上唯一一个女皇帝的石碑却没有刻一个字。

**歌曲欣赏**

○ **《人在旅途》（节选）**

从来不怨命运之错，不怕旅途多坎坷，向着那梦中的地方去，错了我也不悔过！人生本来苦恼已多，再多一次又如何？若没有分别痛苦时刻，你就不会珍惜我！千山万水脚下过，一缕情丝挣不脱。纵然此时候情如火，心里话儿向谁说？我不怕旅途孤单寂寞，只要你也想念我！我不怕旅途孤单寂寞，只要你也想念我！

**课后思考**

1. 人生中的赛跑

冯骥才说："运动中的赛跑，是在有限的路程内看你使用了多少时间；人生中的赛跑，是在有限的时间内看你跑了多少路程。"根据以上材料写一篇800字的文章。

2. 寓言故事：《关于寿命》

上帝创造了人、牛、狗和猴子，而且公平给他们30岁的寿命。人很失望，要求多活几年。上帝说："那你就在旁边等着。"

牛来问上帝了："你创造了我，给我30年的寿命，那我做什么呢？"上帝说："旁边站着的是你的主人，你替他耕田犁地。"牛很失望，要求少活几年。上帝说："正好你的主人要多活几年，就把你的20年给他吧。"

接着狗来问上帝了："你创造了我，给我30年的寿命，那我做什么呢？"上帝说："旁边站着的是你的主人，你替他看家。"狗听了很失望，要求少活几年。上帝说："正好你的主人要多活几年，就把你的20年给他吧。"

最后猴子问上帝："你创造了我，给我30年的寿命，那我做什么呢？"上帝说："没有人管你，你自己到森林里采野果子吃，自负盈亏。"猴子感到压力大，要求少活几年。上帝说："正好，人要多活几年，就把你的20年给他吧。"

这下，人可以活到90岁了，但是实际上只有前面的30年是属于人自己的，所以人在30岁以前都是为自己活着，活得轻松自在。

人在30～50岁时，主要想成家立业，然后就为孩子、家庭和事业，当牛做马了，因为这20年是牛给的。

人在50～70岁时，已经有家有业了，也变得成熟了，不想冒风险了，就开始看守自己的家业了，因为这20年是狗给的。

人在70～90岁时，脑动脉硬化了，痴呆了，变成了老小孩，被别人像耍猴似的耍来耍去，因为这20年是猴子给的。

生活既然上帝造就了人类，人类就要善待自己的生命，切不可糟蹋自己的生命。要让自己的生命活得有价值，就要从平时的一点一滴做起。心态平和，饮食规律，储蓄健康，从而提高生命的质量。

假如生命是花，花开是美好的，花落也是美好的。请以《生命之花》为题写一篇1500字左右的文章。

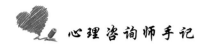 心理咨询师手记

## 如何与妈妈相处

### 一、个案描述

乔某，女，大二。爸妈离异，家中三个孩子，排行老二，爸爸无业，妈妈做生意，自述幼年家庭条件较差，父母常年在外地打工，聚少离多，三岁以前一直与爷爷奶奶一起生活，未与父母建立深厚的亲子感情。来访者认为母亲对其教育严厉，自己很难接受妈妈对自己的要求和批评，与妈妈关系"水火难容"。大学开学初，妈妈给她一张银行卡，表示与其断绝母女关系，来访者苦恼如何与妈妈相处，于是前来咨询。

### 二、咨询师与来访者对话（节选）

咨询师：不介意的话，能说说为什么妈妈对你用这样的态度吗？

来访者：我妈脾气一直挺大，他俩离婚后，我妈脾气变得更不好。

咨询师：妈妈脾气变差的原因除了爸爸的背叛和离婚，可能牵连到对你态度也不好了，还有其他原因吗？你平时和妈妈交流多吗？

来访者：不知道有没有别的事，反正我只有没钱的时候才会找我妈。

咨询师：那现在我们换个角度，试着站在你妈妈的立场来看一下。你妈妈的现状是这样的，自己的丈夫背叛了自己，自己很无奈，为了维护自己的尊严，她选择了离婚，现在自己的孩子离开了自己，她的孤独和生活压力，没有人和她分担，可是你只有没钱的时候会想到她。

来访者：（沉默。）

咨询师：你试着想想，妈妈会有什么感受，作为亲人，家人把她当成了银行，只有在需要钱的时候才会想到她。

来访者：（此时的来访者脸上表现出了些许的愧疚。）

咨询师：一个多月的时间，花掉差不多40000元，是这样吗？

来访者：是的。平时在钱这方面，我从来没有规划过，以前缺钱了就跟爸妈要，需要什么就买什么。（停顿了许久）其实我妈妈现在压力也挺大的，我家在外面有很多的债务，别人欠我们很多钱，100多万元，现在欠钱容易还钱难，所以我妈妈的压力也很大。

咨询师：其实你能理解妈妈的难处和辛苦，现在是你妈妈最无助、最孤单、最需要帮助的时候，所以她想把你留在身边，情绪的无法控制是因为生活的压力。越是这种时候，建议你多多关心她，多给她打电话，这样才会改善你们母女

之间的关系。

来访者：我也给她打了，班主任也给她打了，她不想理我，如果我给她打电话，她就以为是向她要钱了。

咨询师：如果你妈妈不接电话，你可以发信息，每天发一条发自内心的关心妈妈的话，坚持下去，对自己的亲人，付出关心，是不需要回报和报酬的。

来访者：（思考。）

咨询师：我想你肯定想和妈妈好好相处，所以继续想办法与妈妈靠近，愿意吗？

来访者：嗯，我相信老师，我会关心妈妈的。

### 三、咨询师的主要技巧方法

1. 基础技术

共情又叫作换位思考、同理心，即在人际交往过程中，能够体会他人的情绪和想法、理解他人的立场和感受，并站在他人的角度思考和处理问题。本案中来访者明显缺少对母亲的理解和换位思考，咨询中注意引导和帮助来访者运用此技术重新审视和理解与妈妈的关系，从而使其明白如何与妈妈相处。

2. 核心技术

"空椅子"技术：是使来访者内心外显的方式之一，目的就是引导来访者全面觉察发生在自己周围的事情，分析体验自己和他人的情感。本案运用此技术中的"倾诉宣泄式"，帮助来访者把自己想要对母亲说却没说出来的话表达出来，排遣和宣泄内心压抑、痛苦、埋怨、不解等负面情绪，从而使内心趋于平和。

### 四、咨询师反思

家庭成长环境、教养方式等对亲子关系有着很大的影响。来访者小时候家庭条件较差，父母在外地打工，三岁以前一直与爷爷奶奶生活在一起，受的是隔代教育，未建立深厚的母女之情。隔代教育容易造成孩子任性、依赖性强和生活自理能力低下，还有一些祖辈家长因过度疼爱孩子而"护短"，致使孩子的弱点长期得不到矫正。祖辈家长对孙辈的溺爱和护短，造成孩子很难接受其父母的严格要求和批评，还容易形成感情隔阂和情绪对立，使正常和必要的教育难以进行，隔代教育对孩子的个性发展有着极大影响。

家庭亲子关系的矛盾有很重要的一个原因是父母与孩子缺乏沟通。在个体不断长大的过程中，要与父母多沟通，并尝试从父母的思维角度出发思考问题。凡事多与父母沟通，通过沟通来解决思想上的分歧，化解生活中矛盾。来访者父母离异，造成家庭环境的重大改变，对来访者的生活造成很大冲击，也改变了来访者的一些认识和价值观。来访者的母亲在与其父亲婚姻失败以后，打击较大,脾气和心态有了很大的改变,也促使她母亲对她的态度发生了变化。在这种变故下,亲子之间的换位思考和有效沟通就显得尤为重要。

另外,亲子关系中的"子"缺少对母亲的共情。咨询中引导来访者认识到她与母亲矛盾的缓和与化解,可以先从自身找原因,学会自我反省。人与人之间冲突的来源,通常起于对彼此的误解,或是一方态度咄咄逼人,或是一方拉不下脸来,或是情绪过于激动,或是过于固执己见……其实这些都是可以避免的,共情的作用也正在于此。建议来访者多站在母亲的角度和立场,给予母亲理解和共情。

### 五、咨询中的重要概念阐释

空椅子技术是格式塔流派常用的一种技术,是使来访者的内心外显的方式之一;是完形治疗法种种著名而有影响的技术中,最为简便易行而适于心理辅导的。空椅子技术的目的就是帮助当事人全面觉察发生在自己周围的事情,分析体验自己和他人的情感,帮助他们朝着统整、坦诚以及更富生命力的存在迈进。

心理学上,将空椅子技术分为三种形式:第一种是"倾诉宣泄式",第二种叫"自我对话式",第三种叫"他人对话式"。本案例中运用的是第一种形式,咨询过程一般只需要一张椅子,把这张椅子放在来访者的面前,假定某人坐在这张椅子上。来访者把自己想要对他说却没来得及说的话,表达出来,从而使内心趋于平和。这种形式主要应用于以下三个方面。

(1) 恋人、亲人或者朋友由于某种原因离开自己或者去世,来访者因为他们的离去感到特别悲伤、痛苦,甚至悲痛欲绝,却无法找到合适的途径进行排遣。

(2) 空椅子所代表的人曾经伤害、误解或者责怪过来访者,来访者由于各方面的原因,又不能直接将负面情绪发泄出来,郁结于心的情感,此时可以通过对空椅子的指责,甚至谩骂,从而使来访者获得内心的平衡。

(3) 椅子代表的人是来访者非常亲密或者值得来访者信赖的人,来访者由于种种原因,无法或者不便直接向其倾诉。

# 第四章 自我认知

**【课前思考】**

(1) 你认为世界上最大的谜是什么？
(2) 你了解自己吗？
(3) 你是怎样的一个人？（如何了解自己？）
(4) 你了解别人吗？

第四章
学习资源

## 第一节 认识自我

> 把认识自我作为自己的任务，这是世界上最困难的课程。
> ——塞万提斯

### 斯芬克斯之谜

古希腊流传着这个样的神话故事：传说庇比斯城的人民得罪了天神。天神震怒，因此降下一个名叫斯芬克斯的女怪。沙漠死神斯芬克斯是古希腊神话里一个带翼的怪物，是守候在忒拜城郊样式上的女妖，是巨人堤丰和蛇怪厄喀德娜所生的女儿之一。她长着美女的头，狮子的身子，拥有锋利的毒爪，背上长着翅膀，黑翼可以遮蔽苍穹，总是在庇比斯城外的悬崖上蹲着，宛如巨大的雄狮。

斯芬克斯设了一个谜语给每天过往的路人，凡是答不出来的，他就将其撕成碎片，并吞食干净。这个可怕的谜语不知葬送了多少无辜的生灵。谜面是："早晨用四条脚走路，中午用两只脚走路，傍晚用三只脚走路。"很多路过的人都解答不出来，因此被吃掉，一时间这条路成了很多人的绝路。直到英雄少年俄狄浦斯的出现。

俄狄浦斯猜中了斯芬克斯的谜语。谜底既简单又复杂，这个谜底是"人"。"因为在生命的早晨，人是一个娇嫩的婴儿，用四肢爬行；到了中午，也就是人的青壮年时期，他用两只脚走路；到了晚年，他是那样年迈无力，以至于不得不借助拐杖的扶持，作为第三只脚。"斯芬克斯听了答案后，既气恼又羞愧，怪叫一声，便从悬崖上跳下去，摔死了。

人类世界中最大的谜就是人，我们往往是自己最熟悉的陌生人。著名哲学家苏格拉底说："认识你自己。"驰名世界的古希腊时期的戴尔波斯神托所的入口处，矗立着一块巨大的石碑，上面醒目地写着："认识你自己！"

**心理案例**

小晨，是一名大一新生，初次来到陌生的校园很不适应，于是产生对朋友的思念，对家人的挂牵，对学校生活和制度的排斥，但最令他不满意的还是他自己。他觉得自己什么都不好，在爸妈面前不是一个好儿子，在妹妹面前不是一个好哥哥，在学校没有做一名好学生，高考成绩不理想，和同学相处也不好。来到大学中，他下定决心要对自己重新洗牌，做一个全新的自己。首先尝试着和室友、其他同学交流，即使自己不喜欢也强迫自己，为了能在大家面前留下一个好印象，他翻阅与人际交往有关的书，在说话前要三思而后行，在说话中要注意自己的言行仪表，在谈话结束时也时时提醒自己保持仪表的端庄。在生活习惯上他和同学也有很大的不同，每天早上他喜欢跑完步后回宿舍收拾一下再去吃早餐，但是室友们都是先去吃完饭后再回宿舍，这样就很难一起，而且他的这个习惯保持了十多年，但是为了能和室友一起吃早餐融入他们，他勉强自己和大家一起。在学习上也是强迫自己做到最好，因为他不想被自己的高中同学比下去，唯一能做的就是利用好这3年（高职）的时光学到他们4年（本科）要学到的知识和能力。小晨就是这样，在生活的方方面面时时刻刻严格要求自己，但是过了一段时间，他感到心口像堵了一块大石头，感到很压抑，在教室觉得憋闷，尤其是当老师或同学拉上窗帘的时候，在食堂也觉得心口闷，回到宿舍也是一样，现在的他非常想家。

小晨怎么了？

这样努力想让自己变得更好，他错了吗？

"我是谁？""我是怎样的一个人？"这些问题实际上是自我意识的问题。

○ **自画像**

要求：

(1) 画一幅自己的自画像；

(2) 在自画像的下面空白处补充 5 句话"我是……"；

(3) 分组交流分享；

(4) 请 5~6 名同学在班级内交流自己的自画像。

## 一、自我意识概述

### （一）什么是自我意识

自我意识也称自我，是个体对自己的身心状况，以及自己与别人和周围世界关系的认识和态度，是人认识自己和对待自己的统一。自我意识并非与生俱来的，而是在社会交往和语言思维行动中发展形成的，它是一个联结的个体、社会影响和社会行为的概念，它的产生与发展，是人和动物在心理上的最后分界线。

自我意识是一种特殊的认识过程，认识的主体和客体都是自身，它是主我对客我进行认识，并按照社会的要求对客我进行调控。自我意识是人的意识发展的最高形式，是一个多维度、多层次的心理系统，可从它的发展阶段和结构来理解。

### （二）自我意识的发展阶段

一个人自我意识的发展，从发生到相对稳定、成熟，大约要经过 20 年的时间。个体的自我意识发展可分为三个阶段，即从生理自我到社会自我，再发展到心理自我。

1. 生理自我时期

生理的自我意识是个体对自己身躯的认识，包括对自己身高、体重、容貌、身材、性别等的认识以及生理疼痛、温饱饥饿、劳累疲乏的感受等。如果一个人对自己生理自我不能接纳，嫌自己个子矮、不漂亮、身材差，就会讨厌自己，表现出自卑和缺乏自信。人出生时，并不能区分自己和非自己的东西，生活在主客体未分化的状态；七八个月的婴儿开始出现自我意识的萌芽，即能意识到自己的身体，听到自己的名字会明确做出反应；2 岁左右的儿童，掌握第一人称代词"我"的使用，在自我意识的形成中是一大飞跃；3 岁左右的儿童，开始出现羞耻感、占有心，要求"我自己来"（要求自主性）；其自我意识有新的发展。但是这一时期的幼儿，其行为是一种以自我为中心的行为，以自己的身体为中心，以自己的想法和情感来认识和投射外部世界。因此，这一时期的自我意识被认为是生理自我时期，也有人称之为自我中心期，它是自我意识最原始的形态。

### 2. 社会自我时期

社会的自我意识是指个人对自己在社会关系、人际关系中的角色意识，包括个人对自己在社会关系、人际关系中的作用和地位的意识，对自己所承担的社会义务和拥有权利的意识等，对自己在群体中的地位、作用以及自己和他人相互关系的认识、评价和体验。如果以个人认为自己不善于交流和沟通，周围的人不喜欢自己，不接纳自己，没有知心朋友，就会感到很孤独、很寂寞。从3岁到青春期这段时期（3~14岁），是个体接受社会教化影响最深的时期，也是角色学习的重要时期。儿童在幼儿园、小学、中学接受正规教育，通过在游戏、学习、劳动等活动中不断地练习、模仿和认同，逐渐习得社会规范，形成各种角色观念，如性别角色、家庭角色、同伴角色、学校中的角色等，并能有意识地调节控制自己的行为。虽然青春期少年开始积极关注自己的内部世界，但他们主要从别人的观点去评价事物、认识他人，对自己的认识也服从于权威或同伴的评价。因此，这一时期个体自我意识的发展被称为"社会自我"发展阶段，也被称为"客观化"时期。

### 3. 心理自我时期

心理的自我意识是指个人对自己心理的意识，包括个人对自己性格、智力、态度、信念、理想、行为等的意识，如果一个人对自己的心理自我评价低，嫌自己能力差、智商不高、情绪起伏太大、自制力差、性格不成熟，就会否定自己。从青春发动期到青年后期，是自我意识发展的关键期，其间自我意识经过分化、矛盾、统一趋于成熟。此时个体开始清晰地意识到自己的内心世界，关注自己的内在体验，喜欢用自己的眼光和观点去认识和评价外部世界，开始有明确的价值探索和追求，强烈要求独立，产生了自我塑造、自我教育的紧迫感和实现自我目标的驱动力。这一时期被称为心理自我发展时期，也被称为自我意识"主观化"时期。青年人的世界观、人生观、价值观的形成是心理自我成熟的标志。

## （三）自我意识的结构

自我意识的结构是指自我意识包含哪些成分。由于自我意识既是心理活动的主体，又是心理活动的客体，它是涉及认知、情感、意志过程的多层次、多维度的心理现象，所以，自我意识的结构表现在自我认知、自我体验和自我调控三个方面。

1. 自我认知

主要涉及"我是一个什么样的人""我为什么是这样的人"等,它包括自我感觉、自我观念、自我分析、自我观察、自我评价、自我批评等。

2. 自我体验

属于情绪范畴,它以情绪体验的形式表现出人对自己的态度,主要涉及"我是否接受自己""我是否满意自己""我是否悦纳自己"等。它主要是一种自我的感受,以自尊、自爱、自信、自卑、自恋、自弃、自恃、自傲。责任感、义务感、优越感、自我效能感等表现出来。

3. 自我调节

主要表现为人的意志行为,它监督、调节人的行为活动,调节、控制自己对自己的态度和对他人的态度,它涉及"我怎样节制自己""我如何改变自己""我如何成为理想中的那种人",表现为自主、自立、自强、自制、自律、自我监督、自我控制等。

**【心理趣味故事】**

**自我认知探索——"和尚在,我去哪儿了?"**

有一个叫张三的解差(古代押送犯人的衙役),押送一名生性狡猾的和尚服役,途中解差为避免出现闪失,就每天早晨把所有重要的东西全部清点一遍。他先摸摸包袱,自言自语地说:"包袱在。"又摸摸押解和尚的官府文书,告诉自己说:"文书在。"然后他再摸摸和尚的光头和系在和尚身上的绳子,又说道:"和尚在。"最后他摸摸自己的脑袋说:"我也在。"

张三跟和尚在路上走了好几天,每天早晨都这样清点一遍,不缺什么才放心上路,没有一天漏掉过。和尚对张三的一举一动都看在眼里。一天,和尚灵机一动,想出了一个逃跑的好办法。

一天晚上,他们俩照例在一家客栈里住了下来。吃晚饭的时候,和尚一个劲儿地给张三劝酒:"官人,多喝几杯,没有关系的。顶多再有一两天,我们就该到了。您回去后,因为押送我有功,一定会被上级提拔,这不是值得庆贺的事吗?这不是值得多喝几杯吗?"张三听得心花怒放,喝了一杯又一杯,慢慢地,手脚不听使唤了,最后终于酩酊大醉,躺在床上鼾声如雷。

和尚赶快去找了一把剃刀来,三两下把张三的头发剃得干干净净,又解下自己身上的绳子系在张三的身上,然后就连夜逃跑了。

第二天早晨,张三就醒了,他迷迷糊糊地睁开眼睛,就开始例行公事地清点。他先摸摸包袱说:"包袱在。"又摸摸文书说:"文书在。""和尚……咦，和尚呢？"张三大惊失色。忽然，他瞅见面前的一面镜子，看见了自己的光头，再摸摸身上系的绳子，就高兴了："嗯，和尚在。"不过，他马上又迷惑不解了："和尚在，那么我跑哪儿去了？"

**自我控制——"迟延满足"实验**

发展心理学研究中有一个经典的实验，称为"迟延满足"实验。实验者发给4岁被试儿童每人一颗好吃的软糖，同时告诉孩子们：如果马上吃，只能吃一颗；如果等20分钟后再吃，就给吃两颗。有的孩子急不可待，把糖马上吃掉了；而另一些孩子则耐住性子、闭上眼睛或头枕双臂做睡觉状，也有的孩子用自言自语或唱歌的方式来转移注意力消磨时光以克制自己的欲望，从而获得了更丰厚的报酬。

研究人员进行了跟踪观察，发现那些以坚韧的毅力获得两颗软糖的孩子，长到上中学时表现出较强的适应性、自信心和独立自主精神；而那些经不住软糖诱惑的孩子则往往屈服于压力而逃避挑战。在后来几十年的跟踪观察中，也证明那些有耐心等待吃两块糖果的孩子，事业上更容易获得成功。实验证明：自我控制能力是个体在没有外界监督的情况下，适当地控制、调节自己的行为，抑制冲动，抵制诱惑，延迟满足，坚持不懈地保证目标实现的一种综合能力。它是自我意识的重要成分，是一个人走向成功的重要心理素质。

## 二、自我发展理论

关于自我发展的理论，不同的心理学家从不同的角度或领域提出了自己的观点和看法。

### （一）主我和宾我理论

威廉·詹姆斯（1890年）最先提出主我（I）和宾我（me）来区分自我。根据詹姆斯的观点，主我指代自我中积极的知觉、思考的部分，用宾我来指代自我中被注意、思考或知觉的客体。当我说"我看见××"时，其中只涉及主我，当我说"我看见我自己"时，两个术语都涉及了。我是看的主体，也是看的客体。

### （二）米德的符号交互理论

米德是从社会学角度提出关于自我发展的理论。米德认为自我的发展与个体和社会的交互作用存在紧密联系。个体作为非社会存在来到这个世界，但在其生长的文化里,他开始采纳其中的标准和规范。米德认为,他们这样做,从而使自我得以发展,也获得了通过他人眼睛看到自己的能力。两种行为(用符号进行沟通,游戏)加速了这种观点采择能力的发展。首先,这些活动引导个体采纳特定他人针对自我的观点;然后,个体开始采用普遍的、抽象的观点。当这种观点采择程序完成后,自我就完全形成了,个体也完全地社会化了。

### (三)精神分析流派的自我发展理论

精神分析学派产生于1900年,其创始人是奥地利精神病医师、心理学家弗洛伊德。这一学派的理论在20世纪20年代广为流传,颇具影响。该理论重视对人的意识的研究。精神分析学派对于自我的研究始于弗洛伊德"三我结构理论"。

#### 1. 弗洛伊德"三我结构理论"

弗洛伊德在《自我与伊底》(1923年)中提出了新的"三部人格结构"说,即人格是由伊底(本我)、自我和超我三部分组成。

弗洛伊德认为本我是一个原始的、与生俱来的和非组织性的结构,它是人出生时人格的唯一成分,也是建立人格的基础。本我过程是无意识的,是人格中模糊而不可即的部分,我们对它几乎什么都不知道。不过,只要当一个人有冲动的行为时,我们就可以看到本我在起作用。例如,一个人出于冲动将石块扔进窗户,或惹是生非,这时他就处于本我的奴役之中。本我是非道德的,是本能和欲望的体现者,为人的整个心理活动提供能量,强烈地要求得到发泄的机会。本我遵循着"唯乐原则"工作,即追求快乐,逃避痛苦。弗洛伊德说:"我们整个的心理活动似乎都是在下决心去追求快乐而避免痛苦,而且自动地受唯乐原则的调节。"[1]

自我是意识结构部分,是通过后天的学习和对环境的接触发展起来的。弗洛伊德认为无意识结构部分的本我,不能直接地接触现实世界,为了促进个体与现实世界的交互作用,必须通过自我。个体随着年龄的增长,逐渐学会了不能凭冲动随心所欲,他们逐步考虑后果,考虑现实的作用,这就是自我。自我是遵循"现实原则"的,因此它既是从本我中发展出来,又是本我与外部世界的中介。弗洛伊德在《自我与伊底》一书中把自我与本我的关系比作骑士和马的关系,马提供能量,而骑士则指导马的能量朝着他想去游历的路途前进。这就是说,自我不能脱离本我而独立存在,然而由于自我联系现实、知觉和操纵现实,于是能参考现实来调节伊底。这样,自我按照现实原则进行操作,现实地解除个体的紧张状态以满足其欲望。因此,自我并不妨碍伊底,而是帮助伊底最终合理获得快乐的满足。

---

[1] 弗洛伊德:《精神分析引论》,商务印书馆,1988年版,第285页。

超我是人格中专管道德的司法部门，它是道德化了的自我。它是从儿童早期体验的奖赏和惩罚的内化模式中产生的，即根据父母的价值观，儿童的某些行为因受到奖赏而得到促进，而另一些行为却因被惩罚而受到阻止。这些带来奖赏和惩罚的经验逐渐被儿童内化，当自我控制取代了环境和父母的控制时，就可以说超我已得到了充分的发展。充分发展的超我有"良心"和"自我理想"两部分。良心是儿童受惩罚而内化了经验，它负责对违反道德的行为做惩罚（内疚）；自我理想是儿童获得奖赏而内化了的经验，它规定着道德的标准。超我的主要功能是控制行为，使其符合社会规范的要求。

弗洛伊德认为，本我的目的在于追求快乐，自我的目的在于追求现实，超我的目的则在于追求完美。由于超我永无止境地追求完美，所以它同本我一样是非现实的，它经常批评本我谴责自我。自我服从超我的强制规则，它不仅必须寻找满足本我需要的事物，而且还必须考虑到所寻找的事物不能违反超我的价值观。弗洛伊德这样论述自我难扮的角色："有一句格言告诫我们，一仆不能同时服侍两个主人，然而可怜的自我却处境更坏，它服侍着三个严厉的主人，而且要使它们的要求和需要相互协调。这些要求总是背道而驰并似乎常常互不相容，难怪自我经常不能完成任务。它的三位专制的主人是外部世界、超我和本我。"[①] 弗洛伊德认为，在通常情况下，本我、自我和超我是处于协调和平衡状态的，从而保证了人格的正常发展，如果三者失调乃至崩坏，就会导致神经病，危及人格的发展。

2. 荣格的自我实现观点

荣格认为："自我是我们生命的目标，它是那种我们称之为个性（individuality）的命中注定的组合的最完整的表现。"自我是在人的一生中逐步形成和发展的，在他看来，只有当个人意识到自己的目的之所在时，才表明其个体已经发展到了顶峰。荣格认为，这一时期，个体的各方面，包括无意识与意识、各种心理类型等都已经过不断地整合而达到了和谐、统一和平衡，个性也得到了充分展开。

荣格认为要达到自我现实化的境界，需要有两个前提。第一，对自我要有一个客观认识，这种认识是由一个人的长期经历所提供的，如耐心、毅力和许多年的艰苦工作等。而且为了努力达到自我现实化，必须大胆地、开放地、毫无保留地面对无意识，将无意识的声音带给意识，允许无意识展示出自己真实的自我。这也就是荣格所说的对自我要有一个客观认识。但这并不意味着被无意识所主宰，只意味着将它们吸收进入意识过程。第二，自我现实化的达到还有赖于个体其他因素的发展。它包括人格面具、阴影、阿尼玛和阿尼姆斯的变化。例如人格面具的解除，承认所戴

---

① 弗洛伊德：《精神分析引论新讲》，安徽文艺出版社，1987年版，第86页。

的公开面具不可能代表真实本性；认识到阴影的各种力量，理解和接受人的本性中的阴暗面，但却不屈服于它们或由它们主宰；本性中的阿尼玛和阿尼姆斯两个方面都得到表达并取得平衡，等等。

大学生首先要明确地意识到自己的需要。孩子在被教会说谎之前，常能直接、诚实地表达其需要，成熟人的标志是，他的生活与自己选定的目标融为一体：知道自己需要什么，不再简单得像孩子想要冰激凌那样，作为一个成人，他为了一种创造性的爱的关系或生意的红火等而计划安排，辛勤劳作。任何具有自我意识地进行的行动选择都是对自我的一种考验，都包含一种承诺，都在或大或小的程度上是一种"飞跃"。其次，我们要恢复与我们自己的潜意识方面的联系。从周公解梦起，直到近代，人们都将梦看作智慧、指引和见识的来源。但今天我们大多数人都把梦看作荒诞不经、莫名其妙的东西。其结果便是自我极其重要的一大部分都与我们割断了联系，于是我们不再能纳用无意识中的诸多智慧和力量。人的生命至少有一半是在梦这个王国里度过的，意识的根源就在于此，我们应尽快恢复这一部分自我的主权。恢复这一部分自我的主权并不是意识对无意识内容的单方面评价、解释和变形，而是指多聆听自己内心的声音，善于接纳内在的指引，逐渐自觉地让无意识的、非理性的因素进入意识。与此同时，人不能放弃理性和意识，而是要在自己的精神世界中逐步将意识和无意识整合为一个统一的整体，进而更全面认识人的本质，具有健康的人格。

也就是说，达到自我现实化的人，个体的任一层面都不占据主导地位，既不是由意识或无意识所主导，也不是由特定的心理类型所主导。它们都处于一种和谐的平衡状态。

从上述可以看出，自我现实化是一个艰巨的和长期的任务，它对于绝大多数人来说是一个需要长期努力但却很难达成的目标。

### 3. 埃里克森的自我发展八阶段理论

埃里克森是新精神分析学派的领军人物，他的人格发展学说既承认性本能和生物因素的作用，同时更强调文化和社会因素的作用；认为现代人的一切心理上的变态都是人的本性需要和社会要求不相适应乃至失调所致；人在克服心理与社会的矛盾和危机时，在很大程度上依赖于个体的心理社会经验；从本质上讲，社会环境决定了与任何特定阶段相联系的危机能否获得积极的解决。由此，埃里克森将人生发展的八个阶段称为心理社会发展阶段，以区别弗洛伊德提出的心理-性发展阶段。

埃里克森认为，在个体发展的不同时期，社会对个体提出不同的要求，在个体自身的需要和能力与社会要求之间就出现不平衡现象，这种不平衡给个体带来紧张感。埃里克森将社会要求在个体心理中引起的紧张和矛盾称为心理社会危机。他根据个体在不同时期的心理社会危机特点,将个体人格发展过程划分为八个阶段。每个阶段都有其特定的发展任务,每个阶段都存在着特有的心理危机。他认为个体人格的发展过程是通过自我调节作用及其与周围环境的相互作用而不断整合的过程。人格发展任务完成得成功或不成功,就会产生人格发展的两个极端,属于成功的一端就形成积极的品质,属于不成功的一端就形成消极的品质。每个人的人格品质都处于两极之间的某一点上。如果不能形成积极的品质,就会出现发展的"危机"。教育的作用就在于发展积极的品质,避免消极的品质。埃里克森人格发展任务和所形成的良好人格品质,具体见下表。

| 年龄段 | 社会转变期的心理冲突 | 相应获得的品质 | |
|---|---|---|---|
| | | 积极的 | 消极的 |
| 婴儿期（0~1.5岁） | 信任感—怀疑感 | 希望、信任 | 恐惧、不信任 |
| 儿童期（1.5~3岁） | 自主感—羞怯感 | 意志（自制力） | 自我怀疑 |
| 学龄初期（3~5岁） | 主动感—内疚感 | 自主和价值感 | 无价值感 |
| 学龄期（6~12岁） | 勤奋感—自卑感 | 能力、勤奋 | 无能 |
| 青春期（12~18岁） | 自我同一—角色混乱 | 忠诚、自信 | 不确定感 |
| 成年早期（18~25岁） | 亲密感—孤独感 | 爱和友谊 | 泛爱（杂乱） |
| 成年期（25~65岁） | 生育感—自我专注 | 关心他人和创新 | 自私自利 |
| 成熟期（65岁以上） | 自我调整—绝望感 | 智慧 | 绝望和无意义感 |

### （四）马斯洛的自我实现理论

按马斯洛的理论,个体成长发展的内在力量是动机。而动机是由多种不同性质的需要所组成,各种需要之间,有先后顺序与高低层次之分；每一层次的需要与满足,将决定个体人格发展的境界或程度。马斯洛认为,人类的需要是分层次的,由低到高。它们是生理需求、安全需求、社交需求、尊重需求、自我实现需求。

1. 生理需求

生理上的需求是人们最原始、最基本的需要,如空气、水、吃饭、穿衣、性欲、住宅、医疗等。如果得不到满足,人类的生存就成了问题。这就是说,它是最强烈的不可避免的最底层需要,也是推动人们行动的强大动力。

2. 安全需求

安全上的需求即指劳动安全、职业安全、生活稳定、希望免于灾难、希望未来有保障等。安全需求比生理需求要高一级,当生理需要得到满足以后就要保障这种需要。

每一个在现实中生活的人,都会产生安全感的欲望、自由的欲望、防御实力的欲望。

**3. 社交需求**

社交需求也叫归属与爱的需要,是指个人渴望得到家庭、团体、朋友、同事的关怀爱护理解,是对友情、信任、温暖、爱情的需要。社交的需要比生理和安全的需要更细微、更难捉摸。它与个人性格、经历、生活区域、民族、生活习惯、宗教信仰等都有关系,这种需要是难以察觉,无法度量的。

**4. 尊重需求**

尊重需求可分为自尊、他尊和权力欲三类,包括自我尊重、自我评价以及尊重别人。尊重需求很少能够得到完全的满足,但基本上的满足就可产生推动力。

**5. 自我实现需求**

自我实现需求是最高等级的需要。满足这种需要就要求完成与自己能力相称的工作,最充分地发挥自己的潜在能力,成为所期望的人物。这是一种创造的需要。有自我实现需要的人,似乎在竭尽所能,使自己趋于完美。自我实现意味着充分地、活跃地、忘我地、全神贯注地体验生活。

马斯洛认为,五种需要像阶梯一样从低到高,按层次逐级递升,但这样次序不是完全固定的,可以变化。五种需要可以分为两级,其中生理上的需要、安全上的需要和社交上的需要都属于低一级的需要,这些需要通过外部条件就可以满足;而尊重的需要和自我实现的需要是高级需要,他们是通过内部因素才能满足的,而且一个人对尊重和自我实现的需要是无止境的。同一时期,一个人可能有几种需要,但每一时期总有一种需要占支配地位,对行为起决定性作用。任何一种需要都不会因为更高层次需要的发展而消失。各层次的需要相互依赖和重叠,高层次的需要发展后,低层次的需要仍然存在,只是对行为影响的程度大大减小。

## 三、大学生自我意识的发展

### (一)大学生自我意识的发展特点

自我意识不是生来就有的,而是伴随生理成长和社会化进程而不断实现的过程。大学生时期正处于自我意识发展成熟的关键期。他们自我意识发展的特点主要表现在自我认识、自我体验、自我调控三个方面,具体表现为以下特点。

## 1. 自我认识方面

**1) 从关注自我外部特征转向对自我内在品质的关注**

大学生对自我的认识已经从对自身外部特点，如身体、容貌、仪表等的关注和探究，转向对自身内心品质，如气质、性格、能力、品德等的关注和探究。大学生对诸如善良、真诚、热情、诚实、乐观、自尊、有理想、有上进心、勤奋学习、刻苦耐劳、尊敬老师、团结同学、心胸开阔、有同情心、能助人为乐等心理品质有很高的认同度。这说明大学生的自我意识在内涵和表现形式上都进入了一个新的境界。

大学生希望通过自己的努力来培养自己的能力，提高自己的修养，他们不仅关注自己的生理健康，更重视自己心理品质的塑造。在高等学府浓郁的文化氛围下，他们会潜移默化地受到熏陶和影响，这些影响会让他们更加关注自己的言行举止和内在品性，促进大学生自我认知向纵深方向发展。大部分的大学生希望做一个有理想，有追求的人，并且为此做出了很多规划性的尝试。在此过程中，他们希望能够得到朋友和老师的帮助和指导。因此，在此过程中，辅导员和学生工作者乃至大学老师，应该密切关注大学生的自我诉求，及时给予有效的帮助。这也是大学生心理健康教育工作和思想政治工作获得实效性的契机。

**2) 更加认同和注重自我的社会属性**

大学生对自我社会属性，如社会归属、社会角色、社会价值、社会义务等的关注和探究，随着年龄的升高而日益成为重要的内容。无论是从社会的视角来审视大学生的行为，还是从大学校园来观察大学生的活动，大学生在对社会的奉献意识、回馈意识和爱心行动方面确实为社会做出了比较大的贡献。有的大学成立了专门的青年志愿者组织，开展金钥匙行动等，这些都充分体现了当代大学生不是"两耳不闻窗外事，一心只读圣贤书"的书虫，而是一群关注社会发展、体察社会民情、勇于服务社会的未来栋梁。一批"有理想、有道德、有文化、有纪律"的四有新人正在大学校园不断涌现。大学生们说："宇宙是无限的，人生只是昙花一现，但也要在这一瞬间把斑斓的色彩留给人类"，"社会的进步不是靠哪一个救世主，而是靠社会全体成员的努力，靠我们自己掌握自己的命运"，"我是祖国的儿子，我要为振兴中华作出自己的贡献"。随着年级的升高，越来越多的学生意识到自己对家庭、对社会、对国家的义务，不少学生以未能报答父母的辛苦劳动而感到内疚。这说明，在大学期间，随着大学生的社会化水平的提高，大学生自我意识中的社会属性日益突出，这为塑造符合时代和国家需要的栋梁创造了心理前提。

**3) 自我评价趋向肯定全面**

从教学和与学生的接触中，笔者明显感触到尽管有部分同学自卑心理较重，总是过低地评价自己，但是更多的大学生对自己的认识比较全面，自我评价积极肯定，既能看到自己的优点、长处，又能看到自己的缺点、不足。这使得自我意识能够在动态的平衡中实现成熟并得以不断完善。

从整个大学过程来看，一年级大学生自我高估的现象比较明显，由于他们是"千军万马"中的佼佼者、幸运儿，刚上大学的时候，对未来充满了美好的憧憬，因此，他们认为自己是"天之骄子""时代的宠儿""国家的栋梁"。但是，经过大学四年的学习、观察和体验，自我评价已经逐步走向平衡。当然也有自我评价走向过低的趋向。如果能够走向平衡，可以客观公正地评价自己，说明其自我意识的发展是良好的。如果走向反面，则说明自我意识的发展受到了阻碍，还需要加强自我意识的锻炼和塑造。

总之，经过大学四年的学习，大学生的自我认识已经逐步深入、全面、统一和稳定，走向成熟。他们对自己形成了一个明确的自我观念或自我概念，并影响着自我体验与自我发展。

**2. 自我体验方面**

大学生对自我的情感体验是随着自我认识、自我评价的发展而发展的。这个时期最主要的自我体验如下。

1）自尊感

自尊感是由于意识到对自我的肯定评价而产生的自我体验。自尊是一个人存在的最高理由，因此，自尊不可被侵犯。大学生拥有强烈的自尊感，这表明他们对自我价值的高度认同，这是高校教育和高校特有的文化氛围共同作用结出的硕果。大学生的自尊感主要基于两种肯定的评价：一是由于意识到自己正成长为社会的主体而产生的肯定的评价；二是由于意识到自己心理品质的成熟而产生的肯定评价。总之，大学生的自尊感是由于意识到自己作为一个有理想、有文化、有纪律、有道德的公民，对家庭、对社会、对国家所具有的价值而产生的积极的自我体验。

自尊感对大学生的心理发展和成长具有积极的意义。自尊感强的学生，自我价值感强，这样的大学生一般目标明确，富有理想，具有高度的责任心和进取心，因此，一般在学习、生活等方面都表现良好；合理而适度的自尊是一个人进步的最佳动力，是一个人良好精神面貌的必备元素。

但是，过分的自尊感也会产生消极的作用，需要我们在教育过程中加以适当的引导。过分的自尊包括两个方面：一个就是过高的自尊，即自负；另一个就是过低的自尊，即自卑。一旦学生陷入自负和自卑的不良境地，对他们的学习、生活会产生较大的消极影响；因为过分的自尊使他不能正确地对待因自尊心受损而产生的挫折，会因为给自己树立过高目标而又不能实现而自怨自艾，会因过分要求别人尊重而又无人回应而郁郁寡欢；特别是当自尊心受到伤害时，会做出极端的难以预测的反应。

最令人痛心的"马加爵案"就是马加爵自尊心受到重大创伤后做出的灾难行为。自尊心过强，也会陷入"自我中心"或"自我膨胀"的误区。

2）优越感

优越感是由于对自我社会地位与个人知识、能力等评估过高而产生的一种自我体验。这在大学一年级学生中表现得较为明显，但是随着年级的升高，优越感开始回落。一般来说，中高层次的大学的学生的优越感较强，一流大学或者末流大学的学生的优越感却相对弱一些；考入大学的农村学生比考入大学的城市学生优越感要强。

考上大学之前，一般学生疲于应付考试，即使成绩名列前茅，也并不一定可以产生强烈的优越感。但是经过高考的洗礼，众多学生在激烈的竞争对手中脱颖而出，心里便油然而生一种优越感，尤其相对于那些落榜的同学和无缘大学的同龄人，这种优越感更加强烈。

在优越感面前，如何面对和处理这样的情绪成了促进抑或阻碍学生进步的重要问题。如果不能妥善处理，这种体验可能不但不能成为其前进的动力，反而造成学习上的松懈情绪，也影响到他们对待其他人的态度。然而，如果因为这样的优越感，让自己更加自信，因为这样的自信使得学生更加焕发活力，这样不仅可以推动他们前进的脚步，还可以展现出大学生青春鲜活的精神风貌。

3）责任感

责任感是由于意识到个人对家庭、社会、国家的义务而产生的一种自我体验。这是大学生中普遍存在且认同度非常高的自我体验。

随着大学生社会阅历的增加和认知水平的提高，他们的心理素质和道德水平也在相应地提高。他们充分地意识到家庭、父母对自己成长的支持，祖国对自己的培养和期望，使他们满怀对父母、家庭、社会、国家的感激，从而责任感倍生。大学生大多都能把这种责任感化成学习、成长的动力，为了感恩父母而学习，为了报效祖国而学习。正是因为责任感的推动，使得大学生获得了巨大的自我成长的主动性和积极性，这是大学生自我教育的重要动力之源。

4）爱美感

爱美感是大学生意识到自己本身的美与丑而产生的自我体验。

关注自身的外貌美，是大学生具有普遍性的特征。美国有个学者曾调查240名中产家庭的白人大学生，发现他们对自己身体外貌的烦恼竟成了学业与就业等三大问题的头号问题。而根据我国对大学生的调查来看，90%以上的大学生都承认自己对身材、容貌、仪表和风度的美十分关注。有些学生自认为长得美丽而感到高兴或者得意，而有些学生认为自己长得不美丽而烦恼和沮丧。大学生对自身美的关注，除重视身材与容貌美以外，更重视自己的仪表和风度美，他们认为仪表与风度更能体现出自身的文化修养与心理素质。男生希望自己成为潇洒大方具有阳刚气概的男子汉;女生则希望成为端庄秀丽又有内涵的女孩子。特别是一些身材、容貌不出众的学生,更希望具有人格的魅力和吸引人的风度,以弥补身材、容貌之不足。

5) 孤独感

孤独感是由于得不到他人思想上的理解与情感上的共鸣而产生的一种自我体验。不少大学生因为人际关系不良或者因为缺少心灵上的朋友、情感上的伴侣、学术上的知己而倍感孤独。

孤独感并非源于没有可以交往的朋友,而是源于缺乏知心的、相互理解的朋友。大学生由于年龄的增长和"代沟"的形成,同长辈之间的交流日益减少,而由于思想的深化、个性的分化,他们已不满足于同一般朋友交往,而要求在更深层次上的同知心的朋友互诉心声,情感共鸣,这时就往往产生了缺乏知音的孤独感。

大学生孤独感的产生,从某种程度上来说,是大学生心理成长的阵痛表现,说明大学生在人际交往方面的自我意识开始转向内心世界的交流这一高层次的境界,这是良好的表现,只要维持在一定范围和一定阶段内,不仅不会对大学生心理成长产生负面作用,反而还会有积极的推动作用。

6) 抑郁感

抑郁感是由于个人的思想、愿望受到压抑,未能得到充分表达或实现而产生的一种消极的自我体验。大学生产生抑郁感的原因有很多。如理想与现实的矛盾;人际关系冲突,不接纳现实,盲目攀比;缺乏知心朋友;专业情绪强烈;怀才不遇,没有展现自己的机会等,都可以使大学生产生抑郁感。因此,当前大学校园流行语中,"郁闷"一词备受追捧,几乎所有的大学生都在如意或不如意的时候把"郁闷"挂在嘴边。

对于这样的抑郁情绪,高校心理健康教育工作者和思想政治教育工作者都要高度重视,对于那些长期处于抑郁状态的大学生更要给予特别关照。通过与其谈心交流,寻找抑郁根源;给予其发展舞台,锻炼其才干;鼓励其了解自我,开阔其思维境界等途径提高个人的自我评价,增强自信心,使他意识到自己有能力摆脱心理困境,帮助大学生及时走出抑郁心境。

自我体验以自我认知为基础,当自我体验产生以后,种种喜怒哀乐的体验反过来又会影响自我认知,影响对待自我的行为意向。因此,大学生想要维持良好的自我体验,让自己一直处在快乐的心境中,最好的方法就是让自己拥有一个积极乐观的认知方式,凡事从好处着眼,对未来充满美好期待,这样的认知必然会带来美好的情感体验和持久的行为动力。

3. 自我调控方面

在自我认识、自我体验的基础上,产生了个人对待自我的意向:是接纳自我,还是拒绝自我;是对自我严格要求,还是自由放任,任其发展;是不断完善,还是自暴自弃等。

1) 独立自主的意向

绝大多数大学生已经度过 18 岁的成年期,他们自认为已经达到法定的公民年龄,身体发育已经成熟,具有一定的科学知识与生活经验,已确立了一定的生活目标,掌握了一定的道德规范,并具有一定的独立分析问题和解决问题的能力。因此,大多数学生认为自己已是一个成年人,他们强烈要求像成年人那样独立自主地行事,不愿受父母的约束和教师的训诫,希望按照自己所设计和选择的目标"走自己的路",希望能做自己的主人,对那些干涉他实现独立自主需求的人往往采取比较激烈的方式加以反抗和拒绝。但是这种独立自主完全只是心理上的自我独立愿望,在事实上,是不可能做到真正的独立自主的。因为,在诸如经济条件、生活待遇、学习能力等方面都离不开家长和老师的支持和帮助。当然,这也正好说明大学生正在进行自我意识的分化与统合,是帮助大学生培养和锻炼健全人格的重要契机。

2) 自我完善的意向

大学生的思维多有理想化、完美性的倾向,因此,他们对自己的要求比较严格。尤其在现代社会,可谓人才济济,在任何一个方面几乎都可以找出一群出类拔萃的人,大学生往往以这些人作为自己的"理想自我",并且直接就用这样的"理想自我"来衡量"现实自我",一旦"现实自我"与"理想自我"的差距过大,就会产生强烈的情绪反应。他们对自我的完美追求使他们产生了比较强烈的自我完善意向,希望自己既有优美的仪表与风度,又有美好的心灵;既有远大的理想和抱负,又有坚韧不拔的实干精神;既有渊博的知识与才干,又有开拓创新的进取精神;既有声誉,又有权威,并且他们为此日日付出艰辛的努力。这种自我完善、追求完美的愿望成为激励大学生蓬勃向上的动力,但过分追求完美的意向,也可能带来不利的影响,必须善于适时适度地加以调整。

3) 自我规划的意向

大学生在刚进入大学的一段时间内,会有一个或短或长的适应期。如果素有志向,上大学深造只不过是为实现理想提供基础和条件而已,对于这样的学生,进入大学后,会很快适应大学生活,并很快转入大学状态。而对于那些只以考上大学为目标者,一旦考上大学,昔日的目标业已实现,来日目标还未确立,这个时候进入大学就会经历一个痛苦的挣扎期,要么自甘沉沦,过毫无目标的浪荡生活;要么苦苦寻找,重新自我定位,合理确立新的目标。一旦目标确立,无论是短期还是长期目标,大学生都会根据自身实际情况去规划自己实现目标的路径、方式和时效,这种自我规划的意向会让他们把目标作为向导,不断锁定目标,自我反思,根据目标实现的阶段情况,相应调整自身状态,直至目标最终实现。在大学生自我意识的培养过程中，针对那些有自我规划意向的学生要多加鼓励和支持，引导和督促他们按照自我的规划去实现自己的目标。

4）自我实现的意向

根据马斯洛的需要层次理论，人的最高需要是自我实现的需要，这是一个人的价值根本所在。大学生无论在生理功能上，还是在心理机能上，都是较为完善和成熟的群体，由于其自身认识水平的提高，自我规划能力的增强，其自我实现的觉悟意识会更加鲜明。接受正规的高等教育，熏陶浓郁的大学氛围，大学生群体在心理上寻求自我的价值的动机自然要比一般人群强烈得多，事实也证明，那些在社会上获得财富、地位、权力的人大部分都是自我价值动机强，自我实现的意向非常明确的人。因此，在大学生自我意识培养过程中，多发现这样的人群，利用他们积极的人生追求和进取的人生姿态，感染和熏陶那些目标缺乏、动力不足的学生，发挥他们该有的积极作用。

## （二）大学生自我意识发展的冲突

大学生自我意识在发展过程中也表现出明显的冲突性，主要表现在以下方面。

### 1. 理想我与现实我的冲突

所谓"理想的自我"就是个人理想中的自己，包括自己所希望达到的理想标准，以及希望他人对自己所产生的看法等。"理想的自我"是完美的、理想化的，而现实的自我则是现实中的自己以及别人对自己的实际看法和评价。大学生内心较多地充满着理想主义色彩，对自己要求甚高。然而，"理想的自我"与现实的自我之间一般都有较大差距，这种差距在一定意义上有积极意义，但当二者发生冲突难以调和时，就会带来很多痛苦与烦恼，进而诱发心理失调，产生心理问题，甚至导致自我意识分裂，引起精神心理疾病。

### 2. 独立与依赖的冲突

大学生进入大学阶段便开始独立生活，摆脱了所谓家庭的"束缚"，有了更多的自主空间。他们一方面渴望独立，以证明自己已经长大，另一方面在心理上又对父母、朋友存在深深的依赖，特别是遇到困难和挫折时，这种依赖就表现得更为明显。我们说，不成熟的独立性与依赖性相互纠缠，便构成了大学生自我意识冲突的主要根源。

### 3. 自负与自卑的冲突

大学生自我意识发展过程中，心理尚未完全成熟，不能对自己有一个较清晰且正确的认识,因而对自己的认知会出现偏差:自负或自卑。自负就是过高地评估自己的长处和优点。自卑是一种自我否定,表现为对自己缺乏信心,对自己不满和否定,拥有这种心理的人总以为自己存在着不足,因而遇事总会胆怯、心虚、逃避和退缩,缺乏主见。大学生自负和自卑冲突主要表现在:他们渴望成功,不甘落后,对成功的渴望与预期高,特别是当成功来到身边时,很容易表现出骄傲自大、唯我独尊,相当自负。当生活中遇到挫折时,他们便开始怀疑自己的能力,进而产生自我否定、自我怀疑甚至自暴自弃,陷入强烈的自卑之中。

**4. 渴望交往与自我封闭的冲突**

大学生一方面渴望与人交往,渴望友谊与理解,并希望得到别人的认可,希望有人分享自己的快乐和痛苦;另一方面,出于自我保护的需要,或出于其他一些因素的影响,又把自己的内心紧紧封闭起来,与人交往保持一定的距离,这种渴望理解但又惧怕别人看到自己的内心的矛盾冲突,使大学生内心倍受孤独的煎熬。

**5. 冲动与理智的冲突**

大学生自我意识发展的一个比较突出的特点就是他们较情绪化,容易两极分化,或高或低,波动性大,易冲动,不易控制。特别遇到失恋、宿舍矛盾等与自己切身相关的生活问题时,他们在理智上能够理解,但是在情绪情感上难以控制。

> **拓展阅读**
>
> ○ **弗洛伊德人格结构"冰山"图式**
>
> 弗洛伊德认为人格是一个整体,他把人的心理机制视为由意识、前意识和潜意识三个系统所构成。潜意识是弗洛伊德论述最多的部分,也是他的早期人格结构的核心。究竟什么是潜意识呢?弗洛伊德认为潜意识包括人的原始冲动、各种本能和出生后所形成的与本能有关的欲望。这些冲动和欲望不见容于人类的风俗习惯、伦理道德和宗教法律,而被排斥或压抑在意识之外,但它们并没有被消灭,仍在不自觉地积极活动,追求满足。潜意识是心理的深层基础和人类活动的内驱力,它决定着人的全部有意识的生活,人的言行无不受其影响。
>
>
>
> 前意识是指没有浮现出意识表面的心理现象,它是人们能够回忆起来的经验。它处于潜意识和意识之间,担负着"检查

员"的任务，严把关口，不准潜意识的本能和欲望随便侵入意识之中。但是，当"检查员"丧失警惕时，被压抑的本能或欲望也会通过伪装而迂回地渗入意识。

意识是人清醒知觉的思想和情绪等，是随时可以观察到的心理现象。它负责调节进入意识的各种印象，压抑心理中那些先天的、兽性的本能和欲望。

在弗洛伊德看来，意识仅仅是人的整个精神活动中位于表层的一个很小的部分，只代表人格的外表方面；无意识才是人的精神主体，处于心理深层。他认为只用意识来解释人的精神活动是不完整的，只有假定人们精神过程中有无意识领域存在，才能合理地解释人们的精神生活。弗洛伊德宣称："精神分析的第一个令人不快的命题是：心理过程主要是潜意识的，至于意识的心理过程则仅仅是整个心灵的分离的部分和动作。"（弗洛伊德：《精神分析引论》，商务印书馆，1988年版，第8页。）

**弗洛伊德简介：**

弗洛伊德（1856—1939），精神分析学派的创始人。1856年5月6日生于摩拉维亚的一个犹太呢绒商人之家。后全家搬到德国的莱比锡，又搬到维也纳，在此待了近80年。由于德国法西斯入侵奥地利，弗洛伊德被迫流亡英国，并于1939年9月在这里去世。

弗洛伊德1873年就读于维也纳大学医学院。1881年或医学博士学位。大学期间在神经生理学家布吕克的指导下，任助理研究员，并与医生兼生理学家布罗伊尔有良好的关系。

1985年两人共同发表了心理分析学的第一份个案报告——安娜·欧案例。1885年弗洛伊德到法国，跟随擅长使用催眠术治疗癔症的夏尔克学习。夏尔克的方法和理论给了弗洛伊德很大启示。

弗洛伊德在用催眠方法治疗病人时发现：在催眠状态下病人的想法与现实的大不一样，而且常常有悖于高尚的理论道德。以后，弗洛伊德又发现，让病人在放松状态下去自由联想，也能获得与催眠状态下同样的效果。伺候弗洛伊德而说他发现了症状背后的驱动力——本能，被压抑的欲望绝大部分是属于性的，性的扰乱是精神病的根本原因。

弗洛伊德在1895年发表了《癔病的研究》，这本书被看作是精神分析的正式起点；1900年发表了《梦的解析》，书中提出梦是无意识欲望和儿童时欲望的伪装的满足；俄狄浦斯情结是人类普遍的心理情结；儿童具有性爱意识和动机。

1902年弗洛伊德当上了维也纳大学的教授，并在学校成立了"星期三心理学会"。1905年他发表的《性学三论》开始被世人重视。1908年，由弗洛伊德发起并领导的国际心理分析协会在纽伦堡成立，它标志着弗洛伊德主义的诞生。1909年他应邀参加美国克拉克大学20周年校庆，发表以精神分析为主题的演讲，并获得了克拉克大学授予的名誉博士学位。1930年被授予歌德奖金。1936年荣任英国皇家学会通讯会员。

以后弗洛伊德先后发表了80篇论文和9本著作。其中最具代表性的有1901年的《日常生活的心理分析》、1913年的《图腾与禁忌》。这些著作是弗洛伊德将其理论扩展到哲学、社会学以及日常生活领域的经典之作；1917年的《精神分析引论》是由他在世界各地的演讲稿汇编而成的，对精神分析理论做了全面的总结和介绍；1923年的《自我和本我》为精神分析理论添加了人格结构学说；1930年的《文明及其不满》用文明与本能的冲突来解揭示人类文明发展的原始动力。

## 第二节　社会化与自我

### 一、社会化

#### （一）社会化的概念

人是社会性的动物。早在公元前328年，亚里士多德就指出："人在本质上是社会性的动物；那些生来就缺乏社会性的个体，要么是比人低级，要么是超人。社会实际上是先于个体而存在的。不能在社会中生活的个体，或者因为自我满足而无需参与社会生活的个体，不是兽类，就是天神。"

社会化是个体由自然人成长、发展为社会人的过程，是个体同他人交往，接受社会影响，学习掌握社会角色和行为规范，形成适应社会环境的人格、社会心理、行为方式和生活技能的过程。

社会化涉及社会及个体两方面。从社会视角看，社会化是社会对个体进行教化的过程；从个体视角看，社会化是个体与其他社会成员互动，成为合格的社会成员的过程。

社会化过程，传统观点认为到成人期即告结束，而现在学术界则主张终身社会化的观点，认为社会化伴随人的一生。儿童及青少年时期的社会化是早期社会化，成人期的社会化是继续社会化。

由于社会急剧变化，对个体重新进行社会化的过程叫再社会化。再社会化还包括对早期社会化及继续社会化过程中没有取得合格社会成员资格的个体的再教化，比如我国的劳动教养和劳动改造制度就是一种再社会化的机制。

### （二）社会化的基本内容

**1. 教导社会成员掌握生活与生产的基本知识和技能**

教导社会成员掌握生活与生产的基本知识和技能是从儿童时期就开始的，首先是培养儿童生活自理能力，继而在学校和其他环境中教会他们掌握知识与技能。现在是知识经济时代，科技、教育的水平，社会成员的素质已成为社会现代化的基础。因而，学习和掌握现代科技知识和现代生产技能是社会化的重要内容。

**2. 教导社会成员遵守社会规范**

社会规范是社会保持有序发展的重要前提之一。社会通过教育和舆论力量使其成员掌握并形成信念、习惯和传统，以约束个体行为，调节各种社会关系。

**3. 教导社会成员树立生活目标，确定人生理想**

理想是个体生活的重要动力。社会通过多种途径指导其成员明确生活目的，树立人生理想。

**4. 培养社会角色**

社会化的重要功能是培养合格的社会成员，使每个社会成员都获得适合自己身份、地位的社会角色。每一种社会角色都有相应的权利与义务及行为规范，社会化的内容之一就是让个体获得并履行社会角色及相应的行为规范。

### （三）社会化的基本条件

**1. 人类有较长的生活依附期**

人与动物的一个很大的差别，就是人从生下来，一直到能独立生活，有一个比较长的对父母或监护人的生活依附期。这个依附期受文化传统、经济和社会发展水平的影响，每个人有所不同，持续13～25年。总的来说，随着经济和社会的发展，这个依附期有变长的趋势。正是这样一个长的依附期，给个体接受社会化提供了非常有利的条件。个体可以在家庭、学校和社会接受广泛的教育。他们学习生活生产技能，学习道德规范，学习并获得社会角色，树立人生理想。生活依附期的社会化，是个体未来适应社会生活的基础。

2. 人类的遗传素质提供了社会化的可能性

人脑大约有 100 亿个神经细胞，这些神经细胞组成异常复杂的神经网络，成为自然界最神奇、最完备的信息加工系统。人脑的神经网络不仅使人能掌握语言，进行学习，积累知识和经验，而且使人具有抽象思维能力，表现出巨大的能动性，使人类具有超越本能的能力。没有人脑的智能作为基础，个体的社会化是很难顺利完成的。有些儿童脑瘫或智力落后，他们的社会化就很困难。

### （四）个体社会化的载体

1. 家庭

个体从出生起就在家庭中获得一定的地位。家庭在社会化中位置独特、作用突出。童年期是社会化的关键时期，家庭中的亲子关系，家长的言传身教，对儿童的语言、情感、角色、经验、知识、技能与行为规范方面的习得均起潜移默化的作用。

2. 学校

学校是有组织、有计划、有目的地向个体系统传授社会规范、价值观念、知识与技能的机构，其特点是地位的正式性和管理的严格性。个体进入学龄期后，学校成为其社会化最重要的场所。学校教育促使学生掌握知识，激发其成就动机，并为学生提供广泛的社会互动的机会。学校还具有独特的亚文化、价值标准、礼仪与传统。在早期社会化中，学校是不可替代的社会化载体。

3. 大众传播媒介

现代社会中，大众传媒是十分重要的社会化手段。影视、音像、广播、报纸、杂志，特别是互联网迅速向人们提供大量各种信息，使人广开视野，学到新的知识与规范。大众传媒对人的社会化的作用与日俱增。现代社会心理学十分重视传媒对个体社会化的影响。

4. 参照群体

参照群体是能为个体的态度、行为与自我评价提供比较或参照标准的群体。特点是，个体可以不具备这个群体的成员资格，但这个群体却能为个体提供行为参照。参照群体的作用机制是规范和比较，前者向个体提供指导行为的参照框架，后者则向个体提供自我判断的标准。比如，儿童的社会化就受同伴群体的影响很大，同伴群体实际上就是向他们提供态度和行为标准的参照群体。

### （五）社会化的分类

#### 1. 语言社会化

个体社会化从掌握语言开始，全部社会化是以语言社会化为前提的。

语言包括语词、语音和其他意义符号，是一种取得共识的符号系统，是人们思维和相互交流的手段，个体掌握一种语言后，才能接受相应的社会习俗和态度，塑造自己的人格。

语言是个体与他人及社会联系的纽带。语言集中反映了文化，掌握某种语言的过程本身就是社会化的过程。因为语言中蕴含的知识、规范与观念必然对掌握这种语言的个体产生深刻的影响。语言社会化在个体社会化中占据特别重要的地位。

#### 2. 性别角色社会化

性别角色社会化是个体在社会生活中，学会按自己的性别角色的规范行事的过程。学者们把男女之间的差异从三个不同的方面加以描述，即：

1) 性

"性"是个生物学概念，表示男女在生物学方面的差异，如遗传、内分泌、解剖及生理的差异。

2) 性别

表示男女在人格特征方面的差异。男性性质和女性性质指的就是性别差异。

3) 性别角色

表示社会对男女在态度、角色和行为方式方面的期待。由于生物的"性"不同，社会对其期待也不同，因而出现了思维方式与行为方式的差异。这些差异与生理特征没有必然联系，不是天生的，而是社会化的结果。

家庭对性别角色社会化的影响是通过性别期待与认同、模仿等机制实现的。婴儿从出生起，双亲就按其不同的性别要求加以培养教育。例如，对衣着、玩具、说话方式、行为表现等方面，双亲对男婴与女婴的要求是不同的；此外婴儿的性别认同也不一样：女婴模仿母亲，男婴模仿父亲。

儿童进入学龄期以后，学校和社会从多方面强化男女两性的角色差异。例如，学校和教师在升学期待、课余生活、体育锻炼项目等对不同性别的学生有不同的要求；教科书也表现出不同的性别期待。

### 3. 道德社会化

道德社会化是个体将社会道德规范逐渐内化，成为自己行为准则的过程。它有以下三个方面。

1）道德观念与道德判断

这是道德中的认知成分。皮亚杰认为，道德判断的发展过程是从他律到自律，从效果到动机。

2）道德情感

道德情感是伴随道德观念的内心体验。道德情感的形式可能是直觉的体验，也可能是形象的体验，亦可能是深层体验。道德情感的内容是指正义感、劳动情感、集体荣誉感、爱国情感等。

3）道德行为

个人对他人与社会有道德意义的行动。高水平的道德行为来自道德习惯的养成。

### 4. 政治社会化

政治社会化是个体学会接受和采用现时的社会政治制度的规范，并且掌握相应的态度和行为方式的过程。政治社会化的目的是将个体培养成合格公民，使之效力于本社会制度。爱国意识的发展，培养公民的爱国意识是政治社会化的核心内容。爱国意识的发展有以下三个连续的阶段。

1）国家形象阶段

此阶段以国歌、国旗及领袖作为国家象征。儿童对国家的热爱，主要表现为对国家象征的崇敬。升国旗、唱国歌、悬挂领袖肖像是培养爱国意识的有力手段。

2）抽象国家观念阶段

此阶段以有关国家、政治组织的抽象观念作为爱国依据。因此应通过履行公民的社会责任与义务，享受公民权利，参与政治活动等来培养爱国意识。

3）国家组织系统阶段

此阶段爱国观念扩展到本国在国际舞台的角色与国际责任之中。

## 二、社会角色及其理论

### （一）社会角色的概念

社会角色是个体与其社会地位、身份相一致的行为方式及相应的心理状态。它是对特定地位的个体行为的期待，是社会群体得以形成的基础。

"角色"一词源于戏剧，最早指演员扮演的剧中人物。20世纪20—30年代，美国芝加哥学派将其引入社会心理学。

米德使用社会角色来说明人际交往中存在的可预见的互动行为模式，这个概念有助于了解个体与社会的关系。角色是在互动过程中形成的。

社会是一个大舞台，每个人都在此舞台上扮演一定的角色。人们在社会互动中表现自己，整饰自我形象，达到一定目的。

角色理论按照人们所处的社会地位与身份研究和解释个体的行为及其规律。

### （二）社会角色的分类

1. 先赋角色和成就角色

按角色获得方式可分为先赋角色和成就角色。前者是建立在先天因素基础上的，比如父母的角色；后者指主要靠个体努力获得的角色，比如老师的角色。

2. 规定性角色和开放性角色

按角色行为的规范化程度可分为规定性角色与开放性角色。前者行为的规范化程度较高，个体自由度较小，如公务员、军警；后者规范化程度相对较低，自由度较大，如朋友等。

3. 功利性角色和表现性角色

按角色的功能可分为功利性角色和表现性角色。前者是以追求实际利益为目标的角色，如银行家、企业家、商人等，主要是追求效率；后者是以表现社会秩序、制度、价值观念、道德风尚为目标的角色，如学者、教授等，主要发挥社会公平的作用。

4. 自觉角色和不自觉角色

按角色承担者的心理状态可分为自觉角色和不自觉角色。前者对自己的角色扮演有较为明确的意识，并尽力感染"观众"，比如演员；后者并未意识到角色扮演，只是以习惯的方式行动，比如性别角色大多数时候是不自觉的。

### （三）角色扮演

角色扮演过程含有角色期待、角色领悟和角色实践三个要素。

1. 角色期待

个体承担某一角色，首先遇到的是他人与社会对这一角色的期待，即社会公众对其行为方式的要求与期望。如果个体偏离角色期待可能招致他人的异议或反对。

2. 角色领悟

角色领悟，也就是个体对角色的认识和理解。个体往往根据他人的期待不断调节自己的行为，塑造自己。

3. 角色实践

在角色期待与角色领悟的基础上，个体实际在社会生活中表现其社会角色的过程。

### （四）角色失调

1. 角色冲突

个体在不同条件下往往有不同的地位、身份与角色。如果它们互不相容，出现矛盾，个体在心理上就会感到角色冲突。角色冲突有角色间冲突和角色内冲突。角色间冲突主要是指同一主题的两个或两个以上那个角色之间的矛盾所导致的冲突，比如教师，既需要权威者的角色，又需要和学生做朋友，这两种角色有时难以协调；角色内冲突主要是由于人们对同一角色有不同的期待所引起的冲突，例如教师的社会角色，国家期望教师在提高学生的素质下功夫，而家长和管理部门要求多做提高升学率的工作，经常会发生矛盾。

2. 角色不清

个体对其扮演的角色认识不清楚，或者公众对社会变迁期间出现的新角色认识不清，还未能形成对这一新角色的社会期待，都会造成角色不清。个体在角色不清时往往会产生应激反应，出现焦虑和不满足感。

3. 角色中断

由于各种原因使个体的角色扮演发生中途间断的现象。比如从旧角色退出来了，却不知如何或来不及建立新角色规范和行为准则，就会造成角色中断。

4. 角色失败

这是最严重的角色失调，角色承担者不得不退出舞台，放弃原有角色。比如官员由于渎职被免，这就是角色失败。

## 三、自我、身份与自尊

### （一）自我

自我是心理学的古老课题。19世纪末美国学者詹姆斯曾对此做过广泛而深刻的研究。20世纪70年代，自我及其评价、自我测量又重新成为社会心理学的热点研究领域之一。

1. 自我的概念

自我，亦称自我意识或自我概念，是个体对自己存在状态的认知。包括对自己生理状态、心理状态、人际关系及社会角色的认知。

主我与客我，这是詹姆斯关于自我的概念，前者是认识的主体，是主动的自我，是进行中的意识流；后者是认识的对象，即被观察者，它包括一个人所持有的关于他自己的所有的知识与信念。主我是自我的动力成分，是活动的过程，客我则制约主我的活动。

镜我，是由他人的判断所反映的自我概念。米德认为，我们所隶属的社会群体是我们观察自己的一面镜子。个体自我概念很大程度上取决于个体认为他人是如何"看"自己的。

罗杰斯认为，自我概念比真实自我对个体的行为及人格有更为重要的作用，因为它是个体自我知觉的体系与认识自己的方式。

2. 自我的结构

自我主要有五个层面，即物质自我、心理自我、社会自我、理想自我和反思自我。

1) 物质自我

物质自我是其他自我的载体，是个体如何看自己身体的层面。

2) 心理自我

心理自我是个体态度、信念、价值观念及人格特征的总和，是个体如何看自己心理世界的层面。

3）社会自我

处于社会关系、社会身份与社会资格中的自我，即个体扮演的社会角色，是自我概念的核心，是社会如何看待个体同时被个体意识到的层面。

4）理想自我

个体期待自己是怎样的人，即在其理想中，"我"该是怎样的人。理想自我与现实自我的差距往往是个体行动的重要原因。

5）反思自我

个体如何评价他人和社会对自己的看法，这是自我概念反馈的层面。

3. 自我概念的功能

（1）保持个体内在的一致性。个体行为的稳定性和一致性的关键是个体怎样认识自己。通过维持内在一致性，自我概念实际引导着个体行为。

（2）解释经验。某种经验对于个体的意义是由其自我概念决定的。不同个体对相同的经验有不同的解释，这可能是因为他们的自我概念不同。

（3）决定期待。在不同情境中个体对事物的期待，对自己行为的解释与自我期待均取决于个体的自我概念。

4. 自我概念的形成与发展

自我概念的形成与发展大致经历三个阶段，即从生理自我到社会自我，最后到心理自我。

1）生理自我

这是自我概念的原始形态，主要是个体对自己躯体的认知，包括占有感、支配感与爱护感等，是个体认识到自己的存在。生理自我始于出生 8 个月左右，3 岁左右基本成熟。

2）社会自我

大致从 3 岁到 14 岁，这个时期社会自我处于自我的中心，人们能了解社会对自己的期待，并根据社会期待调整自己的行动。

3）心理自我

这阶段需时 10 年左右，大约从青春期到成年。发展到此阶段，个体能知觉和调节自己的心理活动及其特征和状态，并根据社会需要和自身发展的要求调控自己的心理与行为。

由于自我概念的发展，个体开始逐渐脱离对成人的依赖，表现出主动和独特的特点，强调自我的价值与自我理想。特别重要的是发展了自尊和自信心——自我概念中两个主要因素。

5. 自我概念的测量

有一种定性测量自我概念的方法——"我是谁"。这种测量简单易行。要求被试者在六七分钟内写出 10 个"我是谁"的叙述句。要求他们：这些句子是为你自己而不是为别人写的；按照你思考时的顺序来写，不必考虑其中的重要性和逻辑关系。

我是谁？
1. _____
2. _____
3. _____
4. _____
5. _____
6. _____
7. _____
8. _____
9. _____
10. _____

## （二）身份

当我们说到某人的身份的时候，实际是指其社会地位、社会角色与其自我概念三者之间的关系。

### 1. 身份的定义

身份是由个体的社会地位及处境地位决定的自我认同。社会地位所决定的身份是地位身份，它是相对稳定的，是身份的主体；处境地位所决定的身份是处境身份，它是易变的。

身份与角色身份是由角色构成的，在地位身份中，角色就是由身份决定的行为期待。例如学生是一种地位身份，学生角色就是家长、教师和公众对他的行为的要求和期待。

### 2. 身份的特点

1）客观性
个体在社会地位中的地位是他人与公众认可的，因而是客观的。

2）主观性

身份以自我概念为主要表现形式，自我概念可以理解为个体对自己身份的认识，因而具有主观性。

3）多重性

每一个体在社会中都有一个以上的社会地位，所以个体往往具有许多身份；至于个体的处境的多重性更是显而易见的。

4）稳定性

某些身份如出身、民族、性别等是终身不变的；其他社会身份在一定时期也是相对稳定的。身份的稳定性对个体的身心健康与行为一致性是很重要的。在社会转型时期，由于社会关系的急剧变化，个体的社会地位往往有较大的改变，个体可能会出现自我丧失的现象。如果时间较长、程度较重，就会对心身健康造成危害。

5）契约性

现代社会，特别是以市场经济为主的社会，身份也是一种社会契约，它所规定的权利、义务，个体应当履行。

## （三）自尊

在自我概念中，有一个自我评价的部分就是自尊。自尊涉及个体是否对自己有积极态度，是否感到自己有许多值得骄傲的地方，是否感到自己是成功的和有价值的。

### 1. 自尊的概念

自尊是个体对其社会角色进行自我评价的结果。自尊水平是个体对每一角色进行单独评价的总和。如果个体把他予以积极评价的角色看得比较重要，他就有高水平的自尊。

在马斯洛的需要层次论中，自尊是以一种高级需要。自尊需要包括两个方面：一是对成就、优势与自信等的欲望；二是对名誉、支配地位、赞赏的欲望。自尊需要的满足会导致自信，个体就会觉得自我有价值、有力量、有地位。如果自尊遇到挫折，个体可能会感到无能与弱小，产生自卑，以致丧失自信心。

詹姆斯在《心理学原理》一书中提出了自尊的一个经典公式：

$$自尊 = 成功/抱负$$

意思是说，自尊取决于成功，还取决于获得的成功对个体的意义。根据这个公式，增大成功和减小抱负都可以获得高的自尊。成功或许有许多制约因素，不是很容易就做到的，但是我们可以降低对工作和生活的期望值，这样，一个小的成功，就可能使我们欣喜不已。

## 2. 一些影响自尊的因素

（1）家庭中亲子关系。

一些亲子行为有利于培养孩子的高自尊：对孩子表现出慈爱、有兴趣、接受与参与；对孩子的要求，前后一致，双亲一致；尊重孩子，给予一定的自由；说服而不是体罚孩子。

（2）行为表现的反馈。

特别是成功行为的反馈可提高个体的自尊水平。

（3）选择参与和扬长避短。

选择那些适合个体，能取得成就或成功的活动，有益于增加自尊。

（4）根据相似性原理正确进行社会比较。

在社会比较中如何选择坐标系是极重要的。根据相似性原理，选择地位、身份相似的人与之比较，将使个体处于恰当的位置，会增加自尊。

## 3. 自尊的测量

罗森伯格发明了一个自尊量表。作为对自尊的单维测验它已得到了广泛的运用。这个量表简洁明了，易于实施。

### 罗森伯格的自尊量表

1. 我认为自己是个有价值的人，与别人不相上下。

（1）我非常同意　（2）同意　（3）不同意　（4）非常不同意

2. 我觉得我有许多优点。

3. 总的来说，我倾向于认为自己是一个失败者。*

4. 我做事可以做得和大多数人一样好。

5. 我觉得自己没有什么值得自豪的地方。*

6. 我对自己持有一种肯定的态度。

7. 整体而言，我对自己感到满意。

8. 我要是能更看得起自己就好了。*

9. 有时我的确感觉自己很没用。*

10. 我有时认为自己一无是处。*

＊号表示是反方向计分题。

## 第三节　未知的自我

> 吾日三省吾身，为人谋而不忠乎？与朋友交而不信乎？传不习乎？
>
> ——孔子

每个人的自我认知是不全面的，在课堂上展现的是一部分自我，即公开的我。每个人都希望给自己留个空间，有自己的秘密，哪怕面对家人也不会说的、只属于自己的秘密。这是一个人的权利，更是独立个体的体现。那么，"我"由哪些部分组成呢？

### 一、乔韩窗口理论

美国心理学家约翰和哈里提出了关于人自我认知的窗口理论，被称为乔韩窗口理论（见图4-1）。他们认为人对自己的认知是一个不断探索的过程，因为每个人的自我都有四部分：公开的自我、盲目的自我、秘密的自我和未知的自我。通过与他人分享秘密的自我，通过他人的反馈减少盲目的自我，人对自己的了解就会更多且更客观。

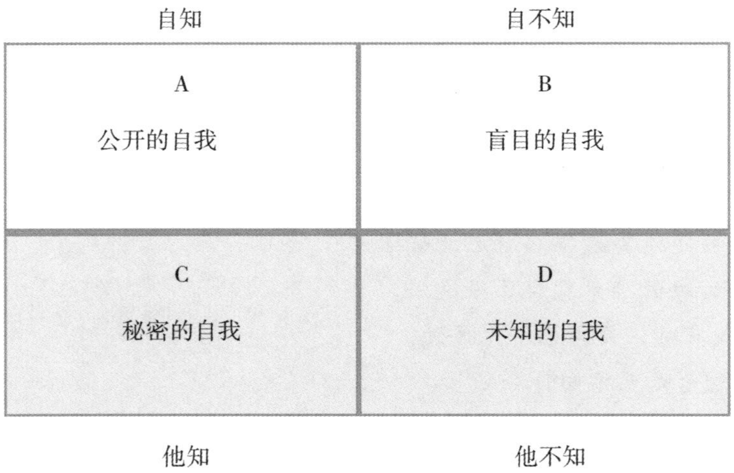

|  | 自知 | 自不知 |
|---|---|---|
| 他知 | A 公开的自我 | B 盲目的自我 |
| 他不知 | C 秘密的自我 | D 未知的自我 |

图 4-1　乔韩窗口理论

公开的自我，也就是透明真实的自我，这部分自己很了解，别人也很了解。

盲目的自我，别人看得很清楚，自己却不了解，"不识庐山真面目，只缘身在此山中"，"当局者迷，旁观者清"。

秘密的自我，是自己了解但别人不了解的部分——内心自我的探索源于生活中的失败与成功的经验。从我与己的关系中认识自我：自己眼中的我，自己心中的我——"吾日三省吾身"。

未知的自我，是别人和自己都不了解的潜在部分，通过一些契机可以激发出来。

我们了解自己多少呢？

## 二、活动体验：探索自我

○ 假如我是……，我希望是……，因为……

（1）假如我是一朵花，我希望是……，因为……。

（2）假如我是一个动物，我希望是……，因为……。

（3）假如我是一种乐器，我希望是……，因为……。

（4）假如我是一种交通工具，我希望是……，因为……。

（5）假如我是一道菜，我希望是……，因为……。

这个活动让我们发现了自身的潜意识和未来的方向。其实，我们每个人的未来都会朝着自己憧憬的方向去发展并实现的。

一只跳蚤的实验

心理学家将一只跳蚤放进没有盖子的杯子里，结果，跳蚤轻而易举地跳出杯子。紧接着，心理学家用一块玻璃盖住杯子，于是，跳蚤每次往上跳时，都会因撞到这块玻璃而跳不出去。很快它就学得聪明起来，开始调整所跳的高度，只在玻璃下自由跳动。一周以后，实验者将玻璃板往下移，跳蚤也继续调整高度，后来，当实验者拿开玻璃，跳蚤仍然在原有的高度跳动。它已经无法跳出这个玻璃杯了。

难道跳蚤真的无法跳出来了吗？不是！只不过它已经确信，那个高度是自己无法逾越的。其实，在很多情况下，人也和跳蚤一样：经过一段时间的努力而没有达到目标时，便灰心丧气，认为这件事自己永远都办不到，并忽视自身力量的壮大和外界条件的改变，放弃实现目标的努力。久而久之，形成思维定式，陷在失败的经验中爬不出来。我们每个人都有很多潜能，都是可以被激发的。对于学习，不要为自己设限，不认为某个学科是自己无论如何都无法学会的，我们要相信自己的潜能并努力尝试。

**拓展阅读**

○ **潜能**

一个人的潜在能力惊人。有人研究，人脑的潜在记忆能力相当于 140 亿台微型电子计算机的总和，如能充分利用，可以攻读 12 个博士学位，学会 6 门外语。

（选自王树林：《人工智能与教育》，载《百科知识》。）

**活动 ❸**

○ **我是一个独特的人**

目的：了解自己，接纳自己。

准备：纸、笔、"我是一个独特的人"表格。

时间：约 20 分钟。

操作：

（1）填写下表。

（2）分组分享。

我是一个独特的人

| 我的长处 | 我的限制 |
| --- | --- |
|  |  |
| 当我再一次看清楚自己的长处和限制之后，我感到： ||

**活动 ❹**

○ **面试现场**

（1）请介绍一下你自己。

（2）在学校你最不喜欢的课程是什么？为什么？

（3）说说你最大的优、缺点。

（4）你认为你在学校属于好学生吗？

（5）说说你的家庭。

这些问题并不稀奇，除了面试，在其他的场合也经常被提及或谈论到。我们在和新认识的朋友聊天的时候会谈到，和家人会聊到，在同学之间也会谈及。这些问题都是关于我们自己的问题，所有的信息和答案均出自我们自己。换句话说，我们是答案的知晓者，甚至是唯一知晓者！但是在面试的时候，很多同学在被问及这些问题时，要么张口结舌，要么答非所问。你是否能够很快将其写出来？

> **活动 ❺**
>
> ○ **写出你自己的三个特点**
>
> 请你在下面写出你最让人印象深刻的三个特点：
> 1. _____ ;
> 2. _____ ;
> 3. _____ 。
>
> 你现在可以和你同桌或好朋友分享一下你的这些特点，看看他们怎么说。你们可以一起讨论一下，最后总结出你的三个最让人印象深刻的特点及相应的故事。
>
> 如果你觉得有必要的话，可以把这些特点和故事写在下表中。当然也可以在日记里记一记。
>
> | 序号 | 特点 | 经历/故事 |
> | --- | --- | --- |
> | 1 | | |
> | 2 | | |
> | 3 | | |

## 第四节　积极地自我成长

### 一、健康自我意识的标准

健康的自我意识是个体健康成长、全面发展、走向成功的必备要素。把握健康自我意识的标准，培养健康的自我意识对大学生而言显得十分重要。通常用以下四个标准衡量自我意识。

第一，自我意识健康的人，应该是一个有自知之明的人，既知道自己的优势，也知道自己的劣势，能正确评价和发展自我。

第二，自我意识健康的人，应该是自我认识、自我体验和自我控制协调一致的人。

第三，自我意识健康的人，应该是积极自我肯定的、独立的并与外界保持协调一致的人。

第四，自我意识健康的人，应该是理想自我与现实自我统一的人，有积极的目标意识和内省意识，积极进取，永无止境。

## 二、树立健康自我意识的方法

只有客观准确地认识和了解自我，并对自己的经验持一种接受和开放的态度，才有可能保持心理健康，才有可能快乐幸福地生活，才有可能充分发掘自己的潜能以帮助其成才。如果对自我认识不清，或对与自我不一致的经验持否认、回避、拒绝的态度，就会影响到身心健康和个人发展。因此，树立自信心与独立性，是大学生终生的课题和永恒的追求。

### （一）悦纳自我是建立健全的自我意识的核心和关键

悦纳自我有三层含义：其一，接受自己的全部，无论优点还是缺点，无论成功还是失败；其二，无条件地接受自己的程度不以自己是否做错事而有所改变；其三，喜欢自己，肯定自己的价值，有愉快感和满足感。自信是自我成长不可缺少的心理品质。自信的人和他人交往常常是开放的、坦诚的；他们愿意听取别人的意见，也敢于发表自己的见解；他们欣赏别人的优点和所长，也欣赏自己的优点和所长；他们宽容别人的缺点和不足，也接纳自己的缺点和不足；他们常常有知己好友，彼此分享快乐和烦恼，互相帮助，但不是互相依赖和占有。他们即使和朋友分手了，也不会把昔日的朋友贬低得一无是处。他们可以和任何人交往，但是不会滥交朋友，而是有选择地交朋友。并非每个人都可以成为朋友，但任何人都可以交往，保持自我同一性倾向正确的自我概念需要在人际交往、学习生活中不断发展与完善，形成整合的自我统一体系，才能促进个体全面发展。从而了解自己的人格特质，确定自我的价值观，并且接纳自己的长短，察觉自我，肯定自我，适当调节自我。在现实生活中，总是有些人无视自己的优势，却对自己的劣势耿耿于怀，不能欣赏自己、爱惜自己，而是更多地表现出对自己的不满和愤怒，难以体会人生的快乐。一个人接受自己，才有可能理智地看待自己的优劣，才有可能冷静地分析自己的得失，才有可能做到扬长避短，取长补短，更好地发挥自己的潜能。保持适度的自我期望水平，不断调整目标和行为，有利于提高个体的自我接受水平。

## （二）正确认识自我

正确地认识自我，要从自己以往的经验中认识自我。个体将多个侧面的自我统合起来，就可以形成对自己比较客观、全面的认识。首先，从自己眼中的"我"认识自己，即对作为客体我的认识。例如，自己是有能力的吗？自己是性格随和的人吗？其次，从别人眼中的"我"认识自己。在人际交往过程中，从他人表现出来的态度和情感中可以觉知自己。而且，我们与不同的人交往时，反应和态度并不完全相同，在不同的关系中可以反映自己的不同侧面。例如，自己是亲和的人吗？自己热情助人吗？再次，从自己心目中的"我"认识自己，理想自我反映出个体对自己的期望。例如，我对自己满意吗？最后，从与他人的比较中认识自我。人们总是通过与他人比较来认识自己，与他人比较是个人获得自我概念的重要信息来源。但是，比较的内容不同，比较的参照不同，对自己的认识也会不同。例如，有些来自农村的大学生刚刚步入校门就认为自己处处不如同学，还有些大学生比较的是家世、身材、相貌等不能改变的条件，这种比较不仅毫无实际意义，还会形成消极的自我概念，影响自己的心态和与人交往的态度。因此，合理运用社会比较策略，确立合适的参照体系对于正确认识自我是极为重要的。

## （三）从做事中认识自我

个体在做事情的过程中可以获得有关自己能力、意志和兴趣等方面的认识。但做事的经验，无论成败，其价值视个体差异而有很大的不同。例如，有些人可以从成功中获得经验，从失败中吸取教训，他们善于从各种经验中学习，不断增长自己的才干；有些人遇到挫折后从此一蹶不振，不敢面对现实和迎接挑战；还有一些人获得成功后就沾沾自喜，狂妄自大，以后做事时变得自不量力等。因此，只有对成败经验仔细分析，深入思考，才会有益于个体的成长和发展。总之，个体从多方面、多途径全面准确地观察自己，对从周围世界中获取的有关自我的信息进行分析、综合和比较，通过对过去自我、现实自我与理想自我的纵向比较，可以发现自己的优势与差距，并经常自我反思，逐渐形成对自己的客观认识和评价。只有对自己有正确的认识，才有可能根据自己的实际情况选择相应的奋斗目标，使自己不断发展和完善。

## （四）学习建立开放的自我，对经验保持一种开放的态度，是自我健康发展的必要前提

对经验开放，不仅要对与自我概念相符合的经验开放，而且要对自我概念不一致的经验保持开放的态度。对经验开放实际上就是无条件地接受自己，在此基础上不断调整个体对自己的认识和期望。从某种角度来说，发展的过程实质上就是个体自我调整的过程。

学习合理的自我控制是保证个体主动调整自我、完善自我的根本途径。对自我抱有过高期望的人，如果没有足够的自制力，就会不断经受挫折和失意，无法实现

自我理想。而对于自卑、自怨自艾的人来说，如果没有足够的自制力控制自己的消极情绪，就无法摆脱恶劣的心境而有所作为。在个体发展过程中，将远大的理想与具体的目标结合起来，更能激励自己不断地努力。自制力在确立合适的抱负水平和自我奋斗中都是极为重要的，在此过程中，可以促进积极自我概念的形成和发展。

### （五）健全自我意识的过程也是完善自我、超越自我和塑造自我的过程

完善自我和超越自我是个体一生发展的终极目标。说起来目标很大，但仍然要从小事情做起。在行动中不断体察自己，使自我得到不断的扩展与深化，自我境界也因此不断得到开拓与提升。在成长过程中构建和谐、统一的自我。

**活动 ❻**

○ 自信心小测试

目的：了解自己，增加对自己的信心。

准备：纸、笔、测试。

时间：约 10 分钟。

操作：学生自己填写自信心小测试，根据自己的情况，选择"是"或"否"。

#### 自信心小测试

（是　否）1. 没有人赞同我，我仍然会冷静地坚持到底。
（是　否）2. 我不满意自己的容貌。
（是　否）3. 当别人对我态度不好时，我的情绪不会受到影响。
（是　否）4. 我很不欣赏自己。
（是　否）5. 我乐意接受别人对我的批评。
（是　否）6. 我总觉得自己不够优秀。
（是　否）7. 我觉得自己是个有能力的人。
（是　否）8. 参加演讲比赛之类的活动时，我心里总是没底。
（是　否）9. 我是一个受欢迎的人。
（是　否）10. 我觉得自己缺乏魅力。
（是　否）11. 我不喜欢与他人攀比。
（是　否）12. 我总觉得自己将来很难有所作为。
（是　否）13. 我很少为了讨别人喜欢而打扮自己。
（是　否）14. 我经常勉强去做自己不愿意做的事情。
（是　否）15. 我不喜欢他人安排或支配我的生活。
（是　否）16. 我认为自己的缺点很多，优点很少。
（是　否）17. 我经常认真听取别人的意见。
（是　否）18. 我总是回避与别人交往。
（是　否）19. 我的记性非常好。
（是　否）20. 学习中遇到难题，我总是求助他人。

【结果解释】

奇数题回答"是"记 1 分，回答"否"记 0 分；

偶数题回答"否"记 1 分，回答"是"记 0 分。

总分数为 14～20 分：你更倾向于积极地看待自己，对自己信心十足，明白自己的优点，对自我的评价比较高。

总分数为 7～13 分：你的自信心比较适中，对自己的评价不过高，也不过低，偶尔表现出缺乏信心的情况。

总分数为 0～6 分：你对自己的评价比较低，显得对自己不太有信心。你可能过于谦虚或自我轻视。因此，你可能过分关注自己的缺点和不足了，你需要更多关注一些自己的优点和长处。

**课后思考**

1. 写一篇"我的故事"：以传记的方式写出"我的故事"，可以是自己的成长经历或者你眼中的自己，以促进对自己独特性的认识，同时反思自己（不少于 800 字）。

2. 请写一段你自己的自我介绍（介绍自己与众不同的经历、特点）。

3. "一个音乐家登台穿得非常朴素，有人问他为什么不穿得华丽些，他说人要隐没于音乐之后。"根据以上材料写一篇文章。

**推荐书目**

陈浩莺等译《自我》、岳晓东《少年我心》、张德芬《发现未知的自己》、李开复《做最好的自己》。

## 心理咨询师手记

### 冬与夏的交替

一、个案描述

陈某，男，20 岁，大二学生，家中独子。个子高高瘦瘦，走路时速度较快，似乎周围的一切与他无关，向着自己的目标冲刺的感觉。戴一个黑框的眼镜，眼神中透露出疲惫和无力。交谈过程中思维有些涣散，有些游离，偶尔会闭上眼睛，状态不是很好，有些痛苦的感觉。

来访者自述由于自身性格的原因，情绪经常大起大落——有时候很容易亢奋，有时候又会特别低落；生活中也会做一些反差很大的事情——有时候会很认真，希望做得好一点，有时候又会随便应付。他很不喜欢这种反差很大的感觉，也不清楚怎样才能更好地调节，因此希望获得老师的帮助。经过咨询，咨询师进一步了解到，来访者与父母之间缺少交流，没有形成良性发展的家庭关系，对自我的认知存在一定的偏差。

二、咨询师与来访者的对话（节选）

来访者：我发现我自己的心情像季节变换一样。

咨询师：可以具体说说吗？

来访者：我觉得我的性格有两种变化，一种是"夏天"，另一种是"冬天"。"夏天"的时候比较活泼，玩得很疯狂，随着自己的性子来的比较多。到了"冬天"，我就比较闷一些，情绪就会 down 下来，像休眠了一样。就是这两种对比明显的情绪左右着我，有时很高亢，有时很低落，其实我不喜欢这种感觉，心里不舒服。

咨询师：你更喜欢"夏天"中的你，还是"冬天"中的你呢？

来访者：都不讨厌，只是不喜欢这样明显的交替。

咨询师：是不是觉得反差太大，有些应接不暇？

来访者：对，这种感觉不舒服。

咨询师：生活中其他方面会有这种类似的不舒服的感受吗？

来访者：有，在穿衣服上也会这样。在穿衣服上我不喜欢撞衫，喜欢有自己的风格，在乎的不是品牌，但是衣服的风格一定是独特的。我很在乎自己的衣着，尤其是在外人的眼中，我不想做一个邋遢的人，在这方面可能也比较讲究。但是有时候我也很邋遢，会随手抓一件衣服就穿在身上，就像"居家服"一样走在路上，就像没有人认识自己一样，可事后也挺后悔的，不喜欢自己那种邋遢的样子。但是有时就是那样，很随性，随着自己的心情。这些感觉很不舒服。

咨询师：在与人交往的过程中会有这种感受吗？

来访者：（思考了一会儿）有！和爸妈相处也会有这种不舒服的感觉。

咨询师：能具体地谈一下吗？

来访者：我觉得自己就像爸妈的一把伞。

咨询师：一把伞？

来访者：是的。就像晴天带着的一把伞。

咨询师：晴天带着的一把伞？

来访者：是的，有些多余，但又丢不掉。

咨询师：为什么会有这样的形容呢？

来访者：记得小时候，我们家的经济条件还没现在这样好，爸妈都在外面打工，所以大多的时间我都是一个人。也就是这样，我学会了很多，我自己可以做很多事情，比较独立。

咨询师：那你现在在家和爸妈的交流多吗？

来访者：不多。平时也就回去吃个饭，然后各忙各的，但是爸爸要求我必须每周回家一次，其实也没什么，就是在家一起吃顿饭。我们很少交流，就算过年也是这样。老师，你都无法想象，在过年的时候，家里很冷清，也是我们3个人，吃完饭各忙各的。我们和亲戚家关系很僵，很少到亲戚家串门。

咨询师：你最渴望的家庭氛围是什么样的？

来访者：彼此之间可以相互交流，聊些生活的琐事，和谐的，快乐的，捆住彼此的不是大大的房子，而是彼此的关心。

咨询师：有和父母说过你的这些感受和渴望吗？

来访者：没有，从来没有说过。

咨询师：那老师就给你布置一个任务，尝试着与父母有一次情感上的交流，或是一个儿子对爸妈的一两句关心，或是对于家庭关系中存在的某个问题进行讨论，或是你对父母的某种期望，等等。

来访者：老师，你觉得有这必要吗？我觉得说了他们也不会懂。

咨询师：不试一下怎么知道有没有必要呢？

来访者：（沉默了一会儿）好的，老师，我试一下。希望我与父母的关系能够有所改善。

### 三、咨询师的主要技术方法

1. 基本技术

（1）倾听。倾听来访者的情绪和不解，是下一步工作的基础，有利于建立良好的咨访关系。

（2）澄清。进一步澄清来访者所谓的"夏"与"冬"。

（3）面质。对来访者的情绪进行质询并进一步明晰。

（4）共情。对来访者的心情与处境感同身受。

（5）自我表露。咨询师表达个人信息，使来访者感受到自身情况是正常的。

2. 核心技术

行为疗法：给来访者布置了家庭作业，让其意识到自己的家庭角色，并在回家后主动在行为上展现自己的儿子角色，与父母就自己的情绪进行沟通，提出自己的要求，表达自己的想法，在与父母的多次沟通互动中达到和谐。

3. 辅助技术

家庭教育指导（治疗）：一个人的健康成长离不开一个良好的家庭系统环境，而一个家庭的成长，单纯依靠来访者一个人的力量是很困难的，它需要家庭成员的共同努力，在这个过程中父母起到关键性作用。为此，我们邀请来访者的父母来到心理健康辅导中心给予家庭咨询，咨询师与家庭成员共同探讨了如何才能更好地促进家庭的成长。在咨询的过程中，来访者也在不断地努力与父母进行沟通以及情感上的表达，父母也表示愿意做出改变，这为来访者的心理问题的改善提供了更好的家庭系统环境。

### 四、咨询师反思

关于情绪，有很多具体的词语来描绘，我们可以将情绪简单地分为消极的情绪和积极的情绪。人的情绪总是从兴奋到抑制，从抑制再到兴奋，往复循环。

一个人的情绪不可能一直处于低潮，也不可能一直高涨，一般人的情绪变化呈现周期性的规律。因此，来访者的情绪出现不断的起伏变化并不能算是一件糟糕的事情，咨询师与来访者分享了一些自己的情绪变化，告诉来访者这是一个正常的现象，我们每个人都是如此。

我们对自己的认知和评价是在生活中一点点形成的，在这个过程来自家庭成员的关怀、支持和鼓励显得尤为重要。家庭的和谐、温暖和相互理解、支持会让个体拥有一颗温暖的心，当个体在生活中遇到心理困惑的时候，这一颗温暖的心会给予他无穷的力量，帮助其走出黑暗，走进阳光中。因此，当来访者倾诉对自己感到不满、对现在的自己感到迷茫的时候，咨询师询问了来访者的家庭相处模式，幸运的是来访者的家庭是完整的，但是成员之间缺少情感交流，这使得来访者感到自己是不被父母爱的、是多余的、是该被抛弃的。在这样的家庭环境中成长，来访者怎么会对自己有一个积极的评价呢？因此，咨询师鼓励来访者与父母进行主动的沟通，也让来访者学会对父母进行情感的表达。为了进一步改善来访者对自己的认知和评价，我们主动邀请来访者的父母来到心理咨询室进行家庭咨询。

### 五、咨询中的重要概念阐释

一个人自我意识的发展，从发生到相对稳定、成熟，大约要经过 20 年的时间。自我意识是一个特殊的认识过程，认识的主体和客体都是自身，它是主我对客我进行认识，并按照社会的要求对客我进行调控。自我意识是人的意识发展的最高形式，是一个多维度、多层次的心理系统。

自我意识是对自己身心活动的觉察，即自己对自己的认识，具体包括认识自己的生理状况（如身高、体重、体态等）、心理特征（如兴趣、能力、气质、性格等）以及自己与他人的关系（如自己与周围人们相处的关系，自己在集体中的位置与作用等）。个体的自我意识发展可分为三个阶段，即从生理自我到社会自我，再发展到心理自我。

社会的自我意识是指个人对自己在社会关系、人际关系中的角色意识，包括个人对自己在社会关系、人际关系中的作用和地位的意识，对自己所承担的社会义务和拥有权利的意识等，对自己在群体中的地位、作用以及自己和他人相互关系的认识、评价和体验。从 3 岁到青春期这段时期（3~14 岁），是个体接受社会教化影响最深的时期，也是角色学习的重要时期。儿童在幼儿园、小学、中学接受正规教育，在游戏、学习、劳动等活动中不断地练习、模仿和认同，逐渐习得社会规范，形成各种角色观念，如性别角色、家庭角色、同伴角色、学校中的角色等，并能有意识地调节控制自己的行为。虽然青春期少年开始积极关注自己的内部世界，但他们主要从别人的观点去评价事物、认识他人，对自己的认识也服从于权威或同伴的评价。因此，这一时期个体自我意识的发展被称为"社会自我"发展阶段。社会化是个体由自然人成长、发展为社会人的过程。这个过程是个体同他人交往，接受社会影响，学习掌握社会角色和行为规范,形成适应社会环境的人格、社会心理、行为方式和生活技能的过程。

社会化的重要功能是培养合格的社会成员,使每个社会成员都获得适合自己身份、地位的社会角色。童年期是社会化的关键时期,家庭中的亲子关系,家长的言传身教,对其语言、情感、角色、经验、知识、技能与行为规范方面的习得均起潜移默化的作用。

# 第五章 情绪管理

**【课前思考】**

(1) 你曾经或正在经历着哪些情绪？
(2) 你认为所经历过的情绪是由外在的人、事、物引起的吗？
(3) 你是如何发泄不良情绪的？
(4) 你是否使自己保持良好的情绪状态？

第五章
学习资源

"人有悲欢离合，月有阴晴圆缺。"纵览古今，多少故事的主人公因恣意放纵情绪而以悲剧告终？环目四顾，多少人生因受到情绪的困扰而惨淡无光？人生的最高境界，也许是淡定从容里蕴蓄着一份积极果敢，宽容大度中包含着对未来的信心和憧憬。然而，身处于繁杂多变的社会，濡染于庸常琐碎的现实，很多人无法从各种各样的情绪中超脱，因此，家庭、生活、学习、工作都受到不良的影响。

叩问内心，梳理生活，我们发现，其实情绪并非如我们想象的那样难以调控。重视它、理解它、尊重它、引导它，我们不但不会成为情绪的奴隶，而且能利用一些负面情绪的正面价值，令我们的人生更多滋多味、丰富多彩。同时，也能让我们穿越重重心灵的迷障，更轻松惬意地前行。

## 第一节　情绪与情感

> 如果你对周转的任何事物感到不舒服，那是你的感受所造成的，并非事物本身如此。借着感受的调整，可在任何时刻都振奋起来。
>
> ——奥雷柳斯

## 第五章　情绪管理

> **情绪故事**
>
> ○ 红墨水印迹
>
> 　　心理学家曾经做过一个有趣的实验。他拿出一张白纸，在纸上滴了一滴红墨水，然后再把纸对折一下，这时，纸上就有了一个大大的红墨水印迹。他把这张纸拿给不同的人看，请他们说出这个墨水印迹像什么。有人说"像一朵花，无比美丽"，有人认为"像一滴血，非常阴森"，也有人认为"像一团火，热情奔放"。
>
> 　　同样是一片红墨迹，为什么不同的人会有不同的情绪感受，情绪到底是如何产生的呢？

由于人们的个性、心态不同，认知评价不同，不同的人对相同的图画却看出了迥然不同的内涵和意义，进而又加深了其不同的情绪感受。这个小故事，为我们认识情绪、掌控情绪、培养积极情绪打开了一扇可行之门。

## 一、情绪与情感的概念

人类在不断地认识和改造客观世界时，必然会遇到得失、顺逆、荣誉、美丑等各种情境，因而会产生高兴、愤怒、悲哀等一系列复杂的心理现象。这种人对客观事物是否满足自己的需要而产生的态度体验及相应的行为反应就是我们所谈的情绪和情感。

### 1. 情绪和情感是一种主观体验

情绪和情感是以人的需要为中介的一种心理活动，它反映的是客观外界事物与主体需要之间的关系。外界事物符合主体的需要，就会引起积极的情绪体验，否则便会引起消极的情绪体验。这种主观体验代表了人们不同的感受，构成了情绪和情感的心理内容。如人在受到伤害时，会感到痛苦；在朋友聚会时，会感到由衷的快乐；当面临着极度危险境地，会让人产生毛骨悚然的恐惧感；当自己的某些需要得到充分的满足时，会感到幸福愉快；在被欺辱时，会感到愤怒；在失去亲人时，会感到悲伤。

### 2. 情绪和情感伴有生理唤醒

在不同的情绪和情感状态下，人的心律、血压、呼吸乃至人的内分泌、消化系统等，都会发生相应的变化。例如，人在焦虑状态下，会感到呼吸急促、心跳加快；在恐惧状态下，会出现身体战栗、眼睛瞳孔放大；而在愤怒状态下，则会出现汗腺的分泌、面红耳赤等生理特征。这些变化都是受人的自主神经支配的，是人的意识所不能控制的。

### 3. 情绪和情感有其外部表现

情绪和情感的外部表现，通常被称为表情，包括面部表情、姿态表情和语调表情。其中面部表情最直接反映着人的情绪和情感状态，是鉴别情绪和情感的主要标志。例如，高兴时双眼眯着，嘴角上提；伤心时眉头紧皱，嘴角向下；害怕时眼睛瞪着，嘴巴张着。姿态表情是指面部表情以外的身体其他部分的表情动作，包括手势、身体姿势等。例如，人在高兴时手舞足蹈，痛苦时捶胸顿足。语调也是情绪表达的一种重要形式，主要通过言语的声调、节奏等方面的变化来表达。如痛苦时，语调低沉、语言断断续续；兴奋时则语调高昂、语速加快，声音抑扬顿挫、清晰有力。

**身体姿态和动作**

身体略微倾向交谈的对象时，表示对对方比较尊重或者对对方的话比较感兴趣；微微欠身，表示谦恭有礼；身体后仰，表示若无其事与轻慢；侧转身子，表示厌恶和轻蔑；背朝对方，表示不屑理睬。

**相关链接**

○ **测谎仪**

"测谎仪"又称多道心理测试仪，是用来监测人体生理反应的一种仪器。现代科学证实，人在说谎时生理上的确发生着一些变化，有一些肉眼可以观察到，如出现抓耳挠腮、腿脚抖动等一系列不自然的人体动作。还有一些生理变化是不易察觉的，如呼吸速率和血容量异常，脉搏加快，血压升高，血输出量增加及成分变化，皮下汗腺分泌增加，瞳孔放大等。在审讯中，犯罪嫌疑人可能采取种种手段抗拒审讯，而说谎是他强烈生存愿望和自卫本能的一种最初和最基本的行为表现。又要说谎，又怕谎言被揭穿，心理异常复杂，紧张、恐惧、慌乱等异常心理状态交织在一起，产生沉重的"心理压力"或"应激"反应，而由情绪所引发的这些生理反应由于受自主神经系统支配，一般不受人的意识控制，测谎员就会根据观察到的心率、血压、呼吸速率以及皮电活性（即汗湿度，在这里指手指的汗湿度）等指标相对于普通水平的变化，综合判断其说谎的可能性。

主观体验、生理唤醒和外部表现是情绪的三个组成部分，三者同时活动、同时存在，才能构成一个完整的情绪体验过程。

## 二、情绪与情感的关系

对客观事物的态度体验叫作感情。为了区别出感情发生的过程和在这一过程中产生的体验，人们采用了情绪和情感两个概念。情绪和情感是既有联系又有区别的两个概念。

### （一）情绪与情感的区别

1. 情绪受人的生理性需要制约，而情感受人的社会性需要制约

情绪出现较早，多与人的生理性需要相联系；情感出现较晚，多与人的社会性需要相联系。婴儿一生下来，就有哭、笑等情绪表现，而且多与食物、水、温暖、困倦等生理性需要相关；情感是在幼儿时期，随着心智的成熟和社会认知的发展而产生的，多与求知、交往、艺术陶冶、人生追求等社会性需要有关。因此，情绪是人和动物共有的，但只有人才会有情感。

2. 情绪具有较大的情境性和暂时性，情感则具有稳定性和深刻性

情绪常由身旁的事物所引起，又常随着场合的改变和人、事的转换而变化。所以，有的人情绪表现常会喜怒无常，很难持久。情感可以说是在多次情绪体验的基础上形成的稳定的态度体验，如对一个人的爱和尊敬，可能是一生不变的。因此，情感特征常被作为人的个性和道德品质评价的重要方面。

3. 情绪具有冲动性和明显的外部表现，情感则比较内隐

人在情绪左右下常常不能自控，高兴时手舞足蹈，郁闷时垂头丧气，愤怒时又暴跳如雷。情感更多的是内心的体验，深沉而且久远，不轻易流露出来。

### （二）情绪与情感的联系

情绪和情感虽然不尽相同，但却是不可分割的。一般来说，情感是在多次情绪体验的基础上形成的，并通过情绪表现出来；而情绪的表现和变化又受已形成的情感的制约。当人们干一份工作的时候总是体验到轻松、愉快，时间长了，就会爱上这一行；反过来，在他们对工作建立起深厚的感情之后，会因工作的出色完成而欣喜，也会因为工作中的疏漏而伤心。由此可以说，情绪是情感的基础和外部表现，情感是情绪的深化和本质内容。

## 三、情绪与情感的类型

### （一）情绪的分类

人们的情绪是复杂的、各种各样的，其类型难以有一个统一的划分方法。

### 1. 七情之分

我国古代名著《礼记》中提出了"七情"说，即喜、怒、哀、惧、爱、恶、欲。

### 2. 基本情绪和社会性情绪

从生物进化的角度可把情绪分为基本情绪和复合情绪。基本情绪是人和动物共有的，不学而会的。每一种基本情绪都有其独立的神经生理机制、内部体验、外部表现和不同的适应功能。复合情绪是由基本情绪的不同组合派生出来的。如由愤怒、厌恶和轻蔑组合起来的复合情绪可叫作敌意，由恐惧、内疚、痛苦和愤怒组合起来的复合情绪可叫作焦虑等。处于大学阶段的大学生，更多的是形成和丰富自己的社会性情绪的感受和体验。

### 3. 积极情绪和消极情绪

从情绪的功效角度可将愉快、欢乐、舒畅、喜欢等，视为积极情绪（positive affect），而将痛苦、烦恼、气愤、悲伤等视为消极情绪（negative affect）。

其实，人类的情绪极其复杂，仅从积极和消极两个方面来论述情绪难免会陷入简单化的误区，甚至可能是一种错误的解释。人的一些情绪状态可能很难说它是积极的或消极的，一些情绪可能兼具积极和消极两个方面的特点和作用。例如，"悲痛"表面上属于消极情绪类型，但是，当悲痛成为激励人们努力奋斗的心理力量时，当人们能够"化悲痛为力量"时，我们就不能简单地把悲痛视为"消极情绪"，悲痛既能够降低人的活动能力，也有可能转化为奋发力量来激励并提高人的活动能力。

从理论上讲，积极或消极情绪并非一成不变，两种情绪状态可以相互转化。积极情绪可能成为消极的因素，例如，自我过分的积极情绪，可能形成自我中心、自私自利的倾向，这种人可能有意无意地伤害他人的利益或情绪。消极情绪也可能成为积极的因素，我们把悲伤作为动力、把受挫当作行动的力量，往往能够鼓舞人们成就一番事业。正是由于情绪的相互转换特点，为人们自主选择提供了可能性。

## （二）情绪状态的分类

情绪状态是在某种事件或情境的影响下，在一定时间内所产生的某种情绪。按情绪发生的速度、强度和持续时间的长短，可以将情绪划分为心境、激情和应激。

### 1. 心境

心境（mood）是一种微弱、持久而又具有弥漫性的情绪体验状态，如高考被录取、自己作品初次问世等重大成就往往使人在一段时间内处于愉快、积极的心境中。心境持续时间可能是几小时，也可能是几周、几个月，甚至更长。积极乐观的心境会提高人活动的效率，增强信心，有益于健康；消极悲观的心境则会降低人活动的效率，使人消沉，有损于健康。善于调整自己的心态，克服不良心境，保持乐观的心境是一种良好的性格特点。

#### 2. 激情

激情（intense emotion）是一种强烈、爆发式、持续时间较短的情绪状态，往往由重大的、突如其来的事件或激烈的意向冲突引起，如中国申奥成功后的狂喜、亲人突然死亡引起的极度悲哀等。激情既可以使人发挥出自己意想不到的潜能，也会出现"意识狭窄"现象，使人的行为失去控制，甚至做出鲁莽行为。我们应该善于控制自己的激情，学会做自己情绪的主人。

#### 3. 应激

应激（stress）是人们对某种意外的环境刺激所做出的适应性反应。如行驶中的汽车意外遇到古樟树，司机紧急刹车；战士拆除炸弹时紧张又小心的行为等，此时所产生的特殊紧张的情绪状态就是应激状态。在应激状态下，人们会出现心率、呼吸、血压等明显的生理变化，也会出现认知障碍、恐惧、抑郁等心理反应。强烈和持久的应激反应会损害人的工作效能，还会造成对许多疾病或障碍的易感状态，在其他致病因素的共同作用下使人患病。

### （三）情感的分类

情感是与人的社会性需要相联系的主观体验，是人类所特有的心理现象之一。人类高级情感包括很多种，主要有道德感、理智感和美感，此外还有宗教情感、母爱等。

#### 1. 道德感

道德感（moral feeling）是根据一定的道德标准评价人的思想、意图和行为时所产生的主观体验。不同时代、民族、阶级有不同的道德评价标准。爱祖国、爱人民是每个人的基本道德准则。若个人言行符合这一标准，就会产生幸福感，获得别人尊敬，否则就会感到不安、内疚，被人们反感。

#### 2. 理智感

理智感（rational feeling）是在智力活动过程中，认识和评价事物时所产生的情感体验，如人们在探索未知事物时所表现的好奇心、求知欲望、认识兴趣，为真理献身时感到的幸福与自豪等。理智感是人们学习知识、认识事物发展规律的一种重要动力。

#### 3. 美感

美感（aesthetic feeling）是据一定审美标准评价事物时所产生的情感体验。不同文化背景、民族和阶级的人对美的评价既有共同方面，也有不同地方。美感既包括对自然景象的评价，也包括对人们道德品质和行为特征的评价。

### 四、情绪与情感的功能

情绪、情感对于人来说具有重要的意义。概括起来，其作用主要表现在以下几个方面。

#### （一）自我保护的功能

在现实生活中，当个体遭遇某些事件时，情绪能够帮助个体做出迅速的反应，会表现出非常明显的自我保护倾向。不少人认为愤怒、恐惧、焦虑、痛苦等负性情绪是不好的或不该出现的。其实很多情绪，包括一些负性情绪，在我们生活中也是必要的，有其不可替代的作用。比如当人处于危险的境地时，恐惧的情绪反应能促使人更快地脱离险境；当人在工作或学习中承担的负荷超出了自身的承受能力时，疲惫的情绪状态会使人不得不放弃一些工作，而获得休息；当在被人伤害时，愤怒的情绪会促使人奋起反抗，保护自我。

#### （二）人际沟通的功能

人际交往不仅是出于信息上的交流和工作中的协调等方面的需要，更是带有情绪上的需求和满足。曾有一位大学生面对着人声嘈杂、热闹拥挤的宿舍，感叹自己特别孤独，引来周围同学们的诧异，有同学问："这么拥挤的生活环境，想找个清静的地方都难，你怎么还感到孤独？"这位同学自嘲地说："我就像是被关在一个透明的玻璃瓶中，尽管周围有的是人，可对于我而言，只是看得见而摸不着的啊！"其实这位同学感到孤独，正是缺少情绪上的沟通，是对情感交流的一种渴望。情绪在人际沟通中，起着非常重要的调节作用。如微笑、轻松、热情、喜悦、宽容和善意的情绪表达，会促进人际的沟通和理解；而冷漠、猜疑、排斥、偏执、嫉妒、轻视的情绪反应，则会构成人际交往中的障碍。

#### （三）信息传递的功能

情绪还能起到信息传递的功能。例如，情人之间的一个眼神、一个微笑，就可互表爱意；知己之间的一个动作、一个表情，就能使对方心领神会；考场中，监考老师威严的目光，就足以使那些想投机取巧的人望而却步。情绪还可以相互影响和传播。当一个人兴高采烈时，他就会将这种情绪感染周围的人；而当一个人沮丧、愤怒时，也会使这种情绪在周围传播开来，并且还会将这些负性情绪迁移到他人身上。

#### （四）经验记忆的功能

在大脑把摄入的资料储存为记忆的过程中，把这些数据的意义决定下来是重要的一个程序。在这一程序中，情绪体验越深的事件，我们的记忆就会越发地牢固。你少年时在学校曾经熟读的书的内容，现在还记得多少？而小学三年级时被老师罚站在教室门外的一次经验，却永世难忘。为什么？那便是前者没有足够的感觉，而后者有深刻的感觉，有一份深刻的情绪体验在里面的关系。若你说像《长恨歌》那么长的唐诗你仍记得，那也是因为诗中的每一句，你都有很深的感觉。所以，情绪体验是记忆储存的必需部分。

## 五、情商

情商（emotional quotient，EQ）又称情绪智力，是近年来国内外心理学家们提出的与智商（IQ）相对应的概念。它主要是指智力因素以外（观察力、记忆力、思维力等）的情绪、情感、意志、挫折容忍力等综合个性品质。

研究表明，在决定一个人成功的诸多因素中，智商的作用仅占20%，而情商却占了80%。情商高的人容易成功，也更容易走出困境。

> **拓展阅读**
>
> ○ **情商之父——丹尼尔·戈尔曼**
>
> 情商的概念是两位美国心理学家约翰·梅耶和彼得·萨洛维于1990年首先提出的，但并没有引起全球范围内的关注。直至1995年，由时任《纽约时报》的科学记者丹尼尔·戈尔曼出版了《情商：为什么情商比智商更重要》一书，才引起全球性的EQ研究与讨论，因此，丹尼尔·戈尔曼被誉为"情商之父"。

> **情商测试题**
>
> 哈佛心理学系博士戴尼尔·高尔曼为情商的测试做了一些努力，尝试出了一些问题，通过对这些问题的回答，您可以获得一个关于自己的EQ的粗略的感性印象。
>
> 现在，请静下心来，诚实地回答下面的测题。一定要按照您真正可能会去做的实际去回答，而不要试图用在学校里获取的做多项选择题的技巧去猜哪一个才是对的。
>
> 准备好了吗？开始！
>
> 1. 坐飞机时，突然受到很大的震动，你开始随着机身左右摇摆。这时候，您会怎样做呢？
>
> A. 继续读书或看杂志，或继续看电影，不太注意正在发生的骚乱
>
> B. 注意事态的变化，仔细听播音员的播音，并翻看紧急情况应付手，以备万一

C. A 和 B 都有一点

D. 不能确定——根本没注意到

2. 带一群 4 岁的孩子去公园玩，其中一个孩子由于别人都不和他玩而大哭起来。这个时候，您该怎么办呢？

A. 置身事外——让孩子们自己处理

B. 和这个孩子交谈，并帮助他想办法

C. 轻轻地告诉他不要哭

D. 想办法转移这个孩子的注意力，给他一些其他的东西让他玩

3. 假设您是一个大学生，想在某门课程上得优秀，但是在其中考试时却只得了及格。这时候，您该怎么办呢？

A. 制订一个详细的学习计划，并决心按计划进行

B. 决心以后好好学

C. 告诉自己在这门课上考不好没什么大不了的，把精力集中在其他可能考得好的课程上

D. 去拜访任课教授，试图让他给您高一点的分数

4. 假设您是一个保险推销员，去访问一些有希望成为您的顾客的人。可是一连十五个人都只是对您敷衍，并不明确表态，您变得很失望。这时候，您会怎么做呢？

A. 认为这只不过是一天的遭遇而已，希望明天会有好运气

B. 考虑一下自己是否适合做推销员

C. 在下一次拜访时再做努力，保持勤勤恳恳工作的状态

D. 考虑去争取其他的顾客

5. 您是一个经理，提倡在公司中不要搞种族歧视。一天您偶然听到有人正在开有关种族歧视的玩笑。您会怎么办呢？

A. 不理他——这只是一个玩笑而已

B. 把那人叫到办公室去，严厉斥责他一顿

C. 当场大声告诉他，这种玩笑是不恰当的，在您这里是不能容忍的

D. 建议开玩笑的人去参加一个有关反对种族歧视的培训班

6. 您的朋友开车时别人的车突然危险地抢到你们前面，您的朋友勃然大怒，而您试图让他平静下来。您会怎么做呢？

A. 告诉他忘掉它吧——现在没事了，这不是什么大不了的事

B. 放一盘他喜欢听的磁带，转移他的注意力

C. 一起责骂那个司机，表示自己站在他那一边

D. 告诉他您也曾有同样的经历，当时您也一样气得发疯，可是后来您看到那个司机出了车祸，被送到医院急救室

7. 您和伴侣发生了争论，两人激烈地争吵；盛怒之下，互相进行人身攻击，虽然你们并不是真的想这样做。这时候，最好怎么办呢？

A. 停止 20 分钟，然后继续争论

B. 停止争吵……保持沉默，不管对方说什么

C. 向对方说抱歉，并要求他（她）也向您道歉

D. 先停一会儿，整理一下自己的想法，然后尽可能清楚地阐明自己的立场

8. 您被分到一个单位当领导，想提出一些解决工作中繁难问题的好方法。这时候，您第一件要做的事是什么呢？

A. 起草一个议事日程，以便充分利用和大家在一起讨论的时间

B. 给人们一定的时间相互了解

C. 让每一个人说出如何解决问题的想法

D. 采用一种创造性地发表意见的形式，鼓励每一个人说出此时进入他脑子里的任何想法，而不管该想法有多疯狂

9. 您 3 岁的儿子非常胆小，实际上，从他出生起就对陌生地方和陌生人有些神经过敏或者说有些恐惧。您该怎么办呢？

A. 接受他具有害羞气质的事实，想办法让他避开他感到不安的环境

B. 带他去看儿童精神科医生，寻求帮助

C. 有目的地让他一下子接触许多人，带他到各种陌生的地方，克服他的恐惧心理

D. 设计渐进的系列挑战性计划，每一个相对来说都是容易对付的，从而让他渐渐懂得他能够应付陌生的人和陌生的地方

10. 多年以来，您一起想重学一种您在儿时学过的乐器，而现在只是为了娱乐，您又开始学了。您想最有效地利用时间，您该怎么做呢？

A. 每天坚持严格的练习

B. 选择能稍微扩展能力的有针对性的曲子去练习

C. 只有当自己有情绪的时候才去练习

D. 选择远远超出您的能力但通过勤奋的努力能掌握的乐曲去练习

**测题答案及解释：**

1. A＝20，B＝20，C＝20，D＝0

除了 D 以外的任何一个答案都是不错的选择。选择答案 D 反映了您在面临压力时经常缺少警觉性。

2. A＝0，B＝20，C＝0，D＝0

B 是最好的选择。情商高的父母善于利用孩子情绪状态不好的时机对孩子进行情绪教育，帮助孩子明白是什么使他们感到不安，他们正

在感受的情绪状态是怎样的，以及他们能进行的选择。

3. A＝20，B＝0，C＝20，D＝0

A是最好的选择。自我激励的一个标志是能制订一个克服障碍和挫折的计划，并严格执行它。

4. A＝0，B＝0，C＝20，D＝0

C为最佳答案。情商高的一个标志是面对挫折时，能把它看成一种可以从中学到东西的挑战，坚持下去，尝试新的方法，而不是放弃努力，怨天尤人，变得萎靡不振。

5. A＝0，B＝0，C＝20，D＝0

C是最好的选择。形成一种欢迎多样化的气氛的最有效的方法是公开挑明这一点。当有人违反时，明确告诉他您的组织的规范不容许这种情况发生。不是力图改变这种偏见（这是一个更困难的任务），而只是让人们遵照规范去行事。

6. A＝0，B＝5，C＝5，D＝20

D是最好的选择。有资料表明，当一个人处于愤怒状态时，使他平静下来的最有效的办法是转移他愤怒的焦点，理解并认可他的感受，用一种不激怒他的方式让他看清现状，并给他以希望。

7. A＝20，B＝0，C＝0，D＝0

A为最佳答案。中断20分钟，这是使愤怒引起的生理状态平息下来的最短时间。否则，这种状态会歪曲您的理解力，使您更可能出口伤人。平静了情绪后，你们的讨论才会更富有成效。

8. A＝0，B＝20，C＝0，D＝0

B为最佳答案。一个组织的成员之间关系融洽、亲善，每一个人都感到心情舒畅时，组织的工作效率才会最高。在这种情况下，人们才能自由地做出他们最大的贡献。

9. A＝0，B＝5，C＝0，D＝20

D为最佳答案。生来带有害羞气质的孩子，如果他们父母能安排一系列渐进的针对他们害羞的挑战，并且这种挑战是能逐个应付得了的，那么他们通常会变得喜欢外出起来。

10. A＝0，B＝20，C＝0，D＝0

B为最佳答案。给自己适度的挑战，最有可能激发自己最大的热情。这既能使您学得愉快，又能使您完成得最好。

最高分数为200分，一般人的平均分为100分，如果您得了25分以下，最好过一段时间重测一下。

## 第二节 情绪理论简介

> 大脑有"用进废退"的功能特征,你多多地表现你的好心情,就能够为你的大脑提供快乐情绪生长所需要的"脑营养",你就能够发掘大脑创造和分享好心情的潜在能力。你经常不表现你的坏心情,就可能帮助你的大脑抑制那些与消极情绪相关的神经联结,你就能够发掘大脑抑制坏心情的潜在能力。
>
> ——佚名

关于情绪的产生、表现,以及与生理变化、其他心理活动之间的关系,对人的活动和人际关系的影响,乃至它的生理机制,产生过不少解释情绪的理论。以下简单介绍有代表性的几种。

### 一、詹姆斯-兰格的情绪外周理论

美国心理学家詹姆斯和丹麦生理学家兰格分别于1884年和1885年提出了观点相同的情绪理论,后人称这种情绪理论为詹姆斯-兰格情绪理论。詹姆斯认为,情绪是对身体变化的知觉,即当外界刺激引起身体上的变化时,我们对这些变化的知觉便是情绪。也就是说,人并不是因为愁了才哭、生气了才打、怕了才发抖,而是相反,人是因为哭了才愁、因为动手打了才生气、因为发抖了才害怕。兰格强调情绪发生与血管变化的关系。他认为自主神经系统的支配作用加强,血管扩张,结果便产生愉快的情绪;自主神经系统活动减弱,血管收缩,器官痉挛,结果便产生恐怖的情绪。

詹姆斯和兰格观点可以概括为:情绪刺激引起身体的生理反应,而生理反应进一步导致情绪体验的产生。此理论指出了自主神经系统在情绪产生中的作用,但忽视了中枢神经系统的调节、控制作用。

### 二、坎农-巴德的情绪丘脑理论

坎农对詹姆斯-兰格情绪理论提出了很多质疑,认为:情绪变化快而生理的变化慢;内脏器官活动的变化可以引起极不相同的情绪体验;切断动物内脏器官和中枢神经系统的联系,情绪反应并不完全消失;用药物可以引起和某种情绪相同的身体变化,却并不产生相应的情绪变化。于是他提出了情绪的丘脑理论,认为情绪的生理机制不在外周，而在中枢神经系统的丘脑。

外界刺激作用于感觉器官，引起神经冲动，经感觉神经传至丘脑，激发情绪的刺激由丘脑进行加工，丘脑所产生的神经冲动向上传至大脑皮层，引起情绪的主观体验，同时也向下传至交感神经系统，引起机体的生理变化。所以，身体变化和情绪体验是同时发生的。

坎农的理论得到巴德的支持和发展，故后人将这一理论称为坎农-巴德情绪丘脑理论。此理论发现了丘脑在情绪发生中的作用，提出了情绪的中枢理论，但忽视了外因变化的意义和大脑皮层对情绪发生的作用。

## 三、沙赫特的情绪认知理论

沙赫特和辛格提出，任何一种情绪的产生，对于特定的情绪来说，有两个因素是必不可少的——个体体验到高度的生理唤醒和个体对生理状态变化进行认知性的唤醒。

他们用实验进行了证实。将被试分为四组，并告知他们被注射了一种维生素，目的是考察这种维生素可能对视觉的影响。但是第一组为控制组，注射的是生理盐水，其余三组为实验组，注射的是肾上腺素。此时，三个实验组被试的生理变化是相同的。但他们被告知内容是不同的，分为正确告知组、未告知组和误告知组。也就是说，三组被试对生理反应的认知是不同的。看他们在欢欣和愤怒两种不同的情景下的表现会有什么不同。结果发现，由于实验组被试对生理变化的认识不同，他们所产生的情绪体验也有很大的区别。正确告知组的被试和控制组的被试反应相同，他们不受生理变化的影响；另外两个实验组的被试情绪却受到很大的影响。这说明，生理变化在情绪的发展中肯定是会出现的，但对情绪体验来说却不是决定性的，决定性的因素是对外界刺激和对身体变化的认知。

## 四、汤姆金斯和伊扎德的情绪动机-分化理论

汤姆金斯和伊扎德提出，情绪并不是伴随着其他心理活动产生的一种副现象，而是一种独立的心理过程。情绪有其独特的机制，并在人的心理活动中起着适应环境的独特作用。

汤姆金斯直接把情绪看作动机。他认为，内驱力的信号需要通过一种放大的媒介，才能激发有机体去行动，而情绪正是起着这种放大作用的心理过程。不仅如此，情绪本身可以离开内驱力的信号而起到动机的作用。

伊扎德进一步指出，情绪的主观成分即体验就是起动机作用的心理机构，各种情绪体验是驱动有机体采取行动的动机力量。伊扎德还认为，情绪是新皮质发展的产物，随着新皮质体积的增长和功能的分化，情绪的种类不断增加，面部肌肉的分

化也越来越精细。情绪的分化是生命进化过程的产物，只有情绪的分化，才使得情绪具有了多种多样的适应功能，也只有这样，情绪在生存和适应中才起到了核心的作用。

## 第三节　合理情绪疗法

> 有两个人从铁窗上朝外望去，一个人看到的是满地泥泞，另一个人看到的却是满天繁星。
>
> ——佚名

### 一、合理情绪疗法简介

合理情绪治疗（rational emotive therapy，RET）是20世纪50年代由美国心理学家艾利斯所创立的。

该理论认为，在人们情绪产生的过程中有三个重要的因素，这就是诱发情绪的事件，人们对诱发事件所持的相应的信念、态度和解释，以及由此引发的人们的情绪和行为的结果。情绪并不是由导致情绪发生的诱发事件直接引起的，而是通过人们对这一诱发事件的解释和评价所引起的，即并不是事件引起了情绪，而是人们对事件的认识引起了情绪。

ABC理论是合理情绪疗法的核心理论，即A代表诱发事件；B代表个体对这一事件的看法、解释及评价即信念；C代表继这一事件后，个体的情绪反应和行为结果。该理论认为，使人们难过和痛苦的（C），不是事件本身（A），而是人们对事情的不正确解释和评价（B）。通过认识自己信念的不合理性，用合理的信念取代不合理的信念，情绪即会消除。

### 二、大学生常见不合理信念

大学生的情绪困扰，主要有三种不合理的思考方式。

#### 1. 二分法的思考

将事情归类到两极端，非好即坏、非黑即白，以绝对化的观点来看事情，而忽视在两个极端之间的其他可能性，亦即没有灰色区域。

## 2. 灾难化的思考

把某个偶然发生的事件过分夸大,使之变得很可怕。比如,因为受到一次老师的批评,就认为同学们都看不起自己了,感觉在同学面前抬不起头来。

## 3. 乱贴标签的思考

根据过去的不完美或过失来定义自己。比如,因为一件事情没有做好,就给自己下定义"我是个笨蛋"。

**活动❶**

○ **艾利斯的观念测试**

对于以下观点,你若认为"有道理"得1分,"说不清"得0分,"没道理"得-1分。

(1) 人应该得到自己生活中每一位重要人物的喜爱与赞许。
(2) 一个有价值的人应该在各方面都比别人强。
(3) 对于有错误的人应该给予严厉的惩罚与制裁。
(4) 如果事情非己所愿,将是可怕的。
(5) 不愉快的事情是由外在因素引起的,自己不能控制与支配。
(6) 面对困难与责任很不容易,倒不如逃避更好。
(7) 对危险与可怕的事要随时警惕,经常提防其发生的可能性。
(8) 人要活得好一点,就必须依赖比自己强的人。
(9) 以往的经历和事件对现在具有决定性的难以改变的影响。
(10) 对于他人的问题应当非常关切。
(11) 任何问题都有一个唯一正确的答案。

**结果分析:**

你的总分是多少?以上是艾利斯列举的11类不合理观念,所以你的得分越低越好,满分为-11分。一个人不合理信念越少,不良情绪就会越少。

**课堂练习**

(1) A:两个同事一起上街,碰到他们的总经理,但对方没有与他们招呼,径直过去了。

B1:他可能正在想别的事情,没有注意到我们。即使是看到我们而没理睬,也可能有什么特殊的原因。

C1：无所谓。

B2：是不是上次顶撞了老总一句，他就故意不理我了，下一步可能就要故意找我的岔子了。

C2：忧心忡忡，以至于无法平静下来干好自己的工作。

（2）A：考试没进前十。

B1：必须考进前十，没进前十糟糕至极。

C1：痛苦沮丧，无精力学习。

B2：一次考试并不能说明什么。即使我现在失败，但这不等于我将来不成功。

C2：心情好转，投入学习。

## 三、合理情绪疗法的应用："三栏目"技术

第一步，将你有情绪时头脑出现的随想统统写在纸上，不要让它们老是盘旋在你的头脑中，想到什么写什么。

第二步，所有随想都写下来以后，对每一种随想进行分析，将其与认知失真表进行对照，找出你的认知失真，准确地揭示你对事实的歪曲。

第三步，练习对失真的思想进行无情的反击，以更客观的思想取代失真的思想。情绪也将随之消失。

应用举例：情绪调控的三栏目表

| 随想（自责） | 认知失真 | 合理反应（自卫） |
| --- | --- | --- |
| 被老师当众批评，真丢死人了 | 极端化思维 | 每个人都会有错，所以被人批评是正常的事，没有什么丢人不丢人的。虽然老师当众批评我，让我很难堪，但也不至于那么可怕。没有时间观念，的确不是什么好习惯，以后尽力改正 |
| 同学们肯定在嘲笑我，他们都会看不起我，以后我在同学中还怎么做人 | 极端化思维 | 不对，大部分同学都很友好，起码同宿舍的同学知道我身体不好，她们会同情我。一个小小的错误并不会影响我在同学们心中的地位 |
| 我真是个失败者，怎么会落到这样落魄的地步 | 人格化，以偏概全 | 不对，我能进入大学，就说明我很优秀，在学习方面我一点也不比别人差，今天的事只是一个小插曲而已，改掉就好 |
| 我真倒霉，偶尔迟到一次，就被老师碰上 | 诅咒，弱者才会怨命 | 只要我积极进取，我的命一定很好。目前我要做的是，找老师沟通，解释一下迟到的原因 |

**心理案例**

小雨,男,20岁,某学院大二学生,自述与人交往方面存在问题,自己为此苦恼且情绪低落。来访者父母均为生意人,平时忙于工作,无暇照顾小雨,所以来访者平时是一个人在家。大概从高中开始,小雨就不太愿意与周围人讲话,听到同学说话就反感。高三时较为严重,往往听到别人说话就学习不下去,因此成绩下降,来到了某学院专科班学习。

小雨自述,起初自己和室友小强关系不错,且两人都当了班干部,小强各方面能力都比较强。一段时间后,小雨发现小强总是自以为是,自己得依着他的思路。一次,两人在班级管理上产生了分歧,不欢而散。小雨感到自己受了伤害,逐渐地不敢与小强来往。再到后来,只要小强在,自己就不知道该干什么,心里很是压抑。但是在同一班级的两人抬头不见低头见,每当小雨看到小强与别人滔滔不绝时就非常生气。小强经常是班级里和宿舍里的中心,很张扬。自己感觉应该在这个时候用比小强更上乘的方式去吸引别人。小强不应该那样无拘无束,目中无人。经常晚上熄灯后,其他人玩电脑的光亮让自己无法入睡,看到别人能睡着就会心烦。考试前,其他同学在教室中讨论考试情况,自己却比较平静,其他同学的说说笑笑与自己的平静很不协调。同学说自己不善言谈,从而把他放在一边,不搭理他。他也很希望自己能够像他们一样,可是却没有那样做的兴趣和习惯,为此非常苦恼。

**思考题:**
小雨产生此种情况的诱发事件是什么?不合理信念有哪些?正确的观念是什么?

**提示:**

诱发事件 A:与小强的争执。

不合理信念 B:① 他不能用这种态度对待我;② 他们那样做,对我来说是糟糕至极的;③ 我必须得到公正对待;④ 我不能忍受这件事。

情绪及行为后果 C:① 情绪表现——苦恼、情绪低落;② 行为表现——紧张、不快、回避。

**咨询对话节选**

求：最近情况好多了，可还是不能处理小强在场的情景。只要他在场，我就很厌烦，甚至在教室里看到他在别人面前指指画画地讲话，我就厌恶极了。以前，我经常回避他，只要他在，我就走。但事实上，回避他，我心里也很不平衡。

咨：看来回避也不是办法。

求：有时我想采取打击他的方式来消除我的压力。

咨：结果怎样？

来：我这时也许会说几句风凉话，以打击他的积极性。如果奏效，还有几分满意，若无效果，就干脆不去理他。

咨：也就是说，这并不是解决问题的根本方法。

求：但他的存在，尤其是滔滔不绝地议论，别人又很认真听的时候，由于我很烦他，就显得很孤立。

咨：这是你的想法是什么？

求：我觉得心里不平衡，希望他少说些，他在我面前也应该拘束些，他应该见到我也像我见到他那样有所畏惧，这才平衡。

咨：你有什么理由要求别人少说话或不说话，又有什么理由要求别人像你一样？

求：（沉默。）

咨：这就是我们常说的苛求于人。实际上你是觉得他在场，表现突出，自己不如他，产生一种压力，心里不平衡，对不对？

求：是的。

咨：由于不现实地苛求于人，让人按自己愿望行事，就会给自己带来烦恼。首先，应该改变对这些事背后的不合理信念，如别人不应该成为中心人物，别人应按照自己想的那样去做等，从而形成合理的思维方式，这就要求自己面对现实，接受他人的存在，也接受自己的存在，不要回避。其次，采取顺其自然的态度，不要强迫自己去烦他，也不要强迫自己此时有意表现，情绪就会慢慢稳定下来。

## 第四节　用心经营好心情

> 能控制好自己情绪的人，比能拿下一座城池的将军更伟大。
> ——拿破仑

人的情绪不但复杂，而且有时还会自动、不随意地发生，但也并不是无章可循、无能为力。大学阶段是人生从幼稚走向成熟的过渡期，偶尔产生不良情绪也很正常，只要认识和了解了自己的情绪特性，就可以通过积极的行动来调节和控制情绪，维护身心健康。

## 一、大学生常见的情绪困扰

### （一）焦虑

焦虑是由紧张、害怕、担忧等几种情绪混合而成的负性情绪体验，指一种个体对未来某种可能发生的威胁性情境或某种不良后果而产生的紧张不安的情绪。最常见的是考试前的考试焦虑。

### （二）抑郁

抑郁是指以心境低落为主的负性情绪状态。表现为闷闷不乐、对日常生活兴趣丧失、精力明显减退、食欲不振、悲观、绝望、思维迟钝及失眠等。

### （三）自卑

自卑是自我意识中带有自我否定倾向的情绪体验，是对"现实自我"的认识和评价过分低估，认为即使努力也无法达到自己的目标，同时伴有一些诸如害羞、不安、内疚、忧郁、失望等特殊的情绪体现。

### （四）愤怒

愤怒是大学生常见的一种消极情绪，它是当个体的需要不能被满足、愿望不能实现或为达到目的的行动受阻时内心所产生的一种紧张而不愉快的激烈情绪。

### （五）嫉妒

嫉妒是指他人在才能、名誉、地位或境遇等方面胜过自己而产生的一种由羞耻、焦虑、怨恨、敌意等组成的复杂的不良心理状态。

### （六）冷漠

冷漠是指他人冷淡漠然、对外界刺激缺乏相应的情感反应的消极的情绪体验。

如对他人怀有戒备心理甚至敌对情绪，也不与他人交流思想感情，表现极为冷淡，凡事漠不关心。

## 二、大学生常见情绪处理方法

在我们的日常生活中，通常人们处理自己的情绪有三种途径：

（1）忍——隐藏在心里。这样会造成本人的心情不稳定，形成很多心理症结，现在的科学研究已经证实这会引起严重的健康问题。

（2）发——发泄出来。发泄出来的方式是发脾气，这会影响人际关系，使别人对自己有一些看法。

（3）逃——使自己忙碌不去想起有关的事情。当时有点效果，但是每当夜深人静、独自一人时，那些引起困扰的事情和情绪便会"才下眉头，却上心头"，往往造成失眠问题。

其实，对于情绪，我们可以做到：不忍，不伤己；不发，不伤人；不逃，不逃避。而是正确地接受、面对和处理。

## 三、培养健康的情绪

### （一）情绪管理三部曲

一个高情商的人能够认知自我情绪的变化，并能积极主动地调适自己的情绪、分析判断情绪的影响，使行为反应适时、适度。

1. 情绪的自觉力

随时随地都清楚知道自己处于怎样的情绪状态，也就是总与自己的感觉在一起，并要接纳自己的情绪状态。

2. 情绪的理解力

明白情绪的来源不是外界的人、事、物，而是自己内心的信念。就是说，清楚了解自己的观念里什么地方受到冒犯，因而产生情绪。这也就决定了一个人的情绪不是被环境控制的，而是由自己控制。因为自己的观念是可以改变的，而外面的事物则是自己无法控制的。

**场景体验**

1. 请同学们说出对以下情景的情绪体验

(1)"这次考试,你的成绩是 60 分。"

请用笔把你的情绪体验写到纸上。

(2)"这是一次难度很大的竞赛,很少有人能考 60 分。"

请再次把你的情绪体验写到纸上。

请同学们说出两次自己体验到的情绪。

**总结:**

(1) 对于第一个场景,同学们的情绪体验大致分为三种:欣喜、平静、失望。

(2) 对于第二个场景所有同学的情绪体验都转化为欣喜。

在第一个场景中同样是"60 分",不同的同学产生了不同的情绪体验;在第二个场景中同样还是"60 分",同学们的情绪又发生了变化。由此看来,是这个外在的"60 分"导致我们的情绪吗?

2. 根据老师的描述写下自己的感受

一天,你带着用了一整天时间才做好的老师要求做的模型走在上学的路上。

走在半路,你看到地上有一张五十元的钱。

于是,把模型放在旁边的椅子上去捡钱。这时走过来一个人坐在椅子上,坐坏了你的模型。

请写下你此时的情绪感受。

紧接着你定睛一看,原来那个人是个盲人。请再写下你的情绪感受。

第一次的情绪感受一般包括:

愤怒——非常生气;无奈——怨恨这个人,感觉事情已经无法补救;贪财遭灾——是我自己的一时贪念导致了这样的后果。

第二次的情绪感受一般包括:

自责,说对不起;我怎么可以怪他,事情没有想象中严重,回家重做一个吧;我是幸运的(一个健全的人),想办法补救。

可见,同样的结果,在不同的场景下,人的情绪体验却截然不同。

### 3. 情绪的摆脱力

当某种"负面"情绪不能帮助自己达到更高的成功快乐时，我们能够使自己从这种情绪中摆脱出来，进入另一种更有帮助的情绪状态中。

**自我测量：**

好心情有助于自身潜能的发挥，你平时是好心情还是不好的心情？请回答下面的问题，选择你认为最适合自己的答案。

（1）如果你半夜里听到有人敲门，你会认为将会有坏消息，或有麻烦要发生吗？

（2）你随身带着安全别针或一条绳子，以防万一衣服或别的东西裂开吗？

（3）你跟人打过赌吗？

（4）你曾梦想过会赢彩券或继承一大笔遗产吗？

（5）出门的时候，你经常带着一把伞吗？

（6）你把收入的大部分用来买保险吗？

（7）度假时，把家门钥匙托朋友或邻居保管，你会将贵重物品事先锁起来吗？

（8）你觉得大部分的人都很诚实吗？

（9）度假时，你不预订旅馆就不出门吗？

（10）对于新的计划，你总是非常热衷吗？

（11）当朋友表示一定奉还时，你会答应借钱给他吗？

（12）大家计划去野餐或烤肉时，如果下雨，你仍会按原计划准备吗？

（13）在一般情况下，你信任别人吗？

（14）如果有重要约会，你会提早出门以防堵车、抛锚或别的情况发生吗？

（15）如果医生叫你做一次身体检查，你会怀疑自己可能有病吗？

**评分方法：**

以上题目回答"是"，计 0 分；回答"否"，计 1 分。把 15 道题的总分相加，算出自己的总分。

**好心情或坏心情评价如下。**

如果你的分数为 0～5 分：你可能是一个标准的坏心情者，看待人生总是看到不好的那一面。心情不好的唯一好处是，从来不往好处想，所以也就很少失望过。然而，以消极心态面对人生，却有太多的不利。随时会担心失败，因此宁愿不去尝试新的事物，尤其是遇到困难时，心情不好会让你觉得人生更灰暗，更无法接受。解决这种状况的唯一办法是，以积极态度面对每一件事或每一个人，即使你偶尔仍然会感到失望，但逐渐地，你会对人生增加信心，战胜消极心态对你的影响。

分数为6～10分：你的心情状态比较正常。不过你仍然可以再进一步，只要你学会以更积极的心态来应对人生中无法避免的起伏状况。

分数为11～15分：你经常都有好心情。你看人生总是看到好的一面，将失望和困难摆在旁边。好心情使人活动更有力量。不过，要记住，过分的好心情，有时也会造成对事情掉以轻心，结果可能反而误事或错失一些好机会。

## （二）控制情绪"污染"

"情绪传染"是指由于一个人的不良情绪而影响其他人的情绪。

有个小男孩心情不好，在路边遇到一条小狗便狠狠踢去，吓得小狗狼狈逃窜；

小狗无端受了惊吓，见到一个西装革履的老板便汪汪狂吠；

心情不好的老板在公司里逮住他的女秘书大发雷霆；

女秘书回家后把怨气一股脑儿撒给了莫名其妙的丈夫；

第二天，这位身为教师的丈夫如法炮制，对自己一个不长进的学生一顿臭批；

挨了训的学生，也就是前面的那个小男孩。他怀着恶劣的心情放了学，归途又碰见了那条小狗，二话没说又一脚踹去……

## （三）合理情绪宣泄

过分克制压抑只会使情绪困扰加重，而合理宣泄则可以最大限度地释放不良情绪，从而缓解现实的紧张与忧虑。合理宣泄即强调在采取宣泄法来调节自己的不良情绪时，必须提升自制力，要采取正确的方式，选择适当的场合和对象，不能随意发泄不满或者不愉快的情绪，以免引起意想不到的不良后果，造成更大的麻烦。大学生是一个情绪动荡、思维活跃的群体，各种问题或矛盾冲突都可能遇到，当感到情绪压抑时，应及时进行调整或选择合适的缓解压抑的宣泄方式。否则长期积累，不仅会影响正常的学习生活，而且更不利于个体的成长。

常用的宣泄方法有以下几种。

1. 运动调节

通过体育运动来尽情发泄不良情绪，对于大学生来说不失为最佳的选择，尤其是特别擅长体育运动的人。适当运动如跑步、跳绳、转圈、疾走、游泳等是缓解不良心态的有效方法。

2. 音乐释放

事实证明，音乐对调节身心、治疗心理疾病具有特殊的作用。不仅可以听，而且自己可以高声歌唱，这也是排除紧张、激动情绪的一种有效手段。当不满情绪积压在心中时不妨选择一首喜欢的歌曲，让美妙的音乐帮助你缓解紧张情绪，放松身心。

**不同功效放松音乐曲目：**

① 功效曲目催眠：《平湖秋月》《二泉映月》；
② 安神镇静：《塞上曲》《春江花月夜》《小桃红》；
③ 解忧除烦：《江南好》《喜洋洋》《春天来了》；
④ 消除疲劳：《假日的海滩》《矫健的步伐》《水上音乐》；
⑤ 振奋精神：《步步高》《狂歌》《金蛇狂舞》；
⑥ 促进消化功能：《花好月圆》《欢乐舞曲》；
⑦ 兴奋开郁：《喜相逢》《喜洋洋》《假日的海滩》；
⑧ 养心益智：《阳关三叠》《江南丝竹》《空山鸟语》；
⑨ 娱神益寿：《高山流水》《梅花三弄》《百鸟行》。

3. 放声痛哭

神话故事说"眼泪是上帝珍贵的礼物"，的确有一定的道理。哭是人类的一种本能，是不愉快情绪的直接外在流露的方式。选择合适的时间场合放声痛哭是释放不良情绪的好方法，是心理保健的有效措施。因为人在情感激动时流出的眼泪含有高浓度的蛋白质，它可以减轻乃至消除人的压抑情绪。有关专家研究结果表明，悲伤的眼泪中含有荷尔蒙、儿茶酚胺，如果不流出来，极易得溃疡病或结肠炎。长此以往，甚至有患恶性肿瘤的危险。但切忌遇事就哭，时时哭哭啼啼，事事悲悲戚戚，反而会加重不良情绪体验。

4. 大声喊叫

当你真的感觉到特别压抑，而又找不到合适的发泄方法时，大声喊叫也不失为一种比较简便易行的宣泄方法。只是要注意一点，即场合要合适。你可以选择在没有人的运动场或是到空旷的山林原野，给自己拟定一个遐想目标大声叫喊，或骂或打，发泄胸中怨气。这样的减压方式不会有人注意，而且又不会伤害他人。

### 5. 摔打东西

在不影响他人的情况下，还可以选择一些无足轻重的东西作为情绪宣泄"替代品"，如坐垫、枕头、布娃娃、橡皮人等，随意摔打，以此来达到缓解或消除不良情绪的目的。日本一些企业还据此专门设置了"泄气屋"，来满足员工及时情绪宣泄之用，效果非常好。

### 6. 日记书信

压抑时，给朋友写信，把烦恼写出来，体验烦恼随信而去的感觉；烦恼时，写写日记，在日记中发泄心中的不快，写完后体验痛快淋漓的感受。写出来再自己处理掉，不会影响到任何人，这也是一种比较舒缓的适宜的宣泄方法。

### 7. 自言自语

如果一时找不到适合的发泄对象，自言自语也是一种消除恶劣情绪的方法。如果你心中有什么"结点"解不开，不妨有意识地自言自语，想说什么就说什么，什么时候想说就什么时候说。

### 8. 亲近自然

不愉快的人一走进大自然，便会找到豁然开朗、心旷神怡的感觉。① 勤晒太阳。著名精神病专家缪勒指出，阳光可改善抑郁患者的病情，多晒太阳能振奋精神。② 观赏花草。花草的颜色与气味有调节人情绪的作用。③ 游历山水。青山绿水，莺歌燕舞，置身于这美好的情景中，心情自然会好转，获得烦恼尽消的效果。

### 9. 放松训练

放松训练又称松弛反应训练，是一种通过机体的主动放松来增强人对自我情绪控制能力的有效方法。它的基本原理是通过训练所产生的躯体反应，如减轻肌肉紧张、减慢呼吸节律和使心律减慢等，达到缓解焦虑情绪的目的。

**心理美文**

○ **生活是美好的**

契诃夫

生活是极不愉快的玩笑,不过要使它美好却也不是很难。为了做到这点,光是中头彩赢 20 万卢布,得个"白鹰"勋章,娶个漂亮女人,以好人出名,还是不够的——这些福分都是无常的,而且也很容易习惯。为了不断地感到幸福,那就需要:

(一) 善于满足现状;

(二) 很高兴地感到:"事情原本可能更糟呢。"这是不难的。

要是火柴在你的衣袋里燃起来了,那你应当高兴,而且感谢上苍:多亏你的衣袋不是火药库。

要是有穷亲戚上别墅来找你,那你不要脸色发白,而要喜洋洋地叫道:"挺好,幸亏来的不是警察!"

要是你的手指头扎了一根刺,那你应当高兴:"挺好,多亏这根刺不是扎在眼睛里!"

如果你的妻子或者小姨练钢琴,那你不要发脾气,而要感激这份福气:你是在听音乐,而不是在听狼嗥或者猫的音乐会。

你该高兴,因为你不是拉长途马车的马,不是寇克(19 世纪德国的细菌学家)的"小点",不是旋毛虫,不是猪,不是驴,不是茨冈人牵的熊,不是臭虫。……

你要高兴,因为眼下你没有坐在被告席上,也没有看债主在你面前,更没有跟主笔土尔巴谈稿费问题。

如果你不是住在十分边远的地方,那你一想到命运总算没有把你送到边远地方去,岂不觉着幸福?

要是你有一颗牙痛起来,那你就该高兴:幸亏不是满口的牙痛。

你该高兴,因为你居然可以不必读《公民报》,不必坐在垃圾车上,不必一下子跟三个人结婚……

要是你给送到警察局去了,那就该乐得跳起来,因为多亏没有把你送到地狱的大火里去。

要是你挨了一顿桦木棍子的打,那就该蹦蹦跳跳,叫道:"我多运气,人家总算没有拿带刺的棒子打我!"

要是你妻子对你变了心,那就该高兴,多亏她背叛的是你,不是国家。

依此类推……朋友，照着我的劝告去做吧，你的生活就会欢乐无穷了。

（摘自上海译文出版社1982年版《契诃夫选集·美人集》。）

"你的心情现在好吗？你的脸上还有微笑吗？人生自古就有许多愁和苦，请你多一些开心，少一些烦恼。"心情反映在脸上是否有微笑上，如果存有"人生自古就有许多愁和苦"这样的观念，那么所带来的结果就是会多一些开心，少一些烦恼。人生中有喜也有乐，有苦也有甜，关键在于你怎么看。人生就像牙缸，你可以把它看成"杯具"（悲剧），也可以把它看成"洗具"（喜剧）。生活到底是悲剧还是喜剧，其实都取决于你内心的选择！

**课后思考**

1. 日常生活中我们经常会有不良情绪，对于不良情绪你是如何认识的？从是否可控、如何调节等方面来谈。

2. 有一则寓言是这样讲的：

一个青年来到绿洲，碰到一位老先生，年轻人问："这里如何？"老人家反问："你的家乡如何？"年轻人答："糟透了！我很讨厌。"老人家接着说："那你快走，这里同你的家乡一样糟。"后来又来了另一个青年问同样的问题，老人家也同样反问，年轻人回答说："我的家乡很好，我很想念家乡的人、花、事物……"老人家便说："这里也是同样的好。"旁听者觉得诧异，问老人家为何前后说法不一致呢？老者说……

你认为老者会说什么样的话？如果是你，会怎样说？

提示：运用本章所学尤其是合理情绪疗法。当你以欣赏的态度去看一件事时，你便会看到许多优点；以批评的态度时，你便会看到无数缺点。

  **心理咨询师手记**

**我很生气，他们为什么要偷我的东西！**

一、个案描述

李某，女，大二。父亲是一名铁路工人，母亲是个体，来访者不仅与父母的关系非常好，而且和宿舍其他七名舍友关系也非常好。

来访者来咨询的时候是由一名男同学陪着来的，从他们的交流和眼神来看，两人关系不像是普通的朋友关系，来访者表示他们只是很好的哥们，高中同学，而对此男生的表情则有一些无奈。咨询之前，咨询师问男生为什么和来访者一起来，男生说："她心情不好，我要陪着她。"从男生的某些言行来看，男生对于来访者应该很了解，而来访者对于男生也有少许的依赖性，但在言语中又对男生的关心不是很在乎，比较随意。

咨询刚开始的时候，来访者的语气非常傲慢，态度随意且不尊重，语言过激，表情非常不屑，而且身体是侧着的，说话时很少有眼神的交流，没有任何拘束。她生活在自己的世界里，想到什么就说什么。

在来访者的陈述中，自己最主要的问题是经常丢东西，且丢东西的次数非常多。但是从来访者与咨询师的对话中，并没有感觉到来访者丢东西之后的后悔与可惜，更多的是感觉到了来访者的愤怒和对偷盗者的厌恶。在咨询的后半段，气氛逐渐融洽。

## 二、咨询师与来访者的对话（节选）

来访者：经常丢东西，从小就这样，小时候经常丢书啊、文具啊，什么都丢过，连钱包也丢过好多次了。钱包里会有很多钱。

咨询师：在你的记忆里，丢钱最多的是多少？

来访者：两千五百元（这时来访者窃窃地笑了，我觉得可能是在笑说出的这个数字）。

咨询师：你当时的心情是怎么样？

来访者：很生气，真想抓住他（小偷），把他交给警察叔叔（说这话的时候，觉得她更多的是在生气，反而感觉不到钱对她的重要性）。

咨询师：这样生气的情绪持续了很长时间吗？

来访者：没有多久，当时挺生气的，但是过了一会儿，就不是很生气了。我马上打电话给我爸爸，他安慰我说："没关系，我再给你打到银行卡上就行了。"

咨询师：你觉得生活中，钱对于你来说重要吗？你很怕没有钱的生活吗？

来访者：还行吧，我每天都有钱啊，要不我怎么吃啊（这时她笑了）。在学校的时候，我每天都有钱，放假以后就没有钱了，但是我没害怕过，因为在家的时候不用花钱，在家吃饭。而且我的衣服都是我妈帮我买。

咨询师：从小到大，无论你要什么你爸妈都会满足你吗？

来访者：都会，我要什么他们就会给我买什么。

咨询师：那你觉得你爸妈给你买的最珍贵的东西是什么？

来访者：（此时她沉默了，思考了很久，都没有得出答案。）

咨询师：那你觉得从小到大，你丢过的最珍贵的东西是什么？

来访者：（思考了很久，都没有得出答案。）其实我也挺讨厌自己丢三落四的习惯的，丢了东西我的心情也会不好，但是从小就这样，也改不了。

咨询师：你知道为什么经常丢东西吗？不是因为你的记忆力不好，而是对于丢的东西你从来没有好好珍惜过，没对它们用过心，没有把它们当成你生活中的一部分。你觉得丢了就无所谓，丢了还会再有的，虽然当时你会很生气，但是这种生气的情绪不会持续太久。你在乎的或者说你生气的不是因为你的东西丢了，而是在乎偷东西的行为，是这样吗？

来访者：是的，我就是讨厌那些偷东西的人，为什么每次都要偷我的，真没素质。向往生活在瑞典或是在挪威，那里的人的素质都很好，不用担心丢东西，丢了以后捡到的人也会还给你的。但是，咱们国人的素质还有待提高。

咨询师：我觉得你之所以经常丢东西，是因为你没有把它们当成你生活中的一部分，更没有像对待朋友一样对待它们，你觉得那些东西丢了就丢了，还会有新的出现。如果以后对于你所拥有的用心了，像和好朋友一样相处，就像你身后的那位朋友一样，你尝试一下，看还会丢吗？

### 三、咨询师的主要技术和方法

1. 基本技术

面质：通过面质技术指出来访者身上存在的矛盾，促进来访者思考。促进来访者对自己的感受、信念、行为及所处境况等深入地了解；激励来访者解除防卫、掩饰心理，面对现实，并由此产生富有建设性的活动；促进来访者理想自我与现实自我、言语与行动的统一。在访谈中，咨询师一直在问来访者"你丢过的最珍贵的东西是什么"，来访者一直用沉默来回答，表明来访者开始进行了思考与沉思。咨询过程中，"沉默"有很重要的作用，在此主要体现出来访者在咨询师的带领下，不断进行思考和反思。

2. 核心技术

行为主义疗法：行为主义疗法的核心就在于消除来访者适应不良的行为方式，代之以更具建设性的行为方式。本案例中来访者由于家庭教养模式属于溺爱型，缺乏同理心，一直在强调是"偷自己的东西"而不是针对整个社会大众，表现出自私、任性等性格缺点。因此采用行为主义疗法的技术，通过强化、示范、专注于接纳训练技术，构建来访者良好的人格特质。

3. 辅助技术

房树人测验：又称屋树人测验，它开始于 John Buck 的"画树测验"。John Buck 于 1948 年发明此方法，受测者只需在三张白纸上分别画屋、树及人就完成测试。该测验具有主动性、构成性、非言语性的特点，避免反应内容在言语化过程中变形，从而更具体地了解来访者的人格特征，捕捉到难以言表的心理冲突。在咨询过程中，通过该技术进一步确定来访者的人格特点以及内心的心理冲突和矛盾，促进下一步咨询工作的开展。

### 四、咨询师反思

在咨询过程中可以看出，来访者生活在一个优越的家庭，家庭氛围融洽，并且其父母对于来访者异常宠爱，这就导致来访者滋生了丢三落四的习惯，而且父母并没有对来访者这一习惯进行及时的纠正，反而从物质方面补缺来访者丢东西后的错误，这属于溺爱。如果父母溺爱和娇惯，孩子则被养成了任性、不礼貌的习惯，这一点从来访者咨询过程中的态度就可以看出来。所以来访者父母应该对来访者丢三落四的习惯进行及时纠正，并教导来访者养成正确的金钱观和价值观。

从来访者的个人信息来看，来访者与周围朋友相处得很好，但是从来访者和男生的相处模式与对话中可以看出，咨询师认为来访者处于被动地位，并不能主动地去珍惜身边的人。

罗伯特·欧文在《性格形成学说》中提到"环境决定人的性格"，他认为，性格是在教育和环境影响下所诞生的产物。从欧文的作品中可以了解到，他所指的"性格"从一定角度而言就是一种习惯，他将这种习惯分为两类：一类是"最坏、最愚昧的"低劣习惯，另一类是"最好的、最有教养"的品行端正。而对于这个低劣习惯，欧文总结说，过错显然不在于个人，而在于培养个人的制度有缺点。所以，在这个案例中，咨询师认为来访者丢三落四习惯的养成与她的家庭环境和教育有很大的关系，来访者的父母在来访者的生活中只是尽到了一个做父母的责任，但是并没有很好地指导来访者树立正确的金钱观和价值观，并且她的父母在与她沟通的过程中没有给她树立一个很好的榜样，钱丢了就丢了，再打钱就是了，这就让她觉得钱丢了并不是一件很可惜的事，并没有将自己丢的东西看得很重要，只是把所有的情绪都放在"偷东西"这一可恶行为上面。因此，我们更应该重视家庭环境和家庭教育对孩子的影响，从家庭和周围环境方面来正确指引孩子养成良好的生活习惯。

在本案例中，咨询师曾问来访者是否害怕没有钱的生活，来访者表示，自己从来不缺钱。所以来访者要想从根本上解决自己丢三落四的习惯，首先要学会珍惜自己身边的东西，将它们看作自己生活中的一部分，学会去抵制自己丢东西的习惯，认真记好自己周围的事物。

在咨询过程中，咨询师明显感觉到由于来访者的不尊重态度，产生了少许的抵抗心理。从这一个案中我们可以在咨询过程中思考一下来访者与咨询师的匹配度问题。在乔尔·布拉克《谁偷了你的信任与自信》中，有一个供来访者使用的心理咨询师评估量表，通过17个问题来反映来访者对咨询师的评价，在这个量表中，可以看出来访者咨询过后对于咨询师的认可度和信任度。但是笔者认为，咨询师与来访者匹配度的高低，不应仅仅只从咨询师的角度出发，来访者来咨询时，是否可以相信咨询师，并坦诚地将自己心中的疑惑和不满发泄出来，这对于咨询师的工作也有很大的帮助。对于来访者和咨询师，我认为两者应该建立一种相互信任的关系，咨询师应该给予来访者勇气，让来访者更好地信任咨询师，而来访者应该信任咨询师，让咨询师更好地投入咨询状态。

### 五、咨询中的重要概念阐释

1. 来访者性格形成分析中的主要理论基础——生态系统理论

生态系统理论（ecological systems theory）是由布朗芬布伦纳提出的个体发展模型，强调发展个体嵌套于相互影响的一系列环境系统之中，在这些系统中系统与个体相互作用并影响着个体发展。这些系统分为4个层次，由小到大分别是微系统、中系统、外系统和宏系统。这4个层次是以行为系统，对儿童发展的影响直接程度分界的，从微系统到宏系统，对儿童的影响也从直接到间接。

环境层次的最里层（第一个）是微系统，是指个体活动和交往的直接环境，这个环境是不断变化和发展的。对大多数婴儿来说，微系统仅限于家庭。随着婴儿的不断成长，活动范围不断扩展，幼儿园、学校和同伴关系不断纳入婴幼儿的微系统中来。对学生来说，学校是除家庭以外对其影响最大的微系统。

第二个环境层次是中系统，是指各微系统之间的联系或相互关系。布朗芬布伦纳认为，如果微系统之间有较强的积极的联系，发展可能实现最优化。相反，微系统间的非积极的联系会产生消极的后果。如果在家庭中儿童处于被溺爱的地位，在玩具和食物的分配上总是优先，那么一旦在学校中享受不到这种待遇则会产生极大的不平衡，就不容易与同学建立和谐、亲密的友谊关系，还会影响到教师对其指导教育的方式。

第三个环境层次是外系统，是指那些儿童并未直接参与但却对他们的发展产生影响的系统。例如，父母的工作环境就是外系统影响因素，儿童在家庭的情感关系可能会受到父母是否喜欢其工作的影响。

第四个环境系统是宏系统，是指存在于以上三个系统中的文化、亚文化和社会环境。宏系统实际上是一个广阔的意识形态，它规定如何对待儿童、教给儿童什么以及儿童应该努力的目标。在不同文化中这些观念是不同的，但是这些观念存在于微系统、中系统和外系统中，直接或间接地影响儿童知识经验的获得。

该案例中来访者面临的问题与其家庭微系统有很大的关系，咨询过程也必将成为其自我成长的一个契机，促进人格的发展。

2. 来访者咨询过程中的主要核心技术概念解析

行为主义的心理咨询是以学习理论和行为疗法理论为依据的心理咨询，认为人的问题行为、症状是由错误认知与学习导致的,主张将心理治疗或心理咨询的着眼点放在来访者当前的行为问题上,注重当前某一特殊行为问题的学习和解决,以促使问题行为的变化、消失或新的行为的获得。行为主义的创始人是华生。但对心理治疗产生较大影响的却是巴甫洛夫的经典条件反射理论、斯金纳的操作性条件反射原理和班杜拉的社会学习理论。

行为主义疗法的核心目标在于消除来访者适应不良的行为方式,代之以更具有建设性的行为方式。也就是说我们需要找出导致来访者行为问题的思维方式,教以新的思维方法,从而改变他们原来的行为方式。

常见的行为主义疗法的技术有系统脱敏疗法、暴露疗法、放松训练、强化、示范、专注于接纳技术等。

行为主义疗法可以明确确定来访者的主要问题以及咨询过程,咨询目标易于管理并且可以作为治疗的焦点。

# 第六章 直面挫折

【课前思考】

(1) 在你的人生道路上，至今为止你所经历的最大挫折是什么？
(2) 你是怎样应对挫折的？
(3) 与挫折相较量的过程中你悟出了什么？
(4) 在以后的人生之旅，你将如何提高自己的挫折承受力？

第六章
学习资源

## 第一节 挫折溯源

> 在人成其为人的道路上，你若不懂得某个道理，生活就会安排一次挫折，让你学习；如果这一次你没能明白，它就再安排一次挫折，直到你明白为止。
> ——黑格尔

### 一、挫折的含义

心理学意义上的挫折，是指个体在某种动机的驱动下，在实现目标的活动过程中，遇到了无法克服或自以为无法克服的障碍和干扰，使其需要不能获得满足或目标不能实现时，所产生的紧张状态和焦虑等消极情绪反应的心理现象。

一是挫折情境，指对人们有动机、有目的的活动造成的内外障碍或干扰的情境状态或条件，构成刺激情境的可能是人或物，也可能是各种自然、社会环境。挫折情境可以是实际存在的，也可以是当事人想象中存在的，如考试不及格、人际关系冲突、恋爱失败、求职不成等。

二是挫折认知，指对挫折情境的知觉、认识和评价。挫折认知既可以是对实际遇到的挫折情境的认知，也可以是对想象中可能出现的挫折情境的认知。

三是挫折反应，指个体在挫折情境下所产生的烦恼、困惑、焦虑、愤怒等负面情绪，或者是侵犯、攻击等行为。

一般来说，挫折情境越严重，挫折反应就越强烈；反之，挫折反应就轻微。但是，只有当挫折情境被主体感知时，才会在个体心理上产生挫折反应。如果出现了挫折情境，而个体没有意识到，或者虽然意识到了但并不认为很严重，那么也不会产生挫败感。因此，挫折认知是产生挫折的核心因素，挫折反应的性质及程度，主要取决于挫折认知。例如，同样是考试不及格，有的学生懊悔不已，有的学生则不以为然，这就是因为他们对考试不及格这一挫折情境的认知不同。

## 二、挫折的性质

### 1. 挫折的必然性

个人的存在决定了自身需求的产生，不论是吃喝行住等的基本需求，也不论是追求交往、成就的社会需求，一旦需求得不到满足就会产生挫折。因此，只要个体存在，就会有需求，就会有挫折。挫折是人一生的伙伴，是社会生活的组成部分，挫折的产生是必然的。

### 2. 挫折的普遍性

对于每个人来说，困境是不同的，每个人都会遇到困难和挫折。

### 3. 挫折的多样性

人们随时随地都可能遇到生活、工作、学习、人际等各方面的挫折，不同年龄段和不同类型的人群面对不同的挫折。大学生自迈入大学校门，带着各自的梦想就要学会独立生活、学习和解决问题，在成长和成熟的过程中会遇到关系人生发展的比较多和比较大的挫折，例如自我认识的挫折、恋爱交往的挫折、专业学习的挫折、求职就业的挫折等。

【林肯的挫折坐标图】

美国总统林肯多次经历挫折，但他总是不屈不挠、不懈努力。让我们看看他的挫折记录。

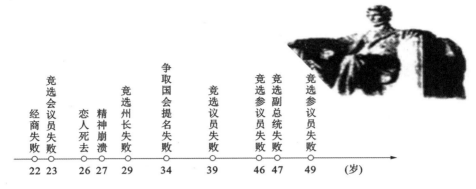

思考：看完此图你有何感想，得出了什么结论？

### （四）挫折的两面性

根据唯物辩证主义的观点，任何事物都有两面性，挫折亦是如此。一方面，挫折具有消极性，使人痛苦、失望、沮丧、有挫败感，或引起粗暴的消极对抗行为，或失去对生活的追求，甚至导致攻击侵犯行为，给自己和他人造成严重损失；另一方面，挫折又具有积极性，给人以教益，使人认识错误，接受教训，磨炼意志，使人更加成熟、坚强、在逆境中奋起，从而获得进一步的发展。

挫折的积极性和消极性是相对的，是可以转化的。挫折的转化是指当人们遇到挫折时能积极面对，将挫折带来的压力变为动力，以坚强的意志和顽强的毅力继续奋斗，或重新调整目标，从而获得新的满足的心理过程和实践过程，即减少挫折的消极因素，积极主动寻找挫折积极的一面。

## 第二节 大学生常见挫折

> 挫折和不幸，是天才的进身之阶，信徒的洗礼之水，能人的无价之宝，弱者的无底深渊。
> ——巴尔扎克

### 一、挫折的一般分类

人世间的挫折有无数种，如无法拥有自己所爱、失去原来拥有的东西、需求和目标相差甚远等。挫折可从不同的角度进行分类，如按挫折的程度可将其分为一般性挫折和严重性挫折，按挫折的现实性可将其分为实质性挫折和想象性挫折，按挫折的原因可将其分为外部挫折和内部挫折等。但通常情况下，我们把挫折分为缺乏性挫折、损失性挫折、阻碍性挫折。

（1）缺乏性挫折主要是指人们无法拥有自己认为非常重要的东西时所产生的心理挫折。由缺乏物资、能力、经验、感情及生理条件等所造成的挫折都属于缺乏性挫折，如由于缺乏基本的生活费用而为衣食发愁，由于缺乏知心朋友而感到孤独，由于色盲而不能就读自己喜爱的美术专业等。

（2）损失性挫折主要是指失去了原来拥有的重要东西而引起的心理挫折。由名誉、地位、财产等丧失及家庭解体、亲人亡故、恋人分手等所导致的挫折都属于损失性挫折。如有的同学在中学时是出类拔萃的"尖子生"，但进入大学以后，人才荟萃，强手如林，失去学业上的优势，从原来中学里的"尖子生"变成了现在的"一般生"，内心非常失落，这就是损失性挫折。

（3）阻碍性挫折主要是指那些在需要和目标之间出现阻碍所导致的挫折。由自然的障碍、人为的障碍、客观的障碍、想象的障碍所造成的挫折都属于阻碍性挫折。如想念亲人，但因路途遥远而不能相见；明明达到了本科录取分数线，却因为志愿书填报不合理而被专科学校录取等。

## 二、大学生常见的挫折

大学生怀揣着对大学生活、未来、爱情等的美好梦想，为此付出努力、积极进取。可在充分感受到"理想很丰满，现实很骨感"的实际后，就容易产生挫折感。总结大学生挫折表现，大抵分为以下几种。

### 1. 所在学校的生活、学习环境不理想

想必同学们都有这样的体验，在课业繁重的高中三年，闲暇时总会幻想以后的大学生活应该是什么样子的：大学里应该有学富五车的老教授、现代化的教学楼、书香扑鼻的图书馆、无忧无虑的男女青年……想象中美好的大学生活有时也成了同学平时学习的一个动力。可是来到大学后，发现大学生活和想象中的并不一样，也是有繁重的作业任务和实践活动，每天也要泡在自习室……

### 2. 对自己所学的专业不满意

由于在填报志愿时对所报考的专业了解不够深入，或者是专业服从调剂，或是填报错误而导致在进入专业学习后才发现所学的科目根本不是自己喜欢的学科，甚

至是自己的劣势学科。由此引发挫折感，并有可能导致严重的厌学情绪。

### 3. 大学中比比皆是的优秀人才的竞争使自己没有了高中时的优越感

许多同学在进入大学以前都是班级甚至学校的"尖子生"，在各个方面都很引人注目，能够享受很多优待。历经千辛万苦进入大学以后，就会发现这里的每一位同学都是曾经的"尖子生"，每一个同学都是那么优秀，相比之下，自惭形秽，觉得自己的优势发挥不出来，从而造成心理上的挫折感和压抑。

### 4. 竞选学生干部失败

新生入学，各个学生社团纷纷招新，好不热闹。刚刚从紧张的高中生活里走出来的新生面对各个社团都跃跃欲试。另外，同学们都想在大学里更好地锻炼能力，服务大家，因此都纷纷报名参加班级、学院的学生干部的竞选。有的同学在各种面试、竞选中成功当选，而有的同学没有掌握合适的方法表现自己，因此屡屡落败，尤其是在那些取得成功的同学面前更会产生严重的挫折感。

### 5. 不适应宿舍的集体生活

进入大学的宿舍生活对于很多同学来说是第一次离开父母，独立生活。在宿舍里集体生活，不但要学会自己照顾自己，而且还要学会与室友相处。有的学生不是不会交往，而是在交往的方式、态度和尺度上把握不好，故对他人造成较大的伤害；或较关注自己，不顾别人的感受，甚至以伤害别人抬高自己为乐趣；或缺乏应有的道德修养，不尊重别人，较为霸道，自我定位偏高，易引起他人反感。

### 6. 追求异性遭到拒绝或发生冲突

在大学这样一个相对宽松的环境，十八岁左右的花样年华，对异性心生爱慕也在情理之中。很多学生在追求异性的时候可能会因为各种原因遭到追求对象的拒绝，抑或学生情侣间出现吵闹、分手等问题。

### 7. 打扮、见识、娱乐方式老土，遭到同学耻笑

大学是一个大家庭，汇集了来自五湖四海的同学。由于所处的环境不同，刚入学时同学之间的差异还是存在的，特别是在价值观、审美观等方面会有很大的不同。一些来自偏远农村、乡镇的同学由于打扮不入时，思想观念老旧，也许会遭到来自城市同学的嘲笑从而产生挫折感，或是农村同学在面对大城市以及学校各种新鲜事物时无所适从，难以适应大城市的生活方式和节奏，从而产生源自内心的挫折感。这就导致有的学生自我封闭，表现为不愿意与他人交往，喜欢独来独往，不合群，以

此种方式来保护自己。殊不知,正是这种"自我保护机制"使自己偏离了学习、进步的轨道。而有的学生自我否定,表现得比较自卑,感到自己在学习、社交、社会工作、经济、家庭乃至相貌等方面都不如人,有强烈的失落感,甚至缺乏乃至丧失自信心和进取精神。

据调查,我国高校在校生中约有25%是贫困生,而其中5%~10%是特困生。来自物质的压力和深深的自卑感,使一部分低收入或贫困家庭的大学生总是低估自己,不能很好地完成本来可能完成的学习和工作任务。他们过分保护自己,变得敏感多疑,自尊心极易受到伤害,在内心产生消极的、敌对的情绪,有的学生甚至发展成自闭症或抑郁症,而不得不退学。

其实,不要耻于自己的贫穷,一时的富有只是父母带来的,并不能代表一世的富有,而只有知识才是永恒的。大学生应该利用大学的宝贵资源尽可能多地学习知识,培养自己各方面的能力,努力用自己的大脑和双手去改变命运,学会微笑、乐观、自信地面对每一天的生活,面对每一个人。物质上的富足并不能带来实质上的幸福,而精神上的富足则是一切幸福的根本源泉。将差距变为自己进步的动力,不要怕和同学接触,在接触中不断学习,正因为有差距,所以你才有更大的进步空间。

## 第三节 挫折的形成与应对

> 失败是坚忍的最后考验。
> ——俾斯麦

### 一、挫折的产生原因

形成挫折的原因是多种多样的,但归根结底分为客观因素(自然因素和社会因素)和主观因素(生理因素和心理因素)。

**(一)挫折的客观因素**

1. 自然因素

自然因素是指非人力所能及的一切客观因素,如台风地震、海啸、酷热、洪水、疾病、意外事故等。这类自然因素往往是人力无法避免的。对于大学生来说,突如其来的自然灾害、疾病都会给他们的生活带来巨大的影响，产生挫折感。例如，一名一年级的大学生准备利用暑假外出旅游，放松心情，欣赏一下美景，结果因突然生病而未能如愿。

### 2. 社会因素

社会因素指社会生活中人为因素的限制。这类因素比较普遍，也比较复杂。这类因素包括政治、经济、文化、道德、宗教、法律、风俗习惯等因素的影响，如生活中遭到不公正的待遇，经济上不能满足生活的需要，给人们一些不方便，道德上受到别人的批评或指责等，都有可能导致人们产生挫折感。这类因素也包括社会舆论、传统观念给人带来的压力，如在"当先进是为了出头"这种舆论不正的组织环境中，先进人物所受到的精神压力，"父母在，不远游"思想对年轻人外出开拓的束缚，皆属此例。社会因素还包括人际关系不良带给人们的影响，如周围的人缺乏信任、友好合作的气氛，别人的蔑视、诽谤、猜疑和嫉妒以及管理方法、教育方法不当等，都会让人产生挫折感。社会性挫折几乎是无时无地不存在，影响也比较深远。

## （二）挫折的主观因素

### 1. 生理因素

生理因素是指个体与生俱来的身体、容貌、健康状况等先天素质。例如，很多大学生对自己的相貌、身高、肤色等不满意，觉得比其他人低一等；有的学生为因身高问题而难以成为优秀篮球运动员而苦恼；在人际交往等社会活动中，有的学生可能觉得自己其貌不扬，无法在社交场合中以潇洒的谈吐、风度展示自己的才能，甚至正常交友也受到影响，因而甚感沮丧等。

### 2. 心理因素

引起大学生挫折的原因，美国心理学家索里在《教育心理学》一书中将其归纳为三类。

（1）由延迟引起的挫折。大学生处在人生的需求高峰期，无论是物质需求还是精神需求，都比其他任何年龄段的人更为旺盛。然而，现实生活中，大学生并不具备充分满足自身需求的条件，他们的需求和满足成了一对尖锐的矛盾。大学生的需求，早该来的还没来，早该有的还没有，从而产生挫折感。

（2）由阻挠引起的挫折。阻挠挫折是导致大学生挫折感的最主要原因。它包括由个体特征引起的阻挠和外界引起的阻挠，个体特征引起的阻挠是指大学生因为自身容貌、身材、体质、知识、能力、性格等方面的局限，造成的"理想我"和"现实我"的冲突。除了个体特征外,外界因素引起的阻挠则更多,比如,高校规章制度的要求使一些大学生感到被压抑和约束;几人一室的集体宿舍使一些想住得宽敞、我行我素的人感到不舒适;"三点一线"的生活让一些同学觉得枯燥乏味;文体设施缺乏会使一些文体爱好者难以发展兴趣等。

(3) 由动机冲突引起的挫折。当若干个动机同时存在而难以取舍时,就会形成动机冲突。动机冲突的基本形式有以下四种。

① 双趋冲突。两个目标都符合需要,并且有相同强度的动机,但只能选择其一时,就出现了难以取舍的冲突。如常说的"鱼和熊掌不可兼得"。

② 双避冲突。两个目标都不好,都不想要,但非得要一个,"两害相较取其轻""二者必居其一"。比如古语云"前有狼,后有虎"。

③ 趋避冲突。指某一目标既有利又有害,吸引力与排斥力共存。例如,有些学生想参加演讲比赛,但又怕失败,有损自尊心,等等。

④ 双重趋避冲突。即两个目标各有所长、各有所短,无法选择。例如,开学之初,一个大学生想选修一些有吸引力的课程,但又害怕考试失败;想参加校足球队为学校争光,但又害怕耽误时间太多;想参加学校的公共协会学习公共关系学问,但又怕不能被接受而面子上不好看。

## (三) 大学生受挫的心理因素

随着社会的发展,大学生面临的选择冲突也会增加,因而学会如何选择、把握机会,已成为大学生心理素质的重要组成部分。如果将以上三类挫折具体化,引起大学生挫折的心理因素可能有如下原因。

### 1. 自我期望值

对任何事物的自我期望与现实都可能有一定的差距,如果不从实际出发,只考虑主观愿望,就可能产生挫折感。自我期望值可以表现为以下三种。

(1) 期望值绝对化。自己只能成功,不能失败。有的大学生将生活中的不快乐、学业中的失利、失恋等都看作不应当发生的,认为大学生活应当是圆满而理想的,因而缺乏足够的心理准备。当遭遇失败与挫折时,变得束手无策,痛苦不堪。

(2) 过分概况化。表现为以偏概全,"只见树木,不见森林",即使是喜忧参半的事情,看到的也只是消极的一面。如一次评优失利就认为整个评优体系有问题,从而只看到消极的一面,看不到积极的一面。

(3) 无限夸大后果。有些人遇到一些小挫折,却把后果想象得非常糟糕、可怕。夸大后果的结果是越想情绪就越消沉,最后难以自拔。如一次考试失利,就对自己全面否定,否定自己的学习能力,然后无限延伸,学业不佳就不能继续求学,不能继续求学深造就不能有好的工作，没有好的工作就没有好的前途等。

2. 个人抱负水平

一个人是否体验到挫折与他自己对成功所定的标准有密切关系。抱负水平是人在从事某种实际活动之前，对自己所要达到的目标规定的标准。规定的标准高，即抱负水平高；规定的标准低，即抱负水平低。目标或抱负水平是最为重要的动机因素之一，如果说一个人的价值观决定其行为的方向，那么，抱负水平则决定其行为达到的程度。心理学家曾做过一个有趣的投环实验：投掷距离由被试自己确定，距离越远，投中的得分越高。实验结果表明，凡是抱负水平高的人，都选择中等距离投掷，与自己实际水平相符，而抱负水平低者则多选择很近或很远的距离投掷，即他们或者要求很低，或者孤注一掷、盲目冒险。由此可见，真正具有抱负水平的人，他自己定的目标总是适度的，既不是唾手可得，也不是难于上青天，而是"跳一跳，可摘桃"。

适度的目标才有最强烈的激励作用。假如一个人的抱负水平很低，他固然容易达到目标，但是那种成就并不能给他带来真正的满足，对于增强其自信心、提高其自尊心几乎没有什么影响，而且其潜能实际上处于被埋没状态而没有充分发挥出来，这样就会产生由空虚、苦闷、不满足感所造成的挫折感；反之，如果抱负水平过高，超过自己的能力，他虽然会全力以赴，但仍然力不从心，达不到自己希望的目标，就会由此产生失败感，挫败自己的自信心和自尊心。一般来说，抱负水平高的人比抱负水平低的人更容易产生挫败感。

3. 个人容忍力

个人容忍力是指人们遇到挫折时的适应能力。个人容忍力不同，人们对挫折感受的程度也不同。有的人能忍受巨大的挫折而毫不灰心丧气；有的人遇到轻微的挫折就会意志消沉；有的人能够忍受别人的侮辱，但面对环境的障碍却会焦虑不安、灰心丧气。心理学研究证明：人对挫折的容忍力受到生理条件、健康状况、人格特点、过去挫折的社会经历、个体对挫折的主观判断、对挫折的思想准备等因素的影响。

**心灵交流**

你在日常生活中遇到过哪些挫折，当时你是如何应对的？形容一下你当时的心情。也可以讲讲你的朋友或者你听说过的事情。

## 二、挫折应对

当一个人遇到挫折时，会有意或无意地寻求摆脱由挫折产生的消极情绪，减轻心理压力和痛苦。这种自觉或不自觉地要消除或减轻这种状态的倾向，是一种出于本能的自我保护机制，被称为心理防御机制。心理防御机制是一种自发的心理调节机制，具有两面性：一方面可以起到使人适应挫折、减轻精神痛苦、促进发展的作用；另一方面也会导致人逃避现实，降低对生活的适应能力，从而导致更大的挫折，甚至产生心理疾病。常见的心理防御机制有以下几种。

1. 压抑

压抑是指人们在受到挫折后，把意识所不能接受的、使人感到困扰或痛苦的思想、欲望或体验压抑到潜意识中，不再想起，不去回忆，主动遗忘，以保持内心的安宁，使自己避免痛苦。例如"我真希望没这回事""我不要再想它了"。但是这些被压抑的痛苦经历并没有消失，它们在日常生活中会不自觉地影响人们的心理和行为，并且一旦出现相近的情境，被压抑的东西就会冒出来，对个体造成更大的威胁和危害。例如，某大学生因一念之差偷了同学的钱，事后他羞愧难当，内疚不已，可他又没有勇气向同学认错。过了一段时间，他似乎把这件不光彩的事忘了，内心恢复了平静。实际上这并不是真正的遗忘，而是压抑起了作用。以后每遇到同学丢东西，他就怕被怀疑，甚至在同学面前词不达意，举止失常，以至于发展到怕见同学，怕见任何人，把自己封闭起来。

2. 隔离

所谓隔离，是把部分的事实从意识境界中加以隔离，不让自己意识到，以免引起精神上的不愉快。最常被隔离的是与事实相关的个人感觉部分，因为此种感觉易引起焦虑与不安。如人死了，不说"死掉"而用"归天""仙逝""长眠"等，个体在感觉上就不会因"死"而悲伤或有不祥的感觉。又如，谈恋爱的男女，为减少肉麻的感觉，不说"我爱你"，而改用"I love you"代替。另外，有人把"厕所"说成"上一号""蹲点"等，也是一种隔离。

3. 文饰

当个体的动机未能实现或行为表现不符合社会规范时，为减轻因动机冲突或失败挫折所产生的紧张和焦虑，或者为了维护个人自尊，总会对自己的所作所为给以开脱，自圆其说，称为合理化。例如，有的同学当不上学生干部，安慰自己："当干部耽误学习,没啥意思。"文饰可分为"酸葡萄"心理、"甜柠檬"心理和推诿三种形式。

(1)"酸葡萄"心理是指认为自己得不到的或没有的东西就不是好的,是不值得关注和争取的,以冲淡内心欲望和不安。

(2)"甜柠檬"心理即百般强调凡是自己所做成或所拥有的东西都是好的。

(3)推诿即找借口,是指将个人的缺点或失败,都归因于其他理由,或找人承担其过错,以保持个人内心的平衡。

4. 否认

否认不是把痛苦的事件有目的地忘掉,而是把已发生的不愉快事件加以"否认",认为它根本没有发生过,以逃避心理上的刺激和痛苦,来获得心理上暂时的安慰。例如小孩子闯了祸,用双手把眼睛蒙起来。

5. 转移(移情)

指个体对某个对象的情感、欲望或态度,因某种原因无法向其对象直接表现,而把它转移到一个比较安全、能为大家所接受的对象身上,以减轻自己心理上的焦虑。

6. 投射

指把自己所不喜欢或不能接受的性格、态度、动机或欲望,转移到外部世界或他人身上。例如,以小人之心度君子之腹。

7. 退行

一个人在受到挫折后,采取倒退到童年或低于现实水平的行为来获得别人的同情和关怀,从而避免紧张和焦虑。例如心理脆弱的女大学生用奶瓶喝水(被称为"奶嘴一族"),以获得别人的怜悯和保护。再如,已养成良好生活习惯的儿童,因母亲生了弟弟或妹妹,而表现出尿床、吸吮拇指、好哭、极端依赖等婴幼儿时期的行为。

8. 升华

一个人在受到挫折后,将自己不为社会所认同的动机或欲望转变为符合社会要求的动机或欲望,或将自己的情感和精力转移到有益的活动中去,使低层次的需要和行为上升到高层次的需要和行为,从而将不良情绪和不为社会所允许的动机导向比较崇高的方面,以保持情绪稳定和心理平衡。升华的作用不仅可以使原来的动机

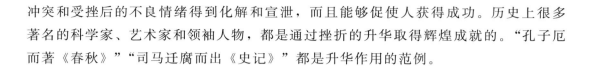

冲突和受挫后的不良情绪得到化解和宣泄，而且能够促使人获得成功。历史上很多著名的科学家、艺术家和领袖人物，都是通过挫折的升华取得辉煌成就的。"孔子厄而著《春秋》""司马迁腐而出《史记》"都是升华作用的范例。

### 9. 抵消

用象征式的事情和行动来尝试抵消已经发生的不愉快事件，以减轻心理上的焦虑。例如一位工作繁忙无暇陪孩子的父亲，用为孩子提供最好的物质生活来消除心中的愧疚感，并且以这个行动来证明他是关爱孩子的；新年时节，打破东西说"岁岁平安"等。

### 10. 幽默

个体在遇到挫折、处境困难或尴尬时，可用幽默来化解困境、维持自己心理平衡。据说大哲学家苏格拉底有位脾气暴躁的夫人。有一天，当他在跟一群学生讨论学术问题时，夫人突然跑进来，先是大骂，接着又往他身上浇了一桶水，把他全身都淋湿了。可是，苏格拉底只是一笑说："我早知道，打雷之后，一定会下雨。"本来是很难为情的场面，经此幽默，也就把困难化解了。

### 11. 反向

为了防止自认为不好的动机外露，采取与动机方向相反的行为表现出来。例如"此地无银三百两""掩耳盗铃"。

### 12. 补偿

人们在实现目标过程中受到挫折，或由于自身的某种缺陷而达不到既定目标时，以其他可能达到成功的活动或自己的特长来代替，通过新的满足来弥补原有欲望得不到满足和目标达不到所带来的痛苦。例如，有些学生学习成绩不太好，但社会活动能力很强，同样得到一种心理上的平衡和满足感。

但遇到挫折时，也会存在过度补偿的现象。例如一个自惭形秽的人一反常态，变得好斗，富于攻击性，自高自大，"你看不起我，我还不愿理你呢"。过分的补偿会带导致心理的失常。

### 13. 幻想

当一个人的动机或欲望受到阻碍、无法实现时，以想象的方式使自己从现实中脱离出来，在空想中获得内心动机或欲望的满足。例如，某学生因学习上屡遭失败，有可能在幻想中构建出一种学业成功、事业亨通、备受人们赞誉的愉悦美妙情境，从幻想中得到现实中得不到的满足。幻想偶尔为之，并非失常，如果一味耽于幻想、脱离现实就可能成为病态，即"白日梦"。

### 14. 移位

将在一种情境下危险的情感和行为，不自觉地转移到另一种较为安全的情境下释放出来。例如在工作中受到领导的批评，心中恼怒又不敢对领导发作出来，于是回到家就冲着孩子发火。

### 15. 逃避

逃避是个体不敢面对自己所预感的挫折情境，而逃避到比较安全的环境中去的行为。这是一种非建设性的、于事无补的应对行为。逃避的方向因人而异，有的人表现为从挫折情境逃向另外一个现实，如沉迷吸烟、酗酒之中；有的人则逃向幻想世界，以自己想象的虚幻的情境来应对挫折，借以脱离现实；还有的人逃向躯体疾病，这是个体为了避免困难而出现的生理障碍，如在紧张复习迎接重大考试时，有的学生就会出现某种生理反应，如发热、胃痛、心律异常等现象。

### 16. 认同

认同是指一个人在遇挫而痛苦时效仿他人获得成功的经验和方法，使自己的思想、信仰、目标和言行更适应环境的要求，从而在主观上增强自己获得成功的信念。一些大学生常把名人作为自己的认同对象，在遭受挫折时，常拿名人来鼓励自己，从而能奋发进取。例如，一位物理系学生留了胡子，因为他仰慕的物理学家就是一个"大胡子"。再比如我们熟知的"狐假虎威""东施效颦"的故事，都是认同的体现。

以上心理防御机制中的认同、升华、补偿、幽默、抵消是积极的心理防御机制，可以帮助大学生缓解受挫后的心理压力，调整好心理和能力状态，赢得战胜挫折的时机。文饰、反向、压抑、投射、幻想、退行、否认、移位是消极的心理防御机制，不仅减轻不了紧张和焦虑的程度，反而可能破坏心理活动的平衡，妨碍个人的社会适应，甚至还可能造成心理异常和行为偏差。

**案例思考**

晓琳，女，大一新生。和其他大学生一样，晓琳对大学有着美好的规划和想象，她怀揣梦想，想在大学里一展才能，所以刚入学不久，晓琳就踊跃报名参加学生会和各种社团的招募纳新，踌躇满志、斗志昂扬地去面试。可是在面试中屡屡落败，晓琳感觉自己从来没有这么失败过，觉得每个人都是那么优秀，尤其是在那些成功面试的同学面前，更有强烈的挫折感。之后心情很不好，学习、做事没有自信，也不想、不敢去尝试，觉得自己一无是处，各方面都不如别人，什么事情都做不好，一想到自己连学生会的面试都成功不了，以后找工作怎么办，肯定找不到工作……

思考：
1. 晓琳遇到的挫折是什么？她遇到挫折后的反应如何？
2. 你认为晓琳在应对挫折过程中存在哪些问题？
3. 假如你是晓琳，你将如何应对上面的挫折？

**心灵启示**：很多时候学会失败才能获得成功，只要我们以平常心面对，总有一天会和成功握手。其实人生最大的失败不是失败本身，而是在失败面前低头。不要将受挫后的消极情绪连累到对自己其他方面的认识，实际上在其他方面你还不错。

## 第四节 善待挫折

> 我们关心的，不是你是否失败了，而是你对失败能否无怨。
> ——林肯

### 一、挫折心理测试

**挫折心理小测试**

请根据自己的情况对下面描述做出选择，符合自己的选"是"，与自己不吻合的选"否"。

1. 胜利就是一切。　　　　　　　　　　　　　　　　　　　是　否
2. 我基本上算是一个幸运儿。　　　　　　　　　　　　　　是　否
3. 白天工作不顺利，会影响我整个晚上的心情。　　　　　　是　否
4. 一个连续两年都排名最后的球队，应该退出比赛。　　　　是　否
5. 我喜欢雨天，因为雨后空气清新。　　　　　　　　　　　是　否
6. 如果某人擅自动我的东西，我会很生气。　　　　　　　　是　否
7. 汽车经过时溅了我一身水，我生气一会儿就算了。　　　　是　否

8. 只要我继续努力，我就会得到回报。　　　　　　　　　　是　　否
9. 如果有流感，我常常会被感染。　　　　　　　　　　　　是　　否
10. 如果不是因为几次霉运，我一定比现在好得多。　　　　　是　　否
11. 失败并不可耻。　　　　　　　　　　　　　　　　　　　是　　否
12. 我是很有自信的人。　　　　　　　　　　　　　　　　　是　　否
13. 落在最后，常叫人提不起劲头。　　　　　　　　　　　　是　　否
14. 我喜欢冒险。　　　　　　　　　　　　　　　　　　　　是　　否
15. 假期过后，我常常不能马上进入学习或工作状态。　　　　是　　否
16. 遭遇到的每一次否定都会使我更接近肯定。　　　　　　　是　　否
17. 我想我一定受不了被解雇的羞辱。　　　　　　　　　　　是　　否
18. 如果向我所爱的人求婚被拒绝，我一定会崩溃。　　　　　是　　否
19. 过去的错误，我总是难以忘怀。　　　　　　　　　　　　是　　否
20. 在我的生活中，常常有些令人沮丧气馁的日子。　　　　　是　　否
21. 负债累累，让我心焦。　　　　　　　　　　　　　　　　是　　否
22. 我觉得要建立新的人际关系非常容易。　　　　　　　　　是　　否
23. 我星期一很难专心工作。　　　　　　　　　　　　　　　是　　否
24. 在我的生命中已经有过失败的教训。　　　　　　　　　　是　　否
25. 我对别人的轻视很敏感。　　　　　　　　　　　　　　　是　　否
26. 如果应聘失败，我会继续尝试。　　　　　　　　　　　　是　　否
27. 丢了东西，我会一个星期不安。　　　　　　　　　　　　是　　否
28. 我已经达到能够不再介意大多数事情的境界。　　　　　　是　　否
29. 想到可能没按时完成某项重要的任务，会让我寝食难安。　是　　否
30. 我很少为昨天发生的事情而烦恼。　　　　　　　　　　　是　　否
31. 我很少心灰意冷。　　　　　　　　　　　　　　　　　　是　　否
32. 必须要有50%以上的把握，我才会去做某件事情。　　　　是　　否
33. 命运对我不公平。　　　　　　　　　　　　　　　　　　是　　否
34. 我对他人的恨意会持续很久。　　　　　　　　　　　　　是　　否
35. 聪明的人知道什么时候该放弃。　　　　　　　　　　　　是　　否
36. 偶尔做个失败者，我也能接受。　　　　　　　　　　　　是　　否
37. 新闻报道中的大灾难会让我心神不宁。　　　　　　　　　是　　否
38. 任何否定和阻碍，都会让我生出报复之心。　　　　　　　是　　否

**评定方法**：凡是奇数项题目（1，3，5…）选"是"计0分，选"否"计1分；偶数项题目（2，4，6…）选"是"计1分，选"否"计0分。得

分越高，表示应对挫折压力的能力越强。分数在 0~18 分，说明你需要好好地加强自己的耐挫能力；得分在 19~29 分，说明你已经具备了一定的挫折承受力，但尚不足以应对大的挫折打击，所以还要加油；得分超过 30 分，说明你已经对挫折做好了心理准备，那还等什么呢，赶快行动吧，去迎接生活的挑战。

## 二、挫折的理智性反应

理智性反应是指大学生在受到挫折后，采取积极进取的态度，在理智的控制下所做出的反应。理智性反应是面对挫折的积极反应方式，主要表现在以下几个方面。

### （一）人生就是勇敢地面对挫折，转一个方向另求发展

思考：面对挫折，除了迎头而上，我们还可以怎么做呢？

#### G 大调的由来

有一个小提琴家，在演奏会上认真地拉提琴。他拉着拉着，G 弦忽然断了，怎么办呢，台下的观众都在看着呢，怎么办？他没有停下来，立刻换了一首曲子。

这首曲子从头到尾可以不用 G 弦，他冷静地拉着，演奏非常成功，观众给他热烈的掌声。

#### 造纸工人与吸水纸

在德国，有一个造纸工人生产纸时，不小心弄错了配方，生产出了一批不能书写的废纸。因此他被老板解雇。

正当他灰心丧气、愁眉不展时，他的一位朋友劝他："任何事情都有两面性，你不妨变换一种思路看看，也许从错误中找到有用的东西来。"于是，他发现，这批纸的吸水性能相当好，可以吸干家庭器具上的水分。接着，他把纸切成小份，取名"吸水纸"，拿到市场去卖，竟然十分畅销。后来，他申请了专利，独家生产吸水纸发了大财。

### （二）挫折像弹簧，你强它就弱

思考：读故事的过程中，想一想，挫折可怕吗？为什么面对同一情形不同事物会有不同表现？

## 胡萝卜、鸡蛋和咖啡豆的启示

煮三锅开水，分别把胡萝卜、鸡蛋和咖啡豆放进锅里，同时煮15分钟；15分钟后观察三样物品的性质变化：

胡萝卜——代表原来是健康强壮的心态，面对挫折后变得软弱、自卑。

鸡蛋——代表原来是内心善良、敏感的人，可面对挫折后变得麻木、冷漠。

咖啡豆——融入了水里，代表碰到挫折时，能够坦然、宽容面对挫折，改变水的颜色，代表积极改变挫折的人。

## 三只小青蛙与牛奶桶

有个牧人将刚挤的一桶鲜奶放在墙下，墙上有三只小青蛙打闹时不小心全部掉进了奶桶里。三只小青蛙游也游不动，跳也跳不出。

第一只青蛙说："难怪早上眼皮就在跳，好端端掉进牛奶里，我的命好苦啊！"然后它就漂在奶里一动不动，等待着死亡的降临。

第二只青蛙试着挣扎了几下，感觉到一切都是徒劳，绝望地说："今天死定了，我还不如死个痛快，长痛不如短痛！"于是它一头扎进牛奶深处，自己淹死了。

第三只青蛙什么也没说，只是拼命蹬后腿。

第一只青蛙说，"算了吧，没用的，这么深的牛奶桶，再怎么蹬也跳不出去啊。"

"也许能找到什么垫脚的东西呢！"第三只青蛙说。

但是桶里只有滑滑的牛奶，根本没有什么可以支撑的东西，小青蛙一脚踏空，两脚踏空……时间一分钟一分钟过去，小青蛙几乎想放弃了，但是一种本能的求生欲望支持着它一次又一次地蹬起后腿。它感到牛奶越来越稠，越来越难以游动……

然而，慢慢地，奇迹出现了，它们下面的牛奶硬起来了——原来牛奶在它拼命搅拌下，变成了奶油块。待到第一只青蛙发现这一点，它兴奋地叫起来，这时第三只青蛙已经差不多精疲力竭。两只小青蛙还是奋力一跳，终于都跳出了奶桶。而它们的另一个同伴，却没能出来。

相信每个人一生中，都有过类似掉进奶桶的经历吧，希望是那么渺茫，甚至不想活了！有些人选择了甩手不干，一走了之，甚至一死了之；大多数人像第一只青蛙，好死不如赖活着，撑一分钟是一分钟，活一天是一天；也有少数倔强的，不相信命运，再难的险境，再无望的时刻，仍然在拼，仍然有一种信念支撑：也许能找到垫脚的东西，跳出这可怕的深桶！奇迹不会每次都出现，但是，只要还有一丝希望，就不放弃！就算看不到希望，求生的本能也会给自己带来力量。

如果不是第三只青蛙的努力，大家只有一起死，但因为它坚持了努力了，连同等死的同伴也因它获救。

如果大多数人是第一只青蛙，有什么理由不服从第三只青蛙呢？

**思考**：面对同样的境遇，为什么三只青蛙会有不用的表现和结果呢？

**心灵启示**：挫折带来的不同结果完全取决于面对挫折的不同态度。

> **思考**
>
> ○ **想想自己**
>
> 1. 受得了挫折吗？
> 2. 受得了被拒绝吗？
> 3. 受得了被误解吗？
> 4. 受得了被挑出错误吗？
> 5. 受得了失败的打击吗？
> 6. 受得了期待落空吗？
> 7. 受得了不完美的存在吗？

## （三）冷静思考，寻找出路

思考：遇到挫折时，我们坐以待毙吗？

### 毛驴和土

有一头毛驴不小心掉进了一口枯井，老农费了很大的劲也没有办法把它救上来，只好放弃。为了减轻老毛驴的痛苦，他打算用土把枯井给填了。当老农把一铲一铲的土抛入枯井的时候，老毛驴感到情况不妙，认定死期已到，于是拼命地悲叫。

不一会儿，它感到不能愚蠢地等死，还得好好想一想办法。它发现，当土落到身上时，只要自己的身子稍微抖动一下，泥土马上就落到了脚下。这样，泥土不但不是埋葬自己的可怕东西，反而是帮助自己脱离危险境地的救命土。最后，枯井填平了，老毛驴得救了。

**心灵启示**：柳暗花明，绝处逢生，当自己学习或工作不顺心，心情极度不愉快，感觉四周环境不是很和谐的时候，千万不要冲动或用盲动的思想，或用消沉的心态，去应对困境的挑战。冷静下来，路就在自己的脚下。

## （四）提升自我，实现目标

### 只要一招

有一个小男孩在一次车祸中不幸失去了左臂，但是他没有对人生失去希望，而是想通过自身的努力来实现自己的价值。

小男孩很想学柔道，他以自己的诚意感动了一位柔道大师，他悟性很高，非常刻苦，学得很不错。但是练了三个月，大师还是只教了他一招。小男孩很不理解，师傅却说："你只会一招就够了，以后你会明白这一招的厉害，但是，你必须把它练好。"小男孩心想大师的话总不会有错，于是继续认真地练下去。

几个月后，大师带他去参加比赛，没想到得了冠军。小男孩不解地问大师："怎么我只学了一招，就能够获胜？"大师回答："首先是你完全掌握了柔道中最难的一招，其次是对付这一招唯一的办法，就是对手只能去抓住你的左臂。"

**心灵启示**：一个人的劣势不能成为自己自卑的理由。在某种情况下，劣势有可能成为优势。有的时候，厄运也是一个深不可测的潜能转机。别人的冷眼，可能会深深地刺痛我们的心灵。但是不能因此颓废，相反更要激起我们的斗志。身处逆境，最关键的是自己的志气，有志气的人一定会让人刮目相看。

## （五）不经历风雨，怎能见彩虹

### 泥泞留痕

鉴真大师刚刚遁入空门时，寺里的住持让他做了谁都不愿意做的行脚僧。有一天，日已三竿了，鉴真依旧大睡不起。住持很奇怪，推开鉴真的房门，见床边堆了一大堆破破烂烂的瓦鞋。住持叫醒鉴真问："你今天不外出化缘，堆这么一堆破瓦鞋做什么？"鉴真打了个哈欠说："别人一年一双瓦鞋都穿不破，我刚剃度一年多，就穿烂了这么多的鞋子。"

住持一听就明白了，微微一笑说："昨天夜里落了一场雨，你随我到寺前的路上走走看看吧。"

寺前是一段黄土坡，由于刚下过雨，路面泥泞不堪。

住持拍着鉴真的肩膀说："你是愿意做一天和尚撞一天钟，还是想做一个能光大佛法的名僧？"

鉴真答："想做名僧。"

住持捻须一笑："你昨天是否在这条路上走过？"

鉴真说："当然。"

住持问："你能找到自己的脚印吗？"

鉴真十分不解地说："昨天这路又干又硬，哪能找到自己的脚印？"

住持又笑笑说："如果今天我们在这路上走一趟，你能找到你的脚印吗？"

鉴真说："当然能了。"

住持听了，微笑着拍拍鉴真的肩说："泥泞的路才能留下脚印，世上芸芸众生莫不如此啊。那些一生碌碌无为的人，不经历风雨，就像一双脚踩在又平又硬的大路上，什么也没有留下。"

鉴真恍然大悟。

**心灵启示**：只有那些在风雨中走过的人们，才知道痛苦和快乐究竟意味着什么。那泥泞中留下的两行印迹，就证明着他们的价值。在人生的旅途上，总是欢乐与悲伤并存，顺利与挫折交错，顺心和失意重叠。特别是那些有作为的人，在前进的道路上，常常是先有"山重水复疑无路"的逆境，几经奋斗，才迎来了"柳暗花明又一村"的坦途。所以一开始就要认清一点：要成功并不容易。想要获得成就，就得有战胜困难、挫折的勇气和信心。

## 三、挫折承受力的培养

### （一）认识挫折

事实上，挫折并不都是坏事，处理得好的话，它可以成为自强不息、奋起拼搏、争取成功的动力和精神催化剂。挫折虽然带来的是不愉快的情绪体验，但挫折并不都是负面的，而是可以使人在困境中成长成熟。挫折是一种机会，我们只要能坦然面对挫折，树立战胜挫折的勇气和信心，就可以适应任何环境的变化。

正如巴尔扎克说过，挫折就如石头，它本身无好坏，但对于不同的人就会产生不同的影响：对强者它可以成为垫脚石，让他站得更高；对弱者它可以成为绊脚石，使人一蹶不振。

### （二）改变自己

谁不想一帆风顺、心想事成？趋利避害乃人之天性。既然挫折已经降临，大学生唯有积极应对。不经历风雨，怎见彩虹？

（1）承认已经发生的事实。

事件已经发生，再也无法挽回。你的感叹、可惜、祈求、痛苦、追悔又有什么用呢？发生了的是取消不了的，盯住不放反而会越陷越深。大学生必须要向前看，该做什么就做什么。

（2）接受它，包容它。

遇到不顺心的事，大学生要学会"想开点""放得下"。人生短暂，大学生有更重要的人生任务，不要在一些小事上消耗太多，不值得。"想开点""放得下"是个人胸襟的扩展，也是人生境界的升华。

（3）积极转移注意力。

转移注意力是征服挫折感的另一个有效的办法。让自己去忙一件事情，哪怕是很简单的事情，只要你认真去做，就能把折磨人的忧虑从头脑中挤出去。

（4）直面最坏的情况。

敢于直面自己所不愿看到的事实，是心理素质好的重要标志。大学生面对挫折，勇敢承受，心里默想："大不了……""即使那样，我还可以……"，能使自己清醒冷静，继而心生妙策。

（5）冷静分析，提出问题，解决问题。

大学生承受挫折，冷静下来后，可以给自己提出以下 4 个问题：

① 究竟发生了什么问题？

② 问题的起因何在？

③ 有哪些解决的办法？

④ 哪一种方法最适合解决此问题？

当一个人能够冷静地提出问题，并积极寻求解决问题的方法的时候，他就开始化解挫折了。一个人只有敢于面对苦恼和命运，敢于向自身搏斗、进行挑战，他的人生才会开辟出坚定的道路。

## （三）寻找路途

**心理案例**

○ **我该怎么办**

考试刚刚结束，我的心情很沉重，很难过，不知为什么很想哭，似乎觉得都和想象中的相差甚远，我甚至都不知道找什么样的借口来安慰自己。我只想要求我想得到的，可为什么都觉得没有？我的感觉很不好，我准备了很久也自认为还可以，可不知为什么我做题的时候状态很不佳，我似乎开始对自己怀疑了，而且很怀疑，这是我从未有过的感觉，似乎一点都不自信。我感觉生活没有一丝的喜悦，没有一丝的期望，只感觉一切都像死灰一般，没有一丝的生机。追求确实是一个过程，必须要有回报。的确失败是成功之母，可成功也是成功之母，如果没有一丝的成功怎么再来期望成功呢？怎么再有奋斗的动力？我不知道成绩的结果，但我的感觉告诉我没有达到我的目标，每当我有一丝的放松的时候，我都会受到惩罚。我不明白：为什么？想想我的大学，恋爱失败、考试失利、评优受挫，我变得自卑、退缩，不敢相信自己了，我到底该怎么办？

案例分析：这是一位有过辉煌中学时代的女大学生，被挫折深深地包围着。她的过去是在鲜花与掌声中走过来的，从没有遇到过挫折，因而当挫折来到时，便有些束手无策。其实考试揭晓后，结果也并不如她想象得那么不理想。她的自我期望值很高，有着强大的成就动机。她认真面对自己的现状，积极主动地调整自己的目标，寻找路途，并将学业坚持下来，最后战胜了挫折，又恢复了以往的自信与笑容。女大学生的故事告诉我们，面对挫折，只有积极主动地寻找和探索，才能打败挫折。

**心灵读本**

○ **帝王蛾的故事**

世界上有一种名叫"帝王蛾"的蛾子，它的双翼长达几十厘米，但这并不是它以帝王为名的全部原因。它的生命需要突破命运苛刻的设定，经过艰难的努力和等待，才能走出持久的死寂，从而快乐地飞翔。

原来，帝王蛾的整个幼虫期都是在一个洞口极其狭小的茧中度过的，在那段死寂的岁月，帝王蛾只能默默地等待，等待生命发生质的飞跃。而这个时候，对于它的生命来说，就是一场涅槃。因为它们娇嫩的身躯需要拼尽全力才能够破茧而出。通过那窄小的茧口，就像是过一道鬼门关。许多的帝王蛾幼虫在通过那道茧口的时候力竭身亡，无法自由飞翔。

有些人不忍看帝王蛾进行这样的冒险，恻隐之心让他们产生了帮助帝王蛾的冲动。人们便动手把幼虫的生命通道剪宽一点，这样，茧中的幼虫不需要费多大的力气，就能够轻易钻出那个禁锢着它们的牢笼。可是，人们很遗憾地发现，那些得到救助见到天日的蛾子空有一副帝王蛾的样子，却再也不是真正的帝王蛾了，它们只能拖着累赘的双翅在地上艰难地爬行，却再也飞不起来。原来，那个对帝王蛾来说就像个鬼门关一样的窄小茧洞恰恰是上天给予帝王蛾，即帮助它们双翼成长的关键所在，帝王蛾在艰难的穿越过程中，需要用力挤压、耐心等待，这样血液才能顺利地进入蛾翼的组织中去，两翼充血的帝王蛾才能真正地飞翔。而被剪了茧洞的蛾子，因为没有经过艰辛的努力和耐心的等待过程，两翼无法充血，翅膀就丧失了飞翔的功能。

一双奋飞的翅膀不可能轻而易举地得到。那个艰难时刻的等待和坚持，才是成就生命的必需。

任何事我们都不可能一蹴而就。很多时候，我们总是要经历艰难，所以要学会等待。等待看上去沉闷死寂，甚至浪费掉了我们很多时间，可是时机的成熟才是做成事情的关键。如果总是想走捷径，反而会弄巧成拙。

有时候，在我们的生命中需要奋斗乃至挣扎。

如果生命中没有障碍，我们就会很脆弱，我们就不会像现在那样强健，我们就永远不能飞翔！

我们祈求力量，上天给我们困难去克服，使我们变得强壮！

我们祈求智慧，上天给出问题让我们去解决！

我们祈求勇气，上天便设置障碍让我们去克服！

我们祈求爱，上天指引我们去帮助需要关爱的人！

我们祈求成功，上天让我们学会等待！

**课后思考**

1. 巴尔扎克说："苦难对于天才是一块垫脚石，对能干的人是一笔财富，对弱者是一个万丈深渊。""挫折和不幸，是天才的进身之阶，信徒的洗礼之水，能人的无价之宝，弱者的无底之渊。""苦难是人生的老师。"谈谈自己对以上名言的理解和感悟。

2. 看下列图画，写出从中得出的心灵感悟。

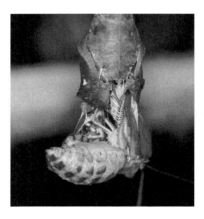

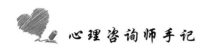 **心理咨询师手记**

## 世界那么大，我却要在学校里

一、个案描述

徐某，女，大二学生，外表看起来很文静，是班里的学习委员。家有一个姐姐，已结婚。现在寝室有9人，和她们的关系较好。来访者安静、拘谨，将预约登记表对折成8份大小一样的长方形（或许此动作表现出她的焦虑）。

来访者表示自己最近不想学习，想要离开学校，但是也不想回家，想要外出旅游。考虑到自己的主要的责任和义务应该是把学业放在第一位，内心矛盾不已。在来访者的成长环境里，从小爸妈比较宠爱自己，什么事情都满足自己的需求。高考时，发挥失常并没有进入理想中的大学，自己因此懊悔不已，但是父母和姐姐并没有责怪自己。高考之后，在任何考试之前都会紧张、焦虑，手心冒汗。因此来访者前来咨询。

二、咨询师与来访者的对话（节选）

咨询师：最近生活和学习上有什么烦心事吗？

来访者：马上要考英语四级了，我什么也不想学。

咨询师：你不想学英语，那上课的情况呢？

来访者：上课也不想学，听不进去，不想听。其他的同学大都在玩手机，我也不想玩，但也不知道自己要做什么。感到生活很无趣，学习很迷茫，不知道自己的未来在哪里，自己想要的生活却不属于自己。

咨询师：你想过什么样的生活呢？

来访者：我喜欢旅行，喜欢安静的生活环境。但是现在什么都不能拥有。想去旅行但又没有费用，不想和家人要，他们会觉得我是拿着钱去玩儿，但是实际上真不是，我是想换个环境，让自己的心休息一下。想出去打工，但咱学校又不允许。在这里每天忙忙碌碌，没有属于自己的时间，也没有什么收获。

咨询师：你想去哪里旅行？

来访者：云南。

咨询师：为什么喜欢云南呢？

来访者：觉得那里很安静，很惬意，小桥流水人家，我喜欢那里的安静。我姐说，只要我英语四级通过了，就给我钱去旅游，但是我最近什么也不想学。

咨询师：这样的状态是从什么时候开始的呢？从来到这个学校就这样吗？

来访者：不是的。开始的时候我挺喜欢咱们学校的，但是自从上次出去实习了两周回来后，就不喜欢咱们学校了。其他的学校不是封闭的，他们平时有时间的话可以出去打工……

咨询师：你现在对学校很不满意，是吗？

来访者：是的。

咨询师：当你对一个事物不喜欢甚至讨厌的时候，与这个事物相关的一切都会不喜欢，而且我们习惯把不好的或不喜欢的东西扩大化，不知道你有没有这样的感觉？

来访者：是的，我就是这样的。以前，也就是在没有出去实习之前，我挺喜欢咱们学校的。但是自从回来后我就不再喜欢咱们学校了，看到什么都不喜欢了，上课也不想听课，经常开小差，想自己一个人出去旅行，想过着自己喜欢的生活，下课后觉得没啥意思了，每天忙忙碌碌，却没有啥收获。

咨询师：现在这样的生活你喜欢吗？

来访者：不喜欢，有的时候还会讨厌自己，讨厌现在的自己，把大把的时间都浪费了。

咨询师：你刚才说，你喜欢旅行是吗？

来访者：是的。

咨询师：但是你没有旅行的费用？

来访者：是啊。

咨询师：我觉得旅行的目的不在于你的路途费有多少，根本的目的是，你想换一个环境，调整现在的自己，是这样吗？

来访者：是的。

咨询师：你喜欢安静的环境，不喜欢节奏快的生活，是这样吗？

来访者：是的。

### 三、咨询师的主要技术方法

1. 基本技术

澄清：通过澄清技术，咨询师对来访者的问题有更加明确的了解，同时促进来访者自我探索，进一步思考自己所面临问题的本质。如："当你对一个事物不喜欢甚至讨厌的时候，与这个事物相关的一切都会不喜欢，而且我们习惯把不好的或不喜欢的东西扩大化，不知道你有没有这样的感觉？"

2. 核心技术

动机晤谈疗法，也称为动机访谈或激励面谈，是一种支持性疗法。主要通过帮助来访者找寻并挖掘改变自身行为的内在愿望，通过愿望与现实的对比，探索和解决来访者的矛盾心理，从而激发内在的潜能。经过沉思期、决定期、行动期、维系期和复发期五个阶段改变原有的行为模式。来访者由于缺乏相应的动机激励,因此采用该技术,通过一系列的阶段对其进行行为模式的激励与潜能开发。

3. 辅助技术

音乐放松法:为了缓解来访者在面临四级考试时的紧张和焦虑情绪,咨询师在咨询过程中利用音乐放松椅指导其进行放松训练,使其认识到内心的宁静并不一定要通过旅行获得,更重要的是调整自己的认知,并学会控制身心,做自己心灵的主人。

四、咨询师反思

案例中英语四级考试给来访者带来了一系列的压力,随后,来访者外出实习后对学校产生不满,对不好的或不喜欢的东西扩大化,以至于在学校看到什么都不喜欢,不想学习。我认为在面对考试压力时,应该学会控制自己,不要因为一点而否定全部与之相关的事物,试着做一些自己喜欢的事情来转移压力,暂时避开不良刺激,减少不良情绪对自己的冲击,也可以找老师、朋友和同学来倾诉,最终把压力转化为动力。面对四级考试,做好考前心理准备,正确评价自己,提高自信,定时进行自信心训练。调整对英语四级考试的认识,制定考前复习策略。学会自我放松。如呼吸放松法,每天进行深呼吸训练,一般以每分钟6次的频率进行,最好每天坚持10分钟;又如运动放松法,考前每天进行20~30分钟的慢跑锻炼,不仅可以消除紧张情绪,还可增强身体抵抗力。

来访者想通过旅行来换一个环境,调整现在的自己,但又苦于没有旅行的费用,姐姐说只有通过英语四级才会给她提供旅行费用,并且家人对她这种行为也并不支持。从案例中不难看出来访者喜欢安静的生活环境,所以才会试着改变,但我觉得调节自己的方法有很多,并不一定要去很远的地方,旅行也不在于路途费的多少,当你比较累的时候,可以选择校园内比较安静的地方走走,周末可以自己去爬山。

来访者觉得生活无趣,学习迷茫,每天忙忙碌碌没有任何收获,不知道自己的未来在哪里,过不上自己想要的生活,不满于现状。其实,当我们感到不舒服的时候,当我们不满足于现状的时候,我们要做生活的主人。改变现状,想过上自己想要的生活只能靠自己,学会改变,才能找到适合自己的出路。

五、咨询中的重要概念阐释

1. 动机晤谈

动机式晤谈法,也称为动机访谈或激励面谈,是一种支持性治疗方法,由美国新墨西哥州立大学心理学及社会医学教授、临床心理学家米勒和他的同事、英国威尔士大学加的夫学院医学系的心理学家斯蒂芬·罗尔尼克创立。动机式晤谈法就是通过帮助患者找寻并挖掘改变自身行为的内在愿望，通过愿望与现实的对比，探索和解决患者的矛盾心理，从内心激发其自身的改变潜能，增强他们改变自己的内在愿望，达到彻底改掉不良习惯的目的。其最大特点就是在充分尊重患者及其行为的基础上，使其真正认识到问题的严重性和由此带来的隐患。动机式晤谈法对不情愿改变或对改变感到犹豫不决的人最为有用，它协助人们认识到现有的或潜在的问题，并着手处理，协助人们消除困惑和矛盾，迈向改变之路。

2. 学业压力

学业压力是大学生面对的一种典型压力。"压力"一词最早源于物理名词，其英文"stress"直译过来就是"困境""困境中挣扎"。"压力"一词本身并无好坏之分，适当的压力是前进的动力，但是当压力达到一定的强度却可以影响人的身心健康。从坎农将"压力"一词引入社会学领域开始，它逐渐成为很多学科研究的热点。对于压力的定义，心理学认为压力是内在的，是人内部的一种紧张和焦虑，甚至是惊恐和挣扎，是人面对不知所措的事件或环境时发生在内心的冲突与紧张。我国学者车文博对压力进行了心理学定义，认为压力是指人们在日常生活中经历的例如突然创伤性体验、慢性紧张（学业压力紧张、家庭关系紧张）等一系列的生活事件而导致的一种心理紧张状态。

# 第七章 人际交往

**【课前思考】**

(1) 你目前的人际关系怎样？它给你带来哪些影响？

(2) 你所交往的朋友有哪些？是什么原因使你们成为朋友？

(3) 为什么有些同学人见人爱？

(4) 你和他人的沟通顺畅吗？

(5) 跟同学发生了冲突，该如何处理？

第七章 学习资源

## 第一节　人际交往纵横谈

> 离群索居者，不是野兽，就是神。
> ——亚里士多德

### 一、人际交往与人际关系

人际交往是人们运用语言或非语言的符号交换意见、传达思想、表达感情和需要等的交流过程，包括物质交往和精神交往。

人际关系指人与人通过直接交往（包括沟通和其他各种形式的交流）过程发展起来的较为稳定的倾向性情感联系。

人际交往和人际关系是两个既有联系又有区别的概念。人际交往是人际关系实现的根本前提和基础，也是人际关系形成的途径；而人际关系则是人际交往的表现和结果。两者的区别是人际交往侧重于人与人之间联系与接触的过程，以及行为方式的程度等；人际关系侧重于在交往基础上所形成的心理状态和结果。从时间上看，人际交往在前，人际关系在后，人际交往是一个动态的过程，而人际关系则具有相对的稳定性。

图 7-1 以图解的方式对人际关系的各种状态及其相互作用水平的递增关系做了直观的描述。图中圆圈表示人际关系涉及的双方。需要特别指出的是，图 7-1 还表示了一个十分重要的概念，即不存在人际关系双方心理世界完全重合的情况。无论人们的关系多么密切、情感多么融洽，也无论人们主观上怎样感受彼此之间的完全拥有，关系的卷入者都不可能在心理上取得完全一致。两个人是两个世界、两个理解的基点、两种情感的基点、两种利益的基点。人与人之间只存在多大程度上相一致的问题，而不存在完全相一致的情况。

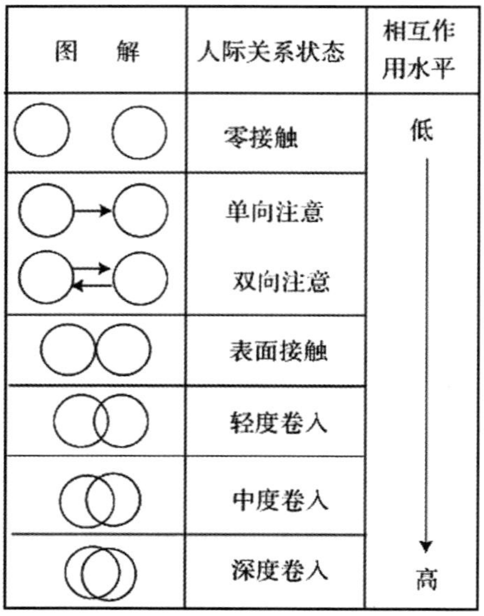

| 图 解 | 人际关系状态 | 相互作用水平 |
|---|---|---|
| ○ ○ | 零接触 | 低 |
| ○→○ | 单向注意 | ↓ |
| ○⇄○ | 双向注意 | |
| ◯◯ | 表面接触 | |
| ◐ | 轻度卷入 | |
| ◉ | 中度卷入 | |
| ● | 深度卷入 | 高 |

图 7-1　人际关系状态及其相互作用水平

## 二、人际交往的意义

### （一）人际交往与人格发展

【案例 7.1】

#### 印度狼孩的故事

1920 年 10 月，一位印度传教士辛格在印度加尔各答的丛林中发现两个由狼哺育的女孩。大的女孩约 8 岁，小的 1 岁半左右。据推测，她们是在半岁左右被母狼带到洞里去的。辛格给她们起了名字，大的叫卡玛拉，小的叫阿玛拉。当她们被领进孤儿院时，一切生活习惯都同野兽一样，不会用双脚站立，只能用四肢走路。她们害怕日光，在太阳下，眼睛只开一条窄缝，而且不断地眨眼。她们习惯在黑夜里看东西。她们经常白天睡觉，一到晚上则活泼起来。每夜10点、1点和3点循例发出非人非兽的尖锐的怪声。她们完全不懂语言，也不发出人类的音节。她们两人经常动物似的蜷伏在一起，不愿与他人接近。她们不会用手拿东西，吃起东西来真的是狼吞虎咽，喝水也和狼一样用舌头舔。吃东西时，如果有人或有动物走近，便呜呜作声去吓唬人。在太阳下晒得热时，即张着嘴，伸出舌头来，和狗一样地喘气。她们不肯洗澡，也不肯穿衣服，并随地便溺。

她们被领进孤儿院后，辛格夫妇异常爱护她们，耐心抚养和教育她们。总的说来，小的阿玛拉的发展比大的卡玛拉的发展快些。进了孤儿院两个月后，当她渴时，她开始会说"bhoo"（水，孟加拉语），并且较早对别的孩子的活动表现出感兴趣。遗憾的是，阿玛拉进院不到一年，便死了。卡玛拉用了25个月才开始说第一个词"ma"，4年后一共只学会了6个字，7年后增加到45个字，并曾说出用3个字组成的句子。进院后16个多月卡玛拉才会用膝盖走路，2年8个月才会用两脚站起来，5年多才会用两脚走路，但快跑时又会用四肢爬行。卡玛拉一直活到17岁。但她直到死也没真正学会说话，智力只相当于三四岁的孩子。

（资料来源：[印]辛格著，陈甡新、李青译：《狼孩》，长春：吉林人民出版社，1982年版。）

人际交往是个性发展与人格健全的必经之路。离开社会的交往环境，离开与他人的合作，个体是无法成为一个合格的社会人的。狼孩由于失去了与他人交往的最佳时期，失去了其作为"人"的成长的环境，因而即使后来被发现，也已经很难成为一个正常的"人"了。心理学的研究结果表明，儿童与其照看者之间通过积极交往形成的稳定的亲密关系，是其心理乃至身体正常发展不可缺少的条件。与此同时，如果儿童缺乏与成人的正常交往及由此建立起来的亲密关系，不仅性格发展会出现问题，连智力也会出现明显障碍。

### （二）人际交往与身心健康

研究表明，如果一个人长期缺乏与别人的积极交往，缺乏稳定的良好人际关系，那么这个人往往有明显的性格缺陷。在心理健康教育实践中，我们也注意到，绝大多数大学生的心理危机与缺乏正常人际交往和良好人际关系有密切联系。在宿舍里，同伴之间的心理交往状况，往往决定了一个大学生是否对大学生活感到满意。那些生活在没有形成友好、合作、融洽的人际关系的宿舍中的大学生，常常显示出压抑、敏感、自我防卫、难于合作等特点，情绪方面满意程度低。在融洽的宿舍里生活的大学生，则表现得更加快乐、注重学习与成就、乐于与人交往和帮助别人。可见，人的心态与性格状况，直接受到人际交往状况的影响。还有研究结果表明，那些心理健康水平高的优秀者，往往来自人际关系良好的家庭，这也从一个侧面提供了人际交往状况影响个体心理健康的佐证。

> **拓展阅读**
>
> ○ **妒忌心强想想三只小猪**
>
> 　　中秋前，记者拜访卫生部健康教育首席专家洪昭光教授，听他讲了一个有趣的故事，故事主人公是三组小猪，刚开始还以为是科学家想利用猪做点心血管方面的研究，听到最后才悟出其中所含的心理学道理。
>
> 　　这是最近一次会议上，一位教授引用国外实验时讲到的。实验找来一些小猪，把猪分成三组。其中一组为"孤独的猪"，单独关起来，每天喂高脂饲料，结果猪的胆固醇升高，冠状动脉也开始硬化；第二组，是"成对的猪"，同样每天喂高脂饲料，最后发现，这一组猪的胆固醇也升高了，但上升幅度不如第一组"孤独的猪"。
>
> 　　最后一组，还是"孤独的猪"，但在旁边，放了个玻璃板，天天让它看着"成对的猪"欢快地在一起。结果令人吃惊，吃同样的饭，住同样的地方，这一组猪的胆固醇水平迅速上升，动脉硬化程度也相当厉害。
>
> 　　听起来感觉很好笑，但洪教授说，三组猪，孤独的那组动脉粥样硬化程度中等，成对的、快乐的那组则最轻，而孤独加上嫉妒的那组最严重。说明心理和情绪对健康影响很大。在疾病的诸多因素中，心理、心情、心态是最重要的环节。
>
> 　　洪教授还介绍说：医学史上，第一例冠心病猝死的病人是19世纪的英国外科医生亨特。他性格暴躁，在一次医院内部学术会议上因与同事激烈争吵而当场倒下死亡，是典型的情绪性猝死。
>
> 　　"我特别希望，如今常常被'气、急、累'三字缠身的白领们，不妨多通过看书、听音乐等方式调理心情。"洪教授说：压力谁都有，能否缓解就看心理抵抗力强不强了。心理不健康，身体也难健康。
>
> （摘自《健康时报》2010年9月1日第1版。）

通过"三只小猪"的实验可以看出，人际交往不仅能影响人的情绪和心理健康，还能间接地影响身体健康。著名的爱情心理学家黄维仁曾经说过：为了保持健康，你宁可跟朋友一起吃红烧大蹄髈（指高脂饮食），它的效果比你一个人乖乖坐在那里吃胡萝卜（指高维生素饮食）还要好。

### （三）人际交往与成功成才

**【戴尔·卡耐基简介】**

戴尔·卡耐基（Dale Carnegie，1888—1955），著名人际关系学大师，西方现代人际关系教育奠基人，美国现代成人教育之父，被誉为20世纪最伟大的心灵导师和成功学大师。卡耐基利用大量普通人不断努力取得成功的故事，通过演讲和书唤起无数陷入迷惘者的斗志，激励他们取得辉煌的成功。其在1936年出版的著作《人性的弱点》，始终被西方世界视为社交技巧的《圣经》之一。他在1912年创立卡内基训练，以教导人们人际沟通及处理压力的技巧。

卡耐基曾经说过："一个人的成功，只有百分之十五是由于他的专业技术，而百分之八十五则要靠人际关系和他的为人处世能力。"中国是一个礼仪之邦，自古重视人际关系的构建，在这样一种社会背景下，人际交往对于成功更是有着举足轻重的意义。

## 三、人际交往中的心理效应

在人际交往的过程中，经常会表现出一些发展规律和心理倾向，在心理学上我们称之为人际交往中的心理效应。这些心理效应对于人际关系的建立是把"双刃剑"，如果我们善加利用，可以帮助我们改善人际关系，否则将会形成一种社会认知偏差，对人际关系造成破坏。所以在日常生活中我们应该注意识别和分辨这些心理效应，以促进人际交往的顺利进行。

### （一）首因效应

首因效应一般指人们初次交往接触时各自对交往对象的直觉观察和归因判断，在这种交往情景下，对他人所形成的印象称为第一印象或最初印象。首因效应对人的印象的形成起着决定性的作用。初次见面，我们会根据对方的表情、体态、仪表、服装、谈吐、礼节等，形成对方给自己的第一印象。

第一印象一旦形成，要改变它就不那么容易，即使后来的印象与最初的印象有差距，很多时候我们会自然地服从于最初的印象。在现实生活中，首因效应所形成的第一印象常常影响着我们对他人以后的评价和看法。有时我们会听见朋友抱怨："坏就坏在没有给他留下好的第一印象，印象已无法改变。"

由于首因效应的存在，我们应该重视与人交往时留给他人的第一印象。为了塑造良好的第一印象，首先我们应该注意仪表，衣服要整洁，服饰搭配要和谐得体；其次应注意自己的言谈举止，锻炼和提高自己的交谈技巧，掌握适当的社交礼仪。

### （二）近因效应

首因效应一般在交往初期即双方还彼此生疏的阶段特别重要，而在交往后期，也就是双方已经彼此十分熟悉的情况下，近因效应则会发挥更大的作用。

**心理实验❶**

美国心理学家卢钦斯用编撰的两段文字作为实验材料研究了首因效应现象。他编撰的文字材料主要是描写一个名叫吉姆的男孩的生活片段，第一段文字将吉姆描写成热情并外向的人，另一段文字则相反，把他描写成冷淡而内向的人。例如，第一段中说吉姆与朋友一起去上学，走在洒满阳光的马路上，与店铺里的熟人说话，与新结识的女孩子打招呼等；第二段中说吉姆放学后一个人步行回家，他走在马路的背阴一侧，他没有与新近结识的女孩子打招呼等。在实验中，卢钦斯把两段文字加以组合：

第一组，描写吉姆热情外向的文字先出现，冷淡内向的文字后出现。第二组，描写吉姆冷淡内向的文字先出现，热情外向的文字后出现。

第三组，只显示描写吉姆热情外向的文字。

第四组，只显示描写吉姆冷淡内向的文字。

卢钦斯让四组被试分别阅读一组文字材料，然后回答一个问题："吉姆是一个什么样的人？"结果发现，第一组被试中有78%的人认为吉姆是友好的，第二组中只有18%的被试认为吉姆是友好的，第三组中认为吉姆是友好的被试有95%，第四组只有3%的被试认为吉姆是友好的。

这项研究结果证明，信息呈现的顺序会对社会认知产生影响，先呈现的信息比后呈现的信息有更大的影响作用。但是，卢钦斯进一步研究发现，如果在两段文字之间插入某些其他活动，如做数学题、听故事等，则大部分被试会根据做这些活动以后得到的信息对吉姆进行判断，也就是说，最近获得的信息对他们的社会知觉起到了更大的影响作用，这个现象叫作近因效应。

所谓近因效应，是指在多种刺激一次出现的时候，印象的形成主要取决于后来出现的刺激，即在交往过程中，我们对他人最近、最新的认识占了主体地位，掩盖了以往形成的对他人的评价。因此，也称为"新颖效应"。

我们在交往过程中，常常用近因效应整饬自身的形象。例如，多年不见的朋友，在自己的脑海中的印象最深的，其实就是临别时的情景；双方感情不和，一旦要分手的时候，主动向对方表示好感甚至歉意，会出乎意料地博得对方的好感，甚至将以往的恩怨化解。

研究发现，近因效应一般不如首因效应明显和普遍。在印象形成过程中，当不断有足够引人注意的新信息，或者原来的印象已经淡忘时，新近获得的信息的作用就会较大，就会发生近因效应。个性特点也影响近因效应或首因效应的发生。一般心理上开放、灵活的人容易受近因效应的影响；而心理上保持高度一致，具有稳定倾向的人，容易受首因效应的影响。

### （三）晕轮效应

美国心理学家戴恩·伯恩斯坦曾经做过一项实验，给参加实验的人一些人物相片，这些相片被分为有魅力、无魅力和一般魅力三种，让实验者评定几项与外表无关的特征，如婚姻、职业状况、生活和职业中的幸福感等。结果，几乎在所有特征上，有魅力的人都得到最高的评价，仅仅因为长得漂亮，就被认为具有所有积极肯定的品质。这就是晕轮效应。

所谓晕轮效应是指我们在对别人做评价的时候，常喜欢从或好或坏的局部印象出发，扩散出全部好或全部坏的整体印象，就像月晕（或光环）一样，从一个中心点逐渐向外扩散成一个越来越大的圆圈，所以有时也被称为"月晕效应"或"光环效应"。

多数情况下，晕轮效应常使人出现"以偏概全""爱屋及乌"等错误，产生一个人一好百好的感觉。

"旁观者清，当局者迷"，我们要善于倾听和接受他人的意见，防备晕轮效应的副作用。同时也可以利用晕轮效应的影响增加自身的吸引力。与人交往时，可以采用先入为主的策略，让对方了解我们的优势，以获得以肯定积极为主的评价。晕轮是美丽的，让我们在其美丽的光环下，冷静、客观地透视人生，把握交往。

### （四）刻板效应

商人常被认为奸诈，有"无商不奸"之说；教授常常被认为是白发苍苍、文质彬彬的老人；江南一带的人往往被认为是聪明伶俐、随机应变的；北方人则被认为是性情豪爽、胆大正直的……我们在认识和判断他人时，并不是把个体当作孤立的对象来认识，而总是把他看成是某一类人中的一员，使得他既有个性又有共性，很容易认为他具有某一类人所有的品质。因而当我们把人笼统地划为固定、概括的类型来加以认识时，刻板印象就形成了。

刻板印象的积极作用在于它简化了我们的认识过程。因为当我们知道他人的一些信息时，常根据该人所属的人群特征来推测他所有的其他典型特征。这样虽然不能形成对他人的正确印象，但在一定程度上可以帮助我们简化认识过程。但刻板效应更多地带来的是负面效应，如种族偏见、民族偏见、性别偏见等。它常使人以点带面，呆板地看人，容易产生判断上的偏差和认识上的错觉。

### （五）定式效应

有一个农夫丢失了一把斧头，怀疑是邻居的儿子偷盗，于是观察他走路的样子、脸上的表情，感到言行举止没有一点不像偷斧头的贼。后来农夫在深山里找到了丢失的斧头，他再看邻居的儿子，竟觉得言行举止中没有一点偷斧头的模样了。这则故事描述了农夫在心理定式作用下的心理活动过程。

所谓心理定式是指人们在认知活动中用"老眼光"——已有的知识经验来看待当前的问题的一种心理反应倾向，也叫思维定式或心向。

在人际交往中，定式效应表现为人们用一种固定化了的人物形象去认知他人。例如，与同学相处时，我们会认为诚实的人始终不会说谎；而一旦我们认为某个人老奸巨猾，即使他对你表示好感，你也会认为这是"黄鼠狼给鸡拜年——没安好心"。心理定式效应常常会导致偏见和成见，阻碍我们正确地认知他人。所以对待他人，我们要"士别三日，当刮目相看"，不要一味地用老眼光来看人处事。

### （六）投射效应

古代一位喜欢吃芹菜的人，总以为别人也像他一样喜欢吃芹菜。于是一到公众场合就向别人热情推荐芹菜。生活中每个人都免不了犯类似这样的错误，"以己度人"，心理学上称之为投射效应。

投射效应即在人际认知过程中，人们常常假设他人与自己具有相同的属性、爱好或倾向等，常常认为别人理所当然地知道自己心中的想法。

心理学家罗斯做过这样的实验来研究投射效应，在 80 名参加实验的大学生中征求意见，问他们是否愿意背着一块大牌子在校园里走动。结果，48 名大学生同意背牌子在校园内走动，并且认为大部分学生都会乐意背，而拒绝背牌的学生则普遍认为，只有少数学生愿意背。可见，这些学生将自己的态度投射到了其他学生身上。

"以小人之心度君子之腹"就是一种典型的投射效应。当别人的行为与我们不同时，我们习惯用自己的标准去衡量别人的行为，认为别人的行为违反常规；喜欢嫉妒的人常常将别人行为的动机归纳为嫉妒，如果别人对他稍不恭敬，他便觉得别人在嫉妒自己。为了克服投射效应的消极作用，我们应该正确地认识自己和他人，做到严于律己，客观待人，尽量避免以自己的标准去判断他人。很多时候对方并非如我们所想象的那样，只有接触了才会知道。

### （七）从众效应

从众效应也称乐队花车效应，是指人们自觉或不自觉地以多数人的意见为准则，做出判断、形成印象的心理变化过程，也就是通常人们所说的"随大流"。

**心理实验 ❷**

1952年，美国心理学家所罗门·阿希设计实施了一个实验，来研究人们会在多大程度上受到他人的影响，而违心地进行明显错误的判断。他请大学生们自愿做他的被试，告诉他们这个实验的目的是研究人的视觉情况的。当某个来参加实验的大学生走进实验室的时候，他发现已经有5个人先坐在那里了，他只能坐在第6个位置上。事实上他不知道，其他5个人是跟阿希"串通"好了的假被试。

阿希要大家做一个非常容易的判断——比较线段的长度。他拿出一张画有一条竖线的卡片，然后让大家比较这条线和另一张卡片上的3条线中的哪一条线等长。判断共进行了18次。事实上这些线条的长短差异很明显，正常人是很容易做出正确判断的。

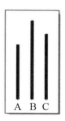
A B C

然而，在两次正常判断之后，5个假被试故意异口同声地说出一个错误答案。于是许多真被试开始迷惑了，是坚定地相信自己的眼力呢，还是说出一个和其他人一样但自己心里认为不正确的答案呢？

从总体结果看，平均有33%的人判断是从众的，有76%的人至少做了一次从众的判断，而在正常的情况下，人们判断错的可能性还不到1%。当然，还有24%的人一直没有从众，他们按照自己的正确判断来回答。

从众效应对于大学生来说既有积极影响，也有消极影响。比如入校时随意安排的班级和宿舍，一年左右，便在优等生、英语过级、研究生录取等各个方面出现明显的"不同步"现象。宿舍成员集体出动参加各种证书培训班，已是大学校园蔚然流行的风景，一男生直言："哥儿几个都在拼命学，我不上进，岂不丢人？"而在学生宿舍矛盾中，常常会出现几个同学排斥一个同学的现象，其实并不一定是大家都不喜欢这个同学，很多时候是从众效应在起作用。

大学生中的从众行为反映了部分大学生自我意识弱化，独立性较差，缺乏明确稳定的世界观、人生观、价值观，即使从众行为出现积极效应，但一旦失却这种从众氛围，又很容易不知所措，找不到自己努力的方向。走向社会后的迷惘、失落，实际上这是从众现象最直接的后遗症。因此，我们要正确地看待从众效应，努力培养和提高自己独立思考和明辨是非的能力；遇事和看待问题，既要慎重考虑多数人的意见和做法，也要有自己的思考和分析，从而使判断能够正确，并以此来决定自己的行动。

### （八）仰巴脚效应

仰巴脚效应又叫出丑效应、犯错误效应，是指才能平庸者固然不会受人倾慕，而全然无缺点的人也未必讨人喜欢，最讨人喜欢的人物是精明而带有小缺点的人。

**心理实验 ❸**

一位著名的心理学教授曾做过这样一个试验，他把四段情节类似的访谈录像分别放给他准备要测试的对象：在第一段录像里接受主持人访谈的是个非常优秀的成功人士，他在自己所从事的领域里面取得了很辉煌的成就，在接受主持人采访时，他的态度非常自然，谈吐不俗，表现得非常有自信，没有一点羞涩的表情，他的精彩表现，不时地赢得台下观众的阵阵掌声；第二段录像中接受主持人访谈的也是个非常优秀的成功人士，不过他在台上的表现略有些羞涩，在主持人向观众介绍他所取得的成就时，他表现得非常紧张，竟把桌上的咖啡杯碰倒了，咖啡还将主持人的裤子淋湿了；第三段录像中接受主持人访谈的是个非常普通的人，他不像上面两位成功人士那样有着不俗的成绩，整个采访过程中，他虽然不太紧张，但也没有什么吸引人的发言，一点也不出彩；第四段录像中接受主持人访谈的也是个很普通的人，在采访的过程中，他表现得非常紧张，和第二段录像中一样，他也把身边的咖啡杯弄倒了，淋湿了主持人的衣服。当教授向他的测试对象放完这四段录像，让他们从上面的这四个人中选出一位他们最喜欢的，选出一位他们最不喜欢的。

想知道测试的结果吗？最不受测试者们喜欢的当然是第四段录像中的那位先生了，几乎所有的被测试者都选择了他，可奇怪的是，测试者们最喜欢的不是第一段录像中的那位成功人士，而是第二段录像中打翻了咖啡杯的那位，有95%的测试者选择了他。

对于那些取得过突出成就的人来说，一些微小的失误比如打翻咖啡杯这样的细节，不仅不会影响人们对他的好感，相反还会让人们从心里感觉到他很真诚，值得信任。而如果一个人表现得完美无缺，我们从外面看不到他的任何缺点，反而会让人觉得不够真实，恰恰会降低他在别人心目中的信任度，因为一个人不可能是没有任何缺点的，尽管别人不知道，他心里对自己的缺点也可能是心知肚明的。

## 第二节 人际吸引

> 和太强的人在一起，我会感觉不到自己的存在。交朋友不是让我们用眼睛去挑选那十全十美的，而是让我们用心去吸引那些志同道合的。
>
> ——罗曼·罗兰

人际吸引是人与人之间的相互接纳和喜欢。按照吸引的程度，人际吸引可以分为合群、喜欢和爱情三个层次，合群是最低层次的人际吸引，喜欢是中等程度的人际吸引，爱情是最强烈的人际吸引。爱情由于其特殊性，本书将另外择章介绍，本节内容主要探讨人际吸引的原因和影响因素。

### 一、我们为什么会互相吸引

#### （一）人类的亲和动机

心理学家阿特金森等人认为，有两种动机影响人们的社会交往：一是亲和需求，它是指一个人寻求和保持许多积极人际关系的愿望；二是亲密需求，指人们追求温暖、亲密关系的愿望。

**心理实验 ❹**　心理学家沙赫特观察和走访了那些曾一个人孤独生活了一段时间的人，发现他们的共同点是都曾感到过孤独引起的恐惧感。由此，沙赫特产生了一个大胆的设想：如果孤独会使人感到恐惧，那么人在恐惧的状况下是不是就会产生群体生活的倾向呢？

为了检验自己的假设，沙赫特设计了一项实验，并邀请了一些女大学生参与。女大学生被分为两组，被分别带进实验室并接受不同的实验指导语。这是一间周围布满各种电气设备的实验室，沙赫特身着白色的实验服，告诉女大学生自己是神经病学和精神病学博士，本次实验是研究有关电击作用的问题。

沙赫特想唤起第一组女大学生很强的恐惧感，就在实验现场用可怕的词语向她们描述电击后果，说这种电击会使人遭受伤害、感受到痛苦，但不会是永久的伤害。听完实验指导语后，第一组的女大学生认为自己将要接受一次十分可怕和痛苦的实验。沙赫特希望唤起第二组女大学生较弱的恐惧感，因此沙赫特在实验现场把电击的危害性说得很小，把电击的感觉描述为震颤和略微不舒服感，尽可能地使她们感到放松。

接下来，沙赫特开始假装着调试设备，并突然告诉女大学生，由于仪器需要调试，实验需要推迟十分钟，请她们在实验室外面等候。这时，沙赫特开始询问女大学生，是选择一个人在外面等，还是选择在隔壁房间和其他女大学生一起等待，或者无所谓。在女大学生选择完后，沙赫特又询问她们做出选择的动机是否强烈。实验的结果则表明，有高度恐惧感的女大学生比有低度恐惧感的女大学生更倾向于与他人在一起等待，由此可以证明，恐惧感是引起人群集性倾向的一个重要因素。

人类的亲密需求与两个方面的因素有关：第一个因素与社会比较有关，它强调人们通过社会比较获得有关自己和周围世界的知识。在高度焦虑时，人们选择与他人一起等待，而在低度焦虑情况下却更愿意独自等待。沙赫特用社会比较理论来解释这种现象，他认为人们之所以与他人亲近，是为了拿自己的感觉与其他在同样情境下的人比较。米勒进一步认为，人们不仅通过社会比较来判断自己的能力和自我概念，而且通过它获取有关自己情绪甚至朋友选择方面的信息。

第二个因素与社会交换有关，它强调人们通过社会交换获得心理与物质酬赏。按照社会交换理论的观点，人们会尽量寻求并维持酬赏大于付出的人际关系。对于亲和需求的作用，魏斯指出它可以提供六种重要的酬赏。

（1）依附。指最亲密的人际关系所提供给个体的安全及舒适感，这种依附小时候指向父母，成人后则针对配偶或亲密朋友。

（2）社会整合。通过亲和与他人交往，并与他人拥有相同的观点和态度，产生团体归属感。

（3）价值保证。得到别人支持时所产生的自己有能力、有价值的感觉。

（4）可靠的同盟感。通过与他人建立良好的关系，意识到当自己需要帮助时，他人会伸出援助之手。

（5）得到指导。与他人交往可以使我们从他人那儿获得有价值的指导，比如从医生、朋友以及老师等处。

（6）受教育机会。与他人交往能够使我们有机会接受来自他人的教育。

## （二）为了克服寂寞

人们与他人交往的第二个原因是为了克服寂寞。相信我们每个人都有过寂寞的体验，那究竟什么是寂寞呢？心理学对寂寞所做的定义是：当人们的社会关系缺乏某些重要成分时所引起的一种主观上的不愉快感。比如当你远离自己的故乡来到大学的时候，在最初的几周内，由于人生地不熟，你就会觉得自己的社会关系中缺乏你所需要的支持与关爱，你必然会有寂寞的体验。

在谈到寂寞的时候，我们还需要弄清楚它与孤独的不同：孤独是一种与他人隔离的客观状态，孤独可以是愉快的或不愉快的，如宗教领袖与伟人经常是孤独的，但是他们是在孤独中探索精神的启示与世俗的进步，所以尽管孤独却并不寂寞，可以说寂寞与孤独之间没有任何必要的关联。

**心理研究 ❶**

○ **校园里的寂寞**

对许多学生而言，进入大学的兴奋总是夹杂着寂寞感，因为必须离开家人及朋友，并对重新面临的社会生活感到焦虑。正如一个学生所说："进入大学对我来说是很好的学习机会，在高中时曾是'模范生'及'最受欢迎的学生'，现在都得从头开始。起初，除了陌生人外，什么都看不到，这点很难适应，但我发现自己已渐渐习惯。"

为了了解进入大学后个人生活的改变，卡特娜在一项研究中发现，刚进入大学的学生在最初的几周内，75%的人报告了寂寞的经验，40%以上的人报告极严重。7个月之后仍有25%的人感到寂寞。卡特娜还研究了那些克服了寂寞的学生与仍感寂寞的学生的差异，发现他们最大的差异在态度上：假如在刚开学时，学生便预期将交到很多新朋友，并对自己的人格自信，几个月后便恢复正常。因此卡特娜指出乐观和自信是创造令人满意的社会生活的主要因素。其他心理学家还发现，有寂寞感的大学生在与他人互动时自我中心的倾向很高。还有人发现有寂寞感的学生的自我展露方式也不同于一般人，他们不会对刚认识的人说真心话，且不轻易透露关于自己的信息。

有许多因素影响人们的寂寞感。

（1）婚姻与经济状况。一般说来已婚者的寂寞感较少，然而如果已婚者对自己的婚姻不满或是缺少朋友的话，他们也会感到寂寞。贫穷的人比富有的人寂寞感强，这也许与后者有较多的时间和金钱从事休闲活动有关。

（2）年龄因素。在一般情况下，人们会认为年纪大的人较寂寞，但实际研究发现青少年最寂寞。Parlee（1979）在一项调查中发现：18岁以下的人约79%说他们有时或经常感到寂寞，45~54岁的人群中只有53%这样回答，而55岁以上的人同样回答的比例降到了37%。对于这种年龄差异，心理学家不能肯定其原因，有人认为这与年轻人愿意说出自己的寂寞感有关，也有人认为与年轻人的生活变化多有关。确实，随着年龄的增长，人们的生活会日趋稳定，加上社交技巧的发展和对社会关系预期的日益实际化，人们的寂寞感降低了。

（3）人格因素。寂寞的人比较内向、害羞、自尊心低、社交技巧差。寂寞也常常与焦虑和忧郁联结在一起，这些人格因素里有一些可以同时是寂寞的起因及结果。例如，自尊心弱的人可能不愿在社会生活里冒险，使得他不易和他人形成人际关系，从而加重了寂寞；反过来长期的寂寞经验可能使一个人认为自己是个社交上的失败者，使自尊心更低，更不愿意与他人交往。

尽管上述因素对寂寞感有影响，但更多的心理学家则相信寂寞与社交技巧有着更紧密的关系。所以要想克服寂寞，提高社交技巧是最基本的途径。

## 二、人际吸引的影响因素

那么，什么因素会影响到人与人之间的互相吸引和喜欢呢？总结社会心理学家在人际吸引领域的研究，可以发现人际吸引的条件主要在于时空距离上的接近、个人魅力、相似与互补等方面。

### （一）邻近性因素

邻近性因素通常就是指时空距离因素，由于距离越接近，交往越容易，交往的频率就可能越高，容易建立和发展良好的人际关系，能够提高人们相互之间的喜欢程度。中国民间就有邻近性影响人际吸引关系的说法，诸如"远亲不如近邻""邻居好，赛金宝"等。影视作品中，某些影视演员虽然精品并不是很多，但是由于出镜率较高，图个脸熟，因此人们对他（她）的印象在不断加深；现实生活中的同窗情、战友情等都说明，时空距离上的接近是影响人际吸引的一个因素。

### （二）个人魅力

个人魅力是指个体吸引别人并被别人所喜欢的一种能力。人的魅力是从多方面表现出来的。

1. 外表容貌

这是初次交往中人们最为关注的交往吸引因素，尤其是对待异性交往更是如此。一般意义上讲，外表容貌是父母给的，是先天的，一方面，由于人们受生活环境的影响，往往将漂亮与美好、值得爱联系在一起；同时又认为自己爱的对象是美丽漂亮的，即使相貌平平，也会"情人眼里出西施"，所以容颜美貌就激发了爱。另一方面，人们有更多的理由相信同容貌美丽者在一起，是一件荣耀和光彩的事情，能够满足自己的虚荣心，提高自己在集体中的地位，所以愿意与貌美者接触。人人都有爱美的天性，美能养眼，现实中美女的回头率高于相貌平平或丑陋者均源于此。有些人认为容貌姣好的人，其品德一般是优良的，于是乎便愿意成为貌美者的朋友或看护者。

当然，我们不能夸大外表和容貌的作用。在交往之初，容貌的作用较大，但随着相互认识的加深、年岁的增长，容貌的吸引作用不断降低。

> **图书推荐** 英格丽·张著：《你的形象价值百万》，北京：中信出版社，2011年版。该书从服装、礼仪、气质、交流、沟通与身体语言这几个方面入手，通过一个个真实生动的事例讲解了什么是成功的形象，罗列了我们工作和商务交往中常见的形象失误。精心打造成功三环模式：外环（智商）——树立成功形象；中环（情商）——建立人际关系；内环（灵商）——实现成功完满人生！

2. 人的才能

心理学家在研究中表明，在其他条件都相同的情况下，有才能的人容易受到人们的喜爱。可能的解释是因为人们与有才能的人在一起，可以得到更多的指导，少犯错误，觉得更安全些。由"仰巴脚效应"我们又可以知道，吸引力更大的则是有着一点小缺陷的人。事实也是如此，白璧无瑕固然显得纯洁，但让人有敬而远之的缺憾，而白璧微瑕则能够让人易于接受，因为有着小缺陷的人褪去了圣人的光环，更接近普通人，因而人们对他的接受程度也就大增了。

3. 个性品质

个性品质的吸引，实际上是人格美的具体表现，外表美是一时的，而心灵美是经久不衰的。比起容貌和才能，个性品质具有无与伦比的吸引力，而且这种吸引力持久、稳定、深刻。在实际的生活中我们也有这样的体会，只有那些心灵美的人才会真正受人欢迎和喜爱。人的个性品质有多种，那么哪些品质在人际交往中最受重视呢？心理学家在研究中发现：诚恳、诚实、理解、忠诚、可信、可靠、聪明、关怀、体谅、热情等优秀品质是人际吸引中不可或缺的重要内容；待人以诚，人们愿意亲近之；严以律己宽以待人，人们愿意交往之；而虚情假意、小肚鸡肠者，人们则会鄙视之，远离之。

**心理研究 ❷**

安德森所进行的一项研究中，将555个描绘个性品质的形容词列成表格，让大学生被试按照喜欢程度由高到低排成序列。在这一序列中，有代表性的个性品质有三类：排在整个序列最前面的是高度受人喜欢的品质，位于序列中间的是介于积极与消极之间的中性品质，排在序列末尾的是高度令人厌恶的品质。下表是三类代表个性品质的序列，每类19个品质特征（受人欢迎的程度由上至下逐渐递减）

| 最积极品质 | 中间品质 | 最消极品质 |
| --- | --- | --- |
| 真诚 | 固执 | 古怪 |
| 诚实 | 刻板 | 不友好 |
| 理解 | 大胆 | 敌意 |
| 忠诚 | 谨慎 | 饶舌 |
| 真实 | 易激动 | 自私 |
| 可信 | 文静 | 粗鲁 |
| 智慧 | 冲动 | 自负 |
| 可信赖 | 好斗 | 贪婪 |
| 有思想 | 腼腆 | 不真诚 |
| 体贴 | 易动情 | 不善良 |
| 热情 | 羞怯 | 不可信 |
| 善良 | 天真 | 恶毒 |
| 友好 | 不明朗 | 虚假 |
| 快乐 | 好动 | 令人讨厌 |
| 不自私 | 空想 | 不老实 |
| 幽默 | 追求物欲 | 冷酷 |
| 负责 | 反叛 | 邪恶 |
| 开朗 | 孤独 | 装假 |
| 信任 | 依赖别人 | 说谎 |

### （三）相似性

相似性包括态度（信念、兴趣、爱好、价值观等）、年龄、性别、职业、经历等的相似，其中态度的相似是最具吸引力的。"同病相怜""同气相求""同仇敌忾""物以类聚，人以群分""志不同，道不合，不相与谋"等说的就是这个道理。事实表明，在见面初期，多是住在附近的人成为好伙伴，随着时间的推移，态度相似的人逐渐成了好朋友的情况增多了。

### （四）需求互补性

人们需求的互补性是指双方在交往过程中获得互相满足的心理状态。当双方的需求或个性能互补时，就能形成强烈的吸引力。例如一个有支配性格的人容易和被动型的人相处。这是因为彼此可以取长补短，互相满足需求。一般而言，人际吸引中的互补因素，其作用多发生在交情较深的朋友、恋人、夫妻之间。民间俗语的"一方馒头搭方糕"就是需求互补的重要注脚。当然，并不是所有相反的特性都能互补，互补性是有条件的，不是绝对的，在某些方面互补一些更好，在某些方面相似一些会更好。

除了以上四种因素影响着人们的人际吸引之外，还有一些影响因素或现象，诸如自我表露。自我表露是指把有关自我的信息、自己内心的思想和情感暴露给对方。自我表露是一个强有力的"信任"表征，具有很强的象征性，可以增加他人对自己的喜欢。一个善于言谈并且敢于表露自己的人往往更容易得到更多的好感，它可以引发对方也做自我表露，从而增进相互的了解、信任以及实现感情上的接近。

> **拓展阅读**
>
> ○ **人际交往中增强人际吸引力的要点**
>
> 美国成功心理学家卡耐基在《人性的弱点》一书中介绍了在人际交往中可以增加或保持喜欢与吸引的心理品质或人格特征有：
>
> ① 真诚地对别人感兴趣；
> ② 尽力记住别人的名字；
> ③ 做一个好听众而不是演说家；
> ④ 谈别人感兴趣的话题；
> ⑤ 经常让别人感觉到他很重要；
> ⑥ 避免当面伤害别人的感情；
> ⑦ 有错要主动承认，争辩要有分寸；
> ⑧ 不要总显得自己比别人高明。
> ⑨ 多从别人角度考虑问题；
> ⑩ 永远保持同情心。

## 第三节 人际沟通

> 假如你有一个苹果，我有一个苹果，彼此交换后，我们每人仍只有一个苹果。但是，如果你有一种思想，我有一种思想，那么彼此交换后，我们每个人都有两种思想。甚至，两种思想发生碰撞，还可以产生出两种思想之外的其他思想。
>
> ——萧伯纳

### 一、沟通的含义

沟通一般指人与人之间的信息交流过程。有些学者将沟通等同于交往。其实，交往的含义比沟通广泛得多，它不仅指人与人之间的非物质性的信息交流，也包括物质的交换，还包括人与人之间通过非物质的和物质的相互作用过程所建立起来的相对稳定的关系或联系。

沟通是人与人之间发生相互联系的最主要的形式。人醒着时，大约有70%的时间都是花在各种形式的沟通过程中的。我们与别人交谈、读书、看报、上课、听广播、看电视，都是在进行沟通。沟通的广度和方便程度，是生活质量的最重要方面。现代生活最重要的方面是交通的便利和通信的发达，而它们所改善的，首先是人们沟通的状况。

### 二、沟通的结构

整个沟通过程由七个要素组成，包括信息源、信息、通道、信息接收者、反馈、障碍和背景。这七个要素之间的相互关系，从图7-2中可以一目了然。

#### （一）信息源

信息源是具有信息并试图进行沟通的人。他们始发沟通过程，决定以谁为沟通对象，并决定沟通的目的。沟通的目的可以是提供信息，也可以是影响别人并使别人改变态度，还可以是与人建立某种联系或纯粹为了娱乐。作为信息源的沟通者在实施沟通前，必须首先在自己丰富的记忆里选择出试图沟通的信息。然后，这些信

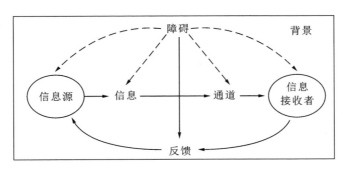

图 7-2　沟通过程及其组成要素

息还必须转化为信息接收者可以接受的形式，如文字、语言或表情等。沟通准备过程的一个直接效果，是使人们对自己身心状态有更为准确的意识。比如我们读一本小说，小说中情节和绝妙好词很多，但我们只有倾向性的印象，而缺乏确切的观念。只有在我们试图把小说的故事讲给别人听，精心整理出思路、给出自己的评价和感受时，我们才真正理解了小说，了解了自己对于小说的评价。有过准备讲稿经验的人有深切的体会，只有真正确切了解了某件事情或某种知识，才能讲得出、写得好。如果没有认真地准备沟通过程，就常常会觉得虽有千言万语，但就是什么也说不出来。

## （二）信息

从沟通意向的角度来说，信息是沟通者试图传达给别人的观念和情感。但个人的感受不能直接为信息接收者所接受，因而它们必须转化为各种不同的可为别人所觉察的信号。在各种符号系统中，最为重要的是语词。语词可以是声音信号，也可以是形象（文字）符号，因而它们是可被觉察、可实现沟通的符号系统。更为重要的是，语词具有抽象指代功能，它们可以代表事物、人、观念和情感等自然存在的一切。因此，它们也为沟通在广度和深度上提供了最大的可能性。

【案例 7.2】

沟通清楚吗？

问：您姓胡吗？
答：我很幸福。

语词沟通是以共同的语言经验为基础的。没有相应的语言经验，语词的声音符号就成了无意义的音节，形象符号也成了无意义的图画。如果对不懂中文的人讲汉语，那对方就不能从你的声音符号里面获得意义，沟通也就不能实现。另外，即使是使用同一种语言的人，对于同一个语词，不同的人在理解上也常常是有区别的。因为对于任何一个语词的意义，不同的人都有不同的经验背景。由于不同的人在词义理解上存在差异，实际上完全对应的沟通是很少的，更多的沟通都发生在大致对应的水平上。日常生活中人们时常出现误解，也往往是由对于同一个语词的理解不一致引起的。

### （三）通道

通道指的是沟通信息所传达的方式。我们的五种感觉器官都可以接收信息，但最大量的信息是通过视听途径获得的。日常生活中所发生的沟通也主要是视听沟通。通常的沟通方式不仅有面对面的沟通，还有以不同媒体为中介的沟通。电视、广播、报纸、电话等，都可被用作沟通的媒介。但是，心理学家的研究发现，在各种方式的沟通中影响力最大的，仍是面对面的沟通方式。面对面沟通时除了语词本身的信息外，还有沟通者整体心理状态的信息。这些信息使得沟通者与信息接收者可以发生情绪的相互感染。此外，在面对面沟通的过程中，沟通者还可以根据信息接收者的反馈及时调整自己的沟通过程，使其变得更适合于听众。由于面对面沟通能够更有效地对信息接收者发生影响，因此，即便是在通信技术高度发达的美国，总统大选时候选人也总是不辞劳苦地奔波各地去演讲。

### （四）信息接收者

信息接收者指接收来自信息源的信息的人。信息接收者在接收携带信息的各种特定音形符号之后，必须根据自己的已有经验，将其转译成信息源试图传达的知觉、观念或情感。这是一个复杂的过程，包括一系列注意、知觉、转译和储存心理动作。由于信息源和信息接收者拥有两个不同但又具有相当共同经验的心理世界，因此，信息接收者转译后的沟通内容与信息源原有的内容之间的对应性是有限的。不过，这种有限的对应在更多的情况下足以使沟通的目的得以实现。

在面对面的沟通过程中，信息源与信息接收者的角色是不断转换的，前一个时相的信息接收者，则成了下一个时相的信息源。在日常生活中，每一个人都必须很好地了解如何有效地理解别人和被别人理解，了解沟通过程中信息的转译和传递机制，只有这样，才能提高沟通的有效性和准确性。

### （五）反馈

反馈的作用是使沟通成为一个交互过程。在沟通过程中，沟通的每一方都在不断地将信息回送另一方，这种回返过程就称作反馈。反馈可以告诉信息发送者信息接收者接收和理解每一信息的状态。如果反馈显示信息接收者接收并理解了信息，这种反馈为正反馈。如果反馈显示的是信息源的信息没有被接收和理解，则为负反馈。显示信息接收者对于信息源的信息反应不确定状态叫作模糊反馈。模糊反馈往往意味着来自信息源的信息尚不够充分。成功的沟通者对于反馈都十分敏感，并会根据反馈不断调整自己的信息。

反馈不一定来自对方，我们也可以从自己发送信息的过程或已发出的信息中获得反馈。当我们发现所说的话不够明确，或写出的句子难以理解时，我们自己就可以做出调整。对应于外来反馈，心理学家称这种反馈为自我反馈。

### （六）障碍

人类的沟通经常发生障碍，因此，分析沟通过程不能不分析障碍问题，我们可以将人类的沟通系统比作电话回路。在电话回路中，任何一个环节都可能出现问题，对沟通形成障碍。在人类的沟通过程中也有大致相同的情况。信息源的信息不充分或不明确（如得相思病而整日坐立不安的人会认为自己是病了而不是爱上了某一个人）、信息没有被有效或正确地转换成可以沟通的信号（如爱的感受没有被转换成让被爱者可以理解的语词表达）、误用沟通方式（如以不适当的方式来表达爱慕）、信息接收者误解信息（如将爱慕者表达的关怀和帮助解释成他希望通过这种方式得到自己帮助）等，都可以对沟通造成障碍。

此外，沟通者之间缺乏共同的经验，彼此也难以建立沟通。来自两个完全不同的文化背景的沟通者是很难有效地交流信息的。一个故事讲到，一个外国旅游者在一个乡村小店想喝牛奶，在纸上画了一头牛。结果店主牵来一头大水牛。其实，即使在同一个国家，由于不同地区、不同民族有其独特的文化，类似的笑话也是经常发生的。足够的共同经验，是沟通得以实现的必要前提。

### （七）背景

沟通过程的最后一个要素是背景。背景是指沟通发生的情境。它影响沟通的每一个要素，同时也是影响整个沟通过程的关键因素。在沟通过程中，许多意义是由背景提供的，甚至语词的意义也会随背景而改变。同样一句："你真够坏的！"如果是亲密朋友在家里亲切交谈的背景，那么这句话并不是谴责的意思，而意味着欣赏、赞美。可以设想，如果将这句话用于其他情境，其意义会是什么，其所指的对象会做出怎样的反应。

## 三、如何提高沟通技巧

**心理游戏 ❶**

○ **我说你画**

1. 活动目的

（1）学会全局思维、清晰表述、准确回应。

(2) 学会多角度找原因，主动承担责任。

(3) 体验有效的信息沟通要素包括准确表达、用心聆听、思考质疑、澄清确定等。

2. 活动程序

(1) 第一轮请一名自愿者上台担任"传达者"，其余人员都作为"倾听者"。"传达者"看样图一两分钟，背对全体"倾听者"，下达画图指令。

(2) "倾听者"们根据"传达者"的指令画出样图上的图形，"倾听者"不许提问。

(3) 根据"倾听者"的图，"传达者"和"倾听者"谈自己的感受。

(4) 第二轮再请一位自愿者上台，看着样图二，面对"倾听者"们传达画图指令，其中允许"倾听者"不断提问。看看这一轮的结果如何？

(5) 请"传达者"和"倾听者"谈自己的感受，并比较两轮过程与结果的差异。

## （一）听话的技巧

西方有句谚语说："上帝给我们一张嘴巴两只耳朵，就是让我们多听少说。"研究表明，在人们日常的言语活动中，"听"占45%，"说"占30%，"读"占16%，"写"占9%，也就是说，人们有近一半的时间在听，可见"听"在日常交际活动中的重要地位。沟通首先就是一门倾听的艺术。

听话已成为社会中交流信息的主要途径，我们必须接受认真的听话训练，才能适应现代化社会生活的挑战，现代社会要求在听话能力上做到：听得准，理解快，记得清，做到听话的一次准确性，有较强的听话品评力和听话组合力。当然，这种能力不是自发形成的，必须通过严格的训练和参加社会交际活动才能逐步提高。

**拓展阅读**

○ **有效的倾听技术**

听与倾听是完全不同的。听只是对声波振动的获得，而倾听则是弄懂所听到的内容的意义，它要求对声音刺激给予注意、解释和记忆。下面8种行为与有效的倾听技术有关。

(1) 保持目光接触。与别人交流时保持目光接触，别人总是通过观察你的眼睛来判断你是否在倾听。

（2）展现赞许性的点头和恰当的面部表情。有效的倾听者会对所听到的信息感兴趣，那么，通过你的动作和表情把你的兴趣表现出来吧。

（3）避免分心的举动或手势。在倾听时，应该尽量避免看表、心不在焉地翻阅文件、乱写乱画等动作，这样会使说者认为你对他讲的话题不感兴趣，也会使你的精力不集中。

（4）提问。在倾听时进行提问，可以使自己更准确地理解内容，还会增强交流者双方的互动。

（5）复述。用自己的话重复所听的内容，既可以使自己的注意力集中于交流内容上，也可以检验自己对所听内容理解的准确性。

（6）避免打断说话者。在别人说话时尽量耐心听，等别人说完了自己再说。

（7）不要多说。大多数人都乐于滔滔不绝地表白自己，而忽略了别人。有效的倾听者应该能够克制自己，多听别人说的，而自己少说。

（8）自觉转换听者与说者的角色。虽然有效的倾听者应该全神贯注于说者所表达的内容，但有效的倾听者不应该固着自己的角色，而应该能够使说者到听者再回到说者的角色转换十分流畅。

## （二）说话的技巧

### 1. 赞美的艺术

有这样一个故事。一个农夫养了一些奶牛，每天产的牛奶基本是定量的，后来他不断地赞美他的奶牛，结果奇迹出现了，在生产条件不变的情况下，他的奶牛生产出了更多、更优质的牛奶。赞美具有神奇的魔力。它不仅仅是一项说话的艺术，更是一种积极的生活态度和生活技巧。那么，该如何向别人表达赞美呢？首先应该把握以下几条基本原则：真实、真诚、有具体例证、恰到好处、角度独到。在此基础上将下列对方身上确实存在的东西强调给对方听：优点与长处；你欣赏他的地方；他希望你欣赏的地方。

心理游戏 ❷

○ **戴高帽子（优点大轰炸）**

目的：学习发现别人的优点并欣赏，促进相互肯定与接纳。

操作步骤：

（1）5～8人一组围成圆圈坐。请一位成员坐或站在团体中央，戴上纸糊的高帽子。其他人轮流说出他的优点及欣赏之处（如性格、相貌、处事等）。

（2）被称赞的成员说明哪些优点是自己以前觉察的，哪些是不知道的。

（3）每个成员到中央戴一次高帽子。

（4）规则是必须说优点，态度要真诚，努力去发现他人的长处，不能毫无根据地吹捧，这样反而会伤害别人。参加者要注意体验被人称赞时的感受如何？怎样用心去发现他人的长处？怎样做一个乐于欣赏他人的人？

（5）小组交流体会并派代表在团体进行交流。

2. 批评的艺术

【案例7.3】

俄克拉荷马州的乔治·强斯顿，是一家营建公司的安全检查员。检查工地上的工人有没有戴上安全帽，是强斯顿的职责之一。

据他报告，每当发现有工人在工作时不戴安全帽，他便会用职位上的权威要求工人改正。其结果是，受指正的工人常显得不悦，而且等他一离开，就又把帽子拿掉。

后来强斯顿决定改变方式。这一回他看见有工人不戴安全帽时，便问是否帽子戴起来不舒服，或是帽子尺寸不合适。他并且用愉快的声调提醒工人戴安全帽的重要性，然后要求他们在工作时最好戴上。

效果果然比以前好得多，也没有工人显得不高兴了。

人难免会犯错，伟人也好，普通的人也罢，都可能出现过失，但不管是谁，当他做了错事的时候，内心总是充满愧疚、悔恨、自责甚至恐惧。因此，指出和纠正别人的过失是大有讲究的。关于批评，中国有句俗语："打一个巴掌，给一个甜枣。"有人把这种方法加以完善，提出了批评的"三明治法"。

3. 如何拒绝

【案例7.4】

小雪是某高校一名学艺术的女生，她性格文静，做事沉稳，待人处事都很随和。由于学习成绩较好，小雪被普通话老师选为课代表，与另一名课代表丽芳一起负责协助普通话课的教学工作。丽芳是小雪隔壁宿舍的一位女生，她长相漂亮，性格活泼开朗，不仅担任课代表，还在学生会工作。

丽芳经常去小雪的宿舍串门儿，所以两个人比较熟悉。

　　作为普通话课的课代表，工作任务比较多，其中包括每次上课之前在黑板上抄写好需要诵读的字词和文章，小雪和丽芳为了节省时间，约定两个人轮流做这项工作，也就是每次由一人抄写，下一次则换作另一人负责。这样持续了一个月左右，两个人的工作做得很不错，得到了老师和同学的认可。

　　这之后某次上课之前，由于丽芳在学生会临时开会，不能及时抄写普通话课的材料，所以给小雪打电话请她代写一次，小雪爽快地答应了。然而这次之后，每轮到丽芳抄写，她都说自己有事情请小雪代劳，虽然次数多了小雪心有不甘，但碍于同学情面每次都应允了。这样又过了一个月，当又一次轮到丽芳抄写的时候，她不仅没提前到教室抄写，而且没有跟小雪打招呼。眼看就要上课了，小雪怕影响上课，所以赶紧把材料抄写好了，之后两人并没有提起此事。

　　类似的情况在以后的几次普通话课上一再重复发生，小雪心里觉得很气愤也很委屈："我们两个都是课代表，凭什么每次都是我抄写啊？这不是欺负人嘛！下次我坚决不写了！"于是在下一次轮到丽芳抄写的时候，小雪没有像以前那样帮忙，也没有跟丽芳提前打招呼，她觉得这是丽芳的责任，不需要说什么。结果上课的时候丽芳发现黑板上一片空白，又是着急又是生气，一边跟大家道歉一边匆匆忙忙把材料抄写好。课后丽芳跟小雪大吵一架，两个人都觉得很委屈。

　　思考：

　　（1）小雪和丽芳吵架责任在谁？

　　（2）小雪为什么心里不情愿还要帮助丽芳？

　　（3）如果你是丽芳，你希望小雪怎样做？

　　我们在人际交往中经常会遇到被别人请求做某事的情况，如果这种请求是自己力所能及的，我们大多会伸出援手，互相帮助也往往会对人际关系的建立起到积极作用。但是如果别人请求的事情我们不能完成，要怎么处理呢？如果勉强答应却不能做到，可能会适得其反；如果要直接拒绝，又应该注意什么呢？

　　（1）耐心倾听对方的要求。即使在对方述说中途就已经知道必须加以拒绝，也要听人把话说完。既表达了对其尊重，也更加确切了解了其请求的主要含义。

　　（2）要明白地告诉对方你要考虑的时间。我们经常以"需要考虑考虑"为托词而不愿意当面拒绝请求。内心希望通过拖延时间使对方知难而退。这是错误的。如果不愿意立刻当面拒绝，应该明确告知对方考虑的时间，表示自己的诚信。

（3）拒绝的话不要脱口而出。要站在对方立场上严肃地思考，一定要显示出明白这个请求对其的重要性。

（4）拒绝的时候要和颜悦色。首先感谢对方在需要帮助时可以想到你，并且略表歉意。过分的歉意会造成不诚实的印象，因为如果你真的感到非常抱歉的话，就应该接受对方的请求。

（5）态度要坚决。不能因为对方再次的说服而改变想法，因为这样会让对方以为有回转的余地，对己对人都不负责任。甚至耽误对方办事，为双方之间埋下不愉快的种子。

（6）必须指出拒绝的理由。指出真诚的并且符合逻辑的拒绝的理由最好，有助于维持原有的关系。如果你觉得拒绝的理由不充分，也可以直接拒绝而不说明理由。千万不可编造理由，因为谎言终究会被揭穿。当你说明理由后，对方试图反驳，你千万不可与之争辩，只要重申拒绝就行了。争辩会把理性转化为感性。

（7）对事不对人。一定要让对方知道你拒绝的是他的请求，而不是他本身。拒绝之后，最好可以为对方指出处理其请求的其他可行办法。

（8）千万不可通过第三方加以拒绝。通过第三方拒绝，足以显示自己懦弱的心态，并且非常缺乏诚意。

总之，成功地拒绝他人的不实之请可以节省自己的时间和精力，还可以免除由不情愿行为所带来的心理压力。关键在于拒绝前必须将对方的利益放在考虑之内，才能做到两全。

### 4. 善用幽默

在人际交往中，谈吐幽默的人往往易于取胜，没有幽默感的人则往往会失败。在交际场合，幽默的语言极易迅速打开交际局面，使气氛轻松、活跃、融洽。在出现意见有分歧的难堪场面时，幽默、诙谐便可成为紧张情境中的缓冲剂，使朋友、同事摆脱窘境或消除敌意。此外，幽默、诙谐的语言还可以用来含蓄地拒绝对方的要求，或进行一种善意的批评。

【案例 7.5】

鸡蛋与母鸡

一次，一位读过《围城》的美国女士到中国来，打电话给该书的作者钱钟书先生，说自己很想拜见他。钱钟书先生一向淡泊名利，不慕虚荣。他在电话中婉拒道："假如你吃了一个鸡蛋觉得不错的话，又何必一定要见那个下蛋的母鸡呢！"在此，钱先生以其特有的幽默和机智，运用新颖、别致而又生动、形象的比喻，拒绝了那位美国女士的请求，既维护了那位女士的自尊，又避免了麻烦。

值得注意的是，幽默运用得当可以成为人际沟通中的润滑剂，但同学之间运用幽默开玩笑一定要适当，否则很容易适得其反。

### （三）身体语言的使用

语言是人类最重要的交际工具，除此之外，在交际过程中人们为了弥补语言交际的不足或不便，往往采用非言语手段——身体语言来达到交际目的，身体语言是一种运用自己的身体与他人沟通的方式。

1. 微笑的魅力

在沟通过程中首先要注意目光与面部表情的运用，其中微笑是一种极具感染力的交际语言，微笑不仅能很快地缩短人际交往中的心理距离，还能够传情达意。

2. 身体姿势的运用

人们对待他人的态度在一定程度上是通过体姿表现出来的。虽然体姿不能完全表达个人的特定情绪，但它能反映一个人的紧张或放松程度。当某人对交流对象感到拘谨和恐惧、敌意或不满时，往往会呈现体姿僵硬、肌肉绷紧的情况，在这种情况下，往往使交流双方都感到不自在，人际沟通达不到预期的效果。所以说不同的体姿也是一种沟通行为。

> **拓展阅读**
>
> 社会心理学家艾根提出了在别人心目中建立良好第一印象的SOLER模式，SOLER是由五个英文单词的词头字母拼写起来的专用术语。
>
> S（SIT）代表"坐或站的时候要面对别人"；
>
> O（OPEN）表示"姿势要自然开放"；
>
> L（LEAN）表示"身体微微前倾"；
>
> E（EYES）表示"目光接触"；
>
> R（RELAX）表示"放松"。
>
> 心理学家们发现，如果有意识地在社交场合运用SOLER技术，可以帮助人们改变其他不恰当的自我表现习惯，可以有效地增加别人对自己的好感，增加别人对自己的接纳。

### 3. 把握好人际距离

试着想象这样一个场景：在一个空空荡荡的大阅览室里，零散地坐着几位读者，你是其中之一，这时进来一位你不认识的同学，拿着书坐到了你的身边。此时你会有什么感受？如果是你的一位老朋友这样做呢？

以上现象说明人与人之间需要保持一定的空间距离。任何一个人，都需要在自己的周围有一个自己把握的自我空间，当这个自我空间被人触犯就会感到不舒服、不安全，甚至恼怒起来。

就一般而言，交往双方的人际关系以及所处情境决定着相互间自我空间范围。如图 7-3 所示，美国人类学家爱德华·霍尔博士划分了四种区域或距离，各种距离都与对方的关系相称。

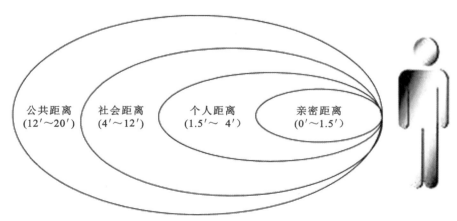

注：'指英寸，1英寸=25.4毫米。

图 7-3 四种区域的人际关系

当然，人际交往的空间距离不是固定不变的，它具有一定的伸缩性，这依赖于具体情境，交谈双方的关系、社会地位、文化背景、性格特征、心境等。在日常交往中，大学生无论是在班级、宿舍，还是在其他场合，都应该根据具体情况选择恰当的社交距离，以促进人际交往的顺利进行。

## 第四节 人际冲突

> 一旦友谊破裂，名誉受玷，忠诚变为罪恶和可耻的隐痛，以前的一切仅留下一个不停地出血的创伤，永远不可能愈合。
>
> ——温塞特

**【小故事】**

从前，有一个脾气很坏的男孩，他的爸爸给了他一袋钉子，告诉他，每次发脾气或者跟人吵架的时候，就在院子的篱笆上钉一根。第一天，男孩钉了37根钉子。后面的几天他学会了控制自己的脾气，每天钉的钉子也逐渐减少了。他发现，控制自己的脾气，实际上比钉钉子要容易得多。终于有一天，他一根钉子都没有钉，他高兴地把这件事告诉了爸爸。

爸爸说："从今以后，如果你一天都没有发脾气，就可以在这天拔掉一根钉子。"日子一天一天过去，最后，钉子全被拔光了。爸爸带他来到篱笆边上，对他说："儿子，你做得很好，可是看看篱笆上的钉子洞，这些洞永远也不可能恢复了。就像你和一个人吵架，说了些难听的话，你就在他心里留下了一个伤口，像这个钉子洞一样。"

人际交往的复杂性和持续性注定了它常常不会是风平浪静的，人际冲突成为人际关系发展中不可回避的困境，对于人际冲突的管理也直接决定了人际关系的质量。那么，怎样避免人际冲突的发生和人际关系的破裂呢？

### 一、人际冲突的含义和产生的原因

人际冲突是指人与人之间互不接纳、互不相容的现象，包括背离、排斥、侵犯等方面，表现为不满、拒绝、对抗、破坏等形式。这种现象在大学生人际交往中时有发生。造成交往危机的原因很多，主要有五个方面的因素。

1. 个性心理因素

引发人际冲突的不良个性心理特征有以下方面。

（1）自我封闭：表现为不愿与他人交往，喜欢独来独往，不合群。由于不善和不主动与他人交往，感到孤立，自我心理压力较大，生活态度不乐观。

（2）自我否定：表现为较自卑，由于在学习、社交、经济、家庭、相貌等方面不如别人，有强烈的失落感。遇事从坏处着想，对自己没有信心或过于自负，对同学和老师的话过于敏感。

（3）自我欣赏：表现为不宜与他人相处，但自我感觉良好，在各种场合都希望自己是中心。因为较为关注自己，对他人的感受不在意，不尊重别人，自我定位偏高，易引起他人反感。

（4）盛气凌人：由于一直是家庭、学校和社会的宠儿，走进大学后依然被关注，造成心理上的优越感，肯定自己，否定他人。在交往方式、态度上的尺度把握不好，故对他人的伤害要大于自己。

2. 利益冲突

这是本位原因引起的，争取自身的最大利益过程中同他人产生的冲突。例如评选优秀班干部，有两位同学条件都差不多，可是名额只有1个，此时，就容易产生人际矛盾。

3. 信息差异

由于人的经历、知识、经验态度特别是价值观的不同，人们对同一事物往往会有不同的认识、理解和评价，从而造成人际冲突。如大学生宿舍中常因争论某一个问题而造成人际冲突。

4. 情绪对立

当人们处于情绪上的对立状态时，是极易产生人际冲突的。如大学生因违反校纪校规，受到批评时产生对立情绪。

5. 报复冲突

报复是人际冲突中产生的主要根源之一。俗话说："以眼还眼，以牙还牙"，就是指人们对于别人的侵害行为往往采取同样的形式进行回报，"给对方一个教训"。如大学生A让大学生B在女生面前丢了面子，B就会想办法也让A也丢一回面子。

对于人际关系来说,冲突可以带来挑战,也可以带来机遇。冲突的负面功能主要表现在:由于心存芥蒂,双方沟通不良,情感有隔阂,甚至相互诋毁、相互拆台;或者由于互不相让、恶意攻击导致双方关系破裂。但是,冲突也可以有正面功能,这类似于俗话说的"不打不相识"。正面功能主要有:一方面,双方把隐藏的不满、误解公开表达出来,可以通过辩论而得以澄清、化解,从而消除隔阂,增进理解,加深关系;另一方面,双方把各自的看法及其理由摆出来,通过建设性的争论,可以形成"头脑风暴",彼此激发新思想,最后找到解决问题的更好方案。

【案例 7.6】

### 臭棋引发的冲突

大学生甲,中午午休时与人下棋,输了几盘心里不痛快。此时,边上观棋的同学乙说了一声"臭棋",使他感到面子上过不去,就与观棋的大学生乙发生争吵,说:"我下棋,你插什么嘴?你再说,我就打你。"观棋的大学生乙也不买账,说:"你的棋艺是不行嘛,就是臭棋!"于是,大学生甲冲上去就给了乙一个耳光。两人扭打在一起。后被同学劝阻。随后在食堂用餐时,乙又突然从背后袭击甲,导致甲头、身上多处受伤。

**评论**:大学生甲输棋后心里不痛快,产生了一些不良情绪,而乙说话不讲策略,挫伤了甲的自尊心,二人产生冲突被劝阻后,乙又怀恨在心,伺机报复,于是导致了殴打事件的发生。不少人在发生冲突时,绝不示弱,因此总采取一决胜负的态度;有些人为了压倒对方,取得胜利,常常采取不择手段的做法,如破口大骂、诬陷、揭老底,乃至人身攻击、以势压人等等,最终往往造成人际冲突,给双方都造成伤害,使得双方关系更加紧张、敌视,而且很难再修复。

## 二、人际冲突的类型和发生过程

人际冲突有不同的层次和类型。布瑞克和凯利区分了三个层次的冲突。第一个层次是特定行为上的冲突。即双方对于某个具体问题存在不同意见。例如,两个人一起外出度假时,对搭乘什么交通工具意见不一,一个想乘飞机,一个想乘火车。第二个层次是关系原则或角色上的冲突,即双方对于如何处理两个人的关系,对在关系中各自的权利、义务有不同的理解。例如,同宿舍的同学可能在宿舍公共劳动怎样分工上存在分歧。在人际关系中,有些角色规范比较明确,也有一些角色规范比较模糊,如果两个人对于规则看法不同,就难免产生冲突。第三个层次是个人性格与态度上的冲突。这往往牵扯到双方人格与价值观的差异,因此是较深层次的冲突。

例如：同宿舍的同学之间可能因为性格不合而闹矛盾：在周末，一方很喜欢找一大堆朋友来宿舍玩，另一方则喜欢单独待在宿舍。在人际交往中，这三个层次的冲突有时可能交织在一起的。行为的分歧可能引起关系原则上的矛盾，并进一步导致个性上的冲突。一般来说，冲突层次越深，涉及因素就越多，情感卷入程度就越高，矛盾就越复杂，解决起来也越难。

冲突可能产生于客观存在的分歧，也可能根源于主观想象的矛盾。根据冲突的基础不同，研究冲突的著名学者多伊奇区分了五种类型的冲突，包括平行的冲突、错位的冲突、错误归因的冲突、潜在的冲突、虚假的冲突。

在平行的冲突中，存在客观的分歧，而且双方都准确地知觉到了这种分歧。例如，你和你的朋友在一起看电视，你很想看一个电视连续剧，你的朋友却想看足球比赛的转播，你们俩都清楚地知道双方的愿望，但是却不愿意相让。

在错位的冲突中，一方可能有一个客观的理由，而且知觉冲突的存在，但是却不直接针对真正的问题本身。例如，你觉得老师在期中考试时给你打的分数太低，心里不满，但是又不好直接去说，于是你就在课堂上提一些刁难他的问题。

在错误归因的冲突中，存在客观的分歧，但是双方对这种分歧并没有准确的直觉。一位同学发现宿舍里面有异味，她很讨厌这种气味，以为是宿舍的某个同学没有及时洗衣服，所以见面时就警告那位同学不要在宿舍存放脏衣服。事实上，异味来自另一位同学喝剩的茶水。

在潜在的冲突中，存在客观的分歧，但是双方对这种分歧并没有什么感觉。

在虚假的冲突中，双方有分歧，但是这种分歧并没有客观的基础。例如，你的同学召集生日聚会，你没有得到邀请，而他也正因为你没有去参加聚会而不满。事实上，他本来是打电话邀请你的，因为你不在，拜托你的同学转告你，但是你的同学却忘记了这回事。这时，双方的冲突纯粹是因为误会。

冲突不是一种静止的状态，而是一个动态的过程，在这个过程中，冲突双方的认知、情绪和变化都有可能发生变化。一般来说，冲突要经过潜伏、知觉、感觉、外显和结果这五个阶段。

在冲突潜伏阶段，导致双方冲突的客观条件已经基本具备，也就是说，双方在某些方面存在差异，难以兼容，但是双方还没有明确意识到这种差异。当双方明确认识到这种差异，而且认为不能相容，就进入了知觉阶段。当双方开始分析冲突性质，思考应对策略，而且还出现一些情绪化的反应（如紧张不安、不舒服、愤怒等）时，就进入了冲突感觉阶段。在这个阶段，双方都需要做出选择：是回避冲突，还是公开面对冲突？只要一方将冲突公开，就会进入冲突外显阶段，这时双方可能发生言语上的争执、情绪上的对立，甚至行为上的对抗。在这个阶段，很容易出现冲突升级，将矛盾扩大化、情绪化。冲突意味着人际平衡关系被破坏，经过一段时间的互动，双方关系一般会达到一个平衡，这时就进入冲突的结果阶段。冲突的结果可能是两败俱伤，可能是一胜一负，如果处理得当，也可能双赢。人际冲突虽然并不会导致人际关系的破裂，但如果双方不能很好地解决彼此之间面临的问题，则可能导致人际关系破裂。

> **心理游戏**
>
> ○ **心有千千结**
>
> **步骤：**
>
> （1）将全班学生分成若干个小组，每组 10 人，让每组成员手拉手围站成一个圆圈，记住自己左右手各相握的人。
>
> （2）在节奏感较强的背景音乐中，大家放开手，随意走动，音乐一停，脚步即停。找到原来左右手相握的人分别握住。
>
> （3）小组中所有参与者的手都彼此相握，形成了一个错综复杂的"手链"。在节奏舒缓的背景音乐中，主持人要求大家在手不松开的情况下，用各种方法，如跨、钻、套、转等（但手不能放开），将交错的"手链"解成一个大圆圈。
>
> **分享：**
>
> （1）面对"死结"，你们一组同学的态度有何不同？
>
> （2）你们是胜利了还是失败了？如果胜利了，你们是如何解开死结的？失败的有何感想？
>
> （3）在学习和生活中，有哪些"死结"？我们该如何面对？

## 三、人际冲突的处理方法

冲突，在人际交往中常常成为令人棘手的问题。不论是同学之间，还是师生之间、邻里之间，所发生的争执、吵闹甚至厮打等，都是冲突的表现。冲突常常搅得人心烦意乱，造成人与人之间的不和乃至仇恨。心理学家发现，认清人际冲突或分歧的本质，并学会建设性地处理分歧或冲突，可以有效地减少人际关系恶化和破裂的发生。

据统计，大学生在处理人际冲突时，常用的方法主要有以下几种，但也存在一定的问题。

### 1. 回避

当冲突快发生的时候，如果一方回避现在的矛盾离开现场或换一个话题，或佯装被其他事所吸引，重估可能就不会发生。如运用"好了好了，我还有很多事要走……""我们先不说这个……""我还会有点事情，我先走了""你们看，今天的天气有点反常……"等类似的语言。但需要注意的是，回避虽然可以暂时避开人际矛盾，不过有时候冲突也不会因回避而消失，还有可能使问题沉积，延续其爆发时间。

2. 求和

求和是一种让步的做法。一般来说，遇到人际冲突就主动求和的人大多是由于缺乏安全感、担心自己的做法会使自己受到他人排挤的人，因此处处采取"投降"的政策，以牺牲自己的某些利益作为求和的砝码。如："这次你还不去做值日？上几次都是我一个人做的。算了算了，还是我一个人做吧。"表面看，求和化解了人际冲突，不过求和者常常会把不满情绪压在心底。这种不满的情绪迟早会爆发出来，引起新的人际冲突。

3. 决战

不少人在发生冲突时，绝不示弱，因此总采取决一胜负的态度；有些人为了压倒对方，取得胜利，常常采取不择手段的做法，如破口大骂、诬陷、揭老底，乃至人身攻击、以势压人等，如案例7.6中的大学生甲和乙。这种处理冲突的方法绝非明智之举，虽一时逞雄，却给双方造成了深深的伤害，使双方关系更加紧张、敌视，而且很难再修复。

每个人都有不同于任何其他人的经历，有自己独特的情感、理解和利益背景，因此，人与人之间出现不一致或冲突是不可避免的。无论什么样的关系，也无论交往的双方关系有多么深刻、情感有多么融洽，都可能出现冲突。

在实际生活中，更多的人际冲突都是可以避免的。学会用换位的方式去体验别人为什么会像他所想的那样言行，可以有效地帮助我们正确理解别人，避免判断的错误，也可以防止发生不恰当的体验和行为。对于已经发生了的冲突，如果处理得当，就事论事，往往不会给人际关系带来太大危害。心理学家经过研究，提出了解决冲突的有效方法。

第一，尽量避免争论。人与人之间的争论是很正常的事，但是争论往往都以不愉快的结果而结束。事实证明，无论谁输谁赢都会很不舒服。赢者当时可能获得一种心理满足，但很快会被人际关系恶化的阴影所笼罩，一时的满足心理会变得烟消云散。输者的心理挫折感更加强烈，往往会演化为人身攻击，对于人际关系是非常有害的，争论的结果往往是两败俱伤。

第二，不要直接批评、责怪和抱怨别人。直接批评、责怪和抱怨别人会使他人的自尊心和自我价值感受损，尤其是一时面子上感到难堪。有时候只要稍稍改变一些方法，变直接批评、责怪和抱怨为间接的暗示和提醒，效果会好得多，这就是所谓"坏话好说"的艺术。

第三，勇于承认自己的错误。勇于承认错误是人际关系的润滑剂。当人际关系产生障碍的时候，承认自己的错误是明智之举。虽然承认自己的错误是一种自我否定，但是，承认错误会使自己产生道德感的满足。另外，承认自己的错误是责任感的表现，对他人也具有心理感召力，在此情境中的人际僵局会因此被打破。

第四，真诚地从人的角度看事情，理解别人。当别人的观点或做法在你看来是愚蠢的时候，先不要直接表达你的看法，先了解别人为什么这么想、这么做。当你将眼光移到别人的角度、用别人的眼睛看世界、用别人的心体验世界时，你会获得许多从来没有的理解，对看来荒唐的念头和做法，也会觉得是自然的事。

第五，学会批评。不到不得已时，绝不要自作聪明地批评别人。但是，有时批评是不可避免的。卡耐基总结的批评的艺术很值得借鉴：批评从称赞和诚挚感谢入手；批评前先提到自己的错误；用暗示的方式提醒他人注意自己的错误；领导者应以启发而不是命令来提醒别人的错误；给别人保留面子。

**歌曲欣赏**

○ **《我的好兄弟》（节选）**

作词：高进
编曲：高进
演唱：小沈阳 高进

在你辉煌的时刻
让我为你唱首歌
我的好兄弟
心里有苦你对我说
前方大路一起走
哪怕是河也一起过
苦点累点又能算什么
在你需要我的时候
我来陪你一起度过
我的好兄弟
心里有苦你对我说
人生难得起起落落
还是要坚强地生活
哭过笑过至少你还有我

朋友的情谊呀比天还高比地还辽阔
那些岁月我们一定会记得
朋友的情谊呀我们今生最大的难得
像一杯酒，像一首老歌

**课后思考**

**1. 这是一个发生在肉类加工厂的真实故事。**

下班前，一名工人进入冷库检查，冷库门突然关上，他被困在了里面，并在死亡边缘挣扎了5个小时。

突然，门打开了，工厂保安走进来救了他。

事后有人问保安："你为什么会想起打开这扇门，这不是你日常工作的一部分啊？"

保安说："我在这家企业工作了35年。每天数以百计的工人从我面前进进出出，他是唯一一个每天早上向我问好并且下午跟我道别的人。"

"今天，他进门时跟我说过'你好'但一直没有听到他说'明天见'。我每天都在等待他的'你好'和'明天见'。我知道他还没有跟我道别，我想他应该还在这栋建筑的某个地方，所以我开始寻找并找到了他。"

根据这篇材料自拟题目，结合本章内容写一则文章，字数800字。

**2. 阅读下面的文字，根据要求作文。**

甲乙两个好朋友吵架，乙打了甲一拳，甲在沙地上写了"今天我的好朋友打了我一拳"。又一次外出时，甲不小心掉进河里，乙把他救了上来，甲在石头上刻了"今天我的好朋友救了我一命"。乙问甲为什么要这样记录，甲说："写在沙地上，是希望大风帮助我忘记；刻在石头上，是希望刻痕帮助我铭记。"

生活中，有许多事情是可以忘记的，有许多事情又是需要铭记的。请以"忘记和铭记"为话题，写一篇不少于800字的文章。自定立意，自选文体，自拟标题。所写内容必须在话题范围之内。

**3. 阅读下面的文字，根据要求作文。**

皇帝造屋，百工齐集。木匠、石匠暗暗竞赛。一天，木工师傅求胜心切，重责小徒弟。徒弟为了泄愤，把师傅的木尺偷偷锉短了一分。结果,根据木尺做成的木柱都短了一分。而那些稀有木材是远方进贡来的。无法在当地补充,皇帝必然为此震怒。木工师傅知道自己死亡临头而大哭,这时,石匠想出了一个办法,他把承托长柱的石礅的平整墩面改为微微隆起,补足了木柱短缺的部分。这样,不但宫室如期落成,木工全家得救,也改善了石墩设计,为中国建筑多增一份姿采。

这则故事寓有中国人处世的哲理:别人的短处可以彰显我们的长处,我们的长处可以"衬托"别人的短处,这样彼此都有好处。推而广之,这是一种竞争中"双赢"的智慧,而这在现代社会中尤为重要。

请以"双赢的智慧"为话题,自定立意,自选文体,自拟题目,写一篇不少于800字的文章。所写内容必须在话题范围之内。

## 心理咨询师手记

### 沉默会不会带来伤害?

**一、个案描述**

王某,男,大一。咨询中表情严肃,自述感觉自己的说话方式好像令别人讨厌,高中时曾因说话不注意而与关系很好的朋友闹得不和,自己也不知道怎么就得罪了别人。当时想和朋友和好,但是觉得主动和好会很没有面子,过不了自尊心这一关。最大的困惑是交往的人挺多、挺广泛,但没有太多能够深入交流的,感觉和大多同学是点头之交,想和别人有更好的关系,但不知道该如何与别人深入交流,总是担心太深入的交流会引起别人的不喜欢反而失去朋友。所以现在宁愿选择沉默,较少与别人交流,即使交流也选择简单的方式,认为这样至少不会给彼此带来误会和伤害,但自己发现,这样的方式好像并不有效。自己也不想主动和别人套近乎,觉得这样做自己看不起自己,别人也看不起自己。为此苦恼。自述和宿舍三个同学的关系处理不好,特来咨询。

**二、咨询师与来访者对话(节选)**

咨询师:能说说你和宿舍同学是怎么相处的吗?

来访者:我和宿舍三个同学的关系处理不好,他们总拿我的缺点开玩笑,开得很过火,伤了我的自尊心,感觉他们不尊重我。

咨询师:比如?

来访者:比如我的生日和属相的事情,我父母告诉我的生日和户口本上的生日并不一致,大约差一年吧,他们就总拿这件事情开我的玩笑。我感觉他们伤了我的自尊,就跟他们说"请互相尊重一下"。再比如我们宿舍打扫卫生的工具要买，舍长没有组织大家买，却埋怨我不组织，说"你还是宿舍老大呢"之类的话。可我觉得这是舍长的工作职责，不该由我来组织，为这事我跟舍长吵了一架。前几天我提了一壶热水，宿舍别的舍友也倒，我就说了一句"留下我要泡面"，结果我下铺的那位居然来了一句"什么素质！"。当时我很是生气，水本来也是我提的。我觉得与这三个舍友的矛盾只能通过武力解决，他们严重伤了我的自尊，他们却不以为然。

咨询师：你认为他们伤害了你的自尊心，你觉得只有武力才能解决？

来访者：嗯，是，我觉得他们不能那样讲话，应该尊重我，我真想揍他们一顿！

咨询师：我理解你现在的想法和情绪，你心里一定又难过又生气。可是，人和人之间有矛盾是难免的，我们需要想办法来化干戈为玉帛，你说呢？

来访者：其实我知道，要是打起来肯定不对，可是我心里就是想不开，也不知道怎么办，唉……

咨询师：不要难过，办法是有的，我建议你换个角度看待自尊这件事，另外，改变一下你和宿舍同学的沟通方式，你的人际关系才会改善。

来访者：嗯，好，我想听听老师的看法。

### 三、咨询师的主要技术方法

1. 基础技术

（1）倾听。倾听是心理咨询的第一步，是建立良好咨询关系的基本要求，使来访者在比较宽松和信任的氛围中诉说自己的烦恼，案例中的来访者是急需获得他人的尊重，倾听也表达了对他的尊重。

（2）面质。指出他存在的矛盾问题，目的就在于协助来访者认识到自身自尊心感受过强的表现，鼓励他消除过度的心理防御机制，正视自己的人际问题，从而使问题得到妥善的解决。

2. 核心技术

认知重建法：认知重建法是由行为治疗概念中发展出来的一组治疗方法，总的目标是通过改变病人的认知、思想和意向活动来达到矫正来访者不合理行为的目的。本案例中主要是纠正、调整、改变或重建来访者对人际交往及自尊等概念的理解，使来访者学习交流的方法和艺术，同时端正其自尊。

3. 辅助技术

沙盘心理疗法：又称箱庭疗法，是通过实物的摆设立体呈现来访者当前和未来的心理状态的治疗方法，这种非言语的咨询方式，通过沙具的选择、摆放位置及个人讲述来达到自我探索的目的，辅助咨询师了解来访者对人际关系的理解及其在关系中的位置、心态等，成为心理咨询继续深入开展的有效辅助技术。通过沙盘，呈现来访者与宿舍同学的关系及其状态。

### 四、咨询师反思

人类天生带有许多固有的特性，其中一种就是要寻求伙伴，可以说互相依赖是我们作为人类的一种最基本的需要。在寻求伙伴的过程中，大学生该怎样处理人际关系？以积极的心态对待周围的人和事，即使糟糕的事情也会逐渐好起来，使人与人之间的心理距离缩短，良好的人际关系迅速建立起来。

在人际交往中，冲突与矛盾无处不在，但解决的方式却有很多种，冲突与和谐皆在一念之间，我们一定要设法化干戈为玉帛。在人际交往中，疑虑与焦虑是多余的，是阻碍，要强迫自己"豁出去"，要敢于去尝试。其实，把担心的事情想透了，结果也没有什么可怕的，希望大家能学会客观地看待问题，这样才能快乐生活、健康成长。学会如何与别人进行有效的沟通也是一种艺术、一门学问，需要引导来访者在这方面多阅读、多学习并在生活中多实践。

### 五、咨询中重要概念阐释

自尊是个性的核心，因而它也是所有行为的基础。主要有两种取向来理解自尊。一是情感取向，持该取向的心理学家认为自尊是对自己的一种情感体验，它通过非理性的过程形成。自尊的情感模型主要探讨了自尊的组成成分与自尊的起源。其假设是自尊在个体早期形成，与婴儿依恋有很大关系，是亲子相互作用的结果，尽管如此，也并不是说，个体的自尊形成以后不会改变，只不过是强调其基础性、指导性。这样，无条件的归属感和掌控感就成了自尊的重要成分。已有研究表明，不同的依恋类型能够预测学前和幼儿园儿童的自尊水平，安全型依赖的儿童表型出最强的自尊，在青少年和青年人身上也发现了同样的模式。

二是认知取向，该取向的心理学家认为自尊是个体对自己的判断，这种判断主要依据对自己的各种能力和特质的评价。

认知模型把自尊看成个体对自己作为人的价值的有意识判断，自尊取决于我们认为现在怎样与我们希望自己该如何之间的差异；张向葵等人又提出了自尊的"倒立金字塔"理论模型，他们认为：自尊是指个体对自身价值的一种积极的自我评价，是个体追求自身价值实现的一种内在动力，是个体内在心理活动的动态系统。在这个系统里，个体为了直接、准确地理解自尊的意义和达到自我实现的目的而能够有效地驱动、接受、选择、控制与调节自尊信息。在操作层面上，个体的心理活动系统包括驱动成分、认知成分、情感成分、监控与调节成分。按照这种界定，该系统包括三个基本心理维度：潜在自尊、社会自尊和元自尊。这三种功能的正常运作，既可以确保人能够存在一个良好的自尊系统，也能成为支撑人心理生态和谐统一的柱石。

由此，本案例中对来访者自我呈现的高频词"自尊"的认识是咨询的突破口之一。首先，根据自尊的情感模型可知，我们需要结合来访者的家庭依恋特征、家庭教养方式来认识其自尊的形成过程，探寻来访者获得高自尊心理感受的早期原因。其次，自尊的认知模型及张向葵等人的自尊模型给我们的启发是要多鼓励来访者在人际交往中注重积极有效的沟通，并勇于实践，减少其实际的人际交往价值感与期望的人际关系价值感之间的差距，对自己有一个积极的自我评价，从而促进来访者的人际交往过程和人际关系状态，在认知—情感—行为层面上良性发展。最后，在操作层面上，引导来访者自觉调动自我监控和自我调节的元认知心理活动，提升元自尊水平，从根本上达到自我实现的目的，这或许才是我们咨询的终极目标。

# 第八章 解读爱情

【课前思考】

(1) 爱情与什么有关？
(2) 爱情与什么无关？
(3) 你认为爱情花开该在何时？
(4) 爱情与性有关吗？
(5) 爱情需要"门当户对"吗？

第八章
学习资源

## 第一节 爱情的心理实质

> 我想爱你而不用抓住你，欣赏你而不须批判你，和你齐参与而不会伤害你，邀请你而不必强求你，离开你亦无须言歉疚，批评你但并非责备你，帮助你而没有半点看低你。由此，我们的相会就是真诚的，而且能彼此润泽。
>
> ——萨提亚

### 一、爱情是什么

爱情是一个古老而常青的永恒主题，古往今来人们对爱情的努力追寻和浪漫遐想一直没有停止过，几乎每个人都可以信手拈来几句爱情诗歌或者讲述几个动人的爱情故事。就拿影视作品来说，外国代表作有《泰坦尼克号》，中国代表作有《梁祝》。

大家对爱情有什么样的见解呢？请大家做以下活动。

**活动❶** ○ 爱情大渲染

方法：每4～6名同学组成一个小组，发挥大家的聪明才智，用比喻的方式描写爱情。描写得越多越好，最后在全班中评选出最有创意的小组（以所写比喻句的数量为主要衡量标准，兼顾句子的质量）。

基督教仪式的婚礼上，牧师在宣布二人结为夫妻的那个时刻问双方："你愿意爱这个人，无论他（她）将来是富裕或是贫困，是健康或生病？"这是一个美丽的誓约，我们每个人都渴望生命中拥有一份能完完全全接纳我们的真爱。我们希望能够找到一个真正爱自己的人，可以执子之手，更希望的是能够与子偕老。"就算前世没有过约定/今生我们都曾痴痴等/茫茫人海走到一起算不算缘分/何不把往事看淡在风尘/只为相遇那一个眼神/彼此敞开那一扇心门/风雨走过千山万水依然那样真/只因有你陪我这一程/多少旅途多少牵挂的人/多少爱会感动这一生/只有相爱相知相依相偎的两个人/才能相伴走过风雨旅程/多少故事多少想念的人/多少情会牵绊这一生/只有相爱相知相依相偎的两个人/才能搀扶走过这一生……"

众说纷纭中我们可能都禁不住问道：爱情到底是什么？一个人，从他呱呱落地那一刻起，一直到不可避免地走向生命的尽头，在这个过程中，他最需要得到的是什么？

爱情是一对男女之间建立在性需要基础上的一种强烈的内心情感体验，是基于一定的社会关系和共同的生活理想，在各自的内心形成的对对方的最真挚的倾慕，并渴望对方成为自己终身伴侣的最强烈的感情；是两颗心灵相互向往、吸引，达到精神升华的产物；是人类特有的一种高尚的精神生活。选择恋人不是一种交易活动，而是一种生命交流，一个人与另一个人通过沟通、适应、冲突、了解去建立一个爱的关系。

马斯洛需要层次理论指出，人有归属与爱的需要，可见爱情的重要，对爱情的追求是几乎每个人都具备的。

每个人的内心深处都渴望自己的伴侣能喜欢真实的自己。我们渴望这样一种关系：我们不需要刻意用好的行为来得到对方的爱和接纳。我们渴望能够将完全的自我毫无保留地展现在对方面前。真爱里，彼此能够坦然地显露真实的自我、真实的想法和真实的感觉，不被讥笑或被拒绝。这样的自由，使两个人可以彼此敞开，随着时间的推移，关系会越来越坚固。

"爱"代表的含义：L——Listen（倾听）；O——Obligate（感恩）；V——Valued（尊重）；E——Excuse（宽恕）。

因此，如果我们想要一份长久的爱，就要永远学会——倾听对方，感谢对方，尊重对方，宽恕对方。

真爱是建立在充分了解和接纳的基础上的。我们了解所爱的人的许多方面——不仅有美好的一面，还有缺点、矛盾和瑕疵。尽管我们知道对方的种种缺点，但仍无条件地接受他们最真实的样子。真爱意味着自由地给予，而不是从对方身上索取，更不会依靠对方来填补自己的不足。

真爱能够让彼此成长。真爱意味着我会关注你的成长，并且我会希望你变成你所能成为的人。真爱意味着能把彼此看作一个独立的人，一个拥有自己价值观、思想和情感的人，不会坚持让你放弃个性而成为他想要你成为的人。面对你的独立，我不会觉得这是威胁，我不会把你当成一件物品或让你完全满足我的需要。真爱包括责任意识和接受另一半原本的一面，无论是优点还是缺点，如果你仅仅爱一个人最好的东西，那不是爱，真爱意味着接受另一个人的缺点，并且带着耐心和谅解去帮助这个人转变。爱能够改善彼此的生活状态，并且双方都因为照顾和被照顾而成长。

**案例思考**

白洁与常旭是大学同班同学，在大一时互生爱慕，不久两人便确定了恋爱关系。白洁是一个清纯可爱的女孩，常旭是一个高大魁梧但孩子气十足的大男孩，他们在大学交往的四年中，始终保持着最烂漫的纯情，成为典型的"两未恋人"，即未同居、未发生性关系。常旭也曾经想过要与白洁同居，但白洁在这件事情上一直很坚持，认为只能在结婚后才能发生性关系。尽管常旭也常被宿舍同学讥笑为性无能，自己也为这事苦恼过、纠结过，但他终究还是认为尊重白洁的想法是最重要的，所以两人感情一直也算稳定和谐。

等到大学毕业的时候，白洁考上了本校的研究生，常旭即在离校不远的一家单位工作。后白洁在读研究生一年级的时候认识了正在本校读博士的张程，张程家境条件比较好，尚未毕业父母已为其买了房、买了车，他对清纯可爱的白洁一见钟情，经常相邀谈心、聊天、外出游玩，交往频繁，白洁不知该如何取舍。一边是交往四年多始终关心爱护自己的常旭，一边是追求猛烈、家境甚好的张程。而白洁父母认为张程家境好，可以给白洁更好的生活条件，与常旭相比能少奋斗好多年，极力促成白洁和张程。

面对父母对自己的屡屡忠告，白洁提出与常旭分手，常旭很痛苦地挽留多次，希望白洁给他机会，并承诺他一定会让她生活幸福，但白洁在纠结中断然不再与常旭相见，常旭苦恼到极致，选择离开了这座让他伤心的城市，回到家乡工作。

与常旭分手后，白洁与张程开始正式交往，不久张程就提出与其同居的请求，白洁遂答应，一直同居到两人毕业很长一段时间，但在这期间张程从未跟白洁表达过要与其结婚的意愿。后来白洁在追问下得知，张程现仍与另一名女友保持亲密关系，白洁难以接受这种现实，认为张程是品质极坏的人，遂与其分手，但白洁内心留下极大伤痕，至今难以抚平。

**思考：**
（1）白洁与张程之间存在真正的爱情吗？为什么？
（2）你如何看待常旭对白洁在性关系方面的尊重？
（3）假如你是白洁，你会选择常旭还是张程？为什么？

## 二、爱情三角理论

历史上许多心理学家围绕爱情展开了大量的研究，目前解释人类爱情最有影响的观点主要有美国耶鲁大学的心理学教授斯滕伯格（Sternberg）于20世纪90年代提出的爱情三角理论（见图8-1）。

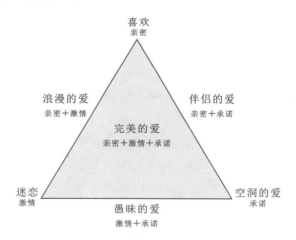

图8-1 爱情三角理论图示

### （一）爱情的三种成分

爱情三角理论认为人类的爱情虽复杂多变，但基本上由三种成分所组成，即亲密、激情和承诺。

1. 亲密（intimacy）

亲密是以彼此的信任为基础的情感表现，包括亲近、分享、交流和支持，即对另一个人产生的心灵相近、相互契合、相互归属的爱恋感觉。亲密也包括愿意得到和付出情感支持，分享彼此最内在的想法。属于爱情的情感方面。亲密一般最初发展缓慢，然后稳步发展至稳定水平，后来又下降。明显缺乏亲密意味着关系即将结束。

2. 激情（passion）

激情是彼此间性的吸引，以身体欲望的激起为特征，包括和爱人结合的强烈愿望。属于爱情的动机方面。与亲密不同，性方面的动机迅速发展，但经过一段时间后，继续和这个人在一起不再带来当初的兴奋和满足感。

3. 承诺（commitment）

承诺是内化为个体心灵需求的一种责任和约定，包括将自己投身于一份感情的决定及维持感情的努力。属于爱情的认知成分，是爱情中的理智层面。无论世事如何变化，承诺都不会轻易改变。承诺不受情绪的左右，是我们用理智和意志作出的。坚定而执着的承诺，将为两个人的关系提供保障，因为双方都知道，无论发生什么事情他们都是可以相互依赖的。没有承诺的爱是不完全的。

爱情三角理论认为，两性间的爱情形成过程因人而异，情侣间的亲密关系和热烈程度各不相同，但基本上是这三种成分通过彼此不等量的配合而演化生成。爱情是人类心理上的色彩世界，每对情侣自己所调出的色泽如何，那要看他们如何处理自己的动机、情绪和认知。

## （二）不同爱情类型

在斯滕伯格的爱情三角理论中，这三个成分被看作"爱情三角形"的三个边。每个成分的程度会由浅到深，所以三角形可能有着各种不同的大小和形状，实际上可能会产生数不清的形状。

为了简化，我们将考虑几个相对纯粹的、当三个成分强弱不同时产生的爱情类型。

（1）无爱。如果亲密、激情和承诺都缺失，爱就不存在。两个人也许仅仅是熟人而不是朋友，彼此的关系是随便的、肤浅的、没有承诺的。

（2）喜欢。只包含亲密，人们对那些可以分享内心感受和想法的人产生喜欢的感情。因此，喜欢有可能发展成为激情之爱，也有可能发展成更多拥有承诺的伴侣之爱。朋友之间更多的是喜欢。

(3) 迷恋。只有激情，但缺乏亲密和承诺，当人们被不太熟悉的人激起欲望时会有这种体验。双方有强烈的性的吸引，但缺乏彼此的了解，缺乏彼此的信任，当然，更没有发展到承诺的阶段。处于迷恋中的个体相信：爱不需要理由。常见于单相思、一见钟情式狂热的爱情。

(4) 空洞的爱。只有承诺，既不包含热烈的情感，也不存在如火的激情，它是因为责任感才维持着恋爱关系，依靠的是个人原则和社会规范。古代指腹为婚、媒妁之言下的婚姻更多的是此种形式的爱情。

(5) 浪漫之爱。包含亲密和激情，但缺乏承诺。它在开始时会进行得如火如荼，之后有可能会渐渐地烟消云散，当然也有可能会发展成为完美之爱。罗密欧与朱丽叶的爱情属于此种形式的爱情。

(6) 伴侣之爱。包含亲密和承诺，主要特征就是长久的关系，激情已渐渐退去，留存的是一种深刻持久的恋爱关系。激情后细水长流的婚姻、老夫老妻的爱基本是属于此种形式的爱情。

(7) 愚昧之爱。既有激情又有承诺，但是缺乏亲密感。它常伴有旋风式的追求，开始时热情似火，但在相处中会慢慢地发现彼此之间的不协调。现代社会常见的"闪婚"更多的是愚昧之爱。

(8) 完美之爱。当亲密、激情和承诺都以相当的程度同时存在时，人们的体验的是"完全的"，或称作圆满的爱。这是一种理想，让人追求但是又难以达到的。

斯滕伯格认为相爱的两个人，必须情绪上能分享、沟通与支持，行为及生理上有热情，认知上能肯定对方。

### （三）爱情三角理论的启示

"爱情三角理论"对爱情的本质的理解给我们许多启示。一是爱情的动机成分表明爱情有其生理的基础，由性驱动力所致，包括身体、容貌的吸引力。性生理的发育成熟，必然伴随着性的冲动与欲望。爱情以人的生理成熟为基础。二是爱情使人有强烈的情绪体验——幸福、快乐、痛苦、悲伤。情绪体验会有变化，有时激情澎湃，像热恋中的人；更多的时候，是爱情与亲情、友情的交融，是看似平淡的爱情。三是爱情有理性的一面，它不仅仅有情感体验，承诺、责任感更是爱情的重要成分。每个人的三种成分所占的比例各不相同，使我们看到了多姿多彩的万花筒的爱情世界。

1. 性生理和心理的成熟是产生爱情的基础

从爱情的定义中我们就可以看出，性本能和性的需要是爱情的基础和前提，没有性生理的成熟，就没有性的欲望和需要，再亲近的关系也不能称为爱情；即便一个人的性生理已经发育成熟，但其性心理仍未成熟的话，也无法发展出真正的爱情。

爱情发展到一定程度后，必然会有性的接触和活动，"柏拉图式的爱情"并不是真正意义上的爱情。爱情的最终目的是建立和维持稳定的两性关系，并通过这种关系去进一步加深彼此之间的爱慕和关爱。也正是因为爱情的这种生物属性，使得爱情具有占有性和排他性的特点。

2. 爱情是一种相互依恋的火热情感

相互炽烈的情感，是爱情产生和发展的内在动因。爱情是人类所特有的一种异性之间的相互爱慕倾心的特殊情感，爱情的产生不仅其生理基础，更有心理的内在动因。这是男女双方因为相貌的相互吸引、性格气质的相融、理想信念的一致所萌发的情感共鸣，由此产生了兴奋、愉悦、和谐、眷恋的内心体验，最终达到精神上的情感交融、心灵相连，萌生渴望相互结合的强烈情感，这种情感的强度是其他所有感情都无法比拟的。由于情感本身所固有的长期性和持久性，爱情也具有相对的稳定性。

3. 爱情具有深刻的社会性

社会性是爱情心理的本质属性。在现实社会中，爱情无论是萌发于性欲的需要，还是源于强烈的内心情感体验，最终都存在于一定的社会关系中。社会发展水平、社会物质条件、社会道德习俗等诸多社会因素对爱情的萌发、发展和变化都起着决定性的作用。即便是在文学作品中，理想的爱情也需要满足这些条件和要素。《笑傲江湖》中的令狐冲和任盈盈最终爱情有成的决定因素，是任大小姐将"魔教"改造成不再危害江湖并被广大正派人士接受的武林派别，否则身处重重压力之下的令狐冲是无法和任盈盈成就百年之好的。

爱情的社会本质，决定了爱情具有道德性、责任性的特点。在某种程度上，这种承诺和责任是爱情得以巩固和持久的决定因素，同时制约人的各种社会性因素在人们选择爱情对象时也起到了不同程度的制约作用。白马王子与灰姑娘的故事只能在童话中发生，而现实生活中，灰姑娘一旦进入了能和王子交往的社会层次，她也就不再是"灰姑娘"了，而变成了上流社会中的一分子。人们在选择恋爱对象时的"门当户对"观念就是非常典型的写照。所以说，爱情心理是生理性、情感性和社会性的内在统一，但是社会性才是爱情的本质属性。

了解爱情的成分，可以帮助大学生们免于陷入恋爱关系的困境。激情在关系之初起到强大的推动作用，但是激情是会消退的，在激情退去后，要认识到此时关系是在向更深、更亲密、拥有承诺的爱的方向发展，还是在向分手方向发展。请你认真思考，主动识别，为今后的发展作出有益的决定！

如果你谈恋爱了，思考一下：在你的恋爱关系中，包含上述三个因素吗，还是只包含其中两个？哪个因素在你的恋爱关系中最强大？亲密，激情，还是承诺？让我们通过下面的问卷深入了解。

**【心理小测试】**

斯滕伯格的爱情三角量表

为了完成以下量表，请在空格中填上你爱的或密切关心的人的名字。然后用一个9点评分来表示你对每一项的赞同程度，1表示"完全不同意"，5表示"一般"，9表示"完全同意"。用在这几个数字之间的数字来表示其他的赞同程度。

题目：

**亲密成分**

1. 我很支持____的幸福。　　　　1　2　3　4　5　6　7　8　9

2. 我和____之间关系很好。　　　1　2　3　4　5　6　7　8　9

3. 在我需要时，我很信赖____。　1　2　3　4　5　6　7　8　9

4. ____也能在需要时信赖我。　　1　2　3　4　5　6　7　8　9

5. 我愿意和____分享我自己以及我拥有的东西。　　　　　　1　2　3　4　5　6　7　8　9

6. 我从____那里得到许多情感支持。　　　　　　　　　　　1　2　3　4　5　6　7　8　9

7. 我给____许多情感支持。　　　1　2　3　4　5　6　7　8　9

8. 我和____沟通良好。　　　　　1　2　3　4　5　6　7　8　9

9. 在我的生活中，我非常看重____。　　　　　　　　　　　1　2　3　4　5　6　7　8　9

10. 我感觉与____亲近。　　　　　1　2　3　4　5　6　7　8　9

11. 我和____之间的关系让我感觉舒服。　　　　　　　　　　1　2　3　4　5　6　7　8　9

12. 我感觉我真正理解____。　　　1　2　3　4　5　6　7　8　9

13. 我感觉____真正理解我。　　　1　2　3　4　5　6　7　8　9

14. 我感觉我能真正信任____。　　1　2　3　4　5　6　7　8　9

15. 我可以向____分享我自己内心深处的个人想法。　　1　2　3　4　5　6　7　8　9

### 激情成分

16. 只要见到____就会让我兴奋。　　1　2　3　4　5　6　7　8　9

17. 我发觉一整天我都会频繁地想到____。　　1　2　3　4　5　6　7　8　9

18. 我和____的关系非常浪漫。　　1　2　3　4　5　6　7　8　9

19. 我发现____非常具有个人魅力。　　1　2　3　4　5　6　7　8　9

20. 我认为____很理想。　　　　　　1　2　3　4　5　6　7　8　9

21. 我无法想象另一个人可能会带给我____带给我的快乐。　　1　2　3　4　5　6　7　8　9

22. 和其他人相比,我更愿意和____待在一起。　　1　2　3　4　5　6　7　8　9

23. 没有什么比我和____之间的关系更重要了。　　1　2　3　4　5　6　7　8　9

24. 我特别喜欢和____保持身体接触。　　1　2　3　4　5　6　7　8　9

25. 在我和____的关系中有一种"魔力"的东西。　　1　2　3　4　5　6　7　8　9

| | |
|---|---|
| 26. 我崇拜____。 | 1　2　3　4　5　6　7　8　9 |
| 27. 我不能想象我的生活中没有____的状况。 | 1　2　3　4　5　6　7　8　9 |
| 28. 我和____的关系充满激情。 | 1　2　3　4　5　6　7　8　9 |
| 29. 当我看到爱情题材的电影和书时我都会想到____ | 1　2　3　4　5　6　7　8　9 |
| 30. 我对____充满了激情。 | 1　2　3　4　5　6　7　8　9 |

### 承诺成分

| | |
|---|---|
| 31. 我知道我关心____。 | 1　2　3　4　5　6　7　8　9 |
| 32. 我保证我会和____保持关系。 | 1　2　3　4　5　6　7　8　9 |
| 33. 因为我已经对____作出了承诺，我不会让其他人干扰我们的关系。 | 1　2　3　4　5　6　7　8　9 |
| 34. 我相信我和____的关系是稳定的。 | 1　2　3　4　5　6　7　8　9 |
| 35. 我不会让任何事情干扰我对____的承诺。 | 1　2　3　4　5　6　7　8　9 |
| 36. 我期望我对____的爱一直到永远。 | 1　2　3　4　5　6　7　8　9 |
| 37. 我会常常感觉对____强烈的责任感。 | 1　2　3　4　5　6　7　8　9 |
| 38. 我认为我对____的承诺不会变化。 | 1　2　3　4　5　6　7　8　9 |

39. 我无法想象我与____关系结束的情景。　　1　2　3　4　5　6　7　8　9

40. 我能确定我对____的爱。　　1　2　3　4　5　6　7　8　9

41. 我认为我和____的关系会长久。　　1　2　3　4　5　6　7　8　9

42. 我认为我和____的关系是我作出的一个好决定。　　1　2　3　4　5　6　7　8　9

43. 我感觉对____有一种责任感。　　1　2　3　4　5　6　7　8　9

44. 我打算继续和____保持关系。　　1　2　3　4　5　6　7　8　9

45. 即使当与____很难相处时，我也会维持我们的关系承诺。　　1　2　3　4　5　6　7　8　9

（资料来源：[美]拉瑟斯等：《性与生活》，第158页。）

**评分标准：**

首先，将你在每道题上的得分相加，将亲密、激情、承诺三部分的得分各除以15，这样，每个分量表都会得出一个平均分。若你在分量表上的平均分是5分，说明你处在中等水平。分值越高，说明你在此维度上的得分越高。

你也可以让你的恋人做做这个问卷，看看你们两人的答案有什么异同点。对比你们两人在三个分量表上的得分，看看你们对待这段关系的态度有哪些异同之处。

活动 ❷　　○ **认识自己寻找爱人的标准**

对于每一个走向成熟的人来说，爱情都会成为他生命中的重要课题。就同学们而言，无论是已经拥有了爱情，还是即将拥有爱情，都需要对自己选择爱人的标准进行认识。下面，请你用形容词、词组或句子的形式写出自己选择恋人的三条标准。

第一条：_____

第二条：_____

第三条：_____

## 第二节 甄别爱情

> 长相知，才能不相疑；不相疑，才能长相知。
>
> ——曹禺

爱的内涵丰富多彩，要把爱表达清楚不是一件简单的事情。爱情对于我们来说就像是一个披着绚丽面纱的神秘女子，我们对她喜欢、好奇、热情、着迷，想要揭开面纱一睹她的芳容，所以有人说爱情是一种喜欢的感觉，也是一种激情。但显然喜欢和激情并不是爱情。那么在揭开爱情神秘面纱之前，我们先来看看喜欢、友谊、激情、承诺和爱情的区别。

### 一、喜欢与爱情

对待他人我们可以有很多种感情，比如说欣赏、敬爱、爱慕、喜欢等，这些感情的形式与爱情紧密相连却有所不同。对于大学生来讲，人容易将赏识、喜欢等类似感情与爱情混淆，在不明不白中开始了恋爱，这也注定了很多人的"爱情"会转瞬即逝、昙花一现。当你遇到这样的问题，当你确定不了对他（她）的感情是爱时，当你确认不了对方是真正爱你时，我们不妨用爱情心理学家鲁宾编制的喜欢和爱情态度量表来判断你对他（她）的感情。

【心理小测试】

"爱情"与"喜欢"量表

"喜欢"与"爱情"你分辨得出来吗？不管你是否正在恋爱，试着根据自己的情况或想法勾选下列符合自己目前恋爱状况或对爱情憧憬的项目（可复选）。

**爱情量表**

(1) 在他情绪低落的时候，我觉得很重要的职责就是使他快乐起来。

(2) 在所有的事件上我都可以信赖他。

(3) 我觉得要忽略他的过失是一件很容易的事。

(4) 我愿意为他做所有的事情。

(5) 对他，有一点占有欲。

(6) 若不能跟他在一起，我觉得非常不幸。

(7) 我孤寂时，首先想到的就是要去找他。

(8) 他幸福与否是我很关心的事。

(9) 我愿意宽恕他所做的任何事。

(10) 我觉得让他得到幸福是我的责任。

(11) 当和他在一起时，我发现我什么事都不做，只是用眼睛看着他。

(12) 若我能让他百分之百地信赖我，我会觉得十分快乐。

(13) 没有他，我觉得难以生活下去。

**喜欢量表**

(14) 当我和他在一起时，我发觉好像两人都想做相同的事情。

(15) 我认为他非常好。

(16) 我愿意推荐他去做为人所尊敬的事。

(17) 在我看来，他特别成熟。

(18) 我对他有高度的信心。

(19) 我觉得大部分人跟他相处，都对他有很好的印象。

(20) 我觉得他跟我很相似。

(21) 我愿意在班上或团体中，做什么事都投他一票。

(22) 我觉得他是许多人中，容易让别人尊敬的一个。

(23) 我认为他是十二万分聪明的。

(24) 我觉得他在我所有认识的人中，是非常讨人喜欢的。

(25) 他是我很想学的那种人。

(26) 我觉得他非常容易赢得别人的好感。

**结果分析：**

你的勾选项目若集中在1～13项，表示你对他（她）的感情以"爱情"成分居多，而若多集中在14～26项，表示你对他（她）的感情以"喜欢"成分居多。

## 二、友谊与爱情

> 选这样的人做你的妻子：如果她是一个男的，你会选她做朋友。
> 
> ——诺贝尔

大学里很多爱情似乎是从友情开始的，但"红颜知己""蓝颜知己"的友谊与爱情有着本质的区别。友情里一个人加一个人就等于两个世界！爱情里一个人加一个人只等于一个世界！淡淡的牵挂是友情，深深的思念是爱情。

**心灵维他命**

○ **友谊和爱情**

友谊：是你打他一巴掌，他会还你一巴掌。

爱情：则是会默默承受，且说"打是情骂是爱"。

友谊：是他搂你的腰觉得太肉麻。

爱情：则是愈紧愈好，最好永远不要分开。

友谊：说话是声音如雷，不拘小节。

爱情：则是轻声细语、动作温柔，唯恐吓到对方。

友谊：同床异梦。

爱情：梦里相思。

友谊：三秋不见如隔一日。

爱情：一日不见如隔三秋。

友谊：上公交车时和你一起挤。

爱情：是护着你先上车。

友谊：一件事和你辩论到底。

爱情：任何事都是你对。

友谊：盼望能同年同月同日生。

爱情：但愿同年同月同日死。

友谊：吃饭时菜单各看一本。

爱情：则是共同看一个菜单。

友谊：接到你的信时明天再回信。

爱情：则是立刻、马上回信，一刻都不愿耽搁。

友谊：会大声说我有很多朋友。

爱情：则会说只有你一个。

友谊：买一样东西时会说"你没有眼光"。

爱情：则会说"你好眼力，会挑好的东西"。

友谊：会笑着遥远祝福你。

爱情：则是含泪遥远思念你。

友谊：是将你的相片放在相册中。

爱情：是会将相片随身携带。

友谊：走路时保持距离。

爱情：则是走路时手拉手。

总而言之，友谊是"地位平等"，而爱情则是"唯你独尊"。

## 三、激情与爱情

爱是需要激情的，但是激情之爱会长久吗？答案往往是否定的。原因在于随着时间的推移，影响激情的幻想、新奇和欲望会逐渐减退。享受激情，同时也能够接受激情消退后的颜色，这就是预备婚姻的开始。当你和你的恋人准备携手步入红毯时，你是否考虑过你对他（她）的爱是不是激情的爱？你们的爱中除了激情，有没有亲密和承诺？

激情就像蛋糕上的奶油一样。激情是一个人心底深处对伴侣所有的火花，激情也是双方纯粹的身体上的相互吸引。激情是爱的组成部分，但激情并不能使爱长久。激情只是奶油而已。现如今，许多的爱单单基于身体上的激情，却缺失了信任和承诺。然而，没有信任和承诺，激情很快就会死亡。长保激情的关键不在于行为和外表，而在于信任和承诺。

罗伊·鲍迈斯特说："激情之爱在许多方面都不是意识的常态……在当今的许多国家，法律规定结婚时不能处于醉酒状态……但是激情之爱本身就是一种不清醒的陶醉。"

幸福的伴侣更倾向于把重点放在人与人之间的亲密沟通，而不是身体的满足上。幸福的婚姻能够使人体验到圆满的爱——亲密、承诺和激情的平衡组合。

**【心理小测试】**

**激情的评判等级**

现在想一个让你爱得最有激情的人。如果你现在没有谈恋爱，请想一想你的前一个恋爱对象。如果你从来没有谈过恋爱，想一想你以类似的方式关爱过的一个人。在完成这个问卷的过程中始终想着这个人。请告诉我们你在感情最为浓烈的时候的感受。请用以下评分标准回答每一项。

1　2　3　4　5　6　7　8　9
丝毫不正确　　　比较正确　　　　完全正确

1. 如果_____离开我，我会很难过。
2. 有时候我感觉不能控制自己的思想：他们都在_____身上。
3. 当我做了令_____高兴的事情时，我会很快乐。
4. 我就想与_____在一起。
5. 如果我想到_____爱上别人，我会很嫉妒。
6. 我渴望知道_____的一切。
7. 我身体上、感情上和精神上都需要_____。
8. 我对来自_____的温情的渴望永无休止。
9. 对我来说，_____是完美的浪漫伙伴。
10. 当_____抚爱我的时候，我感觉自己的身体在回应。
11. _____似乎总在我的脑子里。
12. 我想要_____了解我的想法、我的恐惧还有我的希望。
13. 我急切地寻找_____对我的欲望的表现信号。
14. 我被_____强烈地吸引。
15. 我与_____的关系出现不顺利时，我会极其苦恼。

**计分说明：**

将每个条目的得分相加，得分高者表明激情之爱的程度高。在15个项目中，男性和女性所得的平均分（将所有的分数加起来再除以15）都是7.15。

（资料来源：莎伦·布雷姆等著，郭辉、肖斌等译：《亲密关系（第3版）》，第208页，人民邮电出版社，2005年版。）

> **心理知识窗**
>
> ○ **多巴胺与爱情**
>
> 　　科学家用多巴胺来解释爱情。这就像经济学家用交易成本、配偶专有资本，咨询师用经营技巧这些冰冷的专业词汇来击碎我们对爱情的顶礼膜拜一样，让人感到失望。
>
> 　　多巴胺是一种神经传导物质，不仅能左右人们的行为，还参与情爱过程，激发人对异性的情感。

大脑中心——丘脑是人的情爱中心，其间储藏着丘比特之箭——多种神经递质，也称为恋爱兴奋剂，包括多巴胺、肾上腺素等。当一对男女一见钟情或经过多次了解产生爱慕之情时，丘脑中的多巴胺等神经递质就源源不断地分泌，势不可当地汹涌而出。于是，我们就有了爱的感觉。

在多巴胺的作用下，我们感觉到爱的幸福。人们品尝巧克力时所体验到的那种满足感，就是同样的机制在发生作用。幸好，我们的大脑能够区别彼此之间的不同。多巴胺好像一把能打开许多锁的万能钥匙，根据所处情景不同，在体内产生不同的反应。巧克力的气味、口味告诉大脑，我们正在吃东西；情侣的体味和香味提醒大脑，我们正身陷在爱情中。

多巴胺带来的"激情"，会给人一种错觉，以为爱可以永久狂热。不幸的是，我们的身体无法一直承受这种成分的刺激，也就是说，一个人不可能永远处于心跳过速的状态，所以大脑只好取消这种念头，让那些化学成分在自己的控制下自然地新陈代谢。这样一个过程，通常会持续一年半到三年。随着多巴胺的减少，激情也由此变为平静。

也许，科学家从理论上给爱无法长久找到了理由。可人毕竟是一种情感复杂的动物——他不同于其他动物的本质在于他的社会化过程，他要遵守规则、法律，承担责任、义务，成为文明社会的一员，尽可能地去掉动物原有的本性。

这些，都决定了在多巴胺减少之后爱情依然存在。

## 四、承诺与爱情

> 爱情的意义在于帮助对方提高，同时也提高自己。
> ——车尔尼雪夫斯基

判断两人之间是否有真的有爱情，很重要的衡量因素就是承诺。唯有在两人彼此做出承诺的时候，双方才可能付出完全的信任。承诺意味着尽管一个人有着这样或那样的问题和缺点，也会完全被接纳。这样的承诺是不受外表、行为或社会地位的变化影响的，也就是说，如果我们对某个人作出了承诺，即使他并无吸引力，没什么社会地位，或者他的表现也不如过去优秀，我们依然爱他。承诺意味着愿意在面临险境和冲突时与对方待在一起。承诺需要人们愿意在痛苦、疑惑、挣扎、绝望以及冷静和享乐的时候愿意和对方待在一起。

爱意味着对所爱的人作出承诺，尽管对他人的承诺是有风险的，但承诺是亲密关系所必需的条件。某些人很难在恋爱中作出长期的承诺，如果他们认为这种恋爱关系只是短暂的，那么，他们又能在多大程度上允许自己被爱或付出真爱？或许对于某些人来说，对亲密的恐惧阻止了他们发展出承诺意识。没有承诺是不可能维持长期信任的。两个相爱的人彼此真正的承诺就是婚姻，婚姻意味着我们将自己的一生与配偶紧紧联系在一起，彼此分享婚姻关系所带来的喜悦、祝福和责任。

爱情不是斟满的香槟，它的浓烈需要时间来调和；爱情不是加糖的咖啡，它的苦涩需要仔细地品尝；爱情不是感恩的凝视，它的久远需要亲身去把握；爱情不是短暂的偏爱，它的追逐需要一生的幸福；爱情有时需要等待，但绝不是空守内心的那片馨园；爱情不同于友情，你不仅要分享她快乐时的感受，还要慰藉她伤心时的眼泪。不仅要与她搀扶着越过眼前的阻碍，还要与她依偎着走向遥远的未来。

## 第三节　爱情与性

> 爱情越热烈、越真诚，就越要含蓄。
>
> ——巴尔扎克

### 一、大学生恋爱困惑

选择困惑是大学生恋爱中最常见的问题之一，较常见的有下列几种情形。

（1）不知道应不应该谈恋爱。这部分大学生应首先树立对爱情的正确态度。如果自己还不知道该不该谈恋爱，说明在你的心里还没有自己喜欢的异性，只是因为看到许多同学都在谈恋爱，才产生了自己是否应该谈恋爱的想法。什么是真正的爱情，在此刻应有明确的态度。当真正的爱情还没有来到的情况下，不要盲目去寻找爱情。寻找的爱情并不一定是真正的爱情。

（2）自己爱上了别人，但不知道对方是否也爱自己，想表白心迹，又怕遭到拒绝，左右为难。对于这样的困境，首先要学会正确认识对方对自己的情感。如果经过观察甚至巧妙的考验，发现对方根本就对自己没有那个"意思"，就没有必要向对方表白自己的心迹。因为你的表白不但得不到回报，而且会使对方为难；如果两人是同班同学，还会影响两个人之间的关系。如果经过观察，发现对方也对自己有一定的感情，就可以大胆地向对方表白自己的心迹了。

（3）不知道如何拒绝对方的求爱。面对他人的求爱，当你不准备接受时，一般应当在不伤害对方自尊心的情况下，委婉地拒绝，如果对方进一步追求，而你无论如何也不可能接受对方的爱情，那就应该明确地拒绝。另外，大学生也应当注意，不要为了害怕伤害对方的自尊心，或者为了自己的虚荣心，在自己没有产生爱情的情况下，盲目接受对方的爱，因为这不但会伤害对方，而且对自己也是一种伤害。

（4）在恋爱的过程中发现对方不适合自己，而对方还依然爱自己，不知道如何提出分手才不会伤害对方的自尊心。在这种情况下，要明确爱情是不能强求的，如果一方发现对方不适合自己而准备结束恋爱关系，这无可厚非。当然，最好是让对方有一定的思想准备，比如，用一些暗示性的语言表明两个人不合适。在对方有思想准备的情况下，再提出分手，对方可能好受一些，感觉到的伤害也会少一些。

（5）能做恋人的异性朋友难寻。这种恋爱心理困境的原因主要在于对友情和恋情的认识还很肤浅，并缺乏对社会中的人际关系的科学认识。正确的做法是，认真审视、调整自己的择偶标准，在寻求爱情的过程中，既要有主观上的用心，又要顺其自然、不可强求。

【爱情花开在何时】

在我们学校教学楼前有一棵树，初夏，那棵树已经长得很繁茂且开了花，而离它不远的那棵枣树叶子还没有完全长出来，更没有开花。我当时很感慨地跟同学说："你看它们之间的差距多大啊。"可是又过了些日子，当盛夏的时候，那棵繁茂的树木已经没有了花朵，而那棵枣树却已经是枝叶繁茂，缀满了大大小小的枣子。尽管那棵树开花很早却没有结果，尽管枣树开花很晚却结出了令人高兴的果子，这才是差距啊。爱情也是如此，不是因为太早而绚烂！

【课堂讨论】

一位大学生说："恋爱？我可没感觉，我们之间不过是'互帮组'，好一块儿打发无聊时光。我上大学第一次离开家，很孤单，难道就不能找个人陪？反正我是'不在乎天长地久，只在乎曾经拥有'，毕业我们就分手。"

对此，你有什么看法？同学间进行讨论，看看大家的看法如何。

## 二、谈性论性

性是一把"双刃剑"，既能带给人美好、幸福的感觉，又能让人感到痛苦、悲伤。

学会性的自我保护对于心理发展还未完全成熟的大学生十分重要。青春期性冲动处于高峰期，虽然性需要是人的正常生理反应，但是不适当的性行为可能造成心理上的创伤和身体上的伤害。

### （一）将亲密关系进行到什么程度？

有些人会说，只有发生性关系才会使两人亲密无间。其实即使没有性的因素，也可以建立亲密关系，亲密关系并不等于性关系。我们对归属感和爱的渴望可以在没有性的情况下实现。事实上，情感上的亲密要比生理上的亲密更有力量。亲密关系是基于两人之间的信任而产生的。婚前性行为会破坏信任，亲密感也会随之消失。

性纵然能够带来非比寻常的美妙体验，但将性降低到纯粹诗歌式的热烈情感体验，是对性的误解。性的美是有条件的，这种条件就是双方在心灵和情感上的充分信任和彼此承诺。没有承诺，没有心灵、情感和理智的合一，肉体的结合是空洞的、无意的，也是脆弱的，是会带来伤害的。如果在没有互相忠实的终生承诺的关系中发生性行为，当双方分开的时候，就会体验到心灵的伤害和背叛。

性是美好关系的体现，但性本身并不能创造美好的关系。性的美好是以彼此的接纳、亲密、深层信任以及终生承诺为前提的。期待用其得到一个终身的承诺是不可能的，亲密和接纳并不是性行为带来的。那些为了寻找亲密和接纳而与别人发生性关系的行为，是何等的可悲。想通过性关系获得亲密感的人就好像把床单当作降落伞一样，终究是会失败的。如果没有情感和心灵上的交流和承诺，单纯的性行为本身即使能带来快感，它就变成了空洞、以自我为中心的动物性本能。

有一个地方或者说环境是最适合进行性行为的，那就是婚姻。如果性行为发生的地方不对，那么它就会带来耻辱、内疚、被拒绝的恐惧和被别人利用等后果。

婚前性行为承载着一个错误的观点，那就是：肉体上的满足能够满足我们心理和情感上的需要。比如，一个女子需要安全感，她认为如果同男人发生性关系的话，就可以获得这个男人的真心对待和十足的安全感。不幸的是，这种关系的基础是错误的。如果一个男人和一个女人在一起只是满足自己的欲望的话，那么整个关系就是建立在自私的基础上。这怎么能够期望有安全感呢？

婚前禁欲可以避免我们企图用错误的方式来解决心理和情感上的问题，直到我们能够直面这些问题并解决它。婚前禁欲也有助于配偶之间关系的进一步发展，让我们懂得将性生活放在合适的位置，以免我们成为自身欲望的奴隶。

### （二）"不"要怎么说出口？

爱进行到一定的地步，有激情和性的需求是正常的，爱是性的前提，但是性却不是爱的唯一结果。性行为并没有错，但是强迫性的或者没有做好心理准备，没有

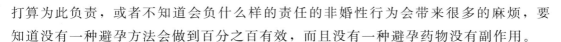

打算为此负责,或者不知道会负什么样的责任的非婚性行为会带来很多的麻烦,要知道没有一种避孕方法会做到百分之百有效,而且没有一种避孕药物没有副作用。

小莲23岁了,她从小家教严格,是个很传统的女孩,从来没有考虑过在结婚前与男友发生更进一步的关系。她说她非常爱自己的男友,男友对她也很好,可以说呵护备至。但最大的问题是,最近两个月来,几乎每次独处的时候,男友都要求和她发生关系,她不知道该怎么拒绝。

恋爱中,男生一句"反正我们以后也要结婚,何必等这么久呢","爱我就给我",女孩便犹豫不定、进退两难。直接拒绝吧,怕伤了对方的心和彼此的感情;不拒绝吧,又违背了自己的心愿。到底该怎么办?

此时,如果你心里还有一点疑惑,比如你不确定他是否适合你,或者你担心他和你有了肌肤之亲后就变了样,或者你对性还没有起码的了解,你还不想以身相许……只要你还有一丁点的顾虑,你就不要半推半就地答应他。每一次开始亲密关系都值得你慎重考虑,务必要等到能够确定再说。要知道,你永远都可以等到明天再说"好"。可是,今天的"不"该怎么说出口呢?

如果你是一个有原则的女孩,有极强的自我约束力,无论在怎样的情况下都坚信能拒绝诱惑,你就可以明智地回答:

① 对不起,我不能这样做。因为我们的了解还不够深入,我要对自己的选择负责任,不能这样随便,那样对彼此都是一种伤害。

② 我现在只想和你做朋友。我希望我们能从朋友顺其自然地走到一起,你能等待吗?

③ 若真有缘分,我们总会属于彼此,既然你说你真的爱我,那来日方长,为什么不把最美的一刻留到新婚之夜呢?

④ 我很爱你,如果你也真的爱我的话,请尊重我,尊重我的选择,也尊重你自己,让我们一起在自我约束中走向成熟,好吗?

这样的回答温柔却坚决,相信只要是通情达理的男生,只要他真的爱你,都会因为你的坚持而接受你的拒绝。而你会发现,学会拒绝发生性关系,会使你变成一个思想细腻、成熟稳健的人,当你能够用言语和思想表达你的感情,而不是仅以身体的接触为表达方式时,更能说明两人之间的情感加深了。

并不是所有的女孩都能如上述这样坚决,多数女孩在这种情况下会不知所措、犹豫不决。这样的女孩有的是太在乎对方的感受,担心对方不高兴而不忍心说出拒绝的话;有的是不好意思说清楚,拒绝的态度不够坚决和明朗,使男生更加想入非非;更多的则是两个人在或浪漫或激动或喝醉的特定氛围和情景下意乱情迷,失去控制。总之,有很多种原因和状况。对于这样的女孩子也有一些有用的点子。

让我们从恋爱之初说起。初恋时双方都很幸福,甚至有点大脑被冲昏的感觉。

这个时候，你最好与你的恋人来个君子协定或约法三章。

在交往的过程中，要尽可能少地制造容易出格的环境氛围。

最后说一招应急措施。万一到了紧要关头，你既不好义正词严，温柔地说"不"又不管用，你不妨把"大姨妈"搬出来。对方信则信，不信估计也不好说什么，自然达到了拒绝的目的。

爱情中的尊重以及承诺不是"老土"，而是尤为珍惜自己和对方的表现。记住真爱是没有条件的，真爱是给予，是理解，而不是为了满足个人的私欲。作为女性，不要因为担心失去爱，而付出自己的身体。如果他真的爱你，即使你不同意发生性关系，他也会依然爱你。如果仅仅因为你不同意和他发生性关系，他就不爱你的话，恰恰说明你们的爱是多么脆弱和不堪一击。为这样的爱作出牺牲，是很不值得的。作为男性，如果你真爱你的女友，你要尊重她，呵护她，而不是伤害她，强迫她。

### （三）性，为什么需要等待

1. 避免意外怀孕和堕胎

婚前性行为的一个可能后果是怀孕和堕胎。怀孕原本意味着一个新生命的开始，但对于大学生而言，极可能是一个噩梦的开始。婚姻中的女方怀孕往往伴随的是家庭的关心呵护及对新生命的期待，而大学生怀孕往往伴随的是痛苦和伤害。

大学生怀孕后往往选择人工流产，而人工流产会对女性的身体造成各种各样的伤害，如内分泌功能紊乱、出血或闭经，提高下次怀孕的自然流产率，严重者甚至会导致生育功能障碍，即不孕症。并且人工流产还会让她们因夺走自己孩子的生命而悔恨和痛苦。怀孕的少女更容易被她们的伴侣抛弃，而且还要受到社会和家庭的无端谴责。

对于婚前怀孕问题，答案不是提供好的避孕措施，而是要将性行为放回到更安全的环境下，即放在婚姻内，只有在这样的条件下生育子女才是好事。如果万不得已，一定要采取安全有效的避孕措施。正确使用安全套是一种有效、安全的方式，不仅可以预防性传播疾病，而且可以避免避孕药的副作用，但如果使用不当也会有怀孕的风险。另外，可以口服避孕药和使用杀精剂。但口服避孕药并不能防止性传播疾病，杀精剂如果使用不当，也具有较高的失败率，会致使女性怀孕。所以没有一种避孕方法会做到百分之百有效，在发生性行为之前一定要慎重考虑。

2. 避免心理和情感上的痛苦

婚前性行为持久困扰一个人的后果就是罪恶感，这将成为促进心理成长和保持情感健康的巨大障碍。只有部分发生婚前性行为的人最终走向了婚姻，这也就意味着许多人在婚前性行为发生后结束了他们的关系，这使他们感觉受到了侮辱；还有些人挣扎于罪恶感、羞耻感和痛苦之中；也有的人认为自己占到了便宜。不幸的是，婚前性行为对婚姻有很不利的负面影响，对于已经有过婚前性行为的人来说，他们很难完全相信自己的婚姻伴侣，而这一切来源于过往的经历。

最后，性是为婚姻预备的，建立在彼此信任和承诺基础上的性，能够使我们获得一个终生的亲密关系，得到内心的喜悦，与爱人达到心灵深处的契合，以及维持生殖方面的健康；当然如果性放错了地方，那么你得到的或许就是感官愉悦上瘾、情感遭到伤害、失去信任别人的能力，或者生殖系统紊乱。当然，选择权掌握在你的手中。

### 3. 保护我们的身体免受伤害

我们的身体承载着我们的情感和智慧，我们要正确地对待并保护好我们的身体。如果身体使用不当就会破坏我们的情感，模糊我们的判断力和做出好的决定的能力。"感觉不错的话，就去做"会让我们的心理、情感和身体付出沉重的代价。婚前性行为最大的破坏性和永久性的后果之一就是感染上性传播疾病。

在一项对艾滋病的长期研究中，医生们发现疾病很容易在年轻人中传播。如果有人发现自己得了艾滋病，他们多数人不愿意告诉自己的性伙伴。只有大约一半的人会对与自己保持长期规律性关系的伙伴坦言自己是艾滋病病毒携带者，但几乎没有人会特意将这个事实告诉一个偶然的性伙伴。

这就意味着，任何在婚姻之外发生性关系的人都将自己置身于感染性传播疾病的危险中。预防性传播疾病唯一安全有效的策略是禁止婚前性行为和在婚姻中对伴侣忠诚，避免发生婚外性行为。只有这样，感染性病、艾滋病的概率才会大大减小。如果无法做到这些，正确使用安全套可以减小感染性病、艾滋病的概率。但安全套并不是百分之百的安全保障，因为在安全套没有遮盖的部位如有皮肤破损，仍可感染性病、艾滋病。

### 4. 自制——一种美好的品格

自制意味着思考了之后再做，就是在思考过你自己的行为和他人造成的后果之后，再做决定。在决定性行为之前，要先考虑清楚并承担其带来的后果。让我们看看希腊寓言里青蛙和井的故事。

两只青蛙一起生活在沼泽地里。炎热的夏天来到，沼泽地干涸了，于是它们离开沼泽地另找一个生活地，因为青蛙喜欢住在潮湿的地方。它们来到一口深井边，其中一只青蛙往下看了看，就对另一只说："多棒的地方！看看那清凉的水，我们就在这井里落户吧！"但是另一只青蛙更有智慧，他回答道："别那么急，我的朋友，它现在是看起来很好，但如果有一天这口井也像沼泽地那样干涸的话，我们能去哪儿呢？我们怎么可能从这么深的井里跳出来呢？"

的确，我们如果不恰当地发生了性关系，就必须得承担心理、情感、社会上的后果。与性有关的感觉是正常的也是真实的，没有必要为此觉得尴尬。然而，如果单单顺着这些感觉，就可能把性从一件好事变成一件坏事。

有些人认为没有人，尤其是青少年能够控制自己性冲动。我们认为这不仅是错误的，而且是对青少年的侮辱。青少年完全有能力控制自己的性行为并做出负责任的决定。

如果你因一念之差，或主动或被动地与恋人发生了性关系，那么，事后没有必要过多地自责和埋怨，而是需要冷静地回忆一下"失身"的经过，从中吸取教训，不再明知故犯，既不要以"反正是他的人了"而放纵自己，也不要觉得自己失去贞操，而产生种种自卑感。你是否纯洁，不在于你的性经历，而取决于你的思想与人生观。

### （四）同居——是爱情的试金石，还是美丽的陷阱？

**辩论会**

目的：通过对大学生婚前性行为的辩论，同学们对婚前性关系的利弊进行多方面分析，学会对自己的性行为负责。

操作：同学分成甲方、乙方，分别持有赞同婚前性关系和不赞成婚前性关系的观点，双方辩论，最后请专家点评。

尽管同居能够像婚姻一样使双方建立亲密关系，但是同居不是婚姻，同居可能导致前面提到的婚前性行为所带来的一切不良后果，如怀孕，堕胎、心理、情感、身体上的痛苦。事实上，在一项大学生同居态度调查中，有近50%的同居者对自己的同居生活感到不满意，并有相当多的女大学生表示后悔，她们没能从同居中获得自己想要的东西，当同居关系出现问题后受到了很大伤害，并对同居行为本身产生怀疑。下面让我们来看看同居带来的其他影响。

同居在情感上带来不稳定因素。同居关系中的承诺并不如婚姻中的承诺那样坚实。也许在同居男女的内心深处潜伏着一种恐惧——如果他们达不到对方期待的那样，其伴侣就会选择离开。这种恐惧会迫使他们为了维持同居关系而去承受一些不应忍受的事情。

同居无法使双方得到法律上的保护。在婚姻中发生的问题，同样会发生在同居关系中，但是同居者无法得到婚姻双方能够得到的法律保护。在遇到冲突时，已婚夫妇更愿意去原谅对方并重新开始，而同居的人不一定会努力寻找解决问题的方法，往往选择分手。例如，在同居中遇到问题时，男性同居者很容易将过错归结于对方，并考虑更换一个同居对象。

有些同居的人可能永远也不会结婚，珍妮丝·史普林说："女人寻找灵魂伴侣，男人寻找玩乐伙伴。女人相信，因为有爱，恋爱和风流都是合理的；男人呢？只要不提爱情就成。"专家说有 40%～50% 的同居伴侣根本不考虑结婚。对于同居，大多数女大学生认为这是向婚姻发展的过程，而多数男生的动机是性。

例如在选择同居的理由上，男女大学生的第一位原因均为"更好地了解对方"；在第二位原因上，男大学生是为了"满足生理需要"（30.6%），女大学生是"因为对方的要求"（32.1%）。从中不难看出恋爱中的男女双方都希望能够维系这段感情，力争更好地了解自己的恋人。然而男生的性冲动往往太多、太频繁，难以压抑，为满足自身的生理需要而主动提出发生性关系甚至同居关系，而女生则多处于被动状态。

同居并不能保证今后的婚姻会一帆风顺。心理学博士约瑟夫·诺温斯基说："同居通常只是为了推迟结婚的决定。"国外的研究数据表明，有近 55% 的同居者走入了婚姻殿堂，有 45% 的同居者没有结婚。同时，还有研究表明，那些婚前同居的人离婚率比未同居的人高 33%。事实上，研究者已经确定了同居效应，即先前同居过的伴侣比那些没有同居过的伴侣婚姻更不稳定，换句话说，同居未必以婚姻为目的，而当它走向婚姻时，则更可能导致离婚。

解除同居关系如同离婚一样痛苦。当伴侣对同居关系不再满意、当结束同居关系的困难较少时、当一方有了新的伴侣时，同居关系就会走向结束。对同居双方而言，结束关系是很艰难的，让彼此体验到身体上和情绪上的痛苦，容易让人心怀愤怒和仇恨。有些人可能通过自己的社会支持系统来帮助自己渡过难关，而有些人则可能会采取一些过激行为进行宣泄、报复。

## 心理知识窗

○ **性心理健康的标准**

达拉斯·罗杰斯认为，"性教养"良好的人必须符合以下标准：具有良好的性知识，对于性没有由恐怖和无知所造成的不当态度，性行为是符合人道的，在性的方面能做到自我实现，能负责任地做出有关性方面的决定，能较好地获得性方面的信息交流，性行为受社会道德和法律的制约。具体看来，个体性心理的健康，应符合以下标准。

（1）性需要和性欲望。任何一个成熟的个体，都应该有正常的性需要和性欲望。性需要和性欲望是能够获得性爱和性生活的前提条件。一个人如果没有性欲望，就不会有性爱和和谐的性生活，性心理就无从谈起。

（2）能够正确认识自我，愉快地接纳自己的性别。一个性心理健康的人，能够正视自己性心理的发育和变化，会自觉地融入社会这个大背景，不仇视自己的性别，能以坦然的心理接受自己，能理解性别是父母给的，不希望改变性别，同时注重在社会化的过程中塑造自己的性别心理。

（3）性心理特点和性行为符合相应的性心理发展年龄特征。人在不同的年龄阶段，其心理特点与行为特征是不同的。一个正常的人的心理特点与行为特征必定符合他的年龄阶段。

（4）能和异性保持和谐的人际关系。随着性生理与性心理的发育和成熟，个体自然而正常的性要求就是与异性交往，并能保持良好的关系。性心理健康的个体，能够在日常学习生活中，与异性进行自然的、符合社会规范要求的交往。

（5）性行为符合社会道德规范。性心理健康的人具有一定的性知识和性道德修养，能自觉地分辨性文化中的精华与糟粕，能自觉抵制腐朽、没落的性文化的侵蚀，并以自己文明的性行为、性形象去增进社会风尚的文明进程。

## （五）你曾经有过这些性困扰吗？

### 1. 性别认同困扰

刘达临教授在对全国大学生的调查中发现有一定比例的学生不喜欢自己的性别。其中，男大学生不喜欢自己性别的占 2.6%，女大学生不喜欢自己性别的占 15.6%，是男生的 6 倍。近年另一项关于大学生性心理的一项调查显示，90% 以上的男生对于自己的性别满意度较高，而有超过 1/4 的女生表示在可能的情况下愿意改变自己的性别。这一结果显然是由"重男轻女"的封建传统观念所致。这种性别自贱的心理是不正常的，如果这种心理发展到严重的程度，就会对大学生的成才发展带来不利的影响。

【心理小测试】

贝姆性别角色量表（BSRI）

请你根据自身的情况，逐条在从 1（从不或几乎不正确）到 7（总是或几乎总是正确）的尺度上给自己打分。

1. 自我信赖　　　　　　　　　　　　1　2　3　4　5　6　7
2. 柔顺　　　　　　　　　　　　　　1　2　3　4　5　6　7
3. 乐于助人　　　　　　　　　　　　1　2　3　4　5　6　7

| | | | | | | | | |
|---|---|---|---|---|---|---|---|---|
| 4. 维护自己的信念 | 1 | 2 | 3 | 4 | 5 | 6 | 7 |
| 5. 快活的 | 1 | 2 | 3 | 4 | 5 | 6 | 7 |
| 6. 忧郁的 | 1 | 2 | 3 | 4 | 5 | 6 | 7 |
| 7. 独立的 | 1 | 2 | 3 | 4 | 5 | 6 | 7 |
| 8. 害羞的 | 1 | 2 | 3 | 4 | 5 | 6 | 7 |
| 9. 诚心诚意 | 1 | 2 | 3 | 4 | 5 | 6 | 7 |
| 10. 活跃的 | 1 | 2 | 3 | 4 | 5 | 6 | 7 |
| 11. 情意绵绵 | 1 | 2 | 3 | 4 | 5 | 6 | 7 |
| 12. 夸耀的 | 1 | 2 | 3 | 4 | 5 | 6 | 7 |
| 13. 武断的 | 1 | 2 | 3 | 4 | 5 | 6 | 7 |
| 14. 值得赞赏的 | 1 | 2 | 3 | 4 | 5 | 6 | 7 |
| 15. 幸福的 | 1 | 2 | 3 | 4 | 5 | 6 | 7 |
| 16. 个性坚强的 | 1 | 2 | 3 | 4 | 5 | 6 | 7 |
| 17. 忠诚的 | 1 | 2 | 3 | 4 | 5 | 6 | 7 |
| 18. 不可捉摸的 | 1 | 2 | 3 | 4 | 5 | 6 | 7 |
| 19. 遒劲有力的 | 1 | 2 | 3 | 4 | 5 | 6 | 7 |
| 20. 女性的 | 1 | 2 | 3 | 4 | 5 | 6 | 7 |
| 21. 可信赖的 | 1 | 2 | 3 | 4 | 5 | 6 | 7 |
| 22. 善于分析的 | 1 | 2 | 3 | 4 | 5 | 6 | 7 |
| 23. 表示同情的 | 1 | 2 | 3 | 4 | 5 | 6 | 7 |
| 24. 嫉妒的 | 1 | 2 | 3 | 4 | 5 | 6 | 7 |
| 25. 具有领导能力的 | 1 | 2 | 3 | 4 | 5 | 6 | 7 |
| 26. 对他人的需求敏感 | 1 | 2 | 3 | 4 | 5 | 6 | 7 |
| 27. 诚实的 | 1 | 2 | 3 | 4 | 5 | 6 | 7 |
| 28. 乐于冒险 | 1 | 2 | 3 | 4 | 5 | 6 | 7 |
| 29. 有理解力的 | 1 | 2 | 3 | 4 | 5 | 6 | 7 |
| 30. 守口如瓶 | 1 | 2 | 3 | 4 | 5 | 6 | 7 |
| 31. 易于做出决策的 | 1 | 2 | 3 | 4 | 5 | 6 | 7 |
| 32. 有同情心的 | 1 | 2 | 3 | 4 | 5 | 6 | 7 |
| 33. 忠厚老实 | 1 | 2 | 3 | 4 | 5 | 6 | 7 |
| 34. 自足的 | 1 | 2 | 3 | 4 | 5 | 6 | 7 |
| 35. 乐于安抚受伤的感情 | 1 | 2 | 3 | 4 | 5 | 6 | 7 |
| 36. 自高自大 | 1 | 2 | 3 | 4 | 5 | 6 | 7 |
| 37. 有支配力的 | 1 | 2 | 3 | 4 | 5 | 6 | 7 |

| | | |
|---|---|---|
| 38. 谈吐柔和的 | 1 2 3 4 5 6 7 | |
| 39. 值得喜欢的 | 1 2 3 4 5 6 7 | |
| 40. 男性的 | 1 2 3 4 5 6 7 | |
| 41. 温和的 | 1 2 3 4 5 6 7 | |
| 42. 庄严的 | 1 2 3 4 5 6 7 | |
| 43. 愿意表明立场的 | 1 2 3 4 5 6 7 | |
| 44. 温柔 | 1 2 3 4 5 6 7 | |
| 45. 友好的 | 1 2 3 4 5 6 7 | |
| 46. 具有侵犯性 | 1 2 3 4 5 6 7 | |
| 47. 轻信的 | 1 2 3 4 5 6 7 | |
| 48. 无能的 | 1 2 3 4 5 6 7 | |
| 49. 像个领导 | 1 2 3 4 5 6 7 | |
| 50. 幼稚的 | 1 2 3 4 5 6 7 | |
| 51. 适应性强的 | 1 2 3 4 5 6 7 | |
| 52. 个人主义的 | 1 2 3 4 5 6 7 | |
| 53. 不讲粗俗话的 | 1 2 3 4 5 6 7 | |
| 54. 冷漠无情 | 1 2 3 4 5 6 7 | |
| 55. 具有竞争心的 | 1 2 3 4 5 6 7 | |
| 56. 热爱孩子的 | 1 2 3 4 5 6 7 | |
| 57. 成熟得体的 | 1 2 3 4 5 6 7 | |
| 58. 雄心勃勃 | 1 2 3 4 5 6 7 | |
| 59. 温文尔雅 | 1 2 3 4 5 6 7 | |
| 60. 保守 | 1 2 3 4 5 6 7 | |

**计分方法：**

男性化得分：第 1、4、7、13、16、19、22、25、28、31、43、46、55、58 个项目总分除以 14。

女性化得分：第 11、14、17、23、26、29、32、35、41、44、56、59 个项目总分除以 12。

**结果解释：**

如果男性化量表得分和女性化量表得分都大于 4 的话就是双性化，只有男性化量表高于 4 分就是男性化，只有女性化量表高于 4 分就是女性化，如果两者都低于 4 分就是未分化。

### 2. 性交往的不适

与异性交往的心理从刚进入青春期时就开始萌发，对异性的兴趣—和异性交往的渴求—恋爱—结婚，这是一个人人需要经历的生理、心理和社会行为的发展变化过程。"少男钟情，少女怀春"，这是青春期性心理的正常表现。大学生们渴望与异性交往的愿望非常强烈。但是由于传统的"男女授受不亲"传统性观念的影响，由于缺乏与异性交往的正确方法，许多人羞于与异性交往，常常拒异性于千里之外，在异性面前表现得非常紧张。

### 3. 性的白日梦与性梦

当青年大学生们对与异性交往强烈的渴求不能径直实现时，性的白日梦就有可能发生。性的白日梦又叫性幻想。性幻想在某种特定因素诱导下，自编、自导、自演与性交往的内容有关的心理活动过程。它可以幻想出在日常生活中不能满足的与异性一起约会、接吻、拥抱、性交等活动。这种白日梦可以导致生理上的性兴奋，偶尔也会出现性高潮。这在一定程度上可以缓解人们的性需求。白日梦是一种普遍的心理现象。但是，性幻想不能过头，如果成天沉溺其中，甚至把幻想当成现实，那就会成为病态，就会有碍于青年的健康成长。

性的白日梦是人为的幻想，而性梦则是真正的梦。性梦是指在睡梦中发生性行为。人们通过梦的方式部分达到自己白天被社会规范限制的性冲动的满足，从而缓解性紧张。性梦也是青少年性心理较为普遍的一种表现。一些大学生由于缺乏对性梦知识的了解，常为自己有过性梦的经历而焦虑和自责。

### 4. 手淫引起的心理困惑

手淫是指用手或工具刺激生殖器而获得性快感的一种自我刺激方式，它是一种青少年获得性补偿和性宣泄的行为。对于手淫，传统的性观念认为手淫是邪恶的，是有罪的，是不道德的。在这种传统的"手淫有害"论的影响下，一些青少年常常为自己有过手淫行为而自责，甚至产生心理障碍。某些专家认为手淫是一种自然的、正常的性行为，手淫是对性冲动的缓解；但是过分沉溺于手淫，只靠频繁的手淫来缓解性紧张是不健康的表现。

### 5. 性骚扰的恐惧

常见的性骚扰有故意擦撞异性身体的某个部位，故意贴近别人，故意谈性的问题，用色情语言进行挑逗，用暧昧目光打量别人，或强行要求发生性行为等。由于缺乏自卫心理，一些同学面对性骚扰时常常惊慌失措，恐惧万分，甚至长时间地自责，认为自己不"干净"，心理困扰长时间不能解脱。

## （六）呵护性心理，你做到了吗？

### 1. 掌握科学的性知识

作为大学生，应该对"性"有一个科学的认识。性是一门综合性的学科。它包括性生理学、性心理学、性社会学、性伦理学、性美学等。大学生们应当努力学习和掌握性科学知识，避免性无知，消除把性仅仅看作是生物本能的片面认识。

### 2. 培养健康的性角色行为

认同自己的性别角色。性别角色意识是一个人社会化成熟与否的重要体现，是心理健康的重要标志。世界是两性的和谐统一。男性和女性在生理和心理上各有自己的特点，各有自己的性别魅力。现代社会的大学生应当在生物生理、社会心理和文化、经济、社会参与以及政治上，进行合乎科学、合乎道德、合乎时代要求的全面角色认同。尽管现在社会上对同性恋存在着各种不同的看法，但人们对同性恋所引起的社会适应困难的看法是相当一致的。因此大学生应当接纳和欣赏自己的性别角色，发展出适应时代要求的优秀个性特点。性别角色的认同和胜任是现代人成功适应社会和获得发展的重要心理基础。

### 3. 培养正常的异性交往能力

文明适度地进行异性交往，可以满足青年期性心理的需求，缓解性压抑。异性交往有益于扩大信息面、完善自我，对个人的恋爱婚姻及个人的成才发展具有重要的作用。但大学生在与异性交往时要把握分寸，注意场合，规范行为，处理好"友情"与"恋爱"的关系。

### 4. 注意性保护

首先，大学生应当维护自己自尊、自重、自爱的自我形象，做到举止大方、行为得体、作风正派。其次，大学生应当学会自我保护。女生尽量不要晚上单独外出，更不要单独在男性家中或住所长时间停留。面对异性的非分要求，不要畏惧，要勇敢地说"不"。要以严厉的态度制止和反抗性骚扰，必要时向别人呼救或向公安部门寻求帮助。对于性骚扰事件的经历，不要过分恐惧和自责，因为你是无辜者。为了更快地排除自己的心理困扰，可以同父母、老师、知心朋友宣泄自己的情绪，也可以寻求心理咨询的帮助。

**心理知识窗**

○ 何时开始性教育

何时开始性教育的问题实际上非常复杂，几乎不可能有正确的答案。因为无论是文化传统、社会环境，还是施教者、受教者，哪一方面薄弱或者奇强，都会闹出笑话来。

据国内大多数专家和教育者的观点，最适合开始性教育的时间是在 10 岁左右。他们的理由如下：其实正是女孩初潮和男孩初次遗精之前的一两年，这时讲述性知识对孩子来说比较自然，而且必要。根据调查，我国大、中城市少女初潮的时间大多是小学五年级，而少男初次遗精的时间是初一下半学期至初二下半学期，两者都有提前的趋势，而中国学校开展性教育的时间大多是从初中开始，也就是说，我们现今开展性教育的时间，比 20 世纪过于保守的理论指导还要滞后。

西方国家由于文化传统不同，对性比较开放。他们大多主张性教育从幼儿园开始，甚至认为应该从孩子出生时就开始。其理由是：越年幼的孩子对性越没有偏见和顾忌，更容易接受和性有关的概念。性教育的内容不应只是婚恋生育，而应包括认识身体、两性识别等更基础的内容，应从家庭开始，始终伴随孩子的成长，最后与学校和社会的教育相融合。

这个问题虽然不可能有正确答案，但还是有客观评价标准。一个社会或者一个家庭的性意识是否健康，就看他们能不能像谈论吃饭一样自然从容地谈论性。

## 第四节 提升爱的能力

> 爱情抵抗不住烦琐的家务，必须至少有一方品质极其坚强。
> ——巴尔扎克

### 一、单相思

单相思是指异性关系中的一方倾心于另一方，却得不到对方回报的单方面的"爱情"。爱情错觉是单相思的另一种形式，是指在异性间的接触往来关系中，一方错误地认为对方对自己"有意",或者把双方正常的交往和友谊误认为是爱情的来临。它常会使当事人想入非非,自作多情。单相思是恋爱心理的一种认知和情感的失误。单相思使某些学生陷入痛苦的境地,处于空虚、烦恼,甚至绝望之中。如果处理不好,对以后的恋爱婚姻生活都有消极的影响。

## (一)形成单相思的原因

### 1. 爱幻想

这是造成单相思的主观因素。如果在现实生活中难以适应正常的恋爱生活,爱幻想者往往依据丰富的想象力,在幻想中得到异性爱的一切满足。

### 2. 信念误区

单相思者往往以为爱仅仅是投入,不要承诺、不要回报、不顾一切的精神恋爱才是世界上最伟大的恋爱。

### 3. 认知偏差

有的单相思是由当事人的认知偏差造成的,不能正确地对待被拒绝的事实,仅仅是为了自己的自尊心(其实是虚荣心),就强迫自己追求到底。

## (二)单相思的心理调适

单相思的调适方法主要是认知领悟和心理分析。在具体的心理调适过程中,应根据不同的情况采用不同的方法。

(1)如果是自己有意而对方并不知情,而且觉得对方有很大的可能也爱自己,就可以大胆地向对方表白自己的感情。当然,也应做好对方不接受自己的情感的心理准备。

(2)如果觉得对方没有可能爱自己,就没有必要表白自己的情感,因为这种表白既可能给对方造成心理压力,也会使两个人的关系显得不自然。有些情况下,适当压抑一下自己的感情还是必要的。

持久的单相思会给个人生活带来很大的负面影响,应当学会尽快地从单相思中解脱出来。

**【案例8.1】**

小李是某校大二专业一男生,性格活泼开朗。有一个女生突然闯入他的生活,他一下子被吸引并无法自拔。两人是通过朋友的朋友认识的,对方已经大三,还有半年就要毕业走了。女生觉得自己挺爱玩的,很可爱,所以就以一种类似姐姐的方式在照顾着小李。小李比较迷信和相信星座，用了两天的时间研究这个女生的星座并了解到她是天蝎座的。他从别人那里了解到这个女生特别爱玩，比如夜场之类的；但是，她平时看上去是特别文静乖巧的。小李是处女座，对感情比较专一，一旦认定了某个人就死心塌地地对对方好。现在的心情是他想表白却又不敢，而不表白又不甘心。他买了个日记本天天记录与这个女生有关的一切事情以及自己对她的思念等，打算等这个女生毕业的给这个女生看。他的朋友告诉他这样做太不够爷们了，就应该把她约到操场上直接跟她表白。由于对这种方式不太认同，他想知道如何更好地解决这件事情。

思考：

该男生目前的情况是怎样的？如果你遇到这样的情况该怎么办？

## 二、失恋

**心灵维他命**

○ **杯子和水的爱情**

有一天，杯子对主人说："我寂寞，我需要水，给我点水吧。"主人说："好吧，拥有了想要的水，你就不寂寞了吗？"杯子说："应该是吧。"于是，主人把开水倒进了杯子里。水很热，杯子感到自己快被融化了，杯子想，这就是爱情的力量吧。然后，水变温了，杯子感觉很舒服，杯子想，这就是生活的感觉吧。后来，水变凉了，杯子感到害怕了，怕什么他也不知道，杯子想，这就是失去的滋味吧。慢慢地，水凉透了，杯子绝望了，杯子想，这就是缘分的"杰作"吧。杯子说："主人，快把水倒出去，我不需要了。"但是，主人不在。杯子感觉自己快压抑死了，可恶的水，凉凉的，放在心里，感觉好难过。杯子奋力一晃，水终于走出了杯子的心里，杯子好开心，突然，杯子掉在了地上，碎了。"临死"前，杯子看见了，它心里的每一个地方都有水的痕迹，它才知道，它爱水，它是如此爱着水，可是，它再也无法把水完整地放在心里了。杯子哭了，它的眼泪和水溶在一起，它奢望着能用最后的力量再去爱水一次。

爱情，往往是经历了痛苦才知道珍惜，总要到无法挽回才会觉得后悔。

○ **失恋助我成长**

失恋是大学生中比较常见的情感挫折。当不得不面对失恋时，你又该怎么办呢？尽管失恋是痛苦的和不幸的，但并不一定就是坏事，在某种意义上还可以说是好事，因此请同学们以各小组为单位，分别列举失恋后的好处。每个小组最多可以列举十条，之后在全班范围内由全体同学共同评比出最合理、最可行的观点，并将此作为本班共同的"情感自卫盾牌"。

齐心协力寻找失恋的十大好处。请以下面的句型为模板，完成十句话：

因为我失恋了，所以我获得了＿＿＿＿＿＿＿＿＿＿＿＿＿＿。

失恋是指恋爱过程的中断。失恋带来的悲伤、痛苦、绝望、忧郁、焦虑、虚无等情绪使当事人受到伤害。失恋所引发的消极情绪若不及时化解，会导致身心疾病。失恋者可以尝试运用以下的方法进行自我调适。

### （一）适当运用酸葡萄心理效应

当一个人失恋之后，如果总是回想过去恋人的种种优点，就会越发怀念过去的恋人；同时也就越发否定自己，觉得自己一无是处。结果形成恶性循环，使情绪越来越消沉，心理越来越压抑。当一个人失恋之后，如果难以从失恋的阴影中摆脱出来，不妨运用酸葡萄心理机制。所谓酸葡萄心理机制，就是对自己无法得到的东西降低好感和对自己的重要性，吃不到葡萄就说葡萄是酸的。也就是说，当一个人失恋之后，可以尽量多想想过去恋人的缺点，少想或者不想过去恋人的优点，这样心理就容易平衡了。

当然，一个人对酸葡萄心理机制的应用必须适当，酸葡萄心理机制毕竟是一种心理防御机制，如若过分运用酸葡萄心理，容易形成一种不符合实际的观念。久而久之，容易导致一些非理性思维方式，不利于自己的心理健康。如果一个人具有足够的心理强度，即使在失恋的时候，也能够客观地分析对方的优点和缺点，并且能够在不贬低对方的优点的情况下调控自己的消极情绪，这就是心理的强者。

### （二）学会积极地自我暗示

当一个人失恋之后，如果总是责备自己，觉得是自己不好才导致分手，就只会使自己越来越压抑。这时应学会积极地自我暗示，如用"幸亏他（她）现在提出分手，如果他（她）结婚后才提出分手，岂不更糟"，"他（她）不爱我，并不说明我不可爱，只是说明两人的性格和观念不合"以及"天涯何处无芳草"等。

### （三）转移注意力

失恋后如果总是想着失恋这个沉重的打击，那就很难尽快地从失恋的阴影中走出来。这时，就应当设法把自己的注意力从失恋这件事情转移到自己比较感兴趣、能够分散自己注意力的事情上去。例如，听听音乐、看看电影、跳跳舞、打打球等，以冲淡内心因失恋而造成的挫折感和压抑感。

### （四）升华法

古今中外，有不少著名的历史人物恰恰是受到失恋的打击后而发奋追求事业，从而流芳百世、名垂青史的。大文豪歌德如果不是失恋，也许就写不出《少年维特之烦恼》。因此，把因失恋而产生的挫折感、压抑感升华为奋斗的动力是十分有益的。一旦你全身心地投入一项更有意义的事业中去的时候，你定会觉得因失恋而痛苦不堪的往事之好笑和不值一提。

### （五）失恋不失德，失恋不失命，失恋不失志

失恋不失德，是一个大学生应当有的态度和人格，也是恋爱的重要原则。要做到：不报复、不打击、不伤害、不破坏对方的名誉和人格，不破坏对方重新建立生活的努力。失恋不失命，爱情是人生的重要内容而非全部，因为失恋而毁掉自己的生命是愚蠢的行为。人生除了爱情之外，还有其他一些美好的东西，爱情虽离你而去，但还有其他美好事物永远伴随着你，只要你有追求精神，爱情之花迟早还要为你开放。失恋不失志，不能因为失恋而丢掉自己的理想和志向。理想是个人进步的动力目标，在为理想而奋斗的过程中，逐渐平复由失恋而造成的心理创伤，就会重新获得幸福的爱情。

## 三、婚姻

婚姻是爱情的结晶，也是相爱的两个人所期盼的完美形式。根据斯滕伯格三元理论，在亲密、激情、承诺三种成分组成的三角形中，三角形的面积越大，表示婚姻的质量越高。也就是说，当亲密、激情、承诺三种成分所占的比例相同时，婚姻质量最高。

**课后思考**

1. 你怎样理解爱情、友情、亲情、性及婚姻之间的关系？请阐述你的观点。

2. "于千万人之中，遇见你要遇见的人。于千万年之中，时间无涯的荒野里，没有早一步，也没有迟一步，遇上了也只能轻轻地说一句：哦，你也在这里吗？"（选自张爱玲《爱》）请谈一下自己的看法。

提示：爱情不可强求，失恋亦不可耻。爱情不因来得早而成为一道美丽的风景。爱情，要在合适的时间赶上了才好。失恋有时候也是一种幸福，因为有爱，才会有期待，所以纵使失望，也是一种幸福，虽然这种幸福有点痛。

## 心理咨询师手记

### 化解爱的痛

**一、个案描述**

孟某，男，大二。来访时眼睛里充满了困倦，脚步沉重，双肩无力，整个人都显得萎靡不振。自诉最近晚上经常失眠，明明很困却还是睡不着，最晚一次到凌晨四点才睡着。白天上课时候总是犯困，什么都听不进去，想睡觉却睡不好，感觉很难受。对于分手时间和谈恋爱的时间记忆模糊。来访者一直非常关心他的女朋友，嘘寒问暖，设身处地地为其着想，将心思全部花在女友的身上，突然的分手让自己非常痛苦，每天浑浑噩噩，情绪低落，做什么事情都没有兴趣。因为一部电影的缘故，喜欢折千纸鹤，然而在这部影片中千纸鹤代表了死亡，来访者提到自己头脑中曾经闪过要报复女朋友的念头，并想过自己死亡的情景，还根据现实场景幻想自己可能会受伤的情景。

**二、咨询师与来访者对话（节选）**

咨询师：你们分手多久了？

来访者：我记不得了。

咨询师：从分手到现在一直是这样的状态吗？

来访者：差不多是吧。

咨询师：你刚说到了现在叠千纸鹤，是从失恋后开始的吗？

来访者：是的，在我的人生中，我最喜欢的是圆月（可能是因为我出生的时候是月圆的时候吧）和千纸鹤。在我的印象中，我看过一部张国荣演的电影，里面就有千纸鹤，千纸鹤在那部电影里代表的好像是，他每杀一个人就叠一只千纸鹤，并把它放在水中漂走。

咨询师：按照你的说法，在那部电影里千纸鹤代表的是死亡啊。

来访者：是啊，我也想过自己死亡的情形，记得在家的时候，我房间上方有一些电线，躺在床上可以看到电线的接口，我会想到如果电线掉下来会怎么样。曾经我也想过自己残疾（双腿断掉）了。

咨询师：我非常理解你失恋后的感受，失恋已经明显影响到了你生活、学习、情绪，甚至出现了一些不好的思维想法。尽管失恋痛苦，但建议你尽快从这种状态中走出来，转移注意力就是不错的方法。

来访者：好吧，我试试。

咨询师：你现在每天有喜欢的事情在做吗？

来访者：一直以来我就很喜欢俄语，这几天我早上也会出来（在校园的某个地方）读俄语，我喜欢读出来的感觉。

### 三、咨询师的主要技术方法

1. 基本技术

（1）倾听。倾听来访者当前的困扰、痛苦和无法释怀之处。

（2）澄清。澄清来访者与其女友的关系状态，使其认识到可能存在的问题。

（3）面质。质询来访者对于爱情的认识，是平等的还是单方面的，等等。

2. 核心技术

认知-行为疗法：改变来访者对于爱情的不恰当认知，即我爱你，你也必须爱我，提高其认知的弹性和灵活度；行为上进行转移训练，引导其将更多注意力转移到学业和有意义的课外活动中，逐渐通过行为的改变平复其情绪。

3. 辅助技术

意象对话技术是从精神分析和心理动力学理论的基础上发展出来的，东方文化中的心理学思想，通过诱导来访者做想象，了解来访者的潜意识心理冲突，对其潜意识的意象进行修改，从而达到治疗效果。

### 四、咨询师反思

爱情是两个人的事情，当一方主动提出停止关系的时候，被动接受的一方可能在短时期内生活比较混乱，会不习惯。本来做什么事都有一个人陪伴自己，突然间一切都变了，两个人突然变成了一个人，什么事情都要独自一个人去解决，不适应是分手后主要的心理表现。因而当其中一方提出分手时，会使得还陷在热恋中的另一方特别接受不了，这就是来访者伤痛的主要原因，他已经习惯了女友的陪伴，纵然失去，仿若当头一棒，无法接受，但是碍于女友坚决的态度以及自己的面子又不得不答应分手。

来访者深知自己给不了女友想要的生活，但是却依然不愿意分手，因为他想找到爱与被爱的感觉，所以在咨询师提到这点的时候他才会频频点头，表示赞同。他渴望得到爱人的赞扬，得到心理上的满足。在咨询中，不难看出来访者只是依据自己的想法看待这份感情，他不明白为什么女友会说"长痛不如短痛"，不知道自己是否给女友带来了负担。而且有时候会让女友按照自己的价值观和行为方式做事，这就在无形中变成了女友爱情中的负担。但是来访者却没有意识到这些，尽管他说自己为这份爱情在改变，但是事实上没有减轻彼此的爱情负担。

尽管失恋痛苦，但是失恋的人不应该一直深陷爱人离弃自己的伤痛中，应该转移注意力做一些自己感兴趣的事情，或者做一些充实并且有意义的事情。要明白强扭的瓜不甜，一个巴掌拍不响，所以当对方放手的时候千万不要死缠烂打，纠缠不休，这不但不会挽回爱情，反而会遭到对方的唾弃。放手，放开对方，也放开自己的心。未来还很美好，世界还很美丽，丢弃忧伤，敞开心扉，没有什么大不了的。就将曾经的爱装在匣子里，埋藏于心底，为以后留一段美好的回忆。

本案例中来访者经历了爱情—失恋—无聊—抑郁—想死亡等复杂的情绪变化，包括快乐与悲伤、期望与失望、爱恋与淡漠、愤怒与恐惧、忧郁与焦虑等，来访者的"一切景语皆情语"。需要注重来访者的情绪转移。众所周知，很多时候，消除伤痛的最好办法就是转移注意力，做一些自己喜欢的事情，开阔注意力范围，避免钻牛角尖。

### 五、咨询中的重要概念阐释

意象是认知主体在接触客观事物后，根据感觉来源传递的表象信息，在思维空间中形成的有关认知客体的意象加工形象。在头脑里留下的物理记忆痕迹和整体的结构关系，是现实中看不见的人的潜意识活动，通过脑海中的具体画面内容来感受到或看到的形态。狭义的意象就是主动地在人的头脑中浮现出的画面及画面中的具体内容。梦境虽然是自动产生的，但也可以视为意象。一般来说，在意象对话心理治疗方法中，狭义的意象即我们能在脑海里浮现的、清晰的具体的内容。对于广义的意象，这里分两类情况：一类是画面没有具体内容，比如只有味道、声音、氛围、感觉等，即没有具体的图像，但感觉上存在；另一类是包括现实中的所有物体、行为、情感等，即我和世界都是意象，一切皆为意象。

意象是思维活动的基本单元，意象是用来指代事物，以唤起相对应的感觉，激发思维活动的涟漪。思维是基于意象单元的互动，记忆中的影像、文字、声音都只是外界的信息在主体中用意象储存的一种形式，意象是外界的信息在主体内部构建成的精神体,是思维的工具与元件。心理意象表示过去的感觉和知觉上的经验在心中的重现或回忆,是在知觉基础上所呈现于脑际的感性形象。本案例中来访者对"千纸鹤"的意象或寓意与负向情绪和死亡有关,需要注意并进行情绪干预。

# 第九章 职业生涯规划

**【课前思考】**

（1）你为什么要来读大学？
（2）你有没有想过要如何度过自己的一生呢？
（3）人生需要规划吗？
（4）你目前所学的专业和未来想从事的工作一致吗？
（5）你目前能胜任你未来想从事的工作吗？

第九章
学习资源

## 第一节　初识生涯规划

> 对于一艘盲目航行的船来说，所有的风都是逆风。
> ——哈伯特

### 一、与生涯规划相关的概念

在日常生活中，我们常常把工作、职业与职业生涯混为一谈，以为找工作就是找职业，从事了某种职业就拥有了职业生涯。虽然工作、职业与职业生涯是密切相关的概念，但它们并不完全是一回事。将这几个概念相混淆，很容易使我们囿于眼前的工作，忽视生涯规划的重要性。为了更好地学习生涯规划，我们需要对其加以区分。

#### （一）工作

工作是指在某一行业中的具体位置，是有目的、有结果、需要投入时间和精力并持续一定长时间的活动，例如教师的教学工作。

## （二）职业

职业是指从业人员为获取主要生活来源而从事的社会性工作类别。它是由一系列相似的职位所组成的一个特定的专业领域，即指一系列的工作。例如教师、医生、律师就是职业。

## （三）生涯

"生"，即"活着"；"涯"，即"边界"。广义上理解，"生"，自然是与一个人的生命相联系；"涯"，则有边际的含义，即指人生经历、生活道路和职业、专业、事业。生涯不仅仅是工作和职业。生涯是生活中各种事件的演进过程，统合了个人一生中各种职业与生活的角色，由此表现出个人独特的自我发展历程。

## （四）职业生涯

职业生涯是一个人一生中所有与职业相联系的行为与活动，以及相关的态度、价值观、愿望等的连续性经历，也是一个人一生中职业、职位的变迁及工作理想的实现过程。简单说，职业生涯就是一个人终生的工作经历。一般可以认为，我们的职业生涯开始于任职前的职业学习和培训，终止于退休。职业生涯是个人发展中的重要内容，它涵盖了人的一生，并包括个人的自我概念、家庭生活，以及个人所处的环境、文化氛围的方方面面。职业生涯可以说是一个人终身发展的历程，是个人在一生中所经历的一系列职位和角色。

# 二、生涯规划的意义

生涯规划指的是一个人对其一生中所承担职务相继历程的预期和计划。个人着眼于生涯发展，在对自己的兴趣、爱好、能力、特点和客观环境进行综合分析与权衡的基础上，面对各种抉择情境学会界定问题，通过恰当的规划为自己确立职业方向和目标，确定教育和发展规划，制定行动策略，实现个体的全面最优发展。

生涯设计的目的绝不仅是帮助个人按照自己的资历条件找到一份合适的工作，实现个人的目标，更重要的是帮助个人真正了解自己，为自己定下事业大计，筹划未来，拟定一生的发展方向。大学生正处在对个体职业生涯的探索阶段，这一阶段对大学生今后职业生涯的发展有着十分重要的意义。

## （一）协助大学新生尽快适应并安排好大学生活

很多同学在中学就有非常明确的目标——考上一所理想的大学，经过高考的洗礼升入大学以后，却突然丧失了奋斗目标，因此他们会困惑："读大学，究竟要读什么？"在大学生群体中，"无聊""郁闷""纠结"等情绪状态很普遍。这在很大程度上都是由缺乏清晰的生涯规划所致。通过进行生涯规划，可以协助新生找准定位，重新明确发展目标，并结合生涯规划安排好学习、生活及社会实践等相关活动，从而更快地适应大学生活。清晰合理的生涯规划还可以使大学生活更加充实和有意义。

### （二）协助个人规划自我、实现理想

当今的时代是一个挑战和机遇并存的时代，机遇总是垂青那些有准备的人。一个善于规划自我的人，总能把握自己的命运。职业发展规划犹如一张生命蓝图，它引导你一步步实现自己的职业理想。人无论做什么都需要制定一个适合于自己的目标，然后制订为达到这一目标而实施的具体计划。明确的职业生涯规划，可以使你把理想与现实的努力结合起来，脚踏实地地去努力。例如，你的学习计划，你的知识、能力准备，你对各种职业信息的收集，你的社会实践的锻炼等，都应与你的职业理想结合起来。

### （三）协助个人认识自我、开发潜能

学习职业生涯规划，可以协助大学生正确认识自身的个性特质、兴趣和能力倾向，使其对自身的优势与劣势进行理性的分析；了解自己的职业价值观，树立明确的职业发展目标与职业理想；将职业目标与实际相结合，做出恰当的职业定位；学会运用科学的方法，采取可行的步骤与措施，不断增强自己的职业能力，实现职业目标与理想，并在这个过程中充分开发自己的潜能，实现自身价值。

### （四）协助毕业生进行理性的就业选择

大学生对职业生涯规划的明确程度，直接影响到他们的毕业选择。有关部门对职业生涯规划明确程度与毕业选择满意度的相关性分析说明：职业生涯规划明确程度与毕业选择满意度之间有显著的联系，职业生涯规划越明确，毕业选择的满意度就越高；职业生涯规划明确程度越低，则毕业选择的满意度就越低。由于一些大学生没有真正理解职业生涯规划的确切含义，对职业生涯规划的重要意义认识不足，不了解职业生涯规划的程序，缺乏进行规划的具体技巧，因此在毕业选择时不是盲目追赶社会潮流，就是随意效仿别人，常常表现出被动和不知所措。

## 第二节　生涯规划与自我探索

> 一份工作适不适合你，永远只有双赢或两败俱伤两种结果，你不应该因为心中的某种需求，欺骗自己投入到错误的工作中，因为在两败俱伤的局面中，你个人的损失绝对高于他人或企业的。
>
> ——《哈佛职业生涯设计》

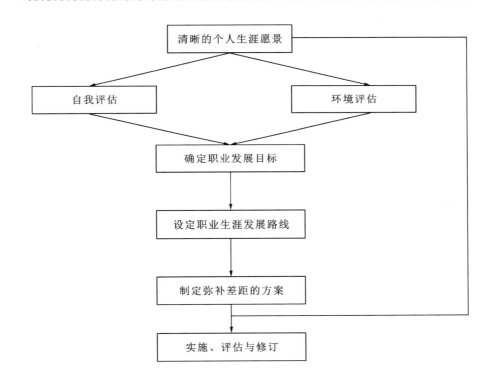

### 一、描绘个人生涯愿景

生涯愿景是个人发自内心的，一生最渴望达成的结果。西方有一本教科书用漫画解释愿景，画中一只小毛毛虫指着它眼前的蝴蝶说，那就是我的愿景。在电影《当幸福来敲门》中，男主角是一名落魄的推销员，一天在经过一个证券公司的大厦门口时，看到一名驾着红色法拉利的股票经纪人，并被他的生活状态和脸上的幸福表情触动，从而决定转行，在经历了各种艰辛之后最终实现了自己的目标，成为一名经纪人。在看到证券公司里的人进进出出的那一刻，他的愿景就是"我要成为他们那样的人！"

**【小故事】**

有位哲学家到一个建筑工地，分别问三个正在砌砖的工人："你在干什么？"

第一个工人头也不抬地说："我在砌砖。"

第二个工人抬头说："我在砌一堵墙。"

第三个工人满怀憧憬地说："我在建一座美丽的教堂！"

听完回答，哲学家就判断出这三个人的未来：第一个心中眼中只有砖，可以肯定，他一辈子能把砖砌好，就很不错了；第二个眼中有砖，心中有墙，好好干或许能当一位工长、技术员；唯有第三位，必有大出息，因为他有美好愿景，心中有一座教堂。

后来，砌砖的，还在砌砖；砌墙的，成了工程师；建教堂的，成了企业家。

清晰生动的愿景，可唤起人的一种希望，给人动力去做一件事。愿景具有强大的驱动力。由于人在一生中要扮演多个角色，因此生涯愿景是多方面的。总的来说，个人生涯愿景主要包括以下几个方面的内容。

（1）自我形象：你希望成为什么样的人？假如你可以变成你向往的那种人，你会有哪些特征？

（2）有形财产：你希望拥有哪些物质财产？希望拥有多大的数量？

（3）家庭生活：在你的理想中，你未来的家庭生活是什么样子？

（4）个人健康：对于自己的健康、身材、运动以及其他与身体有关的事情有什么期望？

（5）人际关系：你希望与你的同事、家人、朋友以及其他人拥有什么样的关系？

（6）工作状况：你理想中的工作环境是什么样子？希望取得什么样的成就？

（7）社会贡献：希望对社会做出什么样的贡献？

（8）个人休闲：期望拥有什么样的休闲生活？

**心理游戏**

○ **十年愿景书**

想象十年后，有个杂志要写一篇关于你的特别报道，请你选择一种杂志，并写出这篇报道的概要，特别是你希望它突出的内容，你希望那时别人看自己是一个什么样的人。内容可涉及职业、社会地位、家庭、财务、物质生活、个人价值、社会关系等方面。

你选择的杂志是：_____

选择这本杂志的原因是：_____

谁是这本杂志的读者：_____

这篇文章描述了你的哪些方面：_____

文章如何描述你：_____

## 二、自我评估

自我评估是职业生涯规划的基础，也是能否获得可行的规划方案的前提。只有深刻地认识自我和了解自我，才能对自己未来的职业生涯做出准确的把握和合理的规划。没有建立在自我评估基础之上的职业生涯规划，既不现实，也缺乏可操作性，很容易中途夭折。

自我评估的主要内容是与个人相关的所有因素，包括兴趣、气质、性格、能力、特长、身体状况、学识水平、思维方式、价值观、情商以及潜能等。通俗地说，自我评估就是要弄清楚自己是谁、想要什么、能做什么。

自我评估可以通过自我陈述、清单列表、活动分析等进行非标准化评估，也可以通过使用标准化的心理测评量表来进行系统分析。值得留意的是，在自我评估中还应当借鉴他人的意见，即"角色意见"，这样才能得到比较客观、中肯的评估结论。

### （一）了解自己的气质类型

气质就是我们所说的脾气，是人格特质的一个方面。气质指个体心理活动的稳定的动力特征，它使人的日常生活带有一定的色彩，形成一定的风貌，是职业选择的依据之一。我们一般把气质类型划分为四种：多血质、胆汁质、黏液质和抑郁质。一般来说，具有某种典型的气质特征的人是很少的，三种气质的混合型也很少，多数人是近似其中某一类型或者是两种类型的混合气质。

气质在人的实践活动中不起决定性作用，但有一定的影响，主要表现在，它可能影响活动的效率。例如，要求做出迅速灵活反应的工作，具有多血质和胆汁质的人比较合适，而具有黏液质和抑郁质的人则较难胜任。反之，要求持久细致的工作，具有黏液质、抑郁质的人较为合适，而具有多血质、胆汁质的人较难适应。显然，为了提高工作效率，对不同职位和岗位的员工的气质特性就要提出特定的要求，有些特殊工种还有其特殊要求，否则是难以适应和胜任的。例如，华东师范大学俞文钊教授研究发现，多血质、黏液质，或两者的混合型是管理人员较为适宜的气质类型。

气质受先天影响比较大，但没有好坏之分，每种类型都有其优势和劣势。通过分析自己的气质类型,可以了解与自己的气质类型相匹配的职业类型,在做生涯规划时选择适合自己的发展道路,气质类型与职业选择见表9-1。

表9-1 气质类型与职业选择

| 气质类型 | 心理和行为特征 | 职业选择 |
| --- | --- | --- |
| 胆汁质 | 兴奋性强,脾气暴躁,性情直率,精力旺盛,能以很高的热情埋头于事业;兴奋时,决心克服一切困难,精力耗尽时,情绪一落千丈 | 体育运动员、企业改革者、飞行员、勘探工程师、探险者、演说家、教师、营业员等 |
| 多血质 | 热情,有能力,适应性强,喜欢交际,精神愉快,机智灵活。但办事重兴趣,注意力易转移,情绪易改变,富于幻想,不愿做耐心细致的工作 | 记者、律师、公关人员、艺术工作者、秘书等 |
| 黏液质 | 平静,善于克制忍让,生活有规律,不为无关事情分心,埋头苦干,有耐久力,态度持重,不卑不亢,不爱空谈,严肃认真。但不够灵活,注意力不易转移,易墨守成规 | 医务人员、图书管理人员、情报翻译、营业员、教师、思想教育工作者等 |
| 抑郁质 | 沉静、深刻、易相处,人缘好,办事稳妥可靠,意志坚定,能克服困难。但比较敏感,易受挫折,孤僻、寡欲,反应缓慢 | 诗人、作家、画家等 |

【心理小测评】

**气质量表**

请仔细阅读下列各题,对于每一题,你认为非常符合自己情况的,就在前面的括号内填上 +2,比较符合的填 +1,吃不准的填 0,比较不符合的填 -1,完全不符合的填 -2。

( ) 1. 做事力求稳妥,不做无把握的事

( ) 2. 遇到可气的事就怒不可遏,想把心里话全说出来才痛快

( ) 3. 宁肯一个人干事,不愿很多人在一起

( ) 4. 到一个新环境很快就能适应

( ) 5. 厌恶那些强烈的刺激,如尖叫、噪声、危险的镜头等

( ) 6. 和人争吵时,总是先发制人,喜欢挑衅

( ) 7. 喜欢安静的环境

( ) 8. 善于和人交往

( ) 9. 羡慕那种能克制自己情感的人

( ) 10. 生活有规律,很少违反作息制度

( ) 11. 在多数情况下情绪是乐观的

( ) 12. 碰到陌生人觉得拘束

(    ) 13. 遇到令人气愤的事，能很好地自我克制
(    ) 14. 做事总有旺盛的精力
(    ) 15. 遇到问题经常举棋不定，优柔寡断
(    ) 16. 在人群中从不觉得过分拘束
(    ) 17. 情绪高昂时，干什么都觉得有趣，情绪低落时，又觉得什么都没意思
(    ) 18. 当注意力集中于一件事时，别的事情很难使我分心
(    ) 19. 理解问题总比别人快
(    ) 20. 碰到危险情境，常有一种极度恐怖感
(    ) 21. 对学习、事业、工作怀有很高的热情
(    ) 22. 能够长时间做单调枯燥的工作
(    ) 23. 符合兴趣的事干起来劲头十足，否则，就不想干
(    ) 24. 一点小事就能引起情绪波动
(    ) 25. 讨厌做那种需要耐心、细心的工作
(    ) 26. 与人交往不卑不亢
(    ) 27. 喜欢参加激烈的活动
(    ) 28. 喜看情感细腻、描写人物内心活动的文学作品
(    ) 29. 工作时间长了，常感到厌倦
(    ) 30. 不喜欢长时间讨论一个问题，愿意实际动手干
(    ) 31. 宁愿侃侃而谈，不愿窃窃私语
(    ) 32. 别人说我总是闷闷不乐
(    ) 33. 理解问题常比别人慢些
(    ) 34. 疲倦时只要短暂的休息就能精神抖擞
(    ) 35. 心里话宁愿自己想，不愿说出来
(    ) 36. 认准一个目标就希望尽快实现，不达目的，誓不罢休
(    ) 37. 学习工作同样一段时间后，常比别人更疲倦
(    ) 38. 做事有些莽撞，常常不考虑后果
(    ) 39. 老师或师傅讲授新知识技术时，总希望他讲慢些，多重复几遍
(    ) 40. 能够很快地忘记那些不愉快的事情
(    ) 41. 做作业或完成一件工作，总比别人花更多的时间
(    ) 42. 喜欢运动量大的激烈体育运动或参加各种文艺活动
(    ) 43. 不能很快地把注意力从一件事转移到另一件事上去
(    ) 44. 接受一件任务时，希望迅速把它完成

(    ) 45. 认为墨守成规比冒风险强

(    ) 46. 能够同时注意几件事情

(    ) 47. 当我烦闷的时候，别人很难使我高兴起来

(    ) 48. 爱看情节起伏跌宕，激动人心的小说

(    ) 49. 对工作抱有认真严谨，始终一贯的态度

(    ) 50. 和周围人们关系总是相处不好

(    ) 51. 喜欢复习学过的知识，重复做已经掌握的工作

(    ) 52. 希望做变化大，花样多的工作

(    ) 53. 小时候会背的诗歌，我似乎比别人记得清楚

(    ) 54. 别人说我"出语伤人"，可我并不觉得这样

(    ) 55. 在体育活动中，常因反应慢而落后

(    ) 56. 反应敏捷，头脑机智

(    ) 57. 喜欢有条理而不甚麻烦的事

(    ) 58. 兴奋的事常使我失眠

(    ) 59. 教师讲的新概念，常常听不懂，但是弄懂之后，就很难忘记

(    ) 60. 假如工作枯燥无味，马上会情绪低落

**计分方法：**

每一种气质类型包括 15 道题目。请按照题目序号将各题的得分相加，计算出每种典型气质的总分。

| 气质类型 | 题目序号 | 得分 |
| --- | --- | --- |
| 胆汁质 | 2、6、9、14、17、21、27、31、36、38、42、48、50、54、58 | |
| 多血质 | 4、8、11、16、19、23、25、29、34、40、44、46、52、56、60 | |
| 黏液质 | 1、7、10、13、18、22、26、30、33、39、43、45、49、55、57 | |
| 抑郁质 | 3、5、12、15、20、24、28、32、35、37、41、47、51、53、59 | |

**结果解释：**

1. 如果某一项或两项得分超过 20 分，则为典型的该气质。

2. 如果某种气质的得分明显高于其他三种（均高出 4 分以上），则可确定为该种气质。如果两种气质的得分接近（差异低于 3 分）而又明显高于其

他两种（高出 4 分以上），则可确定为两种气质的混合型。如果三种气质的得分相接近且均高于第四种，则为三种气质的混合型。

3. 一般来说，正分值越高，表明该项气质越明显，反之，正分值越低或得负分值，表明越不具备该项气质特征。

## （二）探索自己的职业兴趣

美国心理学家霍兰德提出人的职业兴趣大致可分为六种类型：实用型、研究型、艺术型、社会型、企业型和常规型。所有职业也可以划分为相应的六大基本类型，任何一种职业大体都可以归属于六种类型中的一种或几种类型的组合。人们一般都倾向于寻找与其个性类型相一致的职业类型，追求充分施展其能力与价值观的职业，承担令人愉快的工作和角色，也充分寻求与其类型相一致的人。他强调：个人的人格与工作环境之间的适配和对应是职业满意度、职业稳定性与职业成就的基础。大多数人可以分为六种人格类型，这六种类型可以按照固定顺序排成一个六角形。

（1）实用型（R）。有运动机械操作的能力，喜欢机械、工具、植物或动物，偏好户外活动。

（2）常规型（C）。喜欢从事资料工作，有写作或数理分析的能力，能够听从指示，完成琐细的工作。

（3）企业型（E）。喜欢和人群互动，自信、有说服力、领导力，追求政治和经济上的成就。

（4）研究型（I）。喜欢观察、学习、研究、分析、评估和解决问题。

（5）艺术型（A）。有艺术、直觉、创造的能力，喜欢运用想象力和创造力，在自由的环境中工作。

（6）社会型（S）。擅长和人相处，喜欢教导、帮助、启发或训练别人。

【心理测评】

### 职业兴趣岛

测试目的：本测验将霍兰德代码（Holland Codes，即 RIASEC）的 6 种职业兴趣比喻成不同岛屿，通过选择岛屿，洞察自己真正的兴趣类型，匹配自己所喜欢和不喜欢的职业内容，帮助自己把握好职业定位和方向。

测试题目：我们先来参观一下 6 个神奇的职业兴趣岛。

（1）A 岛——"美丽浪漫岛"。这个岛上到处是美术馆、音乐厅，弥漫着浓厚的艺术文化气息。岛民们保留着传统的舞蹈、音乐与绘画。许多文艺界人士都喜欢来到这里开沙龙派对寻求灵感。

（2）C 岛——"现代井然岛"。处处耸立着现代建筑，标志着这是一个进步的、都市形态的岛屿，岛上的户政管理、地政管理及金融管理都十分完善。岛民们个性冷静保守，处事有条不紊，善于组织规划。

（3）E岛——"显赫富庶岛"。该岛经济高度发展，处处高级饭店、俱乐部、高尔夫球场。岛民性格热情豪爽，善于企业经营和贸易活动。岛上往来者多是企业家、经理人、政治家、律师等。这些商界名流与上等阶层人士在岛上享受着高品质生活。

（4）I岛——"深思冥想岛"。这个岛平畴绿野，人少僻静，适合夜观星象。岛上有很多天文馆、科技博物馆、科学图书馆。岛民们最喜欢猫在自己的小房子里，天天钻研学问，沉思冥想，探究真知。哲学家、科学家和心理学家们在这里约会，讨论学术，交流思想。

（5）R岛——"自然原始岛"。这是个自然生态优良的绿色之岛。岛上不仅保留有热带雨林等原始生态系统，而且建立了相当规模的植物园、动物园、水族馆。岛民以手工制造见长，他们自己种植花果，栽培蔬菜，修缮房屋，打造器物，制作工具。

（6）S岛——"温暖友善岛"。这个岛的岛民们都性情温和，乐于助人，人际关系十分友善。大家互助合作，重视教育后代。每个社区都能自成一个密切互动的服务网络，处处充满着人文关怀气息。

你总共有15秒钟回答以下问题：

① 如果你必须在6个岛之中的一个岛上生活一辈子，成为这里岛民的一员，你第一会选择哪一个岛？

② 你第二会选择哪一个岛？

③ 你第三会选择哪一个岛？

④ 你打死都不愿意选择哪一个岛？

选好之后，依次记下4个问题的答案。

测试分析：ACEIRS这6个岛事实上分别代表了6种职业类型，它们的描述以及矛盾关系如下。

① A岛—艺术型（Artistic）vs C岛—常规型（Conventional）；

② E岛—企业型（Enterprising）vs I岛—研究型（Investigative）；

③ R岛—实用型（Realistic）vs S岛—社会型（Social）。

问题①的答案体现了你最显著的职业性格特征、最喜欢的活动类型以及最喜欢（很可能是最适合）的大致职业范围。

反之，问题④的答案则是你最不喜欢的活动。

具体内容如下。

（1）A岛—艺术型（Artistic）。

总体特征：属于理想主义者，具有独创的思维方式和丰富的想象力，直觉强烈，感情丰富。喜欢活动：喜欢创造性的和自我表达类型的活动，如音乐、美术、写作、戏剧。喜欢职业：总体来讲，喜欢"非精细管理"的创意类和创造类的工作，如音乐家、作曲家、乐队指挥、美术家、漫画家、作家、诗人、舞蹈家、演员、戏剧导演、广告设计师、室内装潢设计师。

（2）C岛——常规型（Conventional）。

总体特征：追求秩序感，自我抑制，顺从，防卫心理强，追求实际，回避创造性活动。喜欢活动：喜欢固定的、有秩序的活动，如组织和处理数据等。愿意在一个大的机构中处于从属地位，并希望确切知道工作的要求和标准。喜欢职业：总体来讲，喜欢有清楚的规范和要求的、按部就班、精打细算、追求效率的工作，如税务专家、会计师、银行出纳、簿记员、行政助理、秘书、档案文员、计算机操作员。

（3）E岛——企业型（Enterprising）。

总体特征：为人乐观，喜欢冒险，行事冲动，对自己充满自信，精力旺盛，喜好发表意见和见解。喜欢活动：喜欢领导和影响别人，或为达到个人或组织的目的而说服别人，成就一番事业。喜欢职业：总体来讲，喜欢那种需要运用领导能力、人际能力、说服能力来达成组织目标的职业，如商业管理者、市场或销售经理、营销人员、采购员、投资商、电视制片人、保险代理、政治运动领袖、公关人员、律师。

（4）I岛——研究型（Investigative）。

总体特征：自主独立，好奇心强烈，敏感，并且慎重，重视分析与内省，爱好抽象推理等智力活动。喜欢活动：喜欢独立的活动，比如独自去探索、研究、理解、思考那些需要严谨分析的抽象问题，独自处理一些信息、观点及理论。喜欢职业：总体来讲，喜欢以观察、学习、探索、分析、评估或解决问题为主要内容的工作，如实验室工作人员、物理学家、化学家、生物学家、工程师、程序设计员、社会学家。

（5）R岛——实用型（Realistic）。

总体特征：个性平和稳重，看重物质，追求实际效果，喜欢实际动手进行操作实践。喜欢活动：愿意从事事务性活动，如户外劳作或操作机器，而不喜欢待在办公室里。喜欢职业：总体来讲，喜欢与户外设施、动植物、工具、机器打交道的工作内容，如农业、林业、渔业、野外生活管理业、制造业、机械业、技术贸易业等从业人员和特种工程师、军事工作者。

（6）S岛——社会型（Social）。

总体特征：洞察力强，乐于助人，善于合作，重视友谊，热情关心他人的幸福，有强烈的社会责任感，总是关心自己的工作能对他人及社会做多大贡献。喜欢活动：喜欢与别人合作的活动，帮助别人解决困难。喜欢职业：总体来讲，喜欢帮助、支持、教导类工作，如心理咨询员、社会工作者、教师、辅导员、医护人员、其他各种服务性行业人员。

为了更进一步分析，将问题①/②/③的答案依次排列，可形成一个不同岛屿的字母代码组合（如：问题①/②/③的答案分别是 A 岛、C 岛、I 岛，组合起来就是 ACI），对照下面表格的"兴趣组合"一项，相应找出与自己的答案最接近的排列组合，即找到了可能会使自己真正感兴趣的职业。问题④的答案将作为排除某些组合时所用的参考标准。

| 兴趣组合 | 职业名称 | 职业类别 | 领域 | 职位层级 |
| --- | --- | --- | --- | --- |
| ACI | 图书馆管理员 | 管理员 | 教育 | 技术员工 |
| AER | 艺术指导 | 艺术指导 | 戏剧表演 | 艺术指导 |
| AER | 设计师（服装/平面/室内） | 设计师 | 艺术设计 | 设计师 |
| AER | 平面设计师 | 设计师 | 艺术设计 | 设计师 |
| AER | 室内设计师 | 设计师 | 艺术设计 | 设计师 |
| AES | 广告经理 | 经理 | 市场营销 | 管理人员 |
| AES | 表演歌手 | 歌手 | 戏剧表演 | 歌手 |
| AES | 作曲家 | 艺术家 | 戏剧表演 | 艺术家 |
| AES | 演员 | 演员 | 戏剧表演 | 演员 |
| AES | 制片人 | 制片人 | 戏剧表演 | 制片人 |
| AES | 导演 | 导演 | 制造加工 | 高级技术员工 |
| AES | 广告文案 | 广告人员 | 市场营销 | 广告人员 |
| AES | 漫画家 | 艺术家 | 艺术设计 | 艺术家 |
| AIE | 新闻记者 | 记者 | 媒体 | 记者 |
| AIS | 技术性作家 | 作家 | 媒体 | 作家 |
| ARE | 陈列设计师 | 设计师 | 艺术设计 | 设计师 |
| ARE | 专业摄影师 | 摄影师 | 戏剧表演 | 摄影师 |
| ARE | 摄影师 | 摄影师 | 媒体 | 摄影师 |
| ARI | 画家 | 艺术家 | 艺术设计 | 艺术家 |
| ARI | 场景设计师 | 设计师 | 戏剧表演 | 设计师 |
| ARI | 科学摄影师 | 摄影师 | 媒体 | 摄影师 |
| ARS | 产品设计师 | 设计师 | 艺术设计 | 设计师 |
| ARS | 素描画家 | 艺术家 | 艺术设计 | 艺术家 |

续表

| 兴趣组合 | 职业名称 | 职业类别 | 领域 | 职位层级 |
|---|---|---|---|---|
| ASE | 广播电视播音员 | 播音员 | 媒体 | 播音员 |
| | 音乐指挥 | 艺术家 | 戏剧表演 | 艺术家 |
| | 编辑 | 编辑 | 媒体 | 编辑 |
| ASI | 艺术教师 | 大学教师 | 教育 | 教师 |
| | 语言教师 | 大学教师 | 教育 | 教师 |
| | 翻译 | 翻译 | 媒体 | 翻译 |
| ASR | 舞蹈演员 | 演员 | 戏剧表演 | 演员 |
| CEI | 预算分析师 | 顾问 | 财务 | 顾问 |
| | 审计师 | 顾问 | 咨询 | 顾问 |
| | 精算师 | 精算师 | 保险 | 顾问 |
| | 会计 | 会计 | 财务 | 员工 |
| CRE | 仓库管理员 | 管理员 | 物流 | 员工 |
| | 机场控制中心主管 | 主管 | 交通运输 | 管理人员 |
| CRI | 工程测量人员 | 测量人员 | 建筑工程 | 技术人员 |
| | 建筑监理 | 监理 | 建筑工程 | 管理人员 |
| CRS | 邮递员 | 邮递员 | 邮电服务 | 员工 |
| | 电话总机接线员 | 接线员 | 行政后勤 | 员工 |
| CSR | 设备工程师 | 工程师 | 制造加工 | 技术人员 |
| EAS | 公关顾问 | 顾问 | 咨询 | 顾问 |
| ECR | 经理（物流/仓储） | 经理 | 物流 | 管理人员 |
| | 生产经理 | 经理 | 制造加工 | 管理人员 |
| | HR主管（福利/培训/招聘） | 经理 | 人力资源 | 管理人员 |
| | 旅游代理人 | 代理人 | 旅游休闲 | 代理人 |
| | 保险销售员 | 销售员 | 保险 | 销售人员 |
| EIC | 工业工程师 | 工程师 | 制造加工 | 技术员工 |
| EIS | 保险理赔人员 | 保险人员 | 保险 | 普通员工 |
| ERC | 生产线线长 | 主管 | 制造加工 | 基层管理人员 |
| | 建筑项目经理 | 经理 | 建筑工程 | 管理人员 |
| | 司机管理员 | 主管 | 交通运输 | 基层管理人员 |
| | 维修主管 | 主管 | 客户服务 | 管理人员 |
| ERI | 销售工程师 | 工程师 | 市场营销 | 技术员工 |

续表

| 兴趣组合 | 职业名称 | 职业类别 | 领域 | 职位层级 |
| --- | --- | --- | --- | --- |
| ERS | 教练 | 教练 | 体育 | 教练 |
| | 产品演示人员 | 销售员 | 市场营销 | 销售人员 |
| | 精密设备销售人员 | 销售员 | 市场营销 | 销售人员 |
| ESA | 经纪人 | 经纪人 | 个人服务 | 经纪人 |
| ESC | HR 经理 | 经理 | 人力资源 | 管理人员 |
| ESI | 法官 | 法官 | 法律 | 法官 |
| ESR | 警察 | 警察 | 社会安全 | 警察 |
| | 医疗设备销售员 | 销售员 | 市场营销 | 销售人员 |
| | 零售人员 | 销售员 | 市场营销 | 销售人员 |
| | 官员 | 官员 | — | 管理人员 |
| | 首席执行官 | 执行官 | 管理运营 | 高层管理人员 |
| | 经理（销售/市场/客户服务） | 经理 | 市场营销 | 管理人员 |
| | 经理（行政） | 经理 | 行政后勤 | 管理人员 |
| | 经理（财务） | 经理 | 财务 | 销售人员 |
| | 会务人员 | 会务人员 | 行政后勤 | 员工 |
| | 电话销售员 | 销售员 | 市场营销 | 销售人员 |
| ICA | 数学家 | 科学家 | 科学研究 | 科学家 |
| ICE | HR 顾问 | 顾问 | 管理 | 顾问 |
| | 财务分析师 | 顾问 | 财务 | 顾问 |
| ICR | 技术支持工程师 | 工程师 | IT 技术/设计 | 技术员工 |
| | 统计学家 | 科学家 | 科学研究 | 科学家 |
| | 系统分析师 | 顾问 | IT 技术/设计 | 顾问 |
| | 工业工程技术人员 | 技术员 | 制造加工 | 技术员工 |
| | 药剂师 | 医务人员 | 医疗 | 医务人员 |
| IEC | 管理顾问 | 顾问 | 咨询 | 顾问 |
| | 计算机安全工程师 | 工程师 | IT 技术/设计 | 技术员工 |
| IES | 营养专家 | 顾问 | 服务 | 顾问 |
| IRA | 材料工程师 | 工程师 | 材料科学 | 高级技术员工 |
| | 生物工程师 | 工程师 | 生命科学 | 高级技术员工 |

续表

| 兴趣组合 | 职业名称 | 职业类别 | 领域 | 职位层级 |
| --- | --- | --- | --- | --- |
| IRC | 计算机程序员 | 工程师 | IT技术/设计 | 技术员工 |
| | IT实施工程师 | 工程师 | IT技术/设计 | 技术员工 |
| | 计算机安全专家 | 顾问 | IT技术/设计 | 顾问 |
| | 化学工程师 | 工程师 | 能源/化工 | 技术员工 |
| | 电子工程师 | 工程师 | 电子电器 | 技术员工 |
| IRE | 网络工程师 | 工程师 | IT技术/设计 | 技术员工 |
| IRS | 外科医生 | 医生 | 医疗 | 高级医务人员 |
| | 牙医 | 医生 | 医疗 | 高级医务人员 |
| ISA | 临床助理 | 医生助理 | 医疗 | 技术员工 |
| | 生命科学教师 | 大学教师 | 教育 | 教师 |
| | 保健教师 | 教师 | 教育 | 教师 |
| RAC | 建筑制图员 | 技术人员 | 建筑工程 | 基层员工 |
| | 玻璃雕刻师 | 工艺员工 | 艺术设计 | 技术员工 |
| | 装订员 | 操作人员 | 印刷/包装 | 基层员工 |
| RAI | 建筑师 | 工程师 | 建筑工程 | 高级技术员工 |
| | 音响师 | 操作人员 | 媒体/娱乐 | 高级技术员工 |
| RCE | 制版员 | 操作人员 | 印刷包装 | 基层员工 |
| | 食品加工工人 | 操作人员 | 食品 | 基层员工 |
| | 通信设备安装人员 | 技术员 | 通信 | 技术员工 |
| | 商业设备安装人员 | 技术员 | IT技术/技术 | 技术员工 |
| | 裁判 | 裁判 | 体育 | 体育人员 |
| RCI | 制图工程师（电子） | 工程师 | 电子电器 | 技术员工 |
| | 制图工程师（机械） | 工程师 | 机械自动化 | 技术员工 |
| | 机械测量人员 | 技术员 | 机械自动化 | 技术员工 |
| | 精密制造（加工）操作员 | 操作人员 | 制造加工 | 技术员工 |
| | 制造系统维护员 | 操作人员 | 制造加工 | 技术员工 |
| | 数控设备程序员 | 工程师 | 制造加工 | 高级技术员工 |
| | 机械设备（含汽车）维修人员 | 技术员 | 机械自动化 | 技术员工 |
| | 电子电器（含计算机）维修人员 | 技术员 | 电子电器 | 技术员工 |

续表

| 兴趣组合 | 职业名称 | 职业类别 | 领域 | 职位层级 |
| --- | --- | --- | --- | --- |
| REC | 轮船工程师 | 工程师 | 交通运输 | 技术员工 |
| | 船长 | 船长 | 交通运输 | 管理层 |
| | 列车长 | 列车长 | 交通运输 | 管理层 |
| REI | 客机飞行员 | 技术人员 | 交通运输 | 技术员工 |
| RIC | 计算机硬件工程师 | 工程师 | IT技术/设计 | 技术员工 |
| | 电气工程师 | 工程师 | 工程类 | 技术员工 |
| | 海洋工程师 | 工程师 | 工程类 | 技术员工 |
| | 机械工程师 | 工程师 | 工程类 | 技术员工 |
| | 电子电器技工 | 技术工人 | 工程类/生产类 | 技术员工 |
| | 机械装配员 | 生产人员 | 制造 | 基层技术员工 |
| | 机械技师 | 技师 | 制造 | 技术员工 |
| | 飞机维护员 | 技师 | 交通 | 技术员工 |
| | 系统软件工程师 | 工程师 | IT技术/设计 | 高级技术员工 |
| | 土木工程师 | 工程师 | 建筑工程 | 技术员工 |
| RSE | 消防员 | 公共安全人员 | 公共事务 | 基层员工 |
| SAE | 职业咨询师 | 顾问 | 个人服务 | 顾问 |
| | 商业教师 | 大学教师 | 教育 | 教师 |
| | 播音员 | 播音员 | 媒体 | 播音员 |
| SAI | 幼儿教师 | 幼儿教师 | 教育 | 教师 |
| SEA | 学校辅导员 | 顾问 | 个人服务 | 顾问 |
| SEC | 个人理财顾问 | 顾问 | 个人服务 | 顾问 |
| | 培训发展顾问 | 顾问 | 企业服务 | 顾问 |
| SEI | 中小学校长 | 校长 | 教育 | 校长 |
| | 职业健康专家 | 顾问 | 企业服务 | 顾问 |
| SIA | 心理咨询师 | 顾问 | 个人服务 | 顾问 |
| | 小学教师 | 小学教师 | 教育 | 教师 |
| | 经济学教师 | 大学教师 | 教育 | 教师 |
| SIC | 助教 | 大学老师 | 教育 | 教师 |

续表

| 兴趣组合 | 职业名称 | 职业类别 | 领域 | 职位层级 |
| --- | --- | --- | --- | --- |
| SIR | 护士 | 护士 | 医疗 | 医务人员 |
| SRI | 体能教练 | 教练 | 体育 | 教练 |
| | 理疗医生 | 医生 | 医疗 | 高级医务人员 |
| | 食疗专家 | 顾问 | 个人服务 | 顾问 |

## （三）分析自己的性格特征

性格是指一个人在个体生活过程中所形成的，对现实稳定的态度以及与之相应的行为方式。例如，有的人对待工作总是赤胆忠心，一丝不苟，踏实认真；在为人处世中总是表现出高度的原则性，坚毅果断，豪爽活泼，有礼貌，肯帮助人，经常同别人共享他的所有而从不吝啬；在对待自己的态度上总是表现为谦虚、自信等。所有这些特征的总和就是他的性格。

性格不是先天赋予的，而是在先天素质的基础上通过家庭、教育、社会环境的影响，以及个人自身的积极活动逐渐形成的。但性格一经形成就比较稳固，这种比较稳定的对现实的态度和行为方式贯穿在人的全部行为活动中。即便如此，性格仍是可以改变的，人们通过实践活动的磨炼和自我修养，亦可改变或发展自己的性格以符合职业的要求。

职业心理学研究表明，性格影响着一个人对职业的适应性，一定的性格适合于从事一定的职业，同时，不同的职业对人有不同的性格要求。因此，我们在考虑或选择职业时，不仅要考虑自己的职业兴趣和职业能力，还要考虑自己的职业性格特点，考虑职业对人的性格要求，从而根据自己的性格特点选择最易适应的职业，或者改变自己的性格特点来适应职业的要求。

【心理测评】

### PDP 性格测试

先试试回答下列问题，如果答案是非常同意，请给自己打 5 分；如果是比较同意，则打 4 分；如果是差不多，打 3 分；如果只是有一点同意，请打 2 分；如果答案是不同意，就打 1 分。

提醒你注意一点——回答问题时不要依据别人眼中的你来判断，而是你认为你本质上是不是这样的。看看问题吧：

1. 你做事是一个值得信赖的人吗？
2. 你的个性温和吗？

3. 你有活力吗？
4. 你善解人意吗？
5. 你独立吗？
6. 你受人爱戴吗？
7. 你做事认真且正直吗？
8. 你富有同情心吗？
9. 你有说服力吗？
10. 你大胆吗？
11. 你精确吗？
12. 你适应能力强吗？
13. 你组织能力好吗？
14. 你是否积极主动？
15. 你害羞吗？
16. 你强势吗？
17. 你镇定吗？
18. 你勇于学习吗？
19. 你反应快吗？
20. 你外向吗？
21. 你注意细节吗？
22. 你爱说话吗？
23. 你的协调能力好吗？
24. 你勤劳吗？
25. 你慷慨吗？
26. 你小心翼翼吗？
27. 你令人愉快吗？
28. 你传统吗？
29. 你亲切吗？
30. 你工作足够有效率吗？

把第5、10、14、18、24、30题的分加起来就是你的"老虎"分数；把第3、6、13、20、22、29题的分加起来就是你的"孔雀"分数；把第2、8、15、17、25、28题的分加起来就是你的"考拉"分数；把第1、7、11、16、21、26题的分加起来就是你的"猫头鹰"分数；把第4、9、12、19、23、27题的分加起来就是你的"变色龙"分数。

假若你有某一项得分远远高于其他四项,你就是典型的这种属性,假若你有某两项分大大超过其他三项,你是这两种动物属性的综合;假若你各项分数都比较接近,恭喜你,你是一个面面俱到近似完美性格的人;假若你有某一项分数特别低的话,想提高自己就需要在那一种动物属性的加强上下功夫了。我们就来逐一分析各种迥然不同的"动物"吧!

(1) 老虎型(支配性)。

具有老虎族群特质者,约占人口15%,他们的共同性格为充满自信、竞争心强、主动且企图心强烈,是个有决断力的领导者。一般而言,老虎型的人胸怀大志,勇于冒险,看问题能够直指核心,并对目标全力以赴。他们在领导风格及决策上,强调权威与果断,擅长危机处理,此种性格最适合开创性与改革性的工作。微软公司的总裁比尔·盖茨就是这类典型的代表人物。

(2) 孔雀型(表达型)。

孙中山先生及美国前总统克林顿皆是营造气氛、宣扬理念、塑造愿景的能手,他们都是属于占人口15%的孔雀型领导族群。孔雀型的共同特质为:人际关系能力极强,擅长以口语表达感受而引起共鸣,很会激励并带动气氛。他们喜欢跟别人互动,重视群体的归属感,基本上是偏向"人际导向"。他们由于富有同理心并乐于分享,具有很好的亲和力,在服务业、销售业、传播业及公共关系等领域中都有杰出的表现。

(3) 无尾熊型(耐心型)。

他们的共同特质为平易近人、敦厚可靠、避免冲突与不具批判性。在行为上,表现出不慌不忙、冷静自持的态度。他们注重稳定与中长程规划,现实生活中,常会反思自省并以和谐为中心,即使面对困境,亦能泰然自若,从容应对。在决策上,他们需要较充足的时间做规划,意志坚定、步调稳健。无尾熊族群可说是一群默默耕耘的无名英雄,在平凡中见其伟大,占人口20%。南非国父曼德拉,即是这一类型很好的写照。

(4) 猫头鹰型(精确型)。

包青天的铁面无私、明察秋毫,即为猫头鹰族群的典型代表。他们给人的第一印象是稳重,行为中规中矩,很有责任感,行事条理分明,一切根据制度与规定,重视承诺与纪律,有完美主义的倾向,让人非常信赖。猫头鹰型的人重视达成目标的每一个过程之精确性,重视是非对错,在专业上追求精益求精。他们分析力强、要求标准高、不能容忍错误且自律甚严,在组织中是值得托付的好伙伴,占人口20%。

（5）变色龙型（整合型）。

他们的共同特征为适应力及弹性都相当强，擅长整合内外资源，兼容并蓄，以合理化及中庸之道来待人处事。变色龙型的人，会依组织目标及所处环境的任务需求，随时调整自己，因为他们没有明确的预设立场，不走极端，柔软性高，是个称职的谈判斡旋高手，也是手腕圆融的外交人才。在环境变迁的时代，他们更能随机应变，因此不论在企业开创期、过渡期或转型期，均非常需要此种人才参与，占人口30%，诸葛亮、基辛格是代表性人物。

**提醒：**
① 凡是测量都存在误差，不要盲信。
② 出现不符情况，请重新审视自己或与他人沟通。
③ 人格、兴趣没有好坏，只有适合不适合某项工作的问题。

## （四）澄清自己的价值观

**【案例9.1】**

张强已经大三了，很快就面临毕业找工作的问题，是找一份收入一般但稳定且福利好的工作，还是找一份薪水较高但挑战很大且极不稳定的工作？

赵磊是张强的同学，也在考虑找工作的问题。他看到自己的表哥在一家外企工作，表面上风光无限好，其实累得要命，加班到深夜两点是常有的事。他很疑惑：是否一定要找一份收入很好但很累的工作来满足自己的虚荣心？

王一凡是一名外语系的学生。想到大学毕业后的前途，她觉得很迷茫。一方面，她觉得做一名翻译也许挺适合自己；另一方面，她又不满足于只给别人打工，希望能有自己的天地。从小她的心气就比较高，好强的性格促使她想去拼搏一番。不过，她又觉得四年的学习很没底。究竟自己将来能做到什么程度呢？能让自己满意吗？她很困惑。

以上案例中的几位同学所面临的困惑都是由其职业价值观不够明确造成的。价值观是一种内心尺度，是我们认识和处理事务的一套价值体系，也就是我们在生活和工作中所看重的原则或标准。一般来说，一份工作很难同时满足一个人所有的需要，所以大学生在职业选择时，常常面临着价值观的冲突。澄清自己的价值观，可以帮助大学生在择业时明确职业目标，更快更好地做出职业选择。

**练习**

○ **价值观市场**

1. 服务他人
2. 成就
3. 名誉/社会地位
4. 多样性
5. 独立自主
6. 管理权
7. 发展与成长
8. 物质保障
9. 社会交际
10. 安全感
11. 舒适
12. 挑战性
13. 创造性

步骤 1：从这 13 种价值观中，挑选出其中五种对你来说最重要的价值，分别写在 5 张小纸条上。如果你认为重要的价值在表中没有列出，也可以另写。

步骤 2：给每一条对你来说很重要的价值下定义，并在纸条上写下来——要达到什么样的水平你才能满意？个人对同一种价值的定义可能并不相同。比如，对于物质保障的理解，有的人可能认为是月薪 3000 元以上，而有的人可以接受月薪 2000 元的工作，但一定要有医疗保险。

步骤 3：如果你不得不放弃其中一条，你会放弃哪一条？将写有你准备放弃的价值的纸条与其他人交换。

步骤 4：保留刚才别人给你的纸条，放在一边。现在，如果你不得不继续放弃剩下四条中的一条，你会放弃哪一条？再次与另一个人交换。

步骤 5：继续下去，直到最后一条。这是不是你无论如何也不愿放弃的？

我的五样重要价值观及其定义（按重要程度排序）。

- A
- B
- C

- D
- E

步骤 6：在小组中讨论，通过这个活动，你对于自己的价值观有什么样的了解和想法，你的价值观会对你的职业选择和人生产生什么样的影响。

### （五）了解自己的能力倾向

每个人都有自己的能力倾向，能力倾向是对自己能力与潜力的全面总结，一个人的职业发展最根本的还要归结于他的能力，而他职业发展空间的大小则取决于自己的潜力。能力可以分为一般能力和特殊能力，一般能力包括观察力、记忆力、思维力、想象力、注意力等，其综合体就是我们通常所说的智力；特殊能力又称专门能力，指为完成某种专门活动所必须具备的能力。对于大学生来说，智力都是差不多的，在大学里需要培养和训练的则是其未来想从事职业所必须具备的专门能力。人的能力不是天生的，大学生应当明确职业对人的能力要求，通过课堂训练和社会实践来锻炼和提高自己的能力，以便在职业发展中增强自己的优势。

> **拓展阅读**
> 
> ○ 我国国家公务员通用能力标准框架（2003 年）
> 1. 政治鉴别能力
> 2. 依法行政能力
> 3. 公共服务能力
> 4. 调查研究能力
> 5. 学习能力
> 6. 沟通协调能力
> 7. 创新能力
> 8. 应对突发事件能力
> 9. 心理调适能力
> 
> **美国雇主最为重视的技能和个人品质**
> 
> 根据美国"全国大学与雇主协会"（National Association of Colleges and Employers）在 2002 年的调查，美国雇主们最为重视的技能和个人品质按顺序排列如下：
> 1. 沟通能力
> 2. 积极主动性

3. 团队合作精神
4. 领导能力
5. 学习成绩
6. 人际交往能力
7. 灵活性/适应能力
8. 专业技术
9. 诚实正直
10. 工作道德
11. 分析和解决问题的能力

## 第三节 生涯规划与环境分析

> 乘着顺风，就该扯篷。
> ——塞万提斯

### 一、环境评估

环境因素对个人职业生涯发展有极大的影响，作为社会生活中的一个个体，只有顺应外部环境的需要，才能最大限度地发挥个人的优势，实现职业生涯的目标。如果缺乏对外部环境的了解和分析，个人的职业生涯规划便只能流于空泛，成为水月镜花。

外部环境分析的主要内容包括对社会政治环境、经济环境和组织（企业）环境的分析，即评估和分析环境条件的特点、发展与需求变化趋势、自己与环境的关系以及环境对自己的有利条件与不利条件等。

#### （一）分析社会的宏观环境

全球的经济竞争，国家的宏观经济发展、人事政策、企业适度改革等，科学技术的发展，国家的政治改革，社会的稳定状况，这些宏观环境都对社会的劳动力市场产生着重要的影响，从而影响着个人的职业发展。例如，金融风暴的爆发，使得外贸、金融等相关行业萎缩，从而导致就业岗位大幅减少，影响了大学生的就业和择业。又例如，国家公务员制度及其工资制度的改革，使前些年不被大学生看好的国家机关工作一下子又热了起来。大学生们在规划自己的职业生涯时,一定要关注社会的宏观环境的变化,从分析宏观形势中预测自己的职业发展。

### (二)了解具体的职业信息

具体的职业信息包括各种职业的现状及未来发展趋势,同一产业中不同职业之间的联系以及它们之间的变通性。

要了解就业市场的形势,例如市场的大小、供求关系、在各地区各领域的分布;要了解求职单位的工作环境、薪酬、福利待遇、人际关系状况、学习培训机会、升职机会、有无休闲时间以及单位对学历、专业、能力、性别的要求等。对具体的职业信息了解得越详细、越准确,决策时就越有把握。

具体的职业信息,可以通过学校的就业指导机构,报纸杂志、电视广播、网络,人才市场,实习、社会实践等获得,也可以通过父母、家人和朋友等获得。

> **拓展阅读**
>
> ○ 大学生常用求职网站
>
> 1. 智联招聘
> 2. 前程无忧
> 3. 中华人才网
> 4. 猎聘网
> 5. 高校人才网
> 6. 应届毕业生求职网

## 二、确定职业发展目标

在明确了"我是谁""我想做什么""我能做什么"以及"环境允许我做什么"几个问题之后,就可以结合自己的生涯愿景确定职业发展目标了。一般来说,在生涯规划中确定目标要符合以下几个标准:第一,目标必须是自己发自内心真正想要的和想实现的,这样才能更好地激发自己的斗志和行动力;第二,目标必须是具体的和明确的,目标制定得越具体,实行的可能性就越大;第三,目标必须是合理的、可以实现的,只有这样才能充分发挥目标的激励作用,在遇到困难时更能坚定信念,勇于面对挑战。

**心理实验**

○ 跳一跳，能够到

心理学家维果茨基将一群学生随机分成两个小组，让他们各自摘悬挂于半空中的苹果。两个小组摘苹果的方法各不相同：第一小组的学生，让他们一开始就去摘悬挂高度超过自己跳跃能力的苹果；第二小组的学生要摘的苹果，则悬挂在他们通过努力跳跃就能摘到的高度，然后再逐步提高苹果的高度。心理学家认为：又红又大的苹果对两个小组的学生的诱惑力是相同的。因此，开始时两个小组的学生都非常兴奋，都不断地去尝试，不断跳跃着去摘苹果。摘苹果的结果不难想象：第一小组的学生根本摘不到苹果，因为悬挂的高度远远超过了他们的跳跃极限，远远超过了他们的能力；而第二小组的学生不仅摘到了不少苹果，保持着刚开始的激情，而且跳跃能力也有很大的长进。心理学家紧接着让两个小组的学生都摘同样高度的苹果，令人吃惊的是情况大不一样了：第一小组的学生懒洋洋的，他们中的多数人走过场地应付几下，明显失去了兴趣；第二小组的学生则充满活力和激情，他们不断跳跃，而且跳跃的平均高度明显高于第一小组。

显然，第一小组的学生由于努力未有成效，形成了不良心态，大都失去了信心；而第二小组的学生由于不断努力，不断进步，显得踌躇满志，信心百倍，取得了较大的收获。因此，目标一定要合理，保持在"跳一跳，能够到"的水平是最合适的。

**小练习**

评价以下职业发展目标：
"我的目标是事业有成。"
"我的目标是成为优秀的人力资源工作者。"
"在两年之内成为公司的培训主管。"
"在两年之内成为公司的经理。"

## 三、设定职业生涯发展路线

每个人的现实状况与理想目标之间都存在多种可供选择的路径，可以选择不同的行业，选定了行业还可以选择不同的企业，选定了企业还能选择不同的职位起点等。这就是职业生涯路线的选择（见表9-2）。职业生涯路线是指一个人选定职业后从什么方向上实现自己的职业目标。每个人都有适合其发展的路径，但每个人都彼此不同，发展方向不同，要求就不同。因此，在职业生涯规划时必须对此做出选择，以便安排今后的学习和工作，使其沿着职业生涯路线发展。

表 9-2　几种典型的职业生涯路线

| 类型 | 典型特征 | 成功标准 | 主要职业领域 | 典型职业通路 |
| --- | --- | --- | --- | --- |
| 技术型 | 选择职业时，主要注意工作的实际技术或职能内容。即使谋求提升，也不愿到全面管理的位置，而只愿在技术职能区提升 | 在本技术区达到最高管理位置，保持自己的技术优势 | 工程技术、财务分析、营销、系统分析等从业人员 | 财务分析员—主管会计—财务部主任—公司财务副总裁 |
| 管理型 | 能在信息不全的情况下，分析解决问题，善于影响、监督、率领、操纵组织成员，能被危机所激励，善于使用权力 | 管理越来越多的下级，承担的责任越来越大，独立性越来越强 | 政府机构、企业组织及其各部门的主要负责人 | 工人—生产组组长—生产线经理—部门经理—行政副总裁—总裁 |
| 稳定型 | 依赖组织，怕被解雇，倾向于按组织要求行事，强调高度的感情安全，没有太大抱负，考虑退休金 | 一种稳定、安全、氛围良好的家庭、工作环境 | 教师、医生、研究人员、勤杂人员 | 更多地追求职称，如：助教—讲师—副教授—教授 |
| 创造型 | 要求有自主权、有管理才能、能施展自己的特殊才能、喜好冒险、力求新的东西、经常转换职业 | 建立或创造某种东西，它们是完全属于自己的杰作 | 发明家、风险投资者、产品开发人员、企业家 | 无典型职业通路，极易变换职业或干脆自己单独干 |
| 自主型 | 随心所欲制定自己的步调、时间表、生活方式和习惯，组织生活是不自由的、侵犯个人的 | 在工作中得到自由与欢乐 | 学者、职业研究人员、手工业者、工商个体户 | 自由领域中发展自己的个人事业 |

在选择好了职业生涯发展目标之后，还需要在路线上设置一些节点——阶段性目标。这些子目标的设立既是对自己前期工作成绩的肯定，也是对自己下一阶段工作的督促。这就是"目标分解"。目标分解是为了使实现目标具有可操作性。

职业目标分解是根据观念、知识、能力差距，将职业生涯长期的远大目标分解为有时间规定的长、中、短期分期目标，直至将目标分解为某确定日期可以采取的具体步骤。它帮助我们在现实环境和美好愿望之间建立起可以拾级而上的途径。目标要一直分解到你知道为了实现你十年以后的目标，今天干什么、明天干什么。如果你不知道明天应该干什么，那么你十年以后的目标将永远只是一个美好的愿望，变成不了现实。

**【案例 9.2】**

分段实现大目标

1984 年，在东京国际马拉松邀请赛中，名不见经传的日本选手山田本一出人意料地夺得了世界冠军。当记者问他凭什么取得如此惊人的成绩时，他说了这么一句话：凭智慧战胜对手。

当时许多人都认为这个偶然跑到前面的矮选手是在故弄玄虚。马拉松赛是考验体力和耐力的运动，只要身体素质好又有耐性就有望夺冠，爆发力和速度还都在其次，说用智慧取胜确实有点勉强。

两年后，意大利国际马拉松邀请赛在意大利北部城市米兰举行，山田本一代表日本参加比赛。这一次，他又获得了世界冠军。记者又请他谈谈经验。

山田本一性情木讷，不善言谈，回答的仍是上次那句话：用智慧战胜对手。这回记者在报纸上没再挖苦他，但对他所谓的智慧迷惑不解。

10 年后，这个谜终于被解开了。他在他的自传中是这么说的：每次比赛之前，我都要乘车把比赛的线路仔细看一遍，并把沿途比较醒目的标志画下来，比如第一个标志是银行，第二个标志是一棵大树，第三个标志是一座红房子……这样一直画到赛程的终点。比赛开始后，我就奋力地向第一个目标冲去，等到达第一个目标后，我又以同样的速度向第二个目标冲去。40 多公里的赛程，就被我分解成这么几个小目标轻松跑完了。起初，我并不懂这样的道理，我把我的目标定在 40 多公里外终点线的那面旗帜上，结果我跑了十几公里时就疲惫不堪了，我被前面那段遥远的路程给吓倒了。

在现实中，我们做事之所以会半途而废，往往不是因为难度较大，而是因为自己觉得成功离我们较远。确切地说，我们不是因为失败而放弃，而是因为倦怠而失败。在人生的旅途中，我们稍微具有一点山田本一的智慧，人生中也许会少许多懊悔和惋惜。

你想想马拉松赛跑时，如果跑了 20 多公里，还望不到头，还有 20 多公里，那是什么感觉。觉得我已经这么累了，可是还有那么远，一种强大的心理负担先把自己击垮了。可是如果你用山田本一目标分解的方法，同样是跑了 20 多公里，又是什么感觉？"我已经实现了一个又一个目标，而下一个目标已经可以看到，就在几公里之外。我被一次又一次阶段性的成功喜悦激励着！"这就是目标分解的作用。

目标分解可以按性质分解，也可以按时间分解。按性质分解可以将目标分解为外职业生涯目标和内职业生涯目标。按时间分解可以将目标分解为最终目标、长期目标、中期目标、短期目标。

### 1. 按性质分解

外职业生涯是指从事职业时的工作单位、工作地点、工作内容、工作职务、工作环境、工资待遇等因素的组合及其变化过程。例如，职务目标：销售部经理、经营总监；经济目标：30岁之前赚取20万元，40岁之前赚取100万元。外职业生涯的构成因素通常是由别人给予的，也容易被别人收回。外职业生涯因素的取得往往与自己的付出不符，尤其是职业生涯初期。有的人一生疲于追求外职业生涯的成功，但内心极为痛苦，因为他们往往不了解，外职业生涯发展是以内职业生涯发展为基础的。

内职业生涯是指从事一项职业时所具备的知识、观念、心理素质、能力、内心感受等因素的组合及其变化过程。比如，工作成果目标：销售经理用一年时间建立公司的营销网络管理体制；心理素质目标：经受得住挫折，能做到临危不惧、宠辱不惊。内职业生涯各项因素的取得，可以通过别人的帮助而实现，但主要还是靠自己努力追求。与外职业生涯构成因素不同，内职业生涯的各构成因素内容一旦取得，别人便不能收回或剥夺。

**【案例9.3】**

打开你观念的抽屉

一天，报社的一位年轻记者去采访日本著名企业家松下幸之助。

年轻人很珍惜这次采访机会，做了认真的准备。因此，他与松下幸之助先生谈得很愉快。采访结束后，松下先生亲切地问年轻人："小伙子，你一个月的薪水是多少？""薪水很少，一个月才一万日元。"年轻人不好意思地回答。

"很好！虽然你现在薪水只有一万日元，其实，你知道吗，你的薪水远远不止一万日元。"松下先生微笑着对年轻人说。

年轻人听后，感到有些奇怪：不对呀，明明我每个月的薪水只有一万日元，可松下先生为什么会说不止一万日元呢？

看到年轻人一脸的疑惑，松下先生接着说道："小伙子，你要知道，你今天能争取到采访我的机会，明天也就同样能争取到采访其他名人的机会，这就证明你在采访方面有一定的潜力。如果你能多多积累这方面的才能与经验，这就像你在银行存钱一样，钱进了银行是会生利息的，而你的才能也会在社会的银行里生利息，将来能连本带利地还给你。"

松下先生的一番话，使年轻人茅塞顿开。

许多年后，已经做了报社社长的年轻人，回忆起与松下先生的谈话时，深有感慨：对于年轻人来说，注重才能的积累远比注重薪水的多少更重要，因为它是每个人最厚重的生存资本。

案例中这个年轻记者的外职业生涯表现为单位是报社，职务是记者，工资是每月一万多日元；内职业生涯则表现为具有争取到采访名人的能力，还表现在他建立的一个新观念，那就是"对于年轻人来说，注重才能的积累远比注重薪水的多少更重要，因为它是每个人最厚重的生存资本"。这种内外职业生涯发展的结果就是这个年轻人的内职业生涯发展了，他积累了才能与经验，而这种内职业生涯的发展带动了他外职业生涯的发展，后来他成了报社社长。

一个好的职业生涯的设计是内职业生涯与外职业生涯的平衡。内职业生涯的发展是外职业生涯发展的前提，内职业生涯发展带动外职业生涯发展。内职业生涯在人的职业生涯成功乃至人生成功中具有关键性作用。因而在职业生涯的各个阶段，我们都应该重视内职业生涯的发展。尤其是在职业生涯早期和中前期，我们一定要把对内职业生涯各因素的追求看得比外职业生涯更重要。

2. 按时间分解

按时间分解是给按性质分解的目标做出明确的时间规定。

要区分最终目标与阶段目标。最终目标取决于一个人的价值观念、知识能力水平，是对环境、企业、自身条件、家庭条件做最大分析之后得到的结果。有的人在30岁已能预见自己的最终职业目标，但也有些人到退休时也未能搞清楚自己的最终职业目标所在。目标的期限体现着一个人的心理成熟程度。找到最终目标是在确定职业定位之后，平均年龄是40岁。

最终目标可以以几十年为期限，长期目标可以以十几年为期限，中期目标以几年为期限，短期目标期限则为一两年，而近期目标期限则短至几个月。对于短期和近期的目标，应详细规定实现的时间和明确的方法。

【案例9.4】

某管理人员10年职业生涯的职务目标是担任制药公司的经营总监。

担任经营总监需要三方面的工作经验：组织建立商业渠道（商业销售部的工作）；组织市场策划（市场部的工作）；管理推广销售队伍（推广部的工作）。

如果目前职务是推广部的地区经理，为了担任经营总监应分别在商业销售部和市场部工作，积累经验。

因此职务目标分解为市场部经理或销售部经理，担任市场部经理之前还应做产品经理或广告经理。

## 第四节　大学生生涯规划方案

> 许多人浪费了整整一生去等待符合他们心愿的机会。
> ——尼采

### 一、大学生生涯规划的原则

#### （一）目标导向原则

面对自己的生涯发展，很多同学会有这样或那样的想法，比如：有些同学没有考上自己理想中的大学，就觉得自己的一生无望了，再做任何规划都无济于事；有些同学认为考上了大学就是"鲤鱼"跳过了"龙门"，从此可以高枕无忧。其实这都是关于生涯规划的不合理信念。在生涯规划中有这样一句话发人深省："你今天站在哪里并不重要，但是你下一步迈向哪里却很重要。"虽说人生有限，但生命中的每一个点都可能孕育着机遇，也可能潜藏着危机，所以在任何时候都应该认真对待自己的人生，不应该放弃对理想的追求。而目标在整个生涯发展中起着重要的导向作用。

爱丽斯：我应该走哪条路？
柴郡猫：那要看你想去哪里！
爱丽斯：我不知道我要去哪里。
柴郡猫：那你走哪条路都无所谓！
——《爱丽斯梦游仙境》

简单地说，在一定的时间内达到具有一定规模的期望值就叫目标。人们也经常给目标下另一个定义：梦想的日期化和数字化。对人生而言，目标是前进的动力，是行动的灯塔。

【心理调查】

哈佛大学曾做过一个非常著名的关于目标对人生影响的跟踪调查。调查对象是一群智力、学历、环境等条件差不多的年轻人。调查结果发现：27%的人没有目标；60%的人目标模糊；10%的人有清晰但比较短期的目标；3%的人有清晰且长期的目标。25年的跟踪研究结果显示，他们的生活状况十分有意思：那3%有清晰且长期目标的人，25年来几乎都不曾更改过自己的人生目标。25年来他们都朝着同一方向不懈地努力，25年后，他们几乎都成了社会各界的顶尖成功人士。他们中不乏白手创业者、行业领袖、社会精英。那10%有清晰短期目标者，大都在社会的中上层。他们的共同特点是，短期目标不断被达成，状态稳步上升，成为各行各业不可或缺的专业人士，如医生、律师、工程师、高级主管，等等。而那些占60%的模糊目标者，几乎都在社会的中下层面，他们能安稳地工作，但都没有什么特别的成绩。剩下的27%是那些25年来都没有目标的人群，他们几乎都在社会的最底层。他们都过得不如意，常常失业，靠社会救济，并且常常都在抱怨他人，抱怨社会，抱怨世界。调查者因此得出结论：目标对人生有巨大的导向性作用。我们选择什么样的目标，就会有什么样的成就，就会有什么样的人生。

## （二）可行性原则

不管一个人的生涯规划有多宏伟，最终都要落实到行动中，因此生涯规划还要遵循可行性原则。生涯规划是否可行取决于两个方面。一是是否符合自己的实际情况，每个人的价值追求、兴趣、性格和特长等人格特征都是不同的，从而在生涯规划中设定的目标及实现目标的路径也是有差异的，完全照搬他人的生涯规划几乎是不可能的。从这个角度讲，有人说"成功不可复制"还是有道理的。二是能否满足社会的需要，在执行生涯规划的过程中，总是会受到各种各样外部条件的限制，比如职业需求、行业需求、组织需求及家庭需求等，在做生涯规划时能否充分考虑到这些外部条件，抓住机遇，为挑战做好准备，直接决定了目标能否达成，理想能否变为现实。

## （三）时间梯度原则

每个规划目标都要有两个时间坐标：一个时间坐标是开始的时间，即什么时候开始为实现这个目标行动；另一个时间坐标是预期实现的时间，如果没有明确的时间限定，就很容易使职业生涯规划陷于无限期的空谈中。

## （四）重在大学原则

大学生的职业生涯规划重点应是对大学期间的学习、生活、社会兼职、社团活动等方面进行合理规划，这也是大学生职业生涯规划与其他类型人员职业生涯规划的主要区别。

此外，在制定生涯规划时还应遵循可调整性、一致性和激励与挑战性等原则。

## 二、制定实施方案

实现目标的过程就是缩小差距的过程。分析目前的状况与实现目标所需要的知识、能力、观念等方面的差距,并找到弥补差距的具体方法,才能采取有效的行动。这可以分三步完成:对准差距;找对方法;确定实施步骤与完成时间。

### (一)对准差距

1. 思想观念的差距

比如,面对竞争,一种观念是希望竞争对手失败;另一种观念是设法比竞争对手做得更好更强。观念不一样,导致的做事方法不一样,做事的结果也会不一样。

2. 知识的差距

据统计,在18世纪,知识更新周期为80~90年,19世纪到20世纪为30~40年,20世纪初至50年代为15~20年,20世纪70—90年代为5~10年,20世纪90年代以后缩短为3~5年。延长知识保质期的唯一方法就是知识更新。知识的价值不在于拥有而在于应用。

3. 心理素质的差距

它涉及一个人的毅力如何,面对变故和挫折时心理承受能力怎么样。

4. 能力差距

除情绪智力之外,可能还会有一些能力差距,比如具体操作能力的差距、讲演能力的差距、身体适应能力方面的差距等。

### (二)找对方法

在了解自身条件、分析差距的前提下,找到适合自己的缩小差距的方法并制定实施方案。常用的方法有教育培训的方法、讨论交流的方法、实践锻炼的方法。

### (三)确定实施步骤与完成时间

实施步骤与完成时间的制定切忌不切合实际,纸上谈兵,这样最后只能流于形式。

【案例9.5】
韩梅梅是某高校国际贸易专业大一的一名学生,通过对自我兴趣、气质、性格、价值观等特点的分析以及对社会环境、职业环境和家庭背景的综合考察,她为自己制定了今后十年的职业目标,即在某外企做到销售总监的职位,在此基础上她也对目标进行了分解,其中3~5年内的目标是进入此外企,并从销售助理开始做起。以下是她针对目标制定的弥补差距的方案。

1. 差距

(1) 专业技术能力欠缺。

(2) 英语口语水平欠缺。

(3) 管理知识和能力欠缺。

2. 缩小差距的方法

(1) 教育培训的方法。

大学期间学好专业课,掌握销售和对外贸易的相关知识。

大学期间考取与本专业相关的职业资格证书。

毕业之前通过英语六级,暑假参加英语培训机构的口语辅导。

每个月读一本技术、英语或管理方面的书。

(2) 讨论交流的方法。

课堂内外主动找老师交流,了解专业知识,探索职业发展路径。

主动联系学校的优秀校友,了解行业发展状况。

通过网络与相关行业的朋友探索交流。

(3) 实践锻炼的方法。

寒暑假到外贸公司打工,了解工作状况,积累经验。

每周参加英语角活动,主动联系学校外教,锻炼口语。

积极参加学校学生会和各种社团,锻炼自己的组织管理能力。

## 三、实施

德国寓言大师克雷洛夫说:"现实是此岸,理想是彼岸,中间隔着湍急的河流,行动则是架在河上的桥梁。"心动不如行动。

所有的规划、设计都要依靠个体具体的实践来完成。计划的实施过程也就是个体的各种学习和工作经历,具体内容包括实际工作、职业培训、学习深造等。

【案例9.6】

爱迪生75岁时,每天准时到实验室里签到上班。有个记者问他:"你打算什么时候退休?"爱迪生装出一副十分为难的样子说:"糟糕,这个问题我活到现在还没来得及考虑呢!"他活了84岁,一生的发明有1100多项,对自己成功的原因,他曾这么说:"有些人以为我所以在许多事情上有成就是因为我有什么'天才',这是不正确的。无论哪个头脑清楚的人,如果他肯努力行动,都能像我一样有成就。"爱迪生的名言:"天才是百分之一的灵感,加百分之九十九的汗水。"我们从许多杰出的成功者身上都可以找到某些成功的偶然性,但因为他们每个人能做得好,又体现了成功的必然性。如果他们没有付出比常人多几千倍、几万倍的行动,是不可能取得一个又一个成功的。

## 四、评估与反馈

事物都是处在运动变化中的,由于自身及外部环境条件的变化,职业生涯规划也要随着时间的推移而变化。在制定职业生涯规划时,由于对自身及外界环境都不十分了解,最初确定的职业生涯目标往往都是比较模糊或抽象的,有时甚至是错误的。经过一段时间的工作以后,有意识地回顾自己的行为得失,可以检验自己的职业定位与职业方向是否合适。这样在实施职业生涯规划的过程中自觉地总结经验和教训,评估职业生涯规划,可以修正对自我的认识,通过反馈与修正,纠正最终职业目标与分阶段职业目标的偏差,保证职业生涯规划的行之有效。同时通过评估与修正还可以极大地增强我们实现职业目标的信心。修正的内容主要包括:职业的重新选择;职业生涯路线的选择;职业生涯目标的修正;实施策略计划的变更等。

**课后思考**

1. 阅读下面的小故事,根据本章内容写一篇1000字左右的文章。

有个残疾青年,小时就有一条腿患上慢性肌肉萎缩症,走起路来非常困难,但他凭着坚强的毅力在19岁时登上珠穆朗玛峰,21岁时登上了阿尔卑斯山,22岁登上了乞力马扎罗山,28岁前他登上了世界上所有著名的高山……但就在他28岁这年的秋天,他却在寓所里自杀了。功成名就的他,为什么会选择自杀呢?有记者发现在他11岁时,他的父母在攀登乞力马扎罗山时不幸遭遇雪崩双双遇难。父母临行前的一份遗嘱,就是要让他完成父母没有完成的心愿,去攀越世界上的所有著名高山……斯尔曼把父母的遗嘱作为他人生奋斗的目标,当他全部实现这些目标的时候,感到了前所未有的无奈和绝望,因此才选择了自杀。他在遗言里谈道:"这些年来,作为一个残疾人创造了那么多征服世界著名高山的壮举,那都是父母的遗嘱给了我生命的一种信念。如今,当我攀登了那些高山之后,我感到无事可做了……"斯尔曼因失去人生的目标,而失去了人生的全部。我想,生命的意义,不仅在于不断实现人生的目标,更在于不断提升人生的目标。

2. 大学生涯规划书

结合本章所学内容,通过自我分析和职业分析确定大学生涯目标,进而制订切实可行的具体计划,并进行多角度评估和反馈。参考内容如下。

1) 自我评估
(1) 自我分析。
(2) 他人对自己的评价和期望。
2) 环境与职业分析
(1) 社会支持系统分析。
(2) 职业状况分析。
(3) 学校资源分析。
3) 确立目标
(1) 长期目标。
(2) 中期目标。
(3) SWOT 分析。
4) 制订具体计划
(1) 大学期间。
(2) 大学毕业后。
5) 评估与反馈。

## 心理咨询师手记

### 考研还是就业?

一、个案描述

来访者袁某,女,清秀,175cm,大四学生,家中排行老大,父母在家务农,弟弟读大学二年级,其本人与父母、同学关系均良好,学业成绩优异。来访者表示从高中时就树立了考研的梦想,但现在由于姐弟俩同时读书,且弟弟体弱多病更需被照顾、父母赚钱辛苦不易、家庭经济压力过大等原因,袁某又想替家里多分担点,打算早点工作,但心里却又始终放不下最初的梦想——考取研究生，继续深造。面对就业与深造、现实与梦想，来访者彷徨了，她不知该如何做出选择，坚持梦想不顾家庭现实，她感觉内心不安、内心谴责，顾及现实放弃梦想，她又会觉得心有不甘，面对人生的岔路口，该如何抉择与坚持，成为她当前最大的困惑。她为此已失眠多日，纠结于就业与深造有2个月了，于是主动预约了心理咨询，希望能够在咨询中更加清楚地认识自己，明确选择，让自己的人生无悔。

## 二、咨询师与来访者对话（节选）

来访者：我现在面临最大的困惑是：就业还是考研？

咨询师：那对于就业和考研你怎么看？

来访者：其实在读高中的时候我就设想好了，在我大学毕业后我一定要读研究生，现在上大学了，挺想考，继续深造，可又面临了困惑。

咨询师：在高中的时候你就想好自己要考研，现在面临了什么困惑呢？

来访者：对于考研我是很坚定的，前几天的全国研究生考试我已报名，选的专业是法律硕士。纠结的是，我既想考研，实现我高中以来的梦想，又想早点工作赚钱，减轻家里负担，担起家中的责任。

咨询师：你现在是感觉做到"鱼和熊掌兼得"很难，是吗？

来访者：是的，开始复习的时候还行，但是在就业与考研之间纠结的时候，就很难静下心来复习功课了。对于考研我也就心里没底了，但好像还是想考考试试。

咨询师：其实在你来之前，你的心里已经有了一个答案，只是你内心缺少坚定下去的力量，想把内心纠结的情绪说出来是吗？

来访者：（微微一笑）是的。因为在纠结间复习效率不高让我很痛苦。

咨询师：既然已经报名，就要尽力去复习，同时也可以兼顾找工作，要学会时间和精力的合理分配，这也是在锻炼我们的一项能力，同时处理多件事情的能力或叫统筹兼顾的能力。到时候看两个结果如何再做选择也不晚。摒弃纠结的情绪，以免其占据我们过多的精力和能量。

来访者：好的。

## 三、咨询师的主要技术方法

### 1. 基本技术

共情：是指体验别人内心世界的能力，把自己的共情传达给对方，以影响对方并取得反馈。本案例中来访者面对两难选择而产生的纠结情绪，咨询师是能够感同身受的，表达这种感受并及时表示理解和关心，是化解后续来访者内心冲突的情感基础。

2. 核心技术

认知-行为疗法：是指通过认知和行为技术来改变来访者不良认知、矫正不良行为的心理治疗方法。本案例通过帮助来访者正确认识理想与就业的关系，即都可以做出尝试，学会统筹兼顾，然后根据二者的结果做出选择等，来调整来访者对于自身前途选择的不合理认知，以缓解其因内心冲突、焦虑、纠结、自责等情绪体验；同时鼓励其在行为上一方面要继续尽力复习好功课，另一方面也可以拿出一定精力找找工作，使来访者行为上做出调整，在调整认知的基础上配合行为上的改变等。

3. 辅助技术

朋辈心理辅导：是指年龄相当者对周围需要心理帮助的同学和朋友给予心理开导、安慰和支持，提供一种具有心理辅导功能的帮助行为。本案例的后续咨询中安排了一次由曾经具有同样问题和选择困惑的同龄人担任"心理咨询师"，使来访者获得榜样的力量和启示，进而进行积极的自我探索，从而做出合理的判断和选择。

四、咨询师反思

面对双趋冲突重要的不是咨询师给了什么建议，重要的是咨询师要带领来访者一起来分析"双趋"的意义和实现途径的难易、意义等。在本咨询案例中，咨询师给来访者做了霍兰德职业测评问卷以探明来访者的职业兴趣和人格特点等，以帮助来访者更清楚地认识自己。同时，若来访者依然不能做出抉择，要帮助来访者习得统筹兼顾的平衡能力。因此，心理咨询本身并不能给来访者提供解决问题的答案，却可以指导来访者习得人生成长的方向和力量。只要我们能够成长了，心里有力量了，其他的一切决定都将是充满自信的认可。

考研和就业是大学生的两种普遍职业生涯选择，如何选择前进方向需要建立在客观正确认识自己的基础上，并与自己的人生规划相结合。首先，调整认知。在制定人生规划之前，需要正确地认识自己，合理分析自己的优势和劣势。考研不是成功的唯一道路，就业也不一定能给自己带来更好的机遇，问题的关键在于自己是什么样的人，适合什么样的人生规划，要走什么样的道路。只有结合自己的实际情况制定适合自己的人生规划，认真考虑之后做出的决定才是明智的，也才能在考研或工作的过程中发挥应有的作用，抵御面临的各种困难和诱惑。其次，要及早明确职业目标，报考研究生时就应该树立明确的职业目标，这样入学后才能有目标地专注于某一行业或某一领域，比如在校两年间从选修课程到实习、参加座谈、与校友交流等都向着既定的目标努力。除此之外，还需要综合考虑各种因素，比如实力、专业以及家庭经济状况等。

### 五、咨询中的重要概念阐释

动机冲突，又称心理冲突，是指一个人在某种活动中，同时存在着一个或数个所欲求的目标，或存在两个或两个以上互相排斥的动机，当处于相互矛盾的状态时，个体难以决定取舍，表现为行动上的犹豫不决。这种相互冲击的心理状态，称为动机冲突，它是造成挫折和心理应激的重要原因。动机冲突和挫折的区别是：动机冲突必须有两个或两个以上互相排斥的动机，而挫折可以只有一个动机；动机冲突往往发生在动机已经形成但还未见诸行动时，而挫折则常常发生在为达到目标而采取行动的过程之中或过程之后。

在社会生活中，人的需要是多种多样的，因此也就形成了多种多样的动机。但是在某一特定的时空条件下，这些同时并存的动机不可能同时获得满足，人们不得不从众多的动机中选择某些动机而放弃其他动机。因此在人的心理上就产生了动机冲突或动机斗争。本案例来访者属于双趋动机冲突，是指同时面临两个具有同等吸引力的目标，又不能同时达到，必须选择其一时产生的动机冲突。"鱼，我所欲也；熊掌，亦我所欲也，二者不可兼得，舍鱼而取熊掌者也。"

动机冲突与目标确立是同步进行的。动机冲突就是为选择目标而产生的，动机冲突的过程就是目标确立的过程。某人有动机冲突就因为在某人的心目中可能有两种或多种目标，动机冲突的过程就是对众多目标的利弊、优劣以及实现的可能性进行权衡，进而决定取舍的过程。行动目标的确立不在动机冲突的开始，而在动机冲突的最后。动机冲突停止的同时，目标也就确立了，所以说目标确立是动机冲突的结果。目标一旦确立就可以拟订行动方案付诸实践了。

# 第十章 魅力人格

【课前思考】

(1) 什么是人格？
(2) 什么是个性？
(3) 你是一个具有怎样气质的人？
(4) 你所理解的人格魅力是什么？

第十章
学习资源

> 最本质的人生价值就是人的独立性。
>
> ——布迪曼

英国学者英格尔斯提出："一个国家，只有他的人民是现代人，他的国民从心理和行为上都转变为现代人格，他的现代政治、经济和文化管理机构中的工作人员都获得了某种与现代化发展相适应的现代性，这样的国家才能称为现代化国家。"这就是说，人的现代化是社会现代化必不可少的因素，并且是现代化发展和成功的先决条件，而人的现代化归根到底又是人格的现代化。联合国教科文组织提出："教育能够是，而且必然是一种解放。"作为一种解放的教育，必然包括人格教育。

全美教育协会早在 1977 年提出，学校不限于培养学生成为生存于社会中的人，它要培育出全面发展的、获得了自我实现的、具备能够缔造美好的能动作用的人——一个真正具有自我革新精神的、自律的人。国民的人格是健全的还是不健全的，在很大程度上决定着我们民族的前景是光明还是暗淡。大学生正处于"人格再造期"，因此，我们应该在广阔的背景前提下，在认真地比较、选择中，广泛地吸收中西文化、传统人格和现代人格的长处，从而形成一种适合中国现代化发展、有利于学生身心健康和全面发展的新型人格模式，这既是个体生命完整的需要，也是服务祖国人民的需要。

## 第一节 人格概念

> 做一个真正的人，光有一个合乎逻辑的头脑是不够的，还要有一种强烈的气质。
>
> ——司汤达

【案例 10.1】

一位老教授昔日培养的三个得意门生事业有成，一个在官场上春风得意，一个在商场上捷报频传，一个埋头做学问如今也苦尽甘来，成了学术明星。于是有人问老教授：你以为三个人中哪个会更有出息？老教授说："现在还看不出来。人生的较量有三个层次，最低层次是技巧的较量，其次是智慧的较量，他们现在正处于这一层次，而最高层次则是人格的较量。"这个故事生动地向我们说明：在人的素质结构中，人格起着近乎决定性的作用。世界上有多少人就有多少颗心，每颗心都有自己独特的声音。

同是一个老师培养的三个学生，同样的事业有成，为什么最终获得的成就的高低还要由人格因素来决定？带着对这个问题的思索来阅读下面的心理学知识，答案就在其中。

我们经常会听到有人说，某人的人格卑鄙，某人的人格高尚，这是从伦理道德上给人的评价；在某种情境下有人气愤地说"这是对我人格的侮辱"，这里的"人格"属于法律范畴，说明有人侵犯了他的尊严和名誉；而在心理学上所说的人格，是一种心理现象，它反映的是一个人在不同的时间、不同的地点，一贯表现出来的区别于他人的、相对稳定的、具有独特倾向性的心理特征的总和。这些心理特征主要包括气质、性格、能力、兴趣、爱好、需要、理想、信念、价值观等方面的内容，它是在先天的遗传因素和长期的社会生活实践共同影响下逐渐形成、发展起来的。人格伴随着人的一生不断地成长，也正是因为人与人之间人格的不同，才铸就了人与人之间的千差万别，才使得我们所生活的社会环境千姿百态、丰富多彩。

### 一、人格的定义

"人格"一词是由英语 personality 翻译而来的，而 personality 一词来源于拉丁文

persona，其意是指"面具"。据传公元前 100 年时，古罗马的一名戏剧演员为了遮掩他的斜眼而戴上面具，然后就出现了这个词，用以表现剧中人物的角色和身份。心理学借用这个术语来说明：在人生的大舞台上，人也会根据社会角色的不同来换面具，这些面具就是人格的外在表现。面具后面还有一个实实在在的真我，即真实的人格，它可能和外在的面具截然不同。

对于人格的概念，心理学家有着不同的界定。如果把心理学家对人格概念的界定综合起来考察，其中也有不少共同的认识。把这些共同的认识概括起来，我们可以给人格的概念如下一个粗略的定义：人格是各种心理特性的总和，也是各种心理特性的一个相对稳定的组织结构，在不同的时间和地点，它都影响着一个人的思想、情感和行为，使他具有区别于他人的、独特的心理品质。

## 二、人格的特性

从人格的定义中我们可以看到，人格有如下的一些特性。这些特性既是人格定义中包括的人格的基本属性，也是至今心理学家对人格本质的基本一致的认识。

1. 独特性

每一个人都有不同的遗传素质，又在不同的环境条件下发育成长起来，因而各人都有自己独特的心理特点，没有哪两个人的人格是完全相同的，这就构成了人格的独特性。心理学家着重于个别差异的研究，但也承认，生活在同一社会群体中的人，也会有一些相同的人格特征。心理学家同样重视对这些共同特征的探讨。人格特征的独特性和共同性的关系就是个性和共性的关系，个性中包含着共性，共性又通过个性表现出来。

2. 整体性

人格的整体性是说，包含在人格中的各种心理特征彼此交织，相互影响，构成了一个有机的整体。它虽然不能直接被观察到，但却表现在行为中，让人的各种行为表现为一个整体，体现个人独特的精神风貌。

3. 稳定性

由各种心理特征构成的人格结构是比较稳定的，它对人的行为的影响是一贯的，是不受时间和地点限制的，这就是人格的稳定性。那些在行为中偶然表现出来的，属于一时性的心理特性不能称为人格特征。例如，性格内向的人因为喝了些酒比较兴奋，一时话多了点儿，并不表明这个人具有活泼好动的性格特点。所谓"江山易改，禀性难移"说的就是人格具有稳定性。人格的稳定性并不是说它就不会发生变化，实际上随着社会生活条件的变化和一个人的发育成熟，他的人格特点也会发生或多或少的变化。

4. 功能性

外界环境的刺激是通过人格的中介才起作用的，也就是说，人格对个人的行为具有调节的功能。因而，一个人的行为总会打上人格的烙印。同样面对挫折，性格坚强的人不会灰心，怯懦的人则会一蹶不振。一事当前，有人先从大局出发，首先顾及社会和集体的利益；有人则首先考虑自己的得失，甚至为了自己的利益不惜损害社会和集体的利益。所以，人格能决定一个人的生活方式，甚至能决定一个人的成败。

5. 自然性和社会性的统一

人格是在一定的社会环境中形成的，因而，一个人的人格必然会反映出他生活在其中的社会文化特点和他受到的教育影响。这说明人格的社会制约性。但是，人的心理，包括他的人格，又是大脑的技能，人格的形成必然要以神经系统的成熟为基础。所以，人格又是人的自然性和社会性的统一。

## 三、人格的结构

> 每个人都有他隐藏的精华，和任何别人的精华不同，它使人具有自己的气味。
> 
> ——罗曼·罗兰

人格是一个复杂的结构系统，它包含着各种成分，主要是人格的倾向性和人格的心理特征两个方面。前者是指人格的动力，后者是指个体之间的差异。

需要和动机是人格的动力，它表现了人格的倾向，是人格中最活跃的因素，是人格积极性的源泉。人格的倾向决定着人对现实的态度，决定着人对认识对象的趋向和选择。

人格心理特征是人的多种心理特点的独特的结合，构成了一个人心理面貌的独特性，说明了心理面貌的个体差异。人格的心理特征包括人的能力、气质和性格。能力已如上述，它是顺利有效地完成某种活动所必须具备的心理条件的心理特征。气质是表现在心理活动的强度、速度和灵活性等动力特点方面的人格特征。性格则是表现在人对客观事物的态度和与这种态度相适应的行方式上的人格特征。

很多人认为人格就是气质,就是性格,从上文中我们可以了解到气质、性格虽然是人格的重要组成部分,但并不等于人格。人格结构中包含有人的生物属性和社会属性,气质是人格结构中的生物属性部分,性格则是人格结构中的社会属性部分。

## 1. 气质是每个人的色彩,没有好坏之分

气质是一个人生来就具有的,也就是我们平时所说的"脾气""禀性",它表现为心理活动的动力特征。这里所说的动力特征是指心理活动在进行时的强度、速度、灵活性、指向性、稳定性等方面的特征,如情绪的强弱、语速的快慢、思维的快慢、意志努力的程度、注意集中时间的长短等。具体表现为有的人沉默寡言,有的人活泼好动,有的人急脾气,有的人慢脾气等。所以心理学家们常说这样一句话:气质仿佛给每一个人的整个心理活动都涂上了个人独特的色彩。

人的气质类型主要可以分为四种,即胆汁质、多血质、黏液质和抑郁质。对于气质我们可以通过一些方法加以测定,但属于某一种单一类型的人很少,多数人是介于各种类型之间的中间类型,即混合型,如胆汁-多血质,多血-黏液质等。

下面将这四种类型的气质类型的具体表现归纳如下。

(1)胆汁质。精力旺盛,反应迅速,智力活动具有极大灵活性,直率热情,表里如一,情绪体验强烈,易冲动,有顽强拼劲和果断性,但缺乏耐心,整个心理活动笼罩着迅速而突发的色彩,具有外倾性。

(2)多血质。活泼好动,反应迅速,动作敏捷,思维活跃,但往往不求甚解,注意力易转移,情绪不稳定,感情易表露且体验不深,易适应环境,喜欢交往,做事粗枝大叶,具有外倾性。

(3)黏液质。安静沉稳,喜欢沉思,反应缓慢,灵活性不足,比较刻板,注意稳定,不易习惯新环境、新工作,情绪不易外露,善于忍耐,坚韧执拗,具有内倾性。

(4)抑郁质。敏锐稳重,情感体验深刻、敏感多疑、多愁善感、持久、少外露,行动缓慢,胆小、孤僻、不善交往,遇困难或挫折易畏缩,有较强敏感性,容易体察到一般人不易觉察的事件,具有内倾性。

一些大学生对自己的气质很苦恼,不接受,甚至经常产生自责、自怨、自卑等不良的心理体验。这里需要强调的是,气质是我们人类生来就具有的,它并没有好坏之分,但每种气质都有有利于或不利于心理健康的一面。例如,多血质的人情绪丰富,容易适应新环境,但注意力不稳定,兴趣容易转移。抑郁质的人工作中耐受力较差,易感到疲劳,但感情比较细腻,做事审慎。相比较而言,在环境不良的情况下,那些具有典型的或较典型的胆汁质或抑郁质的人,较容易产生心理问题,进而影响学习、生活和事业。气质对于一个人来说既然没有选择的余地,那我们应该做的就

是去了解它，适应它，自觉地发扬气质中的积极方面，努力克服消极的一面，促进我们个体的人格向良性发展。

大学生在人际交往中，要注意学会观察、分析周围同学的气质特征，采取合适的交往方法。例如，对胆汁质的同学，应多给予鼓励，充分发挥其积极性，不要轻易激怒他们，而要锻炼他们的自制力，沉着冷静地对待事物，这样做有助于他们重视自己的缺点，约束任性行为。对多血质的同学，要给予更多的活动机会和任务，并使他们从中受到更多的教育，养成扎实、专一、坚持到底和克服困难的决心。对黏液质的同学，要尊重他们的想法，要给予他们充分的考虑时间。对抑郁质的同学，要更多地关心体贴他们，尽量不在公开场合下指责他们，要以平等、自然的态度，鼓励他们多参加集体活动，切记不可嘲笑轻视他们的气质弱点，如取绰号、开过头玩笑等。了解自己和他人的气质特征，对自己的心理健康、人际交往都有着重要意义。

**知识视窗**

○ **气质对职业活动的影响**

气质作为人行为方式的影响因素，虽对活动效果不起决定作用，但对职业活动，尤其是一些特殊职业活动来说却具有重要作用。了解气质，可以帮助大学生选择合适的专业和职业，也可以根据兴趣来"改造"或"掩盖"自己的气质。

1. 气质与职业

不同职业对从业者可能有不同的气质要求，不同气质的人对职业的适合度不同。有些职业需要从业者有较强的耐受性，注意力能长时间集中；而有些职业则要求从业者反应敏捷、动作灵活。例如，对于从事纺织工作的纺织女工，要求具有注意稳定且善于转移、动作敏捷等品质；对于医务人员，则要求具有反应灵敏、耐心、细致等品质。一般来说，要求速度的工作，多血质和胆汁质特征的人更适合；要求稳定、持久性的工作，黏液质特征的人更适合；要求精细、敏锐的工作，抑郁质特征的人更能胜任等。在一般性的学习和工作中，这种影响并不显著，这是由于气质的积极方面对其消极方面有补偿作用。例如，多血质的人注意转移灵活可弥补其注意不稳定的特点，黏液质的人细致耐心可适当补偿其速度的不足。而且，后天形成的性格也会掩盖其某些气质特征。如一个胆汁质的医科学生可能因为他专业的要求，而在后天培养起谨慎的性格特征，从而掩盖其粗心、冲动的一面。

不同气质特征的人,对不同类型职业活动的偏爱也有所不同。研究发现,在律师、办公室人员及图书管理员这三种具有不同刺激负荷的职业中,高、低反应性被试的分布不同:在 19 名喜爱律师职业的被试中,14 人为低反应性个体,在 23 名喜欢图书管理员职业的被试中,15 人为高反应性个体。这说明气质特征与个体活动爱好有关,人可以通过选择活动、职业和环境来满足由自己气质特征决定的心理需求。

2. 气质与特殊职业

气质对职业活动的影响,一般表现得并不明显,而在一些特殊职业人员中,如宇航员、参加国际比赛的运动员、雷达观察员等,职业对其气质特征的要求则较为严格。从事这些职业的人必须经过气质特征的测定,只有进行严格的选择和培训,才能胜任这类活动。比如,一级方程式赛车手,其气质特征对其职业运动成绩起着非常重要的作用。苏联宇航员加加林在起飞前 7 分钟还能睡得很好,情绪稳定性是他成为宇航员的重要条件。英国学者艾森克指出,外向的人不能很好地担任"警戒"任务,据此雷达管理员应该由内向的人来担任。

3. 气质与职业成就

在一般职业活动中,气质并不决定一个人的职业成就,这已为众多气质心理学家所认同。在同一职业领域内,人们可以找出不同气质类型的代表;在不同领域内的突出人员中,也可以找出同一气质类型的代表。研究发现,俄国四位著名文学家,普希金属于胆汁质,赫尔岑属于多血质,克雷罗夫属于黏液质,果戈理属于抑郁质。他们虽属不同的气质类型,但在文艺领域内都取得了突出成就。达尔文和果戈理虽都属于抑郁质类型,但都在他们的专业方面获得了伟大的成就。因此,气质并不能决定一个人职业活动的社会价值和成就高低,任何气质类型的人,都可以在各自的专业中发挥重要作用,成为出类拔萃的人。

## 2. 性格是后天塑造的,有好坏之分

人格的形成除了以气质、体质等先天禀赋为基础外,社会环境的影响也起着决定性的作用。性格是人在社会化过程中逐渐形成的,在对人、对事的态度和行为方式上所表现出来的比较稳定的心理特点,是个人有关社会规范、伦理道德方面各种习性的总称,可作为善恶、好坏、是非等价值评价的心理品质,如诚实、奸诈、英勇、刚强、懦弱、粗暴等。

在性格方面需要强调的是性格是有好坏之分的，比如真诚、认真、忠厚、大度、勤奋、热情等就属于好的性格特征，而狡猾、奸诈、虚伪、冷漠、自负等则属于不好的性格特征。气质是人与生俱来的，而性格是人类后天形成的，是一个人认识世界总的心理倾向，也是一个人的本质属性、品质和世界观的具体表现。由于性格是人在后天习得的，因此性格是可以去培养和塑造的，人格塑造的主要方面就是良好性格的培养。

人与人之间的个性差异首先表现在性格上。大学生在当前人生的道路上很少经历过大的起伏和挫折，因此，许多大学生自命清高，眼里容不下他人；遇到困难时意志薄弱，爱感情用事；对人和事爱斤斤计较，心胸狭隘。这些不良的性格特征不仅容易造成人际交往的障碍，而且还会影响到大学生的身心健康。此外，好的性格品质也要把握好"度"，一旦表现过度或与环境不协调，也容易引起不好的结果。比如，过于直率而不顾场合和对象，就可能伤害到对方，引起反感。一个人能否在人际交往中做到"游刃有余""得心应手"，与他的性格有很大关系。所以，只有全面地了解自己与他人的性格，并在交往实践中不断优化自己的性格，才能更好地处理自己与他人的人际关系。

当代大学生应该培养自己的良好性格，做到心胸豁达，宽容待人；温和亲切，谦虚热情；耿直正派，坦荡真诚；委婉含蓄，与人为善，等等。良好的性格是成功交往的基础，大学生可以通过博览群书、注重交往和从小事做起等途径来培养和塑造自己的性格。

**知识视窗**

○ **人格与个性、气质、性格的关系**

人格是指一个人在社会化过程中形成和发展的思想、情感及行为的特有统合模式，这个模式包括了个体独具的、有别于他人的、稳定而统一的各种特质或特点的总体，不仅仅包括心理的特征，还有道德的品性等。

个性就是个体在物质活动和交往活动中形成的具有社会意义的稳定的心理特征系统。

人格包括个性，而个性包括气质和性格。

## 第二节 人格理论简介

> 志在极顶的人，不会畏其山高；志在溯源的人，不会惧其河远。只有懦夫才会遇山绕开走，遇河掉头回。
>
> ——佚名

### 一、人格结构的动力理论——弗洛伊德的人格理论

弗洛伊德是奥地利精神病医生，精神分析学派的创始人。他把人格结构分为三个层次，即本我、自我、超我。

本我位于人格结构的最底层，是人的原始的无意识本能，特别是性本能组成的能量系统，包括人的各种生理需要。它寻求直接的满足，而不顾社会现实是否有实现的可能，遵循快乐原则。超我位于人格结构的最高层次，由社会规范、伦理道德、价值观念内化而来，是个体社会化的结果。它遵循道德原则，是道德化了的自我，起着抑制本我冲动、对自我进行监控以及追求完善境界的作用。自我位于人格结构的中间层次，是在我的冲动与实现本我的环境条件之间的冲突中逐渐发展起来的。它在本我和超我之间起着调节的作用，一方面要尽量满足本我的要求，另一方面又受制于超我的约束。它遵循的是现实性的原则。

人格结构中的三个层次相互交织，形成一个有机的整体。他们各行其责，分别代表着人格的一方面：本我反映人的生物本能，按快乐原则行事，是"原始的人"；自我寻求在环境条件允许的条件下让本能冲动能够得到满足，是人格的执行者，按现实原则行事，是"现实的人"；超我追求完美，代表了人的社会性，是"道德的人"。当三者处于协调状态时，人格表现出一种健康的状况；当三者发生冲突无法解决的时候，就会导致心理的疾病。

### 二、人格结构的类型理论——荣格的内外向人格类型理论

人格类型理论是按照某些标准或特性，将人划分成几种不同的类型，每一种类型的人有相似的人格特征，不同类型的人的人格特性是有差异的。一个人属于某一种类型，而不能是另一种类型。人格类型的理论有多种，较为著名的是瑞士新精神

分析学家荣格在《心理类型论》一书中提出的内-外向人格类型理论。

荣格认为，一个人的兴趣和关注可以指向内部，也可以指向外部，指向内部叫内向，指向外部叫外向，而且每个人都有内向和外向两种特征。根据一个人是内向还是外向占优势，可将人格分为内向型和外向型的。内向型的人格特点是心理活动常指向自己的内心世界，好沉思、谨慎、多虑、爱独处，交际面较窄，难以适应环境的变化。外向型的人格特点是关心外部事物，活泼开朗，不拘小节，善交际，情感外露、独立、果断，容易适应环境的变化。极端内向或外向的人很少，多为中间型的。

荣格的人格类型学说虽然过于简单，但比较切合实际，也容易了解使用，所以流传广泛，影响较大。

## 三、人格特质理论——奥尔波特、卡特尔、艾森克等的人格特质理论

特质理论把特质看作决定个体行为的基本特性，是构成人格的基本元素，也是评价人格的基本单位。特质论的心理学家用一些基本的特质来描述一个人的人格，每一种特质都有两个对立的特性，例如粗心和细心，善交际和爱独处，都是一种特质的两个极端。两端联系起来构成一个变化的维度，每一人在这个维度上都占据一定的位置。如果一个人具有多重人格特质，在每一种人格特质变化的维度上又有固定的位置，各人之间就会有很大的差别。

人格的类型理论是很古老的，但它比较粗糙一些，特质理论相对比较精细，所以目前特质理论比较盛行。下边我们介绍的是特质理论的创始人奥尔波特的人格特质理论，以及具有代表性的、影响比较大的集中人格特质理论，如卡特尔的、艾森克的人格特质理论，以及近期发展起来的人格五因素模型。

### （一）奥尔波特的特质理论

美国心理学家奥尔波特是人格特质理论的创始人。他认为特质构成人格的基本元素，是人以一种特殊方式做出反应的倾向，它以人的"精神心理系统"为基础，虽然不能直接观察到，但可以通过人为的行为加以证实。特质之间具有相对的独立性，特质既可以为某个个体所具有，也可以为某个群体所具有，即任何特质都是独特性和普遍性的统一。

奥尔波特把人格特质分为两类，即共同特质和个体特质。共同特质是同一文化形势下的人们所共有的、相同的特质；个体特质是个人所独有的特质，它代表着个体之间的人格差异。找出适合一类人的特质，即共同特质是重要的，而有些特质又是个人所特有的，所以个人特质也是应该确定的。

因个人特质在生活中表现的范围不同，奥尔波特又将其分为三类，即首要特质、

中心特质和次要特质。首要特质是影响个体各方面行为的特质,他表现了一个人生活无时不在的倾向,个人的每个行为都受它的影响。因此它是一个人最典型最具概括性的特质,它在人格结构中处于支配的地位,但其数量不多。例如,在罗贯中笔下忠君和足智多谋是诸葛亮的首要特质,权欲熏心和奸诈狡猾则是曹操的首要特质;在莎士比亚笔下,吝啬是葛朗台的首要特质,因为这种行为倾向表现在他们生活的各个方面。中心特质是决定一个人的一类行为而不是全部行为,能代表一个人的主要行为倾向的特质,表现出这些特质的情景要比表现出首要特质的情景有限,即它所起的作用比首要特质要小一些。例如,清高、才华出众、沉着冷静、温文尔雅是诸葛亮的中心特质;狠毒、无情无义、诡计多端、猜疑嫉妒则是曹操的中心特质。次要特质是只在特殊场合下才表现出来的,个体的一些不太重要的特质,它所起的作用比中心特质更小。例如,一个人在工作中可能很有魄力,但在对待家务事上却没有主张。

奥尔波特还提出,健康人格应该具有六个特点:① 自我广延的能力,即有很广的活动范围,有很多朋友和爱好,积极参与各种社会活动;② 与他人热情交往能力,富有同情心而没有占有欲和嫉妒心,能容忍别人和自己在价值观上的差异;③ 情绪上的安全感和自我认同感,能容忍冲突和挫折,经得起风浪,对自己保持良好的形象和乐观的态度;④ 具有现实性知觉,能实事求是地看待事物,是"明白人"而不是"糊涂人";⑤ 具有自我客观性,知道自己有什么、缺什么,理解真正的自我和理想的自我之间的差距,也知道别人如何看待自己;⑥ 有一致的人生哲学,为一定的目的生活,有一种主要的愿望,能对自己的行动产生创造性的推动力。

## (二)卡特尔的人格特质理论

卡特尔是英国心理学家,后来应邀到美国讲学和从事心理学的研究工作并迁居美国,卡特尔也把特质视为人格的基本要素,并用因素分析的方法对人格特质进行了分析,提出了一个基于人格特质的理论模型。卡特尔认为,在构成人格的特质中包括共同特质和个别特质。共同特质是一个社区或一个集团的成员所具有的特质,个别特质是某个人所具有的特质。共同特质在个别人身上的强度和情况并不相同,在同一个人身上也随时间的不同而各异。卡特尔还把人格特质分为表面特质和根源特质。根源特质是最重要的部分,对人的行为具有决定作用,是一个人行为的最终根源。表面特质是从根源特质中派生出来的,每一种表面特质都源于一种或多种根源特质;一种根源特质可以影响多种表面特质,所以根源特质使人的行为看似不同,却具有共同的原因。尽管每个人所具有的根源特质相同,但其程度并不相同。一个人身上根源特质的数量或强度会影响他各个方面的表现。卡特尔还提出,有些特质是关于人格的动力的,他们是促使人朝着一定目标去行动的动力特质,这些特质是人格中的动力因素。

经过多年研究，卡特尔找出了 16 种相互独立的根源特质，并据此编制了"16 种人格因素调查表"。卡特尔认为每个人身上都有着 16 种人格特质，只是表现的程度上有差异。用这个调查表所确定的人格特质，可以预测一个人的行为反应。

### （三）艾森克的人格结构维度理论

艾森克出生于德国，受纳粹上台的影响，18 岁就到了英国，从事心理学的学习和研究工作。艾森克在对人格的研究中，将因素分析的方法和经典的实验心理学方法结合起来，使对人格的认识更近了一步。他反对把人格定义抽象化，认为"人格是生命体实际表现出来的行为模式的总和"。他发现，虽然可以区分出用以描述人格的特质，但却很难找出绝对独立的特质来，因为一些特质是连续变化的，它们之间存在着一定的联系。所以艾森克主张用特征群，而不是散在的特质去描述人格，也因此他主张采用类型的概念。不过，艾森克所谓的类型，实际上指的是更高层次上，或更具一般性的特质，这个更一般性的特质包含了一个特质群。因此，艾森克是一个特质论的心理学家，但把人格的类型模式和特质模式有机地结合起来，充分发挥了两种模式的特点，使得对人格的描述能够更加全面、更加系统，也更加富有层次性。

艾森克把许多人格特质归结到几个基本的维度或类型上。最初发现了两个主要的人格维度，即内外倾和神经质，后来又找到第三个人格维度，即神经质。用艾森克这三个人格基本维度的首写字母 E（extraversion，外倾）、N（neuroticism，神经质）和 P（psychoticism，精神质），缩写为 PEN，表示艾森克的人格三维度模型。艾森克及其夫人一起编制了艾森克人格问卷（EPQ），专门用于测定这三个基本特质维度的个体差异。

在内外倾这一维度上，具有典型外倾人格的人好交际、喜欢聚会，他们有许多朋友，需要与人交谈，不喜欢独自看书和学习。典型内倾的人则是安静的，不与人交往，只有少数知音。而且内倾者具有比外倾者更高的皮层唤醒水平；内倾者需要寻求独处或没有刺激的环境，以防止进一步提高唤醒水平造成心神不定。当然，大多数人都位于两极之间，只不过每个人在某特质上可能多些或者少些。

在神经质这一维度上，不稳定的人常对挫折和问题产生强烈的情绪反应，而且事后又需要长时间才能平静下来，他们也更容易激动、发怒和沮丧。稳定的人在情感上很少有动摇不定的时候，他们也更容易从困境中摆脱出来。

精神质独立于神经质，但不是指的精神病。在精神质这一维度上得分高的人是自我中心的、攻击性的、冷酷的、缺乏同情心的、冲动的、对人不关心的，并且经常不关心别人的权利和福利。得分低的人则恰恰相反，表现为温柔、善良等特点。一个人的精神质表现程度明显，容易导致行为异常。艾森克用内外倾和神经质这两个维度作为坐标轴，构成一个直角坐标系。

各种特质是相对独立的，因此，在一个维度上得高分的人，在另一个维度上既可以得高分，也可以得低分。每个维度上不同程度表现的结合，又构成了四种不同的人格，这四种类型正好对应于坐标的四个象限。有趣的是，艾森克和巴甫洛夫的理论都支持了四种气质类型的划分，说明四种类型的划分是比较符合实际的。

### （四）人格五因素模型

奥尔波特、卡特尔和艾森克分别提出了各种不相同的人格特质理论。在他们之后研究人格特质理论的心理学家们，又通过因素分析的方法陆续提出了一些理论，但在基本特质的单元或基本特质的分类导航方面并没有取得共识。而研究人格特质理论的心理学家认为，如果能够找到人格的基本维度，那将是人格心理学的转折点。

20世纪80年代，科斯塔（Costa）和麦克雷（McCrae）提出，特质在很大程度上是遗传的，十分相似的因素可在许多不同的语言和文化中找到。他们提出了一个人格的大五（big five）或五因素模型（five-factor model，FFM），而且编制了一个测量五因素的工具，即NEO人格调查表。

人格的五因素包括神经质（N）、外倾性（E）、经验开放性（O）、宜人性（A）和认真性（C）。

人格五因素模型得到了越来越多的证据支持，例如，各种因素在不同文化中有较大的一致性，即各种语言中都有专门的词汇来描述它们。在进行评定的时候，自我等级评定和他人的评定，在所有五个因素上都有很大的一致性。一些动机、情感和人际行为的表现以及一些人格障碍的诊断，也显示了和五因素模型有密切的关系。所有这些研究成果都向我们表明，个体之间的差异有望从五个人格因素上加以说明。人格五因素模型虽然还有许多需要进一步探讨的问题，还需要有更多的证据，但它推动了特质心理学的研究，使其又一次成为研究的热点，呈现出一派生机勃勃的景象。

> **拓展阅读**
>
> 麻省理工学院的心理学教授倾向于通过The Big Five（大五类人格特征）来描述人的人格与个性。大五类因素包括：严谨性、外向性、开放性、宜人性与神经质人格特质。一般记忆为OCEAN（或NEOAC）。O代表Openness to experience（开放性），C代表Conscientiousness（严谨性），E代表Extraversion（外向性），A代表Agreeableness（宜人性），N代表Neuroticism（神经质）。

注：神经质因素有时被称为"情绪不稳定极点"。对于如何解释这些因子存在一些争议，比如 Openness，有时被称为"智力"，而不是"开放性"。每一个因素和人类的相关特质相关联。例如，外向性等相关的素质为寻求 gregariousness（群居，聚会）、主张、兴奋、温暖、活动和积极的情感。

大五因素模型是一种描述人格的模型，心理学家们已经开发出一批理论证实大五因素模型。

初始模型的提出者是雷蒙德（于 1961 年），但未能达到学术的高度。1990 年，他的五因素模型得到最高水平的组织接受（哥德堡，1993）。大五类人格特征被认为是具有心理学量表基本结构的个性特征。这五种因素提供了丰富的概念架构，且整合了所有的研究成果和人格心理学理论。大五类特点也被叫作"五因素模型"（或 FFM 科斯塔和 McCrae，1992 年）以及全球因素（罗素和 Karol 人格，1994）。

目前至少有四套研究人员各自独立研究这个模型的数据，现已鉴定出同样的五大因素：首先是 Tupes 和 Cristal，其次是俄勒冈州研究所、美国伊利诺伊大学的 McCrae 科斯塔和美国国家卫生研究院。这四套研究人员使用不同的方法找到五个特点，不过每一组的 5 个因素有所不同的名字和定义。然而，所有研究的总体因素类型是一致的。

因为大五类人格模型的特点是广泛而全面，但它并不是多么强大的实际行为的预测和解释的模型。许多研究已经证实，在预测实际行为特征时，MBTI 模型要有效得多。

大五类人格测试的个人得分反馈为百分位数得分。例如，评分 Q 较高则显示其有较强的责任心，而外向性评分百分点高则显示测试者需要保持孤独和安静。虽然这些特质群可能存在例外的情况，但平均来看，开放性得分高的话，其求知欲强，有开放的情感，有艺术兴趣，愿意尝试新事物。其中有些人可能有兴趣学习和探索新的文化，但对艺术不感兴趣。

## 第三节　常见人格问题

> 患难与困苦是磨炼人格的最高学府。
> ——苏格拉底

**【案例 10.2】**

王鹏喜欢追女生，喜欢炫耀他与女生的亲密接触，它不仅追求自己所在院里时尚漂亮的女生，而且追有男朋友的女生，每次他都能制造出轰动性的新闻来。他是体育特招生，是学院里的帅哥，刚进大学时，大家最先认得他。他比别人高出一个头，球打得好，歌也唱得好。但后来大家忙于学习也就慢慢忘记他了，课堂的讨论没有他，各类学习竞赛没有他，年终的奖学金也没有他，他觉得很失落，他喜欢当明星的感觉，但他的学习基础差，学习起来很困难，在学习上他不能被别人关注与赞美，怎么能够吸引人的注意？对他来说，感觉最好的时候就是搂着一个美女在校园人口密度最大的地方招摇过市，或者在众目睽睽之下吻一个娇滴滴的女生，或者他与某女生的恋情成为人们关注的焦点。就这样，他炮制了一件件桃色新闻，他永远都是其中的主角。

**【案例 10.3】**

赵蒙是黑龙江人，考入大学2个月要求休学。他的理由是：第一，不适应气候；第二，饮食不习惯；第三，在家一个人住一层楼，学校八人住一间太拥挤；第四，不适应大学的学习等。辅导员发现他的适应能力差，耐心做他的工作，并安排学生干部从生活上帮助他。正在这时，他的父母从黑龙江赶到学校，想把儿子接回家乡去读大学，并着手在当地联系接受他的学校。

像以上这样的案例对于同学们来说并不陌生，近些年来，这些不良事件的发生呈现增长的趋势，引起了社会、学校和家长们的高度重视，其实最应该引起重视的人不应该是别人，而应该是我们大学生自己。

大学阶段正是从青春期向成年期转变的关键时期，身体和心理逐渐走向成熟，这一时期也是大学生形成健全人格的关键所在。下面了解一些关于人格方面的问题，通过学习这些知识，养成既关心自己的成长，也帮助他人的良好习惯。

人格缺陷是介于正常人格与人格障碍之间的一种人格状态，是一种人格发展的不良倾向。常见的人格缺陷有过度自卑、嫉妒、羞怯、急躁、猜疑、悲观等。这些都是不健康的心理因素，他们不仅影响活动效率，妨碍正常人际关系，而且会给人生蒙上一层消极的阴影。它的形成与童年、少年期的家庭环境、个人经历、认识结构偏颇等有关。不过，在大学时期如得到适当的教育，这是完全可以矫正的。

人格缺陷是绝大多数人或多或少都会有的，在大学生群体中较为常见。大学生心理发育还没有完全成熟，人格出现一些偏差也在所难免。有些大学生自认为自己的人格是正常的，可走入社会后却发现矛盾重重。因此，大学生充分了解自身人格，找出缺陷并进行调试，将有助于今后更好地适应社会。

## 一、自卑心理及其调适

自卑是心理咨询中的常见问题,其实质是一种消极的自我评价,一个自卑的人往往过低评价自己的形象、能力和品质,总是拿自己的弱点和别人的优势比较,觉得自己事事不如别人。在人前自惭形秽,从而丧失自信,悲观失望。

克服自卑可从认识上、情绪上、行为上同时入手,包括以下几个方面:

(1) 相信自己,这是一种信念,每天默念数遍。

(2) 找出自卑源,理性分析其合理性。

(3) 欣赏自我,把最满意的照片选出来,并悬挂。不可忽视端正的外表的作用,衣冠不整的人想要建立自信是不可能的,就像每天愁眉苦脸的人想要心情愉快也很难一样。注意外表形象将帮助你看重自己。

(4) 调整理想自我,制定合理的目标。

(5) 建立乐观的生活态度。积极使你的力量与自我形象相吻合。培养积极乐观的生活态度,是建立自信的基础。

(6) 敢于面对错误与挫折。

(7) 经常使用自我鼓励与自我暗示,如"我能行,我一定能行""我很放松,我能做好""再加把劲儿,离目标不远了""我感觉不错"。

## 二、嫉妒心理及其调适

这是一封学生来信:

"老师,你好!请您帮帮我,我觉得自己的灵魂在被恶魔吞噬,我一步步在走向罪恶,我真怕自己从此错下去,但是我真的不知道怎样走出来。一切都因为小明,我的同班同学,以前我俩也算是形影不离的好朋友。我不知道她做了什么,大家似乎更喜欢她,一些对我冷淡的同学对她亲密有加。她平时几乎都和我在一起,一起上课,一起自习,一起逛街,但是她成绩总比我考得好,上学期她还获得了国家奖学金、优秀学生干部,而且还主持学院晚会,她就像一位美丽的公主,上帝把所有的光环都罩在她身上,我呢,就是衬托她的丑小鸭。我不愿这样活。那天我和她同台在晚会上唱歌,趁她不备,我弄坏了她演出服的拉链,等着看她出丑,结果她临时用丝带套上,大家都夸她聪明,服装别具一格,我当时差点喷火。期末考试快来了,她拿一本教材让我帮她去图书馆占座位,我把教材丢到垃圾桶里,谎称不知道怎么被偷了，虽然她没有说什么，但我知道她一定有所察觉，在寝室我接到她去假期打工的电话，我假装她的声音，帮她推掉了，事后我被揭发了，小明哭着问我为什么这样做。我们两人决裂了。看着她哭，我也很难受，可是我就是看不惯她什么都走运。现在同学间对我的非议也不少，有时想想自己怎么突然变成这样了，自己到底做了些什么，越想越害怕，我是不是成了坏人？我到底应该怎样做？"

吞噬这位学生灵魂的恶魔正是嫉妒，嫉妒会让人迷失方向，几近疯狂。心理学家认为嫉妒是担心别人超过自己引起的抵触情绪体验。从心理学角度看，嫉妒是一种变异心理，是对超过自己的人感到恐惧和愤恨的混合心理，是自私自利、唯我独尊的心理表现。

巴尔扎克说：嫉妒潜伏在人心底，如毒蛇潜在穴中，嫉妒者比任何不幸的人更为痛苦，别人的幸福和他自己的不幸都将使他痛苦万分。消除嫉妒心理要注意：

（1）加强思想意识修养，树立正确的人生观。

（2）消除嫉妒心理，必须从狭隘的"自我"中解放出来，做好心理换位。

（3）必须积极克服自己性格上的弱点。一般而言，虚荣心强、好出风头、心胸狭窄、敏感多疑的人容易产生嫉妒心理。可见，加强自己的性格塑造，逐渐形成不图虚名、心胸开阔、坚毅自信的性格特征，对消除嫉妒心理至关重要。

（4）正确评价自己，增强竞争意识。培根给我们开了一剂灵丹妙药，他说："每一个埋头沉入自己事业的人是没有工夫去嫉妒别人的，能拥有它的只能是闲人。"所以努力地学习与工作，有助于消除嫉妒这颗毒瘤。

## 三、羞怯心理极其调适

羞怯在大学生中并不少见。如不敢在大众场合发表意见，害怕与陌生人打交道，路上见到异性同学会手足无措，见到老师便难为情，说话感到紧张等。一般而言，害羞之心人皆有之，但过分害羞就不正常了。它会阻碍人际交往，影响一个人正常发挥才能，还会导致压抑、孤独、焦虑等不良心态。

羞怯是一个人自我防御心理过强的结果，其特点具体表现为：过于胆小被动，过于谨小慎微。羞怯者说话时，意思往往表达不清楚，说话、做事总怕有错，担心被人议论、讥笑。因此每想说一句话，总要在喉咙口反复多次；每做一件事，总要思前想后，为此把自己搞得神经紧张、坐立不安，而且往往为错过说话、做事的时机后悔、沮丧、自责。羞怯的表现还有过于关注自己，羞怯者特别注意自己在别人心中的形象，总觉得自己时时处于众目睽睽之下，于是敏感、拘束；自信不足，羞怯者对自己的社交能力、表达能力、做事能力乃至自我形象缺乏信心，因而使本来可以做到、做好的事难以如愿。虽然羞怯的人格特征与神经类型有一定的联系，但更多的还是后天因素所致，所以通过有意识的调节就可以改变。

（1）要对自己做一个具体分析，找到自己的长处和短处，发扬长处可增强信心，要多看到自己的长处。

（2）放下思想包袱。事实上每个人都有羞怯心理，只是有些人善于调节，注意锻炼罢了。正所谓"金无足赤，人无完人"，一个人说错话、办错事没什么可怕，也不必太难为情，错了及时改正就行。

（3）不要太在意别人的议论。所谓"人多口杂，金子也会融化"，总把别人说的话放在心上便寸步难行，什么也不敢做、不敢说了。只要自己看准的就应该大胆去做，要知道无论你做得多好，也不可能人人称赞。

（4）有意识地锻炼自己。胆量和能力都是锻炼的结果，要敢于说第一句话，敢于迈出第一步。一旦这样做了，会发现自己不仅有能力把事情干好，而且有潜力把事情干得更好。20世纪70年代日本首相田中角荣在学生时代是一个严重的口吃患者，他发现自己越是在众人面前说话越口吃，这非但没使他退却，反而使他下决心克服口吃。于是他索性参加了学校的话剧团，迫使自己背台词，并要背得烂熟，否则无法登台演出。这样，他百折不挠地锻炼，最终战胜了口吃，不但话剧演得很成功，后来还参加竞选演讲，出任一届日本首相。可见锻炼是克服羞怯的一个好办法。

## 四、猜疑心理及其调适

所谓猜疑，一猜二疑，疑建立在猜的基础上，因而往往缺乏事实根据，有时也缺乏合理的思维逻辑。好猜疑的人往往对人对事敏感多疑，看到同学背着自己说话，就会疑心是说自己的坏话；某同学没和自己打招呼，便猜他（她）对自己有意见等。

猜疑是有害的人格缺陷，它会导致人际关系紧张、伤害他人感情、无事生非等；自己则会陷入焦虑、矛盾的不良心境中。有这种不健康人格品质的人应积极寻求调试。克服猜疑的办法如下。

（1）当产生猜疑时先不要外露，可留心体察所疑的人和事，若猜疑被证实，不要因此感到震惊；当猜疑不成立，应打消疑心。

（2）加强沟通。猜疑常常是由于误会或他人搬弄口舌引起的，因此碰到这种情况应主动地和被猜疑者沟通交流，这有助于消除误会，改善、增进彼此的信任感。

（3）抛弃成见和克服自我暗示，学会全面、发展地看问题，改变封闭思维方式。

（4）宽宏大量者高朋满座，心胸狭窄者门庭冷落。"心底无私天地宽，"无私就无畏，坦坦荡荡地做人，和同学朋友坦诚相处，别人如何看自己，不要过分在意，相信"日久见人心"。

总之，要摆脱猜疑的心理主要是自己做人要正，"人正不怕影子斜"。对他人宽厚为怀，即使被别人误会也不必去计较；充分驾驭好"语言"这个工具，出现误会或彼此不信任、猜疑时，通过沟通思想、说明情况来达到彼此谅解。只有这样，你才会生活得愉快。

## 五、急躁心理及其矫治

急躁是大学生中常见的不良人格品质，表现为碰到不称心的事情急躁不安；做事缺乏充分准备，没有准备就盲目行动，急于达到目的，缺乏耐心、细心、恒心，性情急躁之人说话办事快，竞争意识强，容易冲动，心情常常处于紧张状态。日常生活中有急躁特点的人为数不少，他们常常什么都想学，而且想在短时间内学会，生怕比别人落后，但实际效果常常达不到期待的目标，从而泄气、发怒，既影响自己的健康和效率，又妨碍人际关系。

那么，怎样克服急躁的缺点？

（1）思先于行。首先要加强自我涵养，自觉地养成冷静沉着的习惯，在学习、生活中，对非原则性问题，尽量避免与人发生矛盾以致激化，应把精力用到积极思考中。

（2）改变行为。细心、认真行事，吃饭时间不得少于20分钟，细嚼慢咽；说话控制语速，想好了再说，不随意打断别人的谈话，看书要一字一句细读，边读边想；走路、骑车有意不超过别人，工作中改掉冲锋陷阵式的习惯，不着急，有条不紊地干。

（3）控制发怒。性格急躁的人容易发怒，应把制怒格言"能忍则自安，退一步则海阔天空"铭记在心，时常提醒自己遇事冷静。即使输了，也要甘拜下风。

（4）松弛疗法。坚持静养训练，在工作学习之余，常听轻松、幽雅、恬静的音乐，赏景悦心，书画静神，打太极拳，练练气功，闭目养神，使肌肉、神经都处于完全放松的状态。

## 六、悲观心理及其调适

有些人遇到不如意、失败的情况便垂头丧气、怨天尤人，面临责任、挑战，便自认无能为力、甘愿失败。这些都是悲观的表现。悲观心理是一种不健康心理，对人身心的危害极大。怎样才能改变悲观，走出情绪低谷，培养乐观的人生态度呢？德国心理学家皮特·考斯特提出了一些有价值的建议。

（1）越担惊受怕就越遭灾病。所以，一定要懂得积极态度所带来的力量，要坚信希望和乐观能引导你走向胜利。

（2）即使处境危险也要寻找积极因素。这样你就不会放弃争取微小胜利转机的努力。你越乐观，你克服困难的勇气就会越大。

（3）以幽默的态度来接受现实中的失败。有幽默感的人，才有能力轻松地克服厄运，排除随之而来的倒霉念头。

（4）既不要被逆境困扰，也不要幻想出现奇迹。要脚踏实地、坚持不懈、全力以赴去争取胜利。

（5）不管多么严峻的形势向你逼来，你也要发现有利的条件。不久，你就会发现，你到处都有一些小的成功。这样，自信心就自然增强。

（6）不要把悲观作为保护你失望情绪的缓冲器。乐观才是希望之花，能赐给人以力量。

（7）你失败了，但你要想到，你曾经多次获得过成功，这才是值得庆幸的。如果10个问题你做对了5个，做错了5个，那么你还是完全有理由庆幸一番。因为你已经成功地解决了5个问题。

（8）在你的闲暇时间努力接近乐观的人，观察他们的行为，通过观察培养起你的乐观态度，乐观的火种会慢慢地在你心中点燃。

（9）要知道，悲观不是天生的。像人类的其他态度一样，悲观不但可以减轻，而且通过努力还能转变成一种新的态度，这就是乐观。

（10）如果乐观态度使你成功了，那么你就应该相信这样的结论：乐观是成功之源。

**【心理小测试】**

### 大学生人格健康调查表（UPI）

以下问题是为了解你的健康状况，并为增进你的身心健康而设计的调查。请你按题号的顺序阅读，在最近一年中你常常感觉到或体验到的项目上画圈。为了你顺利地完成大学学业，身心健康地去迎接新生活，请你真实选择。

1. 食欲不振。
2. 恶心，胃难受，肚子痛。
3. 容易拉肚子。
4. 关注心悸和脉搏。
5. 身体健康状况良好。
6. 牢骚和不满多。
7. 父母期望过高。
8. 自己的过去和家庭是不幸的。

9. 过于担心将来的事情。

10. 不想见人。

11. 觉得自己不是自己。

12. 缺乏热情和积极性。

13. 悲观。

14. 思想不集中。

15. 情绪起伏大。

16. 常常失眠。

17. 头痛。

18. 脖子、肩膀酸。

19. 胸痛憋闷。

20. 总是朝气蓬勃。

21. 气量小。

22. 爱操心。

23. 焦躁不安。

24. 容易动怒。

25. 想轻生。

26. 对任何事都没有兴趣。

27. 记忆力减退。

28. 缺乏耐性。

29. 缺乏决断能力。

30. 过于依赖别人。

31. 为脸红而苦恼。

32. 口吃、声音发颤。

33. 身体忽冷忽热。

34. 常常注意排尿和性器官。

35. 心情开朗。

36. 莫名其妙的不安。

37. 一个人独处时感到不安。

38. 缺乏自信心。

39. 办事畏首畏尾。

40. 容易被人误解。

41. 不相信别人。

42. 过于猜疑。

43. 厌恶交往。

44. 感到自卑。

45. 杞人忧天。

46. 身体倦乏。

47. 一着急就出冷汗。

48. 站起来就头晕。

49. 有过昏迷或抽风。

50. 人缘好，受欢迎。

51. 过于拘泥。

52. 对任何事情不反复确认就不放心。

53. 对脏很在乎。

54. 摆脱不了毫无意义的想法。

55. 觉得自己有怪气味。

56. 总觉得别人在背后说自己坏话。

57. 总注意周围的人。

58. 在乎别人的眼光。

59. 觉得别人轻视自己。

60. 情绪易被破坏。

61. 至今，你感到自身健康有问题吗？

62. 至今，你曾觉得心理卫生方面有问题吗？

63. 至今，你曾接受过心理咨询与治疗吗？

64. 你有健康或心理方面想咨询的问题吗？

大学生人格问卷（UPI）是 University Personality Inventory 的简称。UPI 的主要功能是为了早期发现、早期治疗有心理问题的学生而编制的大学生精神健康调查表。主要以大学新生为对象，入学时作为精神卫生状况实态调查而使用，是了解学生中神经症、心身症、精神分裂症以及其他各种学生的烦恼、迷惘、不满、冲突等状况的简易的问卷。UPI 总分的计算规则是将除测伪题（5、20、35、50）和辅助题（61、62、63、64）之外的其他 56 个题的得分求总和，UPI 总分最高为 56 分，最低为 0 分。

满足下列条件之一者应归为第一类：① UPI 总分在 25 分（含 25 分）以上者；② 第 25 题做肯定选择者；③ 辅助题中有两题做肯定选择者；④ 明确提出咨询要求者。

满足下列条件之一者应该归为第二类：① UPI 总分在 20~25 分（含 20

分，不含 25 分）之间者；②第 8、16、26 题中有一题做肯定选择者；③辅助题中只有一题做肯定选择者。

第三类：不属于第一类和第二类者应归为第三类。

其中第一类为可能有较明显心理问题的学生，应尽快接受心理咨询。通过进一步的诊断被认为确有心理卫生问题的学生称为 A 类学生，该类学生需要进行持久的心理咨询。没有严重心理卫生问题的学生称为 B 类学生，该类学生可作为咨询机构今后关注的对象。没有任何心理卫生问题的学生称为 C 类学生。

## 第四节　塑造魅力人格

> 不管时代的潮流和社会的风尚怎样，人总可以凭着自己高贵的品质，超脱时代和社会，走自己正确的道路。
> 
> ——爱因斯坦

### 一、健康人格特点

国外学者曾在 20 世纪 50 年代做过一项以大学本科生和研究生为被试的研究，被试者分为两组：一组是随机选择的大学本科生和研究生，另一组是根据拟定的健康标准选择出来的大学本科生和研究生，研究采用行为观察、自我陈述、完成任务和人格测量等方法，比较两组被试的差异，从中揭示出健康人格的几种表现。具体表现如下。

（1）具有灵敏的反应、良好的现实向往、较高的自主性，人际关系真诚。

（2）能够维持友谊，幼年时建立的同伴关系，十多年后仍能保持，在正常的社交领域有着亲密和理智的异性关系。

（3）对自己的父母有一种自豪感，不以地位、身份、经济收入、受教育程度等因素来衡量父母，把父母视为最值得尊敬的人。

（4）具有一定的自我领悟能力，也即具有自知之明，待人接物时能够意识到自己给别人带来的积极影响和消极影响。

（5）对挫折或紧张，能做出适度的调节，包括心理转移。一般没有早期患重病的记录。

马斯洛认为自我实现是人生追求的最高境界，他列举历史上 38 位最成功的名人，包括富兰克林、林肯、罗斯福、贝多芬、爱因斯坦等，从他们的人生历程中归纳出 16 条健康人格特征：

① 了解并认识现实，持有较为实际的人生观；

② 悦纳自己、别人以及周围的世界；

③ 在情绪与思想表达上较为自然；

④ 有较广阔的视野，就事论事，较少考虑个人利害；

⑤ 能享受自己的私人生活；

⑥ 有独立自主的性格；

⑦ 对平凡事物不觉厌烦，对日常生活永感新鲜；

⑧ 在生命中曾有过引起心灵震撼的高峰体验；

⑨ 爱人类并认同自己为全人类的一员；

⑩ 有至深的知交，有亲密的家人；

⑪ 有民主风范，尊重别人的意见；

⑫ 有伦理观念，区别手段与目的，绝不为达成目的而不择手段；

⑬ 带有哲学气质，有幽默感；

⑭ 有创见，不墨守成规；

⑮ 对世俗，和而不同；

⑯ 对生活环境有改造的意愿和能力。

国内学者马建青认为，健康人格表现出以下基本特征：

① 人格结构中的各个方面得到协调、充分的发展；

② 能有效地适应变化着的社会生活环境以利于个体心身的发展；

③ 对心身健康、潜能发挥以及学会生活的诸多方面产生积极有效的影响；

④ 体现了人性与发展性的协调，并代表着人类社会发展的积极方向。

根据国内外的研究，可以从三个方面概括健康人格的特点。

### 1. 内部心理和谐发展

人格健康的人，他们的需要和动机、兴趣和爱好、智慧和才能、人生观和价值观等都向健康的方向发展，一个人如果失去他的人格统一性，就会出现扭曲、情绪变态、行为失控等问题。

### 2. 能正确处理人际关系，发展友谊

人格健康的人，在人际交往中显示出自尊和他尊、理解和信任等优良的品质。友谊使人开朗、热情和坦诚，而缺乏友谊的人，在情绪上往往有很大困扰，轻则产生

恐惧、焦虑、孤独的感觉，重则产生多疑、嫉妒、敌对、攻击的心态和行为。

**3. 能把自己的智慧和能力有效地运用到能取得成功的工作和事业上**

人格健康的人，他们在学习、工作中能被强烈的创造动机和热情打动，并能将其和他们的能力有效地结合起来，从而使他们勇于创造，有所革新，有所建树。他们的成功，往往为他们带来满足和愉悦，并形成新的兴趣和动机，使他们的生活内容更充实。

## 二、塑造健全人格

人格是可塑的。人格的形成是一个动态的变化发展过程。人格的发展经历幼儿期、少年期、青年期、中年期和老年期几个阶段。总的发展倾向是不断走向成熟。因此，人格健康化的历史过程也是一个变化发展，由量变到质变的过程。青年期是人格的再造期，抓住这个有利时机，发挥人的主观能动性，不断完善自我，提高人的心理素质、文化素质和道德修养，必将使当代大学生的人格层次不断提高。怎样塑造健康人格？以下几个方面对培养健全人格有突出意义。

**1. 客观的自我认识和积极的自我态度**

这包含三层意思：第一，有自我认识，且这种认识是全面的、丰富的；不歪曲自己的特性，既不夸大也不缩小自己的长处和短处。第二，能够经常意识到自己在做什么，感受到什么，并知道行为、体验缘何而起。第三，尽管认识到自己有长有短、有好有坏，但仍然从总体上认可自己、接纳自己，对自己抱有希望。

**2. 客观的社会知觉和建立适宜的人际关系能力**

人格健全者应能准确地从别人的言语、行为中体察别人的思想、愿望和感受，了解别人对自己的看法和态度。而且，他对别人的了解是建立在事实根据上的，而不是主观臆测的。此外，他对人的态度和人际交往技能应有助于建立适宜的人际关系。

心理健康的人应该热爱生活，有投身于学习、工作和家庭的热情，要具有与自己的年龄相适应的生活能力。

**3. 个性结构的协调性**

人格健全者应该有统一的人生观和世界观，个性倾向的各部分（需要、兴趣、动机、理想、信念和世界观）之间应该能保持一种动态的协调、平衡，而且在认识、情感和行为之间也应该有协调性。

高校应加强大学生的中国传统文化教育，增强学生的民族自尊心和自豪感，教育学生把祖国的命运同自己的前途紧密联系起来，培养学生的爱国主义情感。自强不息、厚德载物的民族精神，忧国忧民的爱国主义精神，勤劳朴实、艰苦奋斗的生活态度，实事求是、求真务实的价值理念，强烈的民族自豪感和强大的民族凝聚力是我国传统人格精华的主要体现。

#### 4. 个性锻炼

提起"个性"两字，很多人马上会想到：个性是天生的，无法改变。特别是几次改变个性的尝试失败后，这种观念越发坚定。正所谓"江山易改，禀性难移"，改变个性的确很难，但并不代表无法改变。个性的一个典型特征就是稳定性，但这个稳定性是相对的，并不是绝对的。在生活环境和教育条件的影响下，个性可以被掩蔽，也可以得到一定程度的改造。所以，对于那些对自己个性不满意的人，首先要树立"个性是完全可以改变的"这样一个信心，其次要刻意地去寻找一些适当的方法来改善自己的个性。改善个性的方法有很多，最简单的就是运动。

运动之所以对一个人个性的改变有很好的促进作用，简单来说，是因为运动对人的高级神经系统有调节作用，即在运动中或运动后生化活动的改变影响中枢神经系统，而个性（主要是其组成部分"气质"）与人的高级神经系统活动类型密切相关。当人的高级神经系统活动类型发生变化时，人的个性（气质）也会发生变化。因此，有针对性地进行体育锻炼，是培养健全人格的有效训练方法。但是，选择体育锻炼项目时应有的放矢。

（1）孤独、怪癖、不大合群、不习惯与同伴交往者宜选择足球、篮球、排球以及拔河等集体项目。坚持参加这些集体项目的锻炼，会帮助你逐步适应与同伴的交往，并热爱集体。

（2）腼腆、胆怯、容易脸红、怕难为情者宜多参加游泳、滑冰、单双杠、跳马、平衡木等项目。这些活动要求人们不断地克服害怕摔倒、跌痛等各种胆怯心理，以勇敢、无畏的精神去战胜困难。

（3）自负、逞强者宜选择一些难度较大、动作较复杂的技巧性活动，如跳水、体操、马拉松、艺术体操等体育项目，也可找一些实力超过自己的对手下棋、打羽毛球或乒乓球等，不断提醒自己"山外有山"。

（4）优柔寡断、犹豫不决者宜多参加乒乓球、网球、羽毛球、跨栏、跳高、跳远、击剑等体育活动。在这些项目面前，任何犹豫、徘徊都将延误良机，遭到失败。

（5）遇事过分紧张、容易发挥失常者宜多参加公开的激烈的体育比赛，特别是足球、篮球、排球等项目。因为场上形势多变，比赛紧张激烈，只有冷静沉着地应对，才能取得优势。一旦"久经沙场"，遇事就不会过分紧张。

（6）遇事易急躁、感情易冲动者宜多参加下棋、打太极拳、慢跑、长距离的步行及游泳和骑自行车等缓慢、持久的项目。这一类体育活动能帮助你调节神经活动、增强自我控制能力。

运动不仅有助于人的个性改变，同时也有助于情绪状态的改善。因为人体在运动过程中，身体各机能系统进入积极的活动状态，从而使全身血液循环加快，各器官处于高度兴奋和活跃状态，把安静时处于关闭状态的毛细血管、肺泡、肌纤维和神经细胞尽可能激活起来，使各种感觉信息输入肌体而引起唤醒水平的提高，继而使人精神振奋。同时，运动降低了肾上腺能受体的数目或敏感性，从而使焦虑反应减弱，焦虑减少。

运动能够促进和改善人的身体健康和心理健康，但不正确的运动方式和不适宜的运动量会伤害人体，因此要注意运动强度和时间安排的合理性。

记住铭刻于奥林匹亚山上的几句古希腊铭文："如果你想强壮，跑步吧！如果你想健美，跑步吧！如果你想聪明，跑步吧！"

### 5. 人格优化

（1）人格优化的方法：择优汰劣。

择优：选择某些良好的人格品质作为自己努力的目标，如自信、开朗、热情、勇敢、勤奋、坚毅、诚恳、善良、正直。汰劣：针对自己人格上的弱点、缺点予以纠正，如自卑、胆怯、冷漠、懒散、任性、急躁。

（2）人格优化的基础：丰富知识。

人的知识愈广，人本身也愈臻完善。学习知识、增长智慧的过程也是人格优化的过程。现实生活中，不少人的人格缺陷源于知识贫乏、无知，容易粗鲁、自卑，而丰富的知识则容易使人自信、坚强、理智、热情、谦恭。

（3）人格优化的途径：从小事做起。

一个人的言行往往是其人格的外化，一个人的日常言行积淀成为习惯就是人格。许多人所具有的坚毅、正直、细致、开朗等优良人格特征，其实都是长期锻炼的结果，是一点一滴形成的。

（4）人格优化的土壤：融入集体。

人格在集体中形成，在集体中展现。通过交流，可以看到别人的长处、自己的不足，从他人那里获得理解、肯定，及时调整人格发展的方向。

(5) 人格优化的关键：把握尺度。

人格发展和表现的度十分重要，否则"过犹不及"，把握尺度具体表现为：坚定而不固执、勇敢而不鲁莽、豪放而不粗鲁、好强而不逞强、活泼而不轻浮、机敏而不多疑……

总之，健全人格的培养和塑造，既是大学生成长发展的要求，也是时代的呼唤。只要坚持不懈地努力，就可以使我们的人格更加健康、完善。

【心理训练】

三个"我"

目的：协助个体做自我反省、促进自我调整。

操作：

（1）请先预备三张纸，首先在第一张纸上描述"理想的我"，时间约为10分钟。然后将已写好的第一张纸搁置一旁，暂时不准再观看。接着照此类推，在第二张和第三张纸上分别具体描述"别人眼中的我"和"真正的我"，每一次大概10分钟时间。

（2）完成后，将三张纸放置在桌上，对三张纸上的三个"我"做出检核，主要是看看三个"我"是否协调和谐。若否，则差异何在，并尝试找出原因。请你留意另外一个重点："理想的我"和"真正的我"是否协调一致？通过此重点，你往往可以发现两者之间的差异，甚至矛盾之点。同时，往往会发觉自己对人生所产生的一些深层感受和渴求。

（3）为了达到更积极的效果，你应当努力探索，看看如何可以使三个"我"更加协调一致，制定促进三个"我"协调统一的方案。有了具体的计划，你会较易在生活中落实并做出改进。一个心理健康的人，三个"我"没有太大的差距，个人理想也没有脱离现实，就是一个自我形象明确而健康的人。但当三个"我"不协调时，我们就该问自己：别人为何不了解我？我是否表里一致？不过，我们不必期望自己的三个"我"百分之百协调一致，因为那是不切实际的期望，只会导致负面的影响。

（4）进行上述思考后，请填写汇总表。

三个"我"协调一致吗

| 三个"我" | 开始时 | 调整后 |
| --- | --- | --- |
| 理想的我 | | |
| 别人眼中的我 | | |
| 真正的我 | | |

(5) 团体分享。请感受最深的成员在团体内交流自己的体会，大家共同分享。

**拓展阅读**

国王亚瑟被俘，本因被处死，但对方国王见他年轻乐观，十分欣赏，他要求亚瑟回答十分难的题目，答出来就可以得到自由。

这个问题就是："女人究竟想要的是什么？"

亚瑟开始向身边的每个人征求答案：公主、女牧师、智者……结果没有一个人能给他满意的回答。

有人告诉亚瑟，郊外的阴森城堡里，住着一个老女巫，据说她无所不知，但收费高昂，且要求离奇。

期限马上就到了，亚瑟别无选择，只好去找女巫，女巫答应回答他的问题，但条件是要和亚瑟最高贵的圆桌武士之一、他最亲近的朋友加温结婚。

亚瑟惊骇极了，他看着女巫，驼背、丑陋不堪、只有一颗牙齿，身上散发着臭水沟般难闻的气味……而加温高大英俊、诚实善良，是最勇敢的武士。亚瑟说："不，我不能为了自由强迫我的朋友娶你这样的女人！否则我一辈子都不会原谅自己。"加温知道这个消息后，对亚瑟说："我愿意娶她，为了你和我们的国家。"

于是婚礼公之于世。

女巫回答了这个问题："女人真正想要的，是主宰自己的命运。"

每个人都知道女巫说出了一条伟大的真理，于是亚瑟自由了。

婚礼上女巫用手抓东西吃、打嗝，说脏话，令所有的人都感到恶心，亚瑟也在极度痛苦中哭泣，加温却一如既往地谦和。

新婚之夜，加温不顾众人劝阻坚持走进新房，准备面对一切，然而一个从没见过面的绝世美女却躺在他的床上，女巫说："我在一天的时间里，一半是丑陋的女巫，一半是倾城的美女，加温，你想我白天或是夜晚是哪一面呢？"

这是个如此残酷的问题，如果你是加温，你会怎样选择呢？

当时人格心理学的教授话音一落，同学们先是静默，继而开始热烈地讨论，答案更是五花八门，不过归纳起来不外乎两种：白天是女巫，夜晚是美女，因为老婆是自己的，不必爱慕虚荣；另一种选白天是美女，因为可以得到别人羡慕的眼光，而晚上可以在外作乐，回到家一团漆黑，美丑都无所谓。

听了大家的回答，教授没有发表意见，只说这故事其实是有结局的，加温做出了选择。于是大家纷纷要求老师说出结果。

老师说，加温回答道："既然你说女人真正想要的是主宰自己的命运，那么就由你自己决定吧！"女巫终于热泪盈眶："我选择白天夜晚都是美丽的女人，因为我爱你！"

所有人都沉默了，因为没有一个人做出加温的选择。我们有时候是不是很自私？以自己的爱好去主宰别人的生活，却没有想过别人是不是愿意。而当你尊重别人、理解别人时得到的往往会更多。

**知识视窗**

○ **常给心理"按摩"**

俗话说："人老不可怕，可怕是心老。"心老易死，确有其理。一项调查表明，百岁老人乐观不愁是得以延寿的秘诀之一。可见，在现代老人中倡导心理"按摩"，显得很有必要。

心宽法：心宽可延寿，这是老人们谁都懂得的道理，但真正能做到极为不易。下列几点尤为值得老人注意：① 遇事分清大小，小事不必计较；② 要学会用"生气是用人家的过错来折磨自己"的观点来认识不顺心的事；③ 学会设身处地换位思考；④ 善于自我解脱，转移精力；⑤ 把"比"字摆正，除去"人比人"，免得"气死人"，做到"诚实不气可延寿"。

童心法：人们常常略含诙谐地称童心未泯的老人为"老小孩"。细想下去，这是一种赞赏。物我两忘，才能是"老小孩"。

工作法：老年人根据自己的身体状况和爱好，干一些力所能及的工作，也是寻找精神寄托、维持心理健康的一种好办法。

交谈法：增加人际交往，常和他人交谈，可以得到更多信息，使人心胸开阔，有利于身心健康，健脑益智，延缓大脑衰老，预防多种疾病。老年人若是闭门不出，老是沉默寡言，不但不利健康，还容易引发抑郁症和精神性疾病。

常笑法：所谓笑口常开，笑天下可笑之人，就是在暗示老人们：要想笑口常开，身心健康，就得凡事看得开一点；要想调节好自己的情绪，有利于消除身心烦恼，就得善于取乐、逗笑，就得让自己的屋子整天充满欢声笑语。

观赏法：老人在庭院栽花种草，饲鸟养鱼，既陶冶情趣，又协调了生活节奏。

出游法：古人早就有"春分踏青远足，秋日登高望远"之说。历代有识之士，多在闲余抽身出游于秀丽如锦的大自然，探奇览胜，令疲惫郁闷的身心得以松弛，以达长寿延年之目的。

幽默法：幽默是一种"转化剂"，它可以把老人们的烦恼顷刻间化为欢畅，能让痛苦变为愉快，将尴尬变为融洽。因此，幽默的老年夫妻是知心伴侣，幽默的老人家庭是幸福的驿站。

静思法：静思法亦称静心法，即安详静坐，心无杂念，一切忧愁、烦恼尽抛之。这也是老人生活的一种享受，也可谓老人对待生活的一种艺术。北宋文学家苏轼特别推崇静坐养生之道。他曾在广东建"息轩"，并题诗："无事此静坐，一日是两日。若活七十年，便是百四十。"静坐法要求坐姿端正，两目微闭，全身放松，自然呼吸，宁神静心，意守丹田，一般每次静坐15～30分钟。

## ○ 平衡心理要诀

当今的社会是一个快节奏、高效率、竞争激烈的社会。每个人都难以逃避挫折的打击和种种压力，很容易引起心理失衡，导致身心疾病。

社会心理学家提出了心理平衡要诀，对心理失衡有极大的帮助，大家不妨一试。

不苛求自己：每个人都有自己的抱负，有些人把目标定得过高，根本非自己能力所及，于是终日郁郁不得志。为了避免挫折感，最好还是明智地把目标和要求定在自己的能力范围之内，懂得欣赏自己的成就，心情自然会舒畅。

对他人期望不要过高：很多人把希望寄托在他人身上，尤其是妻望夫贵、父母望子成龙。假如对方达不到自己的要求，便会大感失望。其实，人各有志，每个人都有自己的优缺点，何必非得要求别人迎合自己的需求呢？

偶尔也需要屈服：成大事者从大处看，只有无见识的人，才会去钻牛角尖。明智的有识之士只要大原则不受影响，在小处妥协让步可减少自己的烦恼。

不要处处与人竞争：有些人心理不平衡，完全是因为他们处处以他人作为竞争对象，迫使自己经常处于紧张状态，其实与人相处，以和为贵。只要你在心理上不把别人都看成对手，别人也不一定以你为敌。

**课后思考**

1. 古代有一家人,大儿子很老实,二儿子聪明,三儿子是盲人,四儿子是瘸子,五儿子是驼背,这样一家人,五个孩子,有普通的,有残疾的,从常人看来会是一种磨难,但是老爷子安排大儿子种地,二儿子经商,三儿子按摩,四儿子纺线,五儿子搓绳,结果一家人的日子过得红红火火。谈谈你的看法。

提示:这一家人就像一个人的人格,有优势有劣势,看我们每个人如何组合发挥最大效果。这就是心理学的魅力。心理学是一门探索人生智慧的科学,是一门尊重生命、发现积极力量的科学,是一门完善自我、发现潜能的幸福科学。

2. 你认为自己的生活中谁是有人格魅力的人?为什么?请详述自己的看法。

 **心理咨询师手记**

## 家庭给了她什么

**一、个案描述**

孙某,女,大一学生,农村家庭,家中长女,有一妹妹,与爸妈关系一般。来访时有些紧张、胆怯,眼神故意闪躲。主诉与家人关系不融洽,觉得爸爸软弱无能,讨厌爸爸的不作为,爷爷霸道苛刻,姑姑高高在上,表妹无理取闹,高中不相信一个男同学的话,与其经常吵架。现在不信任舍友对自己的友好,有时在意别人的某句话,感觉是针对自己。来访者虽能认识到自己在性格和人际交往方式和认知上存在问题,但是言语中表现出对家庭成员的不满,认为是家庭原因导致了自己的敏感、缺乏信任。喜欢生活在自己的世界里,觉得这样才不会受到伤害。

**二、咨询师与来访者对话(节选)**

咨询师:从你的陈述中,可以这样理解,你认为你现在不信任别人,是你的家庭影响的?

来访者:嗯,我觉得肯定有影响吧。

咨询师:的确,一个家庭的教养方式、家庭成员相处方式等,都会对个人产生潜移默化的影响,无论是什么,都值得尊重。

来访者:哦(略有所思)。

咨询师:一个人的心理和行为表现,会受到很多因素的影响,如家庭、学校、社会等客观因素的影响,同时个人主观因素也是非常重要的影响因素。

来访者:我现在觉得自己也有些敏感,可是好像改不了了吧。

咨询师：任何问题都会有可能的解决办法，你的敏感可能不仅是性格问题，也有可能是认知和交往方式问题。

来访者：是吗？

咨询师：是的，所以我建议我们接下来探讨更多的是主观因素，可以吗？

来访者：嗯，好，我愿意积极配合。

### 三、咨询师的主要技术方法

1. 基础技术

倾听：咨询师对来访者的耐心倾听，有助于来访者的情绪宣泄，也会促进来访者开展自助。本案中耐心倾听来访者对家庭关系的诉说，有助于了解来访者的家庭关系，为下一步的问题分析打下基础。

2. 核心技术

萨提亚模式：是一种家庭治疗，它致力于个体与家庭之间的心理脐带关系研究，咨询中运用此技术，引导来访者认识到每一个生命都有着独特的成长脉络，无论旧有的成长模式带给我们什么样的经历和感受，都值得尊重，都会对个人产生影响，关键是如何合理看待这些关系和影响。

3. 辅助技术

认知重建：是认知-行为治疗理论中的重要技术，通过重建本案中来访者对原生家庭影响以及人际交往方式等的全新认识，引导来访者放下对家庭关系影响的不合理认识，以及树立积极主动进行人际交往的心态。

### 四、咨询师反思

重塑来访者对家庭影响的认识。针对家庭亲子关系的个案，需要注意的就是理解并理清来访者与原生家庭的关系。一方面帮助来访者认识到原生家庭对个人的信念、价值观、行为模式都产生了长期、深远的影响，有时甚至影响我们一生；但另一方面，需要注意不要夸大原生家庭影响的程度，掌握好挖掘来访者童年经历或以前经验对现在人际交往方式的深度，过分强调家庭关系的影响，会造成来访者与原生家庭关系新的矛盾。因此，应引导来访者认识到，需要合理看到家庭以往的影响，帮助来访者带着爱，清理原生家庭对自己的影响，划清此时此地和过去的界限，从而清醒地活在当下。只有把目标放在提升内在的自我价值上，才会改变人际交往模式，改善和获得良好的人际关系。

建立来访者关系的舞蹈。运用萨提亚模式引导来访者清理过往事件对自我产生的影响，重塑自我之后，使其更加清晰地了解自己，关爱自己，欣赏自己。这是一切关系的基础。引导其认识到多珍爱自己，就会少要求别人。对别人要求得越少，对自己就越信任。越相信自己和他人，就越有能力付出爱。对别人多一点爱，就会少一些恐惧。和他人多一点沟通，就会增进一分连接。因此，只有自信才能帮助你摆脱孤独,不再疏远家庭、他人等人际关系。健康的关系都来自平静、安全和自信的心灵。一个人越是活在当下,越是自我价值高,就越懂得关爱自己,同时也越有勇气改变自己的行为,让自己与他人、情景相和谐,在人际关系中潇洒穿过,翩翩起舞。

**五、咨询中的重要概念阐释**

萨提亚模式又称萨提亚沟通模式,是由美国家庭治疗专家维琴尼亚·萨提亚女士所创建的理论体系,又叫联合家庭治疗。家庭治疗是一种心理治疗的新方法,是从家庭、社会等系统方面着手,更全面地处理个人身上所背负的问题。萨提亚建立的心理治疗方法,最大特点是着重提高个人的自尊、改善沟通及帮助人活得更"人性化",而不只求消除"症状",治疗的最终目标是个人达至"身心整合,内外一致"。

该模式帮助我们认识到,每一个生命都有着独特的成长脉络,无论旧有的成长模式带给我们什么样的经历和感受,都值得尊重。萨提亚模式的家庭治疗工作坊包含两个阶段的工作。第一阶段:回溯原生家庭重塑自我。心灵成长的第一步就是回溯过去,处理未完成的期待。在这一阶段,运用各种萨提亚模式特有的体验式活动和练习,清理过往经历在自我价值上对个体产生的负面影响,提升自我价值,重塑心灵。第二阶段:关系的舞蹈。当清理了过往事件产生的影响、重塑自我之后,个体比以往更加清晰地了解自己,关爱自己,欣赏自己,从而重塑人际关系。

[1]  林崇德. 发展心理学 [M]. 杭州：浙江教育出版社，2002.
[2]  [美] C.S. 霍尔. 弗洛伊德心理学入门 [M]. 陈维正，译. 北京：商务印书馆，1985.
[3]  彭聃龄. 普通心理学 [M]. 3版. 北京：北京师范大学出版社，2004.
[4]  沙莲香. 社会心理学 [M]. 3版. 北京：中国人民大学出版社，2011.
[5]  周莉. 大学生心理健康教育 [M]. 北京：中国人民大学出版社，2010.
[6]  [美] 戴尔·卡耐基. 人性的弱点全集 [M]. 刘祜，译. 北京：外文出版社，2012.
[7]  RATHUS S A，NEVID J S，FICHNER-RATHUS L. 性与生活——走近人类性科学 [M]. 甄宏丽，等译. 北京：中国轻工业出版社，2007.
[8]  樊富珉，王建中. 当代大学生心理健康教程 [M]. 2版. 武汉：武汉大学出版社，2014.
[9]  王明复，孙培雷. 大学生职业生涯规划与求职指导 [M]. 北京：清华大学出版社，2012.
[10] 张振笋. 大学生心理发展手册 [M]. 西安：西安电子科技大学出版社，2009.

# 后记

我从研究生毕业到现在已从事大学生心理健康教育和心理咨询工作16年（2006—2022年）。回顾总结这16年的教育历程，理性思考大学时光中大学生所遇到和所要解决的人生课题，我想其大致包括自我意识、情绪管理、挫折意志、人际关系、爱情、职业生涯规划、心理问题与健康、生命发展教育、人格教育等。为帮助新时代大学生遇见更好的自己，在他们的成长路上予以心理指导，我写作了本书。

本书既包括对大学生在大学时代经常遇到的人生困惑的主题解读，又包括各个人生主题的心理咨询案例手记，以这种理论与实践相结合的方式呈现给大学生，希望他们走好人生的这个阶段，收获属于自己的美好时光。

本书的出版得到了浙江海洋大学马克思主义学院领导和同事们的大力支持，在此表示衷心的感谢！特别感谢贝静红院长的鼎力支持和叶芳博士科研基金的慷慨支持！

最后，感谢人生道路上支持过和帮助过我的所有单位、集体和个人。谢谢你们，因为有你们，我走过的每段人生路都值得！

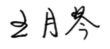

2022年6月6日

# 本书二维码资源使用说明

　　本书部分课程及与纸质教材配套数字资源以二维码链接的形式呈现。利用手机微信扫码成功后提示微信登录，授权后进入注册页面，填写注册信息。按照提示输入手机号码，点击获取手机验证码，稍等片刻就会收到4位数的验证码短信，在提示位置输入验证码，再设置密码，选择相应专业，点击"立即注册"，注册成功（若手机已经注册，则在"注册"页面底部选择"已有账号？立即登录"，进入"账号绑定"页面，直接输入手机号和密码登录）。接着提示输入学习码，须刮开教材封面防伪涂层，输入13位学习码（正版图书拥有的一次性使用学习码），输入正确后提示绑定成功，即可查看二维码数字资源。手机第一次登录查看资源成功以后，再次使用二维码资源时，在微信端扫码即可登录进入查看。